KÖNIGS ABI-TRAINER

Ralf Gebauer

ABITUR NRW 2021 PRÜFUNGSTRAINING
DEUTSCH LEISTUNGSKURS

– alle vier Inhaltsfelder in einem Band
– Wissen, Verknüpfungsaspekte und
  Abiturübungsaufgaben mit Lösungen
– für Gymnasium und Gesamtschule

Über den Autor:

Ralf Gebauer, geb. 1945 in Kragelund (Dänemark), lehrte als Studiendirektor die Fächer Deutsch, Philosophie und Kunst am Haranni-Gymnasium in Herne.

Der vorliegende Band ist der 16. Abi-Trainer des Autors in dieser Reihe.

Hinweise:

Die Rechtschreibung wurde der amtlichen Neuregelung angepasst.

Alle 21 Schaubilder des Bandes können Sie unter
www.bange-verlag.de/abitur-nrw-2021-pruefungstraining-deutsch-leistungskurs
kostenlos im DIN-A4-Format downloaden.

1. Auflage 2019

ISBN: 978-3-8044-3232-1
PDF: 978-3-8044-5232-9

© 2019 by C. Bange Verlag GmbH, 96142 Hollfeld
Alle Rechte vorbehalten!
Umschlagfoto: © fotolia.com
Druck und Weiterverarbeitung: Finidr, s. r. o., Český Těšín

INHALT

TEIL I: GRUNDLAGENWISSEN: OBLIGATORISCHE INHALTLICHE SCHWERPUNKTE MIT FOKUSSIERUNGEN

1. INHALTSFELD SPRACHE 8

- 1.1 Spracherwerbsmodelle — 8
  - 1.1.1 Phylogenetischer Spracherwerb: Ursprung der Sprache — 8
  - 1.1.2 Übersicht: Sprachursprungstheorien — 8
  - 1.1.3 Ontogenetischer Spracherwerb: Sprachentwicklung — 10
- 1.2 Sprachgeschichtlicher Wandel — 12
  - 1.2.1 Übersicht: Sprachwandeltheorien — 12
  - 1.2.2 Übersicht: Transferenz („Entlehnung") — 13
  - 1.2.3 Übersicht: Abbreviationen — 15
  - 1.2.4 Mehrsprachigkeit — 16
- 1.3 Sprachvarietäten und ihre gesellschaftliche Bedeutung — 17
  - 1.3.1 Übersicht: Sprachebenen und Varietäten — 17
  - 1.3.2 Jugendsprache — 18
  - 1.3.3 Genderlekt — 19
- 1.4 Verhältnis von Sprache, Denken, Wirklichkeit — 20
  - 1.4.1 Fokus: Aktualität der Sapir-Whorf-Hypothese — 21

2. INHALTSFELD TEXTE 26

- 2.1 Strukturell unterschiedliche Dramen aus unterschiedlichen historischen Kontexten unter Berücksichtigung ihrer poetologischen Konzepte — 26
  - 2.1.1 Poetologische Konzepte: Gattungen — 26
  - 2.1.2 Übersicht: Gestaltungsformen des klassischen Dramas — 26
  - 2.1.3 Übersicht: Entwicklung des Dramas im 18. und 19. Jahrhundert — 27
  - 2.1.4 Fokus: Gotthold Ephraim Lessing, *Nathan der Weise* — 30
- 2.2 Strukturell unterschiedliche Erzähltexte aus unterschiedlichen historischen Kontexten unter Berücksichtigung ihrer poetologischen Konzepte — 65
  - 2.2.1 Poetologische Konzepte: Gattungen — 65
  - 2.2.2 Merkmale der Novelle — 66
  - 2.2.3 Bausteine der Erzähltheorie — 67
  - 2.2.4 Fokus: Heinrich von Kleist, *Die Marquise von O…* — 69
  - 2.2.5 Fokus: E.T.A. Hoffmann, *Der Sandmann* — 89
  - 2.2.6 Fokus: Hartmut Lange, *Das Haus in der Dorotheenstraße* — 106
- 2.3 Lyrische Texte zu einem Themenbereich im historischen Längsschnitt unter Berücksichtigung ihrer poetologischen Konzepte — 116
  - 2.3.1 Poetologische Konzepte — 116
  - 2.3.2 Fokus: „unterwegs sein" – Lyrik vom Barock bis zur Gegenwart — 119

INHALT

2.4 Komplexe, auch längere Sachtexte — 128
   2.4.1 Übersicht: Sachtexte — 129
   2.4.2 Übersicht: Argumentationsmodelle — 130

3. INHALTSFELD KOMMUNIKATION — 131

3.1 Rhetorisch ausgestaltete Kommunikation in funktionalen Zusammenhängen — 131
   3.1.1 Übersicht: Redearten — 131
   3.1.2 Übersicht: Redestrategien — 131
   3.1.3 Übersicht: Rhetorische Figuren — 132
3.2 Autor-Rezipienten-Kommunikation — 135
   3.2.1 Modell der textexternen Kommunikation der Textaufnahme — 136
   3.2.2 Verhältnis von Autor und Rezipient — 137
   3.2.3 Lesen als Form der Kommunikation — 137
   3.2.4 Lesen als Erfahrungsprozess — 139

4. INHALTSFELD MEDIEN — 140

4.1 Bühneninszenierung eines dramatischen Textes — 140
4.2 Kontroverse Positionen der Medientheorie — 141

TEIL II: ANWENDUNGSWISSEN: VERKNÜPFUNGSASPEKTE

1. PSYCHOLOGISCHER ASPEKT: INDIVIDUATION UND SOZIALISATION — 144

2. GENDERASPEKT — 150

2.1 Die Rolle des Mannes in der Gesellschaft — 150
2.2 Die Rolle der Frau in der Gesellschaft — 154

3. LITERARHISTORISCHE ASPEKTE — 158

3.1 Die literarische Entwicklung als Pendelbewegung zwischen Ratio und Sensus (Epochenmerkmale) — 158
3.2 Die Novelle: Spielräume und Grenzen der Gattung — 161

4. THEMATISCHE ASPEKTE 163

- 4.1 Liebe als literarisches Motiv — 163
- 4.2 Das Tragische als literarisches Motiv — 166
- 4.3 Das Komische als literarisches Motiv — 168
- 4.4 Das Unheimliche als literarisches Motiv — 171
- 4.5 Erkenntnis als literarisches Motiv — 173
- 4.6 Besonderheiten der Autor-Rezipienten-Kommunikation — 176

TEIL III: ÜBUNGSAUFGABEN – HINWEISE, TIPPS UND LÖSUNGSMÖGLICHKEITEN

1. DIE AUFGABENSTELLUNGEN IM ABITUR 180

2. KLAUSURÜBUNGEN 184

- 2.1 Klausuraufgaben — 184
- 2.2 Lösungsvorschläge zu den Klausuraufgaben — 193

3. ABITURPRÜFUNG 212

- 3.1 Abiturprüfung Übungspaket I — 212
- 3.2 Lösungsvorschläge zum Übungspaket I — 219
- 3.3 Abiturprüfung Übungspaket II — 237
- 3.4 Lösungsvorschläge zum Übungspaket II — 245

4. MÜNDLICHE PRÜFUNG 262

LITERATURVERZEICHNIS 267

STICHWORTVERZEICHNIS 268

VORWORT

Universitäre Forschung hat das natürliche Bestreben, sich zu erweitern; schulische Bildung hingegen ist oft zum Gegenteil aufgefordert. Ihr soll der Spagat gelingen, Fähigkeiten und Wissen des Einzelnen zu erweitern, indem sie das sich vermehrende und differenzierende Wissen wieder reduziert auf kleine, handhabbare Module. Das ist ohne Vereinfachungen, Vergröberungen und Auslassungen nicht möglich und gilt besonders für solch zugespitzte Situationen wie Prüfungen. Da unsere Merkfähigkeit sich am ehesten durch bildhafte Gedankenverbindungen steigert, wird auch in diesem Bändchen versucht, das Disparate und Vielfältige der Wissensgegenstände in möglichst griffigen und anschaulichen Erinnerungsmodellen und Schemata bildhaft miteinander zu vernetzen.

Der vorliegende Band ist dreigeteilt: Im **ersten Teil** wird in komprimierter Form ein Repetitorium aller Inhalte vorgelegt, die für die Abiturprüfung im Leistungskurs Deutsch des Landes Nordrhein-Westfalen für das Abiturjahr 2021 verpflichtend vorausgesetzt werden. Der Aufbau des Bandes folgt in seiner Reihenfolge der Übersicht über die Schwerpunkte des Kernlehrplans und seiner Fokussierungen. Bis auf drei Teilbereiche, die so grundlegend sind, dass sie keiner Erläuterung bedürfen sollten oder weder für die schriftliche noch die mündliche Prüfung von Relevanz sein dürften, werden alle obligatorischen Inhalte behandelt. Ausgespart bleiben: „Sprachliches Handeln im kommunikativen Kontext", „Information und Informationsdarbietung in verschiedenen Medien" und „Filmisches Erzählen". Bei den sechs Themen, die 2021 im Fokus stehen, wird nach den Grunddaten der Texte zunächst ein knapper Einblick in den biografischen Bezug des jeweiligen Werks gegeben und eine gegliederte Inhaltsangabe des vorgegebenen Textes angeboten. Daran schließen sich Hinweise auf stilistische Analysen und mögliche Interpretationsaspekte an. Sofern keine Einzelwerke vorgegeben sind, sondern nur Autoren bzw. Themen und Epochen, werden die jeweils in Frage kommenden Werke und das notwendige Grundwissen zu Themen und Epochen in Form eines gerafften Überblicks zusammengefasst.

Das Bändchen ist in diesem Teil bewusst als Repetitorium angelegt, d. h., **es setzt die unterrichtliche Erarbeitung der Stoffe, der literarischen Gattungen und stilistischen Epochen voraus und bietet eine verknappte Wiederholung.** Deshalb wäre es nicht ausreichend, wenn man sich nur auf die in der Reduzierung zwangsläufig vergröbernde Darstellung verließe.

Der **zweite Teil** liefert eine Reihe von Aspekten, unter denen generelles Wissen merkfähig aufbereitet wird und die einzelnen Schwerpunktthemen miteinander verknüpft werden können. Dieser Teil soll es den Benutzern erleichtern, sich die möglicherweise auch im Unterricht als unverbundenes Nacheinander erlebten Inhalte aus einer distanzierten Perspektive anzueignen und bei einer vergleichenden Zusammenschau eine stoffliche Souveränität zu gewinnen.

Der **dritte Teil** enthält Übungsaufgaben. Zunächst werden vier Klausuraufgaben gestellt, die sich inhaltlich an der Obligatorik orientieren, also nicht kursübergreifend formuliert sind. Sie dienen der Vorbereitung auf die Klausuren der einzelnen Halbjahre und die möglichen Aufgabenarten. Die jeweiligen Lösungsvorschläge orientieren sich am Erwartungshorizont des Abiturs. Anschließend wird die Abiturprüfung in Form von zwei Übungspaketen simuliert. Jede Übung enthält wie im Abitur drei Aufgaben in einer Formulierung, wie sie auch in den vergangenen Abiturjahrgängen gestellt wurde. Die Aufgabenstellungen berücksichtigen die Vorgaben der gültigen Richtlinien und Lehrpläne. Die Lösungsvorschläge richten sich in ihrem Profil nach dem punktgestützten Bewertungsverfahren, wie es bei der schriftlichen Abiturprüfung zur Anwendung kommt. Die Lösungsvorschläge erscheinen in der Regel als stichpunktartiger Erwartungshorizont, wie ihn auch die korrigierende Lehrkraft vom Ministerium erhalten könnte.

Besonders das nach allen operationellen Erwartungen, die wegen ihrer Verbindlichkeit kursiv gedruckt sind, erscheinende *„etwa"* soll immer wieder ins Gedächtnis rufen, dass die jeweils folgenden Lösungsvorschläge auch durch andere angemessene Lösungsinhalte ersetzt werden können. Sinnvolle Lösungsteile, die nicht unter die operationellen Erwartungen zusammenfassbar sind, können im Rahmen eines oder mehrerer weiterer aufgabenbezogener Kriterien durch Punktvergabe bis zur jeweiligen Anzahl Berücksichtigung finden. Die Gesamtpunktzahl je Teilaufgabe darf aber nicht überschritten werden.

Der Band schließt mit Hinweisen und Ratschlägen zu einer möglichen mündlichen Prüfung, der man sich vielleicht auch im Leistungsfach stellen muss. Diese Anregungen gelten aber nicht nur für das Fach Deutsch, sondern für alle mündlichen Abiturprüfungen.

Autor und Verlag wünschen Ihnen viel Erfolg beim Umgang mit diesem Material und im bevorstehenden Abitur!

TEIL I: GRUNDLAGENWISSEN: OBLIGATORISCHE INHALTLICHE SCHWERPUNKTE MIT FOKUSSIERUNGEN

1. INHALTSFELD SPRACHE

1.1 SPRACHERWERBSMODELLE

> Spracherwerb kann unter zwei verschiedenen Perspektiven betrachtet werden: Spracherwerb der Menschheit (Phylogenese) oder Spracherwerb des einzelnen Menschen (Ontogenese). Die Frage nach dem Ursprung der Sprache ist also jene der Phylogenese, die der Ontogenese ist die Frage nach dem individuellen Spracherwerb und der Sprachentwicklung. Zu beiden Fragenkomplexen haben sich unterschiedliche Theorien herausgebildet.

1.1.1 Phylogenetischer Spracherwerb: Ursprung der Sprache

Interdisziplinäre Forschung

Etwa sechstausend Sprachen und zigtausend Dialekte werden von den Menschen auf unserer Erde gesprochen. Aber die Frage nach dem Ursprung aller Sprachen, nach dem Ursprung der Sprache schlechthin, ist weiterhin ungeklärt und heute Gegenstand interdisziplinärer Forschungen der Linguistik, Paläoanthropologie, Anthropologie, Neurologie, Genetik, Anatomie, Evolutionsbiologie und Kognitionspsychologie.

Grenze von Mensch und Tier?

Erklärungsversuche hat es allerdings schon immer gegeben, weil man in der Entstehung der Sprache die Grenze vermutete, die den Menschen vom Tier trennt. Diese Erklärungsversuche werden wissenschaftlich ernsthaft diskutiert, seit Leibniz 1710 in seiner lateinischen Schrift *Kurze Schilderung der Erwägungen zur Herkunft der Völker, die sich am ehesten aus dem, was die Sprachen zu erkennen geben, ableiten lässt* eine Auseinandersetzung über den Ursprung der Sprache angestoßen hat.

1.1.2 Übersicht: Sprachursprungstheorien

Deduktive Theorien		
Gottgegebenheit	religiöser Ansatz	J. P. Süßmilch (1756)
rationalistische Theorie der angeborenen Ideen	– anthropologischer Ansatz: Folge von Besonnenheit und Reflexion	J. G. Herder: *Über den Ursprung der Sprache* (1772)
	– kognitiver Ansatz: Folge der Entwicklung des Denkens	J. Grimm: *Über den Ursprung der Sprache* (1851)
	– linguistischer Ansatz aufgrund sprachlicher Universalien	N. Chomsky: *Aspects of the Theory of Syntax* (1965)

1.1 Spracherwerbsmodelle
1.1.2 Übersicht: Sprachursprungstheorien

Empirische Theorien		
Nachahmungs-Theorie (Wau-wau-Theorie)	onomatopoetischer (lautmalerischer) Ansatz	É. B. de Condillac (1746)
Naturlauttheorie (Aua-Theorie)	emotiv-interjektionaler Ansatz: instinktgesteuerte Gefühlsausdrücke	J.-J. Rousseau: *Essai sur l'origine des langues* (1755)
Dada-Theorie	gestischer Ansatz	R. Paget (1930)
Hauruck-Theorie	arbeitspsychologischer Ansatz: lautliche Begleitung von Arbeitsrhythmen	A. R. Luria (1970)
Holistische Theorie	Äußerung zur Erfassung komplexer Situationen, evtl. entstanden aus Gesang und Tanz	O. Jespersen: *Die Sprache, ihre Natur, Entwicklung und Entstehung* (1922)

Eine wichtige Frage bestand zudem darin, ob anzunehmen sei, dass die menschliche Sprache raumzeitlich betrachtet nur einmal entstanden sei (**Monogenese**), dass es also eine Ursprache (**Protosprache**) geben müsse, oder dass sie sich an verschiedenen Orten und zu verschiedenen Zeiten jeweils und dann unterschiedlich herausgebildet habe (**Polygenese**). Von der Annahme, dass aufgrund einer Ursprache alle Sprachen miteinander verwandt seien (H. Pedersen: nostratische Hypothese), ist man heute abgerückt. Auch hat sich keine primitive Sprache gefunden, die dem Ursprung der menschlichen Sprache nahestünde.

Einmal oder mehrmals entstanden?

Man geht heute davon aus, dass man die Sprache als Zeichensystem zu verstehen hat, das sich entwickeln konnte aufgrund der anatomischen und physiologischen (Absenkung von Kehlkopf und Gaumensegel, Sensibilisierung des Gehörs) sowie neuronalen und kognitiven **Sonderentwicklung des Menschen** (Hirnvergrößerung und Entwicklung eines Sprachzentrums, Kontrolle der Sprechmotorik). Die Frage, ob die Sonderentwicklung des Menschen durch die Entwicklung von Sprache ausgelöst wurde oder ob sie erst die Bedingungen der Möglichkeit von Sprache schuf, ist aus heutiger Sicht müßig.

Anatomische, physiologische und kognitive Sonderentwicklung

Die ersten Ansätze vor zwei bis sieben Millionen Jahren sind vermutlich aus lautlichen Äußerungen **indexalischen** Charakters entstanden, d. h., sie verweisen unmittelbar auf das Bezeichnete, sei es eine Empfindung wie Schmerz, Freude usw. oder eine Geste, die die optische Information akustisch erst begleitete und dann ersetzte. Später haben sich dann vermutlich **ikonische Zeichen** entwickelt, bei denen der Lautkörper auf einen bestimmten Gegenstand oder ein bestimmtes Wahrnehmungsphänomen verweist. Dies, stellt man sich vor, mag sich zunächst lautmalerisch vollzogen haben, bis die Lautfolge durch zunehmende Abstraktion **symbolischen** Charakter annahm, also auf reiner Zuordnungsabmachung beruhte. Die Entwicklung der Sprache bis zu dem uns heute geläufigen kompletten Niveau mit Wortschatz und Grammatik war frühes-

Zunehmende Abstraktion

Sozialer Aspekt

tens vor 125.000 Jahren, spätestens aber vor 50.000 Jahren abgeschlossen, als sich der Homo sapiens aufmachte, sein Stammgebiet in Afrika zu verlassen.

Sprache ist somit ein **kulturelles Erbe** der Menschheit, das sich stets im Wandel befindet und durch den Kontakt der Menschen untereinander am Leben erhalten wird. Aber auch die Umkehrung scheint zuzutreffen, wie brutale Versuche an Neugeborenen in entfernter Vergangenheit gezeigt haben: Ohne Sprache – wie immer sie auch in Erscheinung treten mag – ist der Mensch einer Qualität beraubt, die ihn wesentlich definiert. Die soziale Mithilfe bei der Entwicklung sprachlicher Fähigkeiten trägt also auch wesentlich zur Entwicklung des Individuums bei.

1.1.3 Ontogenetischer Spracherwerb: Sprachentwicklung
(Ontogenetischer Spracherwerb: Erwerb der Muttersprache im Babyalter)

Entwicklung der einzelnen Sprachmodule

Phonologie	– prälinguistische Phase („Lallphase"): Beginn beim Wechsel von Vokallauten und einfachen Verschlusslauten vom vorderen zum hinteren Mundbereich und von stimmhaften zu stimmlosen Konsonanten: m vor n, b vor p, d vor t, g vor k
	– Abschluss der Lautentwicklung: 4. Lebensjahr
Morphologie	Analogbildungen, regelmäßige Bildungen vor unregelmäßigen
Syntax	– Einwortsatz – Zweiwortsatz – komplexe Konstruktionen – Abschluss des Syntaxerwerbs durch interne Regelbindungsprozesse: 10.–12. Lebensjahr
Semantik	abhängig von der Konfrontationsintensität und Differenzqualität der gehörten Sprache

Spracherwerbstheorien

Theorie	Vertreter	Beschreibung	Kritik/Gegenargumente
Behaviorismus, Empirismus	B. F. Skinner C. E. Osgood	Nachahmungstheorie: Imitation und Verstärkung (Belohnung), Eltern reagieren positiv oder negativ auf kindl. Sprachäußerungen	– Erwachsenensprache wird von Kindern nur unwesentlich imitiert. – Kreativität der Kindersprache bleibt unberücksichtigt. – Mensch und Tier werden unterschiedslos gleichgesetzt.

1.1 Spracherwerbsmodelle
1.1.3 Ontogenetischer Spracherwerb: Sprachentwicklung

Theorie	Vertreter	Beschreibung	Kritik/ Gegenargumente
Interaktionismus	J. Brunner C. Snow	Spracherwerb durch progressive soziale Interaktion zwischen Mutter und Kind, abhängig von Entwicklungsstand	keine Erklärung, nur Beschreibung der Erwerbsbedingungen
Nativismus Innativismus Mentalismus	N. Chomsky J. J. Katz	Nachahmung reicht nicht aus; Kind lernt syntaktische Regeln und begrenzten Wortschatz, bildet daraus neue Sätze; genetisch determinierter Spracherwerb: angeborene Ideen, Universalien	keine Betrachtung der Psychologie des Spracherwerbs, der Sprachverarbeitung und der Sprachevolution; Reduktion auf Syntaxerwerb
Kognitivismus Konstruktivismus	J. Piaget Genfer Schule G. Lakoff R. Langacker	Spracherwerb als Folge der (genetisch determinierten) kognitiven Entwicklung, Frage nach den jeweils notwendigen Denkleistungen	Spracherwerb lässt sich nicht monokausal aus kognitiver Entwicklung herleiten.
Konnektivismus	G. Siemens	Wechseleinfluss der sprachlichen Module, Mensch als vernetztes Individuum, Lernen als Verbindung verschiedener Informationsquellen (Knoten)	beschreibt nur den intellektuellen Vorgang, liefert keine Erklärung.

Fazit: Eine eindeutige und allgemein anerkannte Theorie des Spracherwerbs existiert nicht. Sie wird vermutlich so lange umstritten bleiben, bis geklärt ist, wie unser Gehirn im Hinblick auf Sprache und Denken arbeitet.

1.2 SPRACHGESCHICHTLICHER WANDEL

Jede natürliche, lebende Sprache ist mit der Zeit auch dem Wandel unterworfen, und zwar die gesprochene Sprache eher als die geschriebene. Die Gesamtentwicklung einer Sprache wird in ihrer Sprachgeschichte dokumentiert.

Entstehung der deutschen Sprache

Die deutsche Sprache zählt zu der großen **indoeuropäischen Sprachfamilie**, die in Europa neben den germanischen Sprachen auch die romanischen und slawischen Sprachen umfasst. Das heutige Deutsch hat sich aus dem Westgermanischen in mehreren Entwicklungsstufen über das Althochdeutsche, Mittelhochdeutsche und Frühneuhochdeutsche entwickelt. Dabei war und ist sie vielfachen fremden Einflüssen ausgesetzt, seien sie politischer, sozialer oder kultureller Natur, die ihre Spuren hinterlassen haben, vor allem:
– dem Lateinischen als römischer Besatzungssprache zu Beginn unserer Zeitrechnung,
– dem Französischen als führender Kultursprache des 18. Jahrhunderts
– und heute dem Angloamerikanischen (Englischen) als globaler Verständigungssprache.

Wird eine Sprache hinsichtlich eines solchen historischen Veränderungsprozesses untersucht, spricht man vom **diachronen** Ansatz.

Andererseits entstehen aber auch zur gleichen Zeit in den überaus heterogenen Gruppen der Sprachgemeinschaft auf allen Ebenen des Sprachsystems unterschiedliche Sprachvorlieben und -tendenzen, die einer neuen Phase der Sprachgeschichte den Grund legen können. Eine Untersuchung solcher zur gleichen Zeit bestehenden Sprachunterschiede nennt man eine **synchrone** Verfahrensweise.

Zur Untersuchung des Sprachwandels haben sich mehrere Theorien herausgebildet:

1.2.1 Übersicht: Sprachwandeltheorien

Theorie	Beschreibung	Kritik/Beurteilung
Stammbaumtheorie	Jede Sprache ist aufzufassen als Zweig einer Sprachfamilie, die wiederum gemeinsam einem Sprachstammbaum zugehören.	Grundlagenwissen
Superstrat-Theorie (superstrat: darübergestreutes)	Eine Sprache übernimmt in einer Unterlegenheitssituation Bestandteile der Sprache des überlegenen Volkes (Transferenzen).	Interessant für Latinismen, Gallizismen (18./19. Jh.) und Anglizismen (20. Jh.)
Substrat-Theorie (substrat: daruntergestreutes)	Eine dominante Sprache übernimmt Elemente der ihr unterlegenen Sprache.	Interessant für regionalsprachliche Varietäten (z. B. Übernahme von „Kanaksprak" in die dt. Hochsprache)

1.2 Sprachgeschichtlicher Wandel
1.2.2 Übersicht: Transferenz („Entlehnung")

Theorie	Beschreibung	Kritik/Beurteilung
Wellentheorie	Zwischen verwandten Sprachen kommt es immer wieder zu Wechseleinflüssen.	Interessant z. B. für den Einfluss des Deutschen auf das Angloamerikanische bzw. Englische
Stadialtheorie (stadial: stufenweise)	Jede Sprache entwickelt sich organisch in Stadien von einfacher zu komplexer Struktur.	Umkehrtendenz in heutiger Sprache beobachtbar: Pragmatismus (Telegrammstil, SMS-, Chat-, Twitter-, Comic-Sprache)
Theorie der unsichtbaren Hand	Sprachwandel vollzieht sich evolutionär, d. h. ungeplant und unbeabsichtigt (Trampelpfadtheorie).	

1.2.2 Übersicht: Transferenz („Entlehnung")

Der Begriff Transferenz bezeichnet alles Lehngut einer Sprache, also allgemein alle Formen der Übernahme von fremdsprachlichen Elementen (phonetischer, orthografischer, morphologischer, semantischer oder syntaktischer Art) in eine Muttersprache. Diese Übernahmen können assimiliert, d. h., an die Muttersprache angepasst, oder nichtassimiliert sein. Während die assimilierten Formen (z. B. Fenster ← fenestra) schnell ihren Fremdcharakter verlieren und z. B. zu Lehnwörtern werden, bleibt bei nichtassimilierten der Fremdcharakter erhalten (Fremdwort). Am auffälligsten und häufigsten geschieht das im Bereich der Semantik.

Assimilation oder Nichtassimilation

Semantische Transferenzen differenziert man nach folgenden Formen von Lehnbildungen:

Begriff	Erläuterung	Beispiel
Lehnbedeutung	Bedeutungserweiterung eines muttersprachlichen Wortes durch Einfluss einer Fremdsprache	„Realisieren": eigentl. verwirklichen; Bedeutungserweiterung: wahrnehmen
Lehnschöpfung	Neuschöpfung eines muttersprachlichen Wortes unabhängig vom fremdsprachlichen Wort	Symbol (aus dem Griech.: etwas Zusammengefügtes) → Sinnbild

1.2 Sprachgeschichtlicher Wandel
1.2.2 Übersicht: Transferenz („Entlehnung")

Begriff	Erläuterung	Beispiel
Lehnformung	Bildung eines neuen muttersprachlichen Begriffs in Abhängigkeit vom fremdsprachlichen Wort	
	Lehnübertragung: Lehnformung in assimilierter Form	Patria → Vaterland
	Lehnübersetzung: Lehnformung in Glied-für-Glied-Übersetzung	steam engine → Dampfmaschine
Scheinlehnwort	muttersprachliche Neubildung eines Wortes, das seine fremdsprachliche Herkunft nur vortäuscht	Mobile (engl.) → Handy (dt.)

Hauptelemente des modernen Sprachwandels

- **Transferenzen** treten im heutigen Gegenwartsdeutsch vor allem aus dem Angloamerikanischen auf in den Bereichen Wissenschaft, Technik, Sport, Mode, Musik und Medien. Häufig begründen sich diese Transferenzen nicht nur dadurch, dass die verwendeten Begriffe Internationalismen, also wie fachsprachliche Termini technici übersetzungslos in allen Sprachen verankert sind (z. B. „Videoclip", „App"), sondern vor allem durch das Prestige des Angloamerikanischen in diesen Bereichen. Mit der Verwendung verbindet der Sprecher nicht selten Vorstellungen von Selbstwert, Macht, sozialem Ansehen und Aufstieg. Fragwürdig wird es dann, wenn fremdsprachlichen Ausdrücken ein völlig anderer Sinn unterlegt wird (z. B. „public viewing": Leichenschau [engl.] vs. öffentliches Fernsehen, Rudelgucken).
- **Die Mischung von Groß- und Kleinbuchstaben** dient sehr subjektiven Hervorhebungen.
- Der Stil der Chats und Internet-Foren, gern mit dem unzutreffenden Begriff des **Parlando-Stils** bezeichnet, mit seiner sich an der Lautsprache orientierenden Schriftlichkeit wächst mehr und mehr auch in den normalen Sprachgebrauch hinein. Merkmale dieses Stiles sind Veränderungen am Wortkörper (Metaplasmen) durch Weglassungen am Wortanfang, in der Wortmitte oder am Wortende oder durch Zusammenziehung und Verschmelzung zweier Wortkörper (Kontraktion). Syntaktisch äußert sich dieser Stil vor allem in Auslassungen von Satzteilen, die in feuilletonistischen Kurz- oder sogar Einwortsätzen („Eben.") ihre Vorläufer haben. Das lässt sich aber auch schon unter die Tendenz zur Abbreviation fassen. *(Orientierung an Lautsprache)*
- **Abbreviationen** (Abkürzungen) bestimmen nicht nur in der deutschen Sprache den zeitgenössischen Sprachwandel. Sie treten vorwiegend im mündlichen und medialen Sprachgebrauch als Ausdruck der Ökonomie, des Pragmatismus und der Gruppenzugehörigkeit in folgenden Formen auf:

1.2.3 Übersicht: Abbreviationen

Bezeichnung	Beschreibung	Beispiel
Akronym	meist in Großbuchstaben geraffte Folge von Initialbuchstaben	ARD, CDU, LKW, IC, AB
Sigle, Emoticon (Smiley)	neudefinierte kleine Bildzeichen	☺ ☹
Symbol	Einzelwörter werden durch Begriffszeichen ersetzt.	&, %, Ziffern: 4teilen
Kurzwort	Kopfwort	Auto, Foto, Uni, Prof, Perso
	Doppel-Kopfwort	Trafo, Kita, Hiwi, Modem (*Mo*dulator + *Dem*odulator)
	Schwanzwort	Trockner, Bus, Rechner
	Rahmenwort	Brunch (*Br*eakfast + L*unch*), Motel (*mo*torist's ho*tel*)
	Verbalsubstantiv	Tanke, Flieger, Denke
Inflektiv	phonologisch beeinflusstes synthetisches Wort	stöhn, blabla, krächz
Metaplasmus	Veränderung des Wortkörpers	
Elision (Auslassung)	Aphärese: am Anfang	raus, ne < eine
	Synkope: in der Mitte	gehn
	Apokope: am Ende	nich, sonder
Ellipse	Satzverkürzung	Mach ich.
Kontraktion (Synalöphe)	Zusammenziehung zweier Wörter	hasse < hast du

Zuletzt wurde die sich immer stärker in den digitalen Bereich verschiebende schriftliche Kommunikation (E-Mail, SMS, Twitter) durch sog. **Emojis** revolutioniert, die 1999 vom japanischen Kommunikationsdesigner Shigetaka Kurita entwickelt wurden. Dabei steht das *E-* für Bild und *moji* für Charakter. Ziel der Entwicklung dieser einfachen Bildzeichensprache, bestehend aus modernen Ikons in hieroglyphischer Aneinanderreihung, ist es, ein global einheitliches visuelles Verständigungsmedium zu schaffen, das von allen Menschen der Erde verstanden werden kann, ohne eine neue Sprache erlernen zu müssen (wie z. B. die Weltkunstsprachen Ito oder Esperanto).

1.2.4 Mehrsprachigkeit

Man muss echte Multilingualität, in der Regel Bilingualität, also die alltägliche Verwendung von zwei ethnisch unterschiedlichen Sprachen, von der Diglossie, der Verwendung von zwei Varietäten derselben ethnischen Sprache, unterscheiden. Von **Diglossie** würde man also sprechen, wenn neben der normierten Hochsprache noch eine andere Sprachform benutzt wird, die sich im Niveau deutlich von der Hochsprache unterscheidet, wie z. B. der Dialekt. Umgangssprache, Jugendsprache, Soziolekt oder Idiolekt würden in ihrer relativ geringen Differenz zur Hochsprache nicht ausreichen, um von einer Diglossie zu sprechen. Anders ist es bei dem Szenejargon „Kanaksprak"[1], der besonders von Migranten benutzten Mischsprache aus Deutsch und Elementen des Türkischen und der Balkansprachen (**„Türkendeutsch", „Kiez-Deutsch"**). Hier liegen auf unterschiedlichen Ebenen so gravierende Abweichungen vor, dass es bereits einer besonderen Beherrschung dieser subkulturellen Kiez-Sprache bedarf. Das ist auch daran feststellbar, dass es Bestrebungen gibt, diese Sprachvarietät nicht abzuwerten, sondern als interkulturelle Kontaktsprache und Multi-Ethnolekt anzuerkennen, weil sie als sekundärer (d. h. nachgeahmter) oder sogar tertiärer (d. h. sich in den Medien spiegelnder) Ethnolekt auf die Ursprungssprache zurückwirkt (z. B. Übernahmen der „Kanaksprak" in die Hochsprache).

Echte Bilingualität ist häufig bei Kindern von Migranten oder verschiedensprachigen Eltern gegeben. Selten werden dabei beide Sprachen vollständig in Wort und Schrift beherrscht, zumeist dominiert eine. Die Identitäts- und die Kontrastivhypothese beleuchten unterschiedliche Probleme der Bilingualität. Nach der Kontrastivhypothese bereitet beim Erwerb einer Zweitsprache das Lernen unterschiedlicher Elemente besondere Schwierigkeiten, während identische Elemente leicht erlernbar sind. Dagegen geht die Identitätshypothese davon aus, dass es für den Erwerb keine Rolle spielt, welche Sprache zuerst erlernt wurde. Neuere Forschungen belegen jedenfalls, dass Bilingualität das Gehirn in den Bereichen des Hippocampus und des Cortex verändert und verbessert im Hinblick auf logisches Denken, Simultanität (Multitasking), Auffassungsschnelligkeit und die Entwicklung von Konfliktlösungsstrategien.[2] Die Erforschung dieses Phänomens ist bei Weitem noch nicht abgeschlossen.

Erlernte Mehrsprachigkeit durch den Erwerb einer Fremdsprache z. B. in der Schule gewinnt in einer globalisierten Welt zunehmend an Bedeutung. So ist es im vereinten Europa ein seit 2003 in Barcelona erklärtes Ziel, dass in absehbarer Zeit jeder Bürger Europas neben seiner Muttersprache zwei weitere Sprachen beherrschen soll. Als Vorteile der so erlernten Mehrsprachigkeit werden immer wieder folgende vier Aspekte vorgetragen:
– **„Der kognitive Aspekt**: Mehrsprachigkeit fördert ein differenziertes Bewusstsein von Sprache, z. B. das metasprachliche Bewusstsein und andere Fertigkeiten, die auch das Erlernen weiterer Sprachen erleichtern. Sie schult außerdem differenziertes Denken.

---

1 Diese Wortschöpfung geht wahrscheinlich auf den deutschen Autor türkischer Herkunft Feridun Zaimoglu zurück (*Kanak Sprak – 24 Mißtöne vom Rande der Gesellschaft*, 1995).
2 The Power of the bilingual Brain, Time, Vol. 182, Nr. 30 vom 29. 07. 2013, S. 26–29.

- **Der psychologische Aspekt**: Für viele Menschen ist die Herkunftssprache (‚Muttersprache') ein Symbol ihrer Identität. Die Anerkennung der Muttersprache hebt das Selbstbewusstsein der Sprecher, das ist v. a. wichtig für Sprachen, die in unserer Gesellschaft bislang noch wenig Prestige besitzen.
- **Der pragmatische Aspekt**: Mehrsprachige haben eine differenziertere Sicht auf die Welt. Sie lernen durch die Brille der anderen Sprache andere Sichtweisen kennen und sind daher flexibler im Handeln. Ein Beispiel: Manche Sprachen drücken ein und denselben Sachverhalt ganz verschieden aus: z. B wenn ich vom Regen durchnässt bin, sage ich auf Italienisch *sono tutta bagnata* ‚ich bin ganz gebadet'. Oder es gibt viele Redensarten, die kulturelle Vorstellungen wiedergeben: Im Deutschen ist die Galle vor allem ein Sitz von Wut. Man sagt *mir läuft die Galle über*, *mir kommt die Galle hoch*. Im Türkischen ist damit vor allem Hunger verbunden. Man sagt *safra bastirmak* (‚Galle drücken'): ein bisschen etwas essen, um den Hunger zu unterdrücken usw.
- **Der kulturelle Aspekt**: Mehrsprachige, besonders Angehörige von Sprachminderheiten, haben eine Brückenfunktion als Vermittler zwischen verschiedenen Kulturen. Sie sind in verschiedenen Sprachen und Kulturen zuhause und können diese an uns vermitteln."[3]

1.3 SPRACHVARIETÄTEN UND IHRE GESELLSCHAFTLICHE BEDEUTUNG

Unter dem Begriff Sprachvarietäten versteht man die synchron nebeneinander bestehenden, aber unterschiedlichen Erscheinungsformen einer Sprache.

1.3.1 Übersicht: Sprachebenen und Varietäten

Sprachebene	Beschreibung	Verwendung
Gehobene Sprache Dichtersprache	elitäre, gewählte Semantik	Kunst- oder kultureller Imponierstil: Literatur
Standardsprache Allgemeinsprache Hochsprache	überregional, mit semantischer, orthografischer und grammatischer Reglementierung vor allem bei der schriftlichen Kommunikation	Normsprache der sozial und kulturell herrschenden Oberschicht: Kommunikationsmedien
Umgangssprache	ungezwungene, mündlich allgemein benutzte Alltagssprache	Normalbürger

---

[3] Zit. nach: Claudia Maria Riehl: *Die Bedeutung von Mehrsprachigkeit*, http://www.phil-fak.uni-koeln.de/fileadmin/zsm/Bedeutung_von_Mehrsprachigkeit-1.doc (Stand: Januar 2019).

Sprachebene	Beschreibung	Verwendung
Regionalsprache	regional mundartlich gefärbte mündliche Umgangssprache	Identifikation und Gemeinschaft stiftende Sprache, z. B. Ruhrgebietssprache
Gemeinsprache Vulgärsprache	im Vokabular meist derbe, grammatikalisch oft restringierte mündliche Sprachverwendung in oft diskriminierender Absicht	Emotionsausgleich; z. T. auch soziale Unterschicht
Mundart	regional traditionell verwendete alte Sprachform mit meist eigener Semantik und Grammatik	kulturelle Tradition, z. B. Friesisch, Kölsch, Niederdeutsch (Plattdeutsch), Bayerisch
Fachsprache	wissenschaftliche Sprache mit fachlich besonders differenzierter, oft fremdsprachlicher Begrifflichkeit: „Fachchinesisch"	differenzierte Spezialverständigung, z. B. Sprache der Medizin, Psychologie etc.
Ethnolekt	spezielle Sprachverwendung einer fremden ethnischen Gruppe	Migrations- und Ghettosprache, z. B. „Kanaksprak"
Soziolekt Jargon	Sprachvorlieben einer sozialen Gruppe im Rahmen der Hochsprache: Jugendsprache, geschlechtsspezifische Sprachverwendung	Mittel der sozialen Distanzierung und Gemeinschaftsbildung, z. B. Männersprache, Frauensprache, Jugendsprache
Idiolekt	individuelle Sprachverwendung	

Beim Ethnolekt gilt es in Deutschland drei Ebenen zu unterscheiden: Zu dem dargestellten primären Ethnolekt treten inzwischen auch der **sekundäre Ethnolekt** auf, der zumeist als unterhaltende Nachahmung des primären Ethnolekts Verwendung findet, und der **tertiäre Ethnolekt**, der in den Medien gespiegelte sekundäre Ethnolekt, der auf die gesamte Sprachgemeinschaft einwirkt.

1.3.2 Jugendsprache

Die Jugendsprache ist ein wesentlicher, sich historisch immer wieder verändernder Soziolekt. Er kennzeichnet sich unabhängig von der jeweils sprechenden Gruppierung zumeist durch:
– besondere Gruß- und Anredeformen: „Alter", „Digger" (Dicker), „Tussi"

- Verwendung einer Sonderlexik:
  - → Neologismen (Wortneuschöpfungen): „alken" = sich hemmungslos betrinken
  - → lexikalische Mutation (Wortveränderung): „Randalo" = Schlägertyp
  - → lexikalische Abbreviationen (Vereinfachungen): „Proggi" = Programm
  - → semantische Entlehnungen aus anderen Sprachen: „chillen" = entspannen, abhängen
  - → Internationalismen (fremdsprachliche Anleihen): „beachen" = am Strand liegen
  - → phonologische Germanisierung (klangliche Eindeutigung): „abcoolen" = sich beruhigen
  - → semantische Variationen (Bedeutungsverschiebung): „Bonsai" = kleingewachsener Junge
  - → semantische Addition (Bedeutungserweiterung): „fett" = voll in Ordnung
  - → semantische Subtraktion (Bedeutungsverengung): „Looser" = Versager
  - → semantische Paradoxa (Bedeutungsumkehrung): „Massage" = Prügel
  - → kreative Wortspiele: „labundig" = lebenslustig
  - → Verwendung gemeinsprachlicher Ausdrucksformen: „Fressbrett"
- Verbalisierung von Substantiven: „müllen" = dummes Zeug reden
- stark expressive, oft superlativ übersteigerte Adjektive: „megageil"
- Hyperbeln (Übertreibungen): „hunderttausend Leute"
- metaphorische (bildhafte) Ausdrucksweise: „Münzmallorca" = Solarium
- häufiger Gebrauch abtönender Füllwörter: „irgendwie", „oder so"
- Verwendung von Abbreviationen: „türlich" = natürlich
- elliptische Syntaxverwendung: „klaro" = versteht sich von selbst
- nachdrückliche Bestätigung: „ehrlich", „echt ey"
- Rückversicherungsfloskeln: „weißt du"

Besonders bei Fragen der Wertung ist die Jugendsprache lexalisch-semantisch aktiv, also bei Äußerungen der Wertschätzung oder Geringschätzung (z. B.: „knorke", „tofte", „jovel", „spitze", „klasse", „super", „geil", „cool" [in etwa historische Abfolge]; „grottig", „sich einen Fetten machen" = sich drücken) oder zum Ausdruck der Verwunderung oder Unzufriedenheit („ich denk, mich knutscht ein Elch"). *Von „knorke" bis „cool"*

Jugendsprache ist zunächst abwertend betrachtet als „Halbstarken-Chinesisch" stigmatisiert worden, ehe sie über „Teenagerdeutsch" und „Schülerdeutsch" als Jugendsprache auch wissenschaftlich ernst genommen wurde. Heute wird der Collage-Stil der Jugendsprache, der nach innen Solidarität und nach außen Distinktion vermittelt und sich einerseits aus der Mediensprache und andererseits aus der eigenen Sprachhaltung speist, als Quelle kultureller Entwicklungen betrachtet.

1.3.3 Genderlekt

Die Frage nach dem Genderlekt, der Frage nach der Männer- bzw. Frauensprache, ist im Wesentlichen keine Frage nach der Sprachdifferenz zwischen den Geschlechtern, als vielmehr die Frage nach einer geschlechtergerechten Sprache. Seit den 1970er Jahren sind im Rahmen der Emanzipationsbestrebungen der Frau Klagen über den Sexismus in der Sprache formuliert und zur Erlangung der auch sprachlichen Gleichberechtigung Forderungen aufgestellt worden, die den gängigen Maskulinismen in der *Männersprache, Frauensprache?*

deutschen Sprache den Kampf angesagt haben. Daraus haben öffentliche und amtliche Stellen ihre Lehren gezogen und bemühen sich heute in vielfacher Weise um Sprachgerechtigkeit. Dies geschieht überwiegend entweder durch die **Verdeutlichung** der beiden Geschlechter, indem man beide Geschlechtsgruppen direkt anspricht (Doppelanrede: „Schülerinnen und Schüler") oder dadurch, dass man sich um eine **neutrale Ausdrucksweise** bemüht, was häufig bereits durch Pluralbildungen vollzogen werden kann („Studierende" statt: Studenten, „alle, die zur Wahl berechtigt sind" statt: jeder Wahlberechtigte; „Es ist nicht bekannt, wer das Werk verfasst hat" statt: der Verfasser des Werks ist unbekannt; „Beratung der Kundschaft" statt: Kundenberatung).

1.4 VERHÄLTNIS VON SPRACHE, DENKEN UND WIRKLICHKEIT

Die modernen Medien haben den bereits von Herder im 18. Jahrhundert angesprochenen Problemkreis um **Sprache, Denken und Wirklichkeit** noch weiter zugespitzt, zumal die durch die gewachsenen Zugriffsmöglichkeiten erweiterte Freiheit des individuellen Bewusstseins durch die immer stärker einwirkenden Vorgaben der neuen Einflüsse bedrohter erscheint als zuvor. Hinsichtlich des Verhältnisses von Sprache und Denken lässt sich folgender Theorie-Stammbaum erstellen:

Übersicht: Sprachtheorien

Theorie	Erklärung	Vertreter
Monistische Theorien	Sprache und Denken sind eins.	J. G. Herder, M. Müller, F. Mauthner, G. Lukács
Dualistische Theorien	**Dominanztheorien:** – Denkdominanz (kognitionstheoretischer Ansatz): Das Denken (Kategorien) beeinflusst Wahrnehmung und Sprache.	J. Piaget, N. Chomsky
	– Sprachdominanz (linguistischer Ansatz): Die Sprache beeinflusst Wahrnehmung und Denken (Linguistisches Relativitätsprinzip).	W. v. Humboldt, J. B. Watson, B. L. Whorf, E. Sapir
	Interdependenztheorie (neurolinguistischer Ansatz): Sprache und Denken stehen in einem Wechselverhältnis.	G. Patzig, L. S. Wygotski, D. Spanhel, A. Schaff

1.4.1 Fokus: Aktualität der Sapir-Whorf-Hypothese

Die Sprachdominanztheorie – die Annahme, dass die Sprache Wahrnehmung und Denken beeinflusst – hat eine mindestens bis zur Aufklärung zurückreichende Geschichte. **Johann Georg Hamann** (1730–1788) begreift in seiner posthum erschienenen, gegen Kant gerichteten Schrift *Metakritik über den Purismus der Vernunft* (1800) die Sprache als „einzigen und letzten Organon und Kriterion der Vernunft" und formuliert knapp: „Vernunft ist Sprache"[4].

„Vernunft ist Sprache"

Hamanns Schüler **Johann Gottfried Herder** (1744–1803) gewinnt mit seiner *Abhandlung über den Ursprung der Sprache* (1772) eine für das Jahr 1770 von der Berliner Akademie der Wissenschaften ausgelobte Preisaufgabe, in der er zwar den Spracherwerb des Menschen auf dessen eigene Entwicklung zurückführt. Aber die Auffassung Hamanns von der Vorrangstellung der Sprache gegenüber dem Denken teilt Herder, wenn er behauptet, „man erweckt eben Gedanken durch Worte"[5].

„Worte erwecken Gedanken"

Im Gegensatz zu Hamann geht **Wilhelm von Humboldt** (1767–1835) zwar vom Transzendentalen Idealismus Immanuel Kants aus. Aber in seiner Schrift *Über die Verschiedenheit des menschlichen Sprachbaues und ihren Einfluss auf die geistige Entwicklung des Menschengeschlechts* (1836) gelangt Humboldt ebenfalls zu einer Sprachauffassung, die der Sprache gegenüber dem Denken ein Primat einräumt. Man kann diese Sprachauffassung „Sprachlichen Idealismus" nennen, weil Humboldt analog zu Kant unterstellt, dass die Dinge der Wirklichkeit selbst nicht erfassbar seien, sondern nur durch eine sprachlich vorstrukturierte Wahrnehmung. Erst wenn die Sprache die Wirklichkeit durch Begriffe verfügbar gemacht hat, kann das Denken mit diesen Begriffen operieren und sich die Wirklichkeit erschließen, so Humboldt. Anders formuliert: Der Mensch kann von der Wirklichkeit das nicht erkennen, was er nicht benennen kann. Unter Verwendung von aristotelischen Begriffen bezeichnet Humboldt mit „Ergon" den begrifflichen Bestand einer Sprache und mit „Energeia" die wirklichkeitsschaffende Kraft der Sprache. Sprache ist nach Auffassung Humboldts als dynamischer Prozess die „äußerliche Erscheinung des Geistes der Völker; ihre Sprache ist ihr Geist und ihr Geist ihre Sprache, man kann sich beide nie identisch genug denken."[6] Zum Verhältnis zwischen Sprache und Denken formulierte er eindeutig: „Die Sprache ist das bildende Organ des Gedanken(s)."[7] Später teilten sowohl der deutsch-jüdische Philosoph **Ernst Cassirer** (1874–1945) als auch der während der NS-Zeit mit dem Reichssicherheitshauptamt zusammenarbeitende Sprachwissenschaftler **Leo Weisgerber** (1899–1985) Humboldts Auffassung von der Sprache als dem Mittel, mit dem uns erst die Erschließung der Wirklichkeit gelingt.

Sprachlicher Idealismus

Mit dem in die USA emigrierten deutsche Anthropologen **Franz Boas** (1858–1942) setzt der ethnologische Zweig der Sprachtheorie ein. Als Ergebnis seiner Studien formulierte Boas 1920: „The categories of language compel us to see the world arranged

Ethnologie

---

4 Brief Hamanns an Herder vom 8. 8. 1784. In: Johann Georg Hamann: *Briefwechsel*. Hrsg. von W. Ziesemer und A. Henkel. Wiesbaden: Insel, 1955 ff., Bd. V (1965), S. 177.
5 Johann Gottfried Herder: *Sprachphilosophie. Ausgewählte Schriften*. Hrsg. von E. Heintel. Hamburg: Meiner, 2005, S. 145 (Philosophische Bibliothek Bd. 574).
6 Wilhelm von Humboldt: *Ueber die Verschiedenheit des menschlichen Sprachbaues und ihren Einfluss auf die geistige Entwicklung des Menschengeschlechts*. In: Ders.: Werke in fünf Bänden. Hrsg. von A. Flitner und K. Giel. Bd. 3: Schriften zur Sprachphilosophie. Darmstadt: Wissenschaftliche Buchgesellschaft, 1963, S. 414 f.
7 Ebd., S. 426.

1.4 Verhältnis von Sprache, Denken und Wirklichkeit
1.4.1 Fokus: Aktualität der Sapir-Whorf-Hypothese

in certain definite conceptual groups which, on account of our lack of knowledge of linguistic processes, are taken as objective categories and which, therefore, impose themselves upon the form of our thoughts."[8] In seinem Werk *Race, Language and Culture* (1940) stellt er fest, dass eine Kultur nicht von ihrer Sprache eingegrenzt werden könne. Boas gelangt dabei zu der Schlussfolgerung, dass das Denken die Sprache beeinflusse, dass aber „alle Sprachen umfangreich und komplex genug (sind), um der Vielfalt menschlichen Denkens gerecht zu werden."[9]

Steuert Sprache das Denken?

Sein Schüler **Edward Sapir** (1884–1939), ein von Litauen aus in die USA emigrierter Sprachwissenschaftler und Ethnologe, kehrt allerdings diese Einstellung um. In seiner Schrift *Language: An Introduction to the Study of Speech* (1921) behauptet Sapir, die Denkprozesse des Menschen seien durch die Eigenheiten der Sprache strukturiert und bis zu einem gewissen Grad sogar von ihr gesteuert. Die Unterschiedlichkeit der Sprachen weise geradezu darauf hin, dass sie eine unterschiedliche soziale Wirklichkeit widerspiegelten. Sapir betont dabei allerdings den pragmatischen Charakter der Sprache, die die Wirklichkeit je nach Bedarf und Notwendigkeit auffasse. Er formuliert alles in allem jedoch sehr vorsichtig und behauptet im Gegensatz zu Humboldt weder eine Identität von Sprache und Denken, noch glaubt er, mit einer Mehrsprachigkeit könne sich die Wahrnehmung der Wirklichkeit erweitern. Er betont vielmehr, dass keine Sprache die Realität richtiger abbilde als eine andere, weil es eben keine objektive Wahrheit der Realität gebe. Deshalb hält er es auch durchaus für wahrscheinlich, dass zwischen zwei Sprachen das Problem der Unübersetzbarkeit auftreten könne.

Linguistisches Relativitätsprinzip

Wesentlich radikaler ist im Gegensatz dazu die Einstellung seines Schülers **Benjamin Lee Whorf** (1897–1941). Als ausgebildeter Chemieingenieur war Whorf eigentlich Brandverhütungsingenieur bei einer Versicherungsgesellschaft und interessierte sich zunächst nur als Hobby für ausgefallene Sprachen. Als Sapir einen Lehrstuhl in Yale erhielt, besuchte Whorf Kurse bei ihm, ließ sich zur Untersuchung von amerikanischen Indianersprachen animieren und wurde so zu einem linguistischen Laien – ohne Diplom. Seine Untersuchung der Sprache der im Navajo-Reservat in Arizona lebenden Hopi-Indianer, die er in seinem erst 1950 veröffentlichten Aufsatz *An American Indian Model of the Universe* (1936) niederlegte, führte Whorf später zur Formulierung seines linguistischen Relativitätsprinzips. Als Ergebnisse seiner Untersuchungen findet er 1936 heraus, dass die Hopi-Sprache zwar in der Lage ist, in einem pragmatischen und operationalen Sinne alle beobachtbaren Phänomene des Universums richtig zu beschreiben. Aber die Weltanschauung der Hopi sei, gemessen an unserer, der in den sogenannten SAE-Sprachen („Standard Average European") vorhandenen Weltanschauung, unmathematisch und linguistisch eine andere. Die Hopi-Sprache besitze keine Begriffe für unsere kosmischen Grundkomponenten von Raum und Zeit, weil sie zwei anderen Grundkomponenten folge, den objektiven Fakten und der subjektiven Meinung, sodass sie gar keine Begrifflichkeiten für Raum und Zeit benötige.

Das Weltbild der Hopi-Indianer

Der Einstein der Sprache?

Innerhalb der nächsten zehn Jahre entwickelt Whorf dann sein linguistisches Relativitätsprinzip, mit dem er sich in verschiedenen Aufsätzen und Vorträgen vornehmlich an ein Laienpublikum wendet und als begabter Redner auch manches im Sinne

---

8 J. A. Lucy: *Language Diversity and Thought. A Reformulation of the Linguistic Relativity Hypothesis.* Cambridge, 1992, S. 15.
9 Zitiert nach: Joachim Funke: *Sprache und Denken: Einerlei oder Zweierlei? Einige Überlegungen aus Sicht der Psychologie.* Vortrag am Psychologischen Institut der Universität Heidelberg vom 18. 11. 1999, S. 7; https://www.psychologie.uni-heidelberg.de/ae/allg/mitarb/jf/Funke_1999_Sprache&Denken.pdf (Stand: Februar 2019).

1.4 Verhältnis von Sprache, Denken und Wirklichkeit
1.4.1 Fokus: Aktualität der Sapir-Whorf-Hypothese

eines besseren Verständnisses vergröbert und übertreibt. Seine Theorie wird zumeist nach dem Sammelband *Sprache – Denken – Wirklichkeit. Beiträge zur Metalinguistik und Sprachphilosophie* (1956, dt. 1963) zitiert. Die Begrifflichkeit der linguistischen Relativitätstheorie lehnt sich dabei nicht nur an die Spezielle Relativitätstheorie Albert Einsteins von 1905 an, sondern auch an das ethnologische Relativitätsprinzip von Franz Boas, nach dem zahlreiche Institutionen, Wertungen und Emotionen kulturspezifisch, also nur den Mitgliedern je einer bestimmten Kultur zugänglich oder verbindlich seien.

Whorf schreibt, dass der zunehmende Vergleich verschiedener Sprachen die Linguisten herausfinden ließ, „dass das linguistische System (mit anderen Worten, die Grammatik) jeder Sprache nicht nur ein reproduktives Instrument zum Ausdruck von Gedanken ist, sondern vielmehr selbst die Gedanken formt."[10] Verschiedene Grammatiken führten demnach zu verschiedenen Arten der Produktion von Gedanken. Die Realität werde nicht nach Kategorien wahrgenommen, die aus der Realität stammten, sondern nach denen, die das jeweilige linguistische System vorgebe, das selbst in einem langen Prozess einer kulturellen Übereinkunft entstanden sei. Jeder Sprachteilnehmer sei zwangsläufig an das linguistische System seiner Sprache gebunden. Eine Freiheit im Umgang mit der Realität wachse demnach erst mit der Beherrschung mehrerer linguistischer Systeme (Mehrsprachigkeit). Das bringt Whorf zu der Formulierung seines Relativitätsprinzips, „das besagt, dass nicht alle Beobachter durch die gleichen physikalischen Sachverhalte zu einem gleichen Weltbild geführt werden."[11] Die relativ große Übereinstimmung in dem von den europäischen Sprachen produzierten Weltbild führt Whorf auf die Nähe der indoeuropäischen Sprachen zueinander und die gemeinsam gewachsene Kultur zurück. Die Tatsache, dass sich in den Wissenschaften auch bei außereuropäischen Wissenschaftlern keine anderen Termini fänden, begründet Whorf damit, dass man sich der europäischen Sichtweise unterworfen habe. Deutlicher werde diese Divergenz, „dass Sprachen die Natur in vielen verschiedenen Weisen aufgliedern"[12] erst, wenn man Sprachen miteinander vergleicht, die sich mehrere tausend Jahre unabhängig voneinander entwickelt haben.

Whorf leitet seine leidenschaftlich vorgetragenen Überlegungen nicht aus übergeordneten Theorien ab, sondern stützt sich bei der Begründung seiner These argumentativ fast ausschließlich auf die Ergebnisse seiner Untersuchungen der Hopi-Sprache, vor allem auf deren, wie er behauptet, andere Raum-, Zeit- und Mengenauffassung. Als darüber hinausgehende Argumente führt er die Verschiedenheit der Farbeinteilungen und -bezeichnungen bei unterschiedlichen Sprachen an. Berühmt wurde Whorfs Behauptung, die Sprache(n) der Inuits (Eskimos) hätte(n) – im Unterschied etwa zu den europäischen Sprachen – zahlreiche Begriffe für unterschiedliche Formen von Schnee.

Whorfs Gedankengang scheint zunächst logisch und stringent zu sein. Bei näherer Betrachtung stellt man allerdings fest, dass dieser Eindruck wesentlich auf seinem Geschick basiert, wissenschaftliche Argumente durch manipulative Rhetorik zu ersetzen. So stützen sich seine Tatsachenbehauptungen und apodiktisch formulierten Aussagen weniger auf Argumente als auf sprachpsychologische Mittel, mit denen eine logische Dynamik lediglich suggeriert wird. Hinzu kommt, dass Whorf auch vor emphatischen

---

10 Benjamin Lee Whorf: *Sprache – Denken – Wirklichkeit. Beiträge zur Metalinguistik und Sprachphilosophie*. Reinbek bei Hamburg: Rowohlt, 1963, S. 12.
11 Ebd.
12 Ebd.

1.4 Verhältnis von Sprache, Denken und Wirklichkeit
1.4.1 Fokus: Aktualität der Sapir-Whorf-Hypothese

Überredungsgebärden und insistierenden Wiederholungen nicht zurückschreckt. Trotz aller Vagheit seiner Ausführungen erreicht er so bei vielen Lesern zwar eine emotionale Affirmation, aber letztlich keine rationale Überzeugung. Wenn Whorf darauf vertraut, dass der Leser in der Lage ist, die vorhandenen logischen Lücken zu schließen, setzt er doch implizit voraus, dass das Denken eben jene Gedanken zu formen vermag, die die Sprache an dieser Stelle aus logischen Gründen zu formen versagt, womit er seiner eigenen Theorie widerspricht. Zudem: Falls der Leser der Theorie Whorfs wirklich in den Bahnen zu denken gezwungen wäre, die ihm das vorgeformte Sprachmaterial des Textes vorzeichnet, dürften Whorfs Ausführungen auch nicht kritisch hinterfragt werden können.

Nachweis von Fehlern

Als Nicht-Sprachwissenschaftler ist Whorf darüber hinaus eine Reihe von Fehlern unterlaufen. So hat er zum Beispiel aus Ermangelung eines längeren Forschungsaufenthaltes das meiste Untersuchungsmaterial mit Hilfe eines einzigen, dazu noch in New York lebenden Hopis ermittelt. Der Münsteraner Sprachwissenschaftler Helmut Gipper, ausgerechnet ein Schüler Leo Weisgerbers, fand 1972 bei der Überprüfung der Whorfschen Hopi-Untersuchung heraus, dass das Hopi zwar eine andere Zeitauffassung als die europäischen Sprachen hat, aber durchaus in der Lage ist, Zeitvorstellungen zum Ausdruck zu bringen. Hier wie auch bei anderen Untersuchungen Whorfs zeigen sich vielfältige Mängel in der wissenschaftlichen Methodik, die bereits bei der Definition der Begriffe „Sprache" und Denken" ansetzt. Auch Whorfs Unterstellung, die grammatischen Strukturen müssten nachweisbare Entsprechungen im außersprachlichen Verhalten haben, hat keine Bestätigung gefunden. Hinsichtlich der unterschiedlichen sprachlichen Farbeinteilung der Völker stellte man – allerdings erst 1973 – fest, dass die neurophysiologischen Voraussetzungen des Menschen auf der ganzen Welt zu einer gleichen Farbwahrnehmung führen, das wahrgenommene Farbspektrum aber je nach Bedarf der Völker unterschiedlich sprachlich gegliedert ist. Selbst die Behauptung von der lexikalischen Vielfalt des Inuit zur Bezeichnung von Schnee entpuppte sich als Mythos: Die Eskimos unterscheiden im Grunde nur fallenden von liegendem Schnee, andererseits steht selbst im Deutschen mit den Begriffen wie Flocken, Pulver, Firn, Harsch etc. mehr als nur ein Wort für Schnee zur Verfügung. Letztlich hat die Flut der seit Whorf angestrengten Untersuchungen ergeben, dass nicht nur die Phänomene der Welt von allen Menschen und nahezu in allen Sprachen nach den gleichen Kriterien klassifiziert und differenziert werden, sondern auch bei abstrakten Begriffen eine hohe Übereinstimmung festzustellen ist. Unterschiede sind dabei nicht auf sprachliche, sondern auf kulturelle Faktoren zurückzuführen.

Manipulation in Politik und Werbung

Damit ist der sich auf die Strukturverschiedenheit der Sprachen stützende Sprachdeterminismus Whorfs in seiner extremen Form als unhaltbar widerlegt. In seiner abgeschwächtesten Form allerdings sind die Erkenntnisse Whorfs nicht bestreitbar: Die Sprache vermag durchaus auf unser Denken Einfluss zu nehmen, wessen man sich auch zu allen Zeiten in Politik und Werbung wirksam bedient, indem man durchaus erfolgreich versucht, Bewusstsein und Denken mit Mitteln der Lenkung und Manipulation von Sprache zu steuern.

Konsequenzen für den Schulunterricht

Die Konsequenzen der Sapir-Whorf-Hypothese, die eigentlich nur eine Whorf-Hypothese ist, waren vielschichtig. Bereits kurz nach Veröffentlichung in den 1950er Jahren erlebte die Theorie eine etwa zehnjährige Blütezeit, auch in Deutschland. Sie hatte

1.4 Verhältnis von Sprache, Denken und Wirklichkeit
1.4.1 Fokus: Aktualität der Sapir-Whorf-Hypothese

z. B. zur Folge, dass vorübergehend bei der Versetzung ein „Mangelhaft" in Deutsch nicht ausgeglichen werden konnte, weil nach Whorfs Theorie jemand nicht „richtig denken" könne, wenn die Leistungen in der Muttersprache nicht hinreichen.

In den nächsten zwei Jahrzehnten ließ das Interesse an Whorfs „linguistischem Relativitätsprinzip" jedoch in dem Maße nach, in dem das Wissen an den sprachlichen Universalien wuchs. Hier drehte man die Perspektive Whorfs nach dem Prinzip „Linguistic relativity presupposes linguistic universals" (Eve und Herbert Clark, 1978) um: Statt nach Unterschieden in den verschiedenen Sprachen zu suchen, erforschte man jetzt ihre Gemeinsamkeiten. Joseph Greenberg (1915–2001) und Floyd Lounsbury (1914–1998) gelang es in den 1970er Jahren durch eine Untersuchung von 30 Sprachen 45 sprachliche Universalien herauszufinden, wie man jene Eigenschaften nennt, die allen menschlichen Sprachen gemeinsam sind. In diese Epoche fällt auch die Theorie Noam Chomskys (geb. 1928), die – ausgehend von der Annahme angeborener sprachlicher Ideen – davon ausgeht, dass alle Sprachen eine gemeinsame „Tiefenstruktur" besitzen, eine Art Universalgrammatik. Diese Hypothese erwies sich zwar als ebenso wenig haltbar wie die von dem Ukrainer W. M. Illytsch-Switytsch (1934–1966) und dem Russen Aharon Dolgopolsky (1930–2012) postulierte „Ursprache", die sie als das „Nostratische" bezeichneten. Immerhin brachte Chomskys Annahme aber den Italiener Luigi Luca Cavalli-Sforza (geb. 1922) zu der These, man könne die nachgewiesenen Universalien als Relikte einer gemeinsamen Ursprache betrachten. So ist seit Whorf gerade für den Bereich der grammatischen Strukturen, wo er hauptsächlich die Strukturverschiedenheit der Sprachen zu erkennen meinte, ein Großteil der sprachlichen Universalien nachgewiesen worden. Gleichwohl ist die Diskussion um Whorfs Theorie nie abgerissen.

Gemeinsame Tiefenstruktur?

2. INHALTSFELD TEXTE

2.1 STRUKTURELL UNTERSCHIEDLICHE DRAMEN AUS UNTERSCHIEDLICHEN HISTORISCHEN KONTEXTEN UNTER BERÜCKSICHTIGUNG IHRER POETOLOGISCHEN KONZEPTE

2.1.1 Poetologische Konzepte: Gattungen

Für Aufführung gedacht

Ein dramatischer Text unterscheidet sich von anderen fiktionalen Textgattungen dadurch, dass er sich über die **figurengebundene Rede** definiert und von der Grundkonzeption her für eine Aufführung gedacht ist. Es gibt allerdings auch reine Lesedramen, die nicht für eine Aufführung geschrieben sind. Der Autor tritt also nur im sogenannten **Nebentext** in Erscheinung, fälschlicherweise oft auch Regieanweisungen genannt. Der Nebentext ist aber nicht nur eine Hilfe für einen möglichen Regisseur bei der Aufführung eines Dramas, sondern genuiner Bestandteil des Dramas. Zum Teil ist eine Dramenhandlung ohne den Nebentext nicht verständlich.

Die drei Dramengattungen

Innerhalb des Dramas, das man ganz allgemein auch **Schauspiel** oder **Stück** nennen kann, unterscheidet man vom Ausgang der Handlung her drei Gattungen:
- die **Tragödie**, bei der meist mindestens einer der Protagonisten stirbt.
- die **Komödie**, die für den oder die Protagonisten wider Erwarten gut ausgeht.
- die **Tragikomödie**, bei der ein Protagonist ein gutes und ein anderer ein schlechtes Ende findet.

Die deutschen Begriffe **Trauerspiel** und **Lustspiel** geben die klassischen Begriffe nicht ganz adäquat wieder, weil sie zum Teil falsche Erwartungen wecken. Auf weitere differenzierende Begrifflichkeiten z. B. der Komödie sei an dieser Stelle verzichtet.

Vier Richtungen des modernen Dramas

Über diese Erscheinungsformen des klassischen oder aristotelischen Theaters hinaus unterscheidet man im modernen Drama im Allgemeinen vier Richtungen:
- das epische Theater nach Bertolt Brecht,
- das dokumentarische Theater nach Peter Weiss oder Heiner Kipphardt,
- das absurde Theater nach Eugène Ionesco oder Wolfgang Hildesheimer und
- das experimentelle Theater.

2.1.2 Übersicht: Gestaltungsformen des klassischen Dramas

Aufbau	3-aktig: Exposition (Figureneinführung, Problementwicklung), Peripetie (Handlungsumschwung, Konflikthöhepunkt), Katastrophe (Problemlösung) 5-aktig: Exposition, steigerndes Moment, Peripetie, retardierendes (verzögerndes) Moment, Katastrophe Drei Einheiten: des Ortes, der Zeit, der Handlung

Ziel	Katharsis: Reinigung von Gefühlen (Furcht und Mitleid)
Figuren	Protagonist (Hauptfigur), Antagonist (Gegenspieler)
Text	Haupttext: figurengebundene Rede: Monolog, Dialog, stichomythischer Dialog (kurze, kontrastive Wechselrede) Nebentext (Regieanweisungen)
Gesprächs-formen	Diskurs, Entscheidungs-, Enthüllungs-, Einschüchterungsgespräch, zerfallenes Gespräch, Verhör
Gesprächs-verhalten	symmetrisch vs. asymmetrisch; superior vs. inferior (über- vs. unterlegen); komplementär (ergänzend); Anredeformen
Sonder-formen	Epische Einblendungen: Botenbericht, Teichoskopie (Mauerschau), Figurenerzählungen (Rückblicke, Zusammenfassungen) verdeckte Handlung (Handlungselemente tauchen nur in der sprachlichen Darstellung auf.)

2.1.3 Übersicht: Entwicklung des Dramas im 18. und 19. Jahrhundert

Epoche	Merkmale	Theorie
Aufklärung	– geschlossene Bauform – aristotelischer Aufbau	*Briefe die neueste Literatur betreffend* (G. E. Lessing)
Sturm und Drang *(Urfaust)*	– freie Prosa – expressive, selbstbewusste Sprache als Ausdruck leidenschaftlichen Wollens – genialisch-kraftvolles Aufbegehren gegen jegliche Form der individuellen Beschränkung (Gelehrtendrama) – Kritik der Alltagsrealität	*Anmerkungen übers Theater* (J. M. R. Lenz)
Klassik	– geschlossene(re) Bauform – größere Formstrenge – Dominanz von Madrigalvers und Knittelvers – Ideendrama: Geschehen und Figurencharakter unterstehen einer Weltanschauung – Geschichtsdrama als Ideenkonflikt – analytisch-erzieherische Absicht	*Über epische und dramatische Dichtung* (Goethe und Schiller), *Die Schaubühne als moralische Anstalt betrachtet* (Schiller), *Über das Erhabene* (Schiller), *Über das Pathetische* (Schiller)

2.1 Strukturell unterschiedliche Dramen aus unterschiedlichen historischen Kontexten
2.1.3 Übersicht: Entwicklung des Dramas im 18. und 19. Jahrhundert

Aristoteles versus Shakespeare

Im 18. Jahrhundert wurden die Vorstellungen von einem Drama beherrscht von zwei unterschiedlichen Ansichten. Auf der einen Seite stand der an Regeln orientierte Traditionsstrang der Theorie, der sich von der antiken *Poetik* des Aristoteles bis zu den Werken der französischen Klassiker erstreckte, auf der anderen Seite stand die regelfreie und lebendige Theaterpraxis des ‚Genies' Shakespeare. Lessing hatte sich in seiner *Hamburgischen Dramaturgie* (1767/68) bereits um eine Entschlackung der Dramentheorie verdient gemacht und mit seinem bürgerlichen Trauerspiel den Weg bereitet.

Sturm und Drang

Sein *Nathan*, das den Blankvers in das deutsche Drama einführt, kann durchaus als ein Beispiel eines aristotelisch gebauten klassischen Dramas gelten. **Goethe und Schiller** vollendeten den Prozess. In ihren shakespearehaften Jugenddramen setzten sie sich über die strengen Vorschriften des herkömmlichen Theaters hinweg und gaben die drei Einheiten des Ortes, der Zeit und der Handlung sowie die strenge Versgebundenheit der Figurenrede auf. Sie verwendeten stattdessen eine kraftvolle, ausdrucksstarke Prosa, die geeignet war, die Leidenschaft des **genialischen Aufbegehrens gegen alle Formen der Unterdrückung des Subjektiven und Individuellen** zu fassen. Bei Schiller gerät dieser Stil, in dem er seine Zeitkritik formulierte, oft ins überzogen Schwülstige und Pathetische.

Sich wandelnde Zielsetzung des Dramas

In der Folgezeit wandelt sich die Zielsetzung des Dramas:
- von der fiktionalen Ausmalung utopischer Ziele in der **Klassik**
- über eine schonungslose Darstellung der schockierenden Wirklichkeitsfakten und der Aufdeckung ihrer Ursachen im **Naturalismus**
- hin zu einer mehr analytischen Dramaturgie im **20. Jahrhundert**, die sich in immer unübersichtlicher werdenden Zeiten um die Erhellung des Wechselverhältnisses von individuellem Schicksal und gesellschaftlichem Umfeld (das zunehmend das menschliche Handeln bedingt und beeinflusst) bemüht.

2.1 Strukturell unterschiedliche Dramen aus unterschiedlichen historischen Kontexten
2.1.3 Übersicht: Entwicklung des Dramas im 18. und 19. Jahrhundert

EPOCHENÜBERSICHT KLASSIK

Politischer Umbruch
Vom aufgeklärten Absolutismus zum Bürgerstaat
Französische Revolution (1789) – jakobinische Terrorherrschaft (1793/1794)
– Kaiserkrönung Napoleons (1805)

Friedrich der Große (Regierungszeit 1740–1786) – Reichsdeputationshauptschluss (1803)
– Ende des Heiligen Römischen Reiches deutscher Nation (1806)

Deutsche Kleinstaaterei
Ständestaat: Adel (Hofgesellschaften), Klerus, aufstrebendes Bürgertum
Merkantilismus – kapitalistische Wirtschaft
Beginn der industriellen Revolution

„Kopernikanische Umkehr"
Kants drei Kritiken (1781–1790)
Wiederentdeckung der klassischen Antike
Johann Joachim Winckelman (1717–1768)

Harmonisierung der Gegensätze
Organismusidee – Humanitätsideal
Erhabene Hochsprache

Schaubild 1: Klassik

2.1.4 Fokus: Gotthold Ephraim Lessing, *Nathan der Weise*

Sozio-historischer Hintergrund

Verbesserung des sozialen Lebens

Der Begriff „Aufklärung" wurde 1691 erstmals als Sammelbegriff für eine **geistige Strömung** verwendet, die von Holland ausgehend über England und Frankreich nach Deutschland kam. Ziel dieser Strömung war es, das soziale Leben nach den Regeln der Vernunft neu zu organisieren. Die Zielsetzungen hoben darauf ab:
- im gesellschaftlichen Zusammenleben jedem Menschen seine **Individualität** zu gewährleisten,
- die Menschen pädagogisch durch Einsicht zu bessern und ihnen ein **positives Menschenbild** zu vermitteln,
- politisch einen auf dem Grundsatz der Gleichheit der Menschen gegründeten **Wohlfahrtsstaat** aufzubauen, in dem jeder ein Recht darauf hat, sein Glück zu finden,
- der wirtschaftlichen Entwicklung durch **Liberalismus** zu fördern,
- im Bereich der Religionen jedem das Recht auf eine empfindsame, emotionale, **private Frömmigkeit** zuzugestehen und
- und historisch einen unbegrenzten **Zukunftsoptimismus** zu vertreten.

Die **Definition der Aufklärung** (und zugleich ihr Motto) formulierte Immanuel Kant (in: *Beantwortung der Frage: Was ist Aufklärung?*, 1784):

> „Aufklärung ist der Ausgang des Menschen aus seiner selbstverschuldeten Unmündigkeit. Unmündigkeit ist das Unvermögen, sich seines Verstandes ohne Leitung eines anderen zu bedienen. Selbstverschuldet ist diese Unmündigkeit, wenn die Ursache derselben nicht am Mangel des Verstandes, sondern der Entschließung und des Mutes liegt, sich seiner ohne Leitung eines anderen zu bedienen. Sapere aude! Habe Mut, dich deines eigenen Verstandes zu bedienen! ist also der Wahlspruch der Aufklärung."

Der Mut, sich seines eigenen Verstandes zu bedienen

Auch das 18. Jahrhundert ist eine bewegte Zeit, in der es den **europäischen Nationalstaaten** gelingt, sich zu konsolidieren und zu Großmächten aufzusteigen. In den Spanischen Erbfolgekriegen (1701–1714), an denen fast alle Länder Europas beteiligt sind, büßt vor allem Frankreich an Macht ein. **Preußen** steigt unter Friedrich II., genannt Friedrich der Große (Regierungszeit [RZ] 1740–1786), zur Großmacht auf. Der preußische König vertritt fortschrittlich einen aufgeklärten Absolutismus, in dem der König „der erste Diener des Staates" sein soll. In den zwei Schlesischen Kriegen (1740–1742, 1744/45) und dem Siebenjährigen Krieg (1756–1763) behauptet sich Preußen gegen das Österreich Maria Theresias (RZ 1740–1780). In scharfen Auseinandersetzungen kämpfen England und Frankreich um ihre Kolonien. Der Unabhängigkeitskampf der sich formierenden Vereinigten Staaten von Amerika gegen die Engländer (1775–1783) führt mit der Unabhängigkeitserklärung (1776) zur Loslösung weiter Teile Nordamerikas von der europäischen Abhängigkeit. Russland hingegen wiedererstarkt unter Katharina der Großen (RZ 1762–1796), der zweiten bedeutenden Frau auf einem europäischen Thron. Mit der Französischen Revolution von 1789–1795 wird gemeinhin das Ende der Aufklärungszeit angesetzt.

Wirtschaftlich verändern die Erfindung der Spinnmaschine (1738), der Dampfmaschine (1769) und des mechanischen Webstuhls (1785) die Produktionsbedingungen erheblich und folgenreich. Durch Handel, Gewerbe und Manufakturen entsteht die neue soziale Klasse des Besitzbürgertums. Dem englischen Moralphilosophen Adam Smith (1723–1790) gelingt als erstem die Darstellung eines geschlossenen Wirtschaftssystems, mit der er für die klassische Nationalökonomie des 19. Jahrhunderts richtungsweisend wird.

Anfänge der Industrialisierung

Wenn vom Zeitalter der Aufklärung die Rede ist, meint man im Allgemeinen das 18. Jahrhundert. Aber wie bei allen etikettierenden Vergröberungen stimmt diese Zeitangabe nur sehr bedingt. Die Wurzeln der Aufklärung sind z. T. viel früher zu suchen. Seit der Ablösung des theozentrischen durch ein anthropozentrisches Weltbild kämpft man gegen jegliche Form der Bevormundung, komme sie von staatlicher oder kirchlicher Obrigkeit, und für einen rationalistischen und teleologischen Optimismus. Die Wurzeln der Aufklärung finden sich also schon im Humanismus der Renaissance, bei den Holländern Hugo Grotius (1583–1645) und Baruch de Spinoza (1632–1677), im Rationalismus des René Descartes (1596–1650) und Voltaire (1694–1778), im Empirismus des John Locke (1632–1704) und David Hume (1711–1776), in den staatspolitischen Schriften des Barons Charles Montesquieu (1689–1755) und Jean-Jacques Rousseaus (1712–1778), in den Philosophien eines Gottfried Wilhelm Leibniz (1646–1716), Christian Wolff (1679–1754) und schließlich in den drei Kritiken des Immanuel Kant (1724–1804).

Die Ursprünge der Aufklärung

Die Aufklärung war eine **von ganz Europa gespeiste und getragene geistige Bewegung** zur Durchsetzung allgemeiner supranationaler Grundgesetze der Vernunft im gesellschaftlichen Gemeinschaftsleben.

In diese bewegte und von vielen Veränderungen geprägte Zeit fallen auch mehrere literarische Epochen:
- 1720–1740 Aufklärung im Zeichen Gottscheds
- 1720–1740 Rokoko / Anakreontik
- 1740–1780 Pietismus / Empfindsamkeit
- 1755–1770 Aufklärung im Zeichen Lessings
- 1767–1785 Sturm und Drang

Die literarische Epoche der Aufklärung hat zwei Phasen. Die erste, von 1720–1740, steht im Zeichen **Johann Christoph Gottscheds** (1700–1766). Gottsched ist als Professor der Poesie, später auch der Logik und Metaphysik in Leipzig, der führende Theoretiker der Dichtkunst und Literaturpapst seiner Zeit. Er wendet sich kämpferisch gegen die Verwilderungen der spätbarocken Dramatik in Form von Haupt- und Staatsaktionen bzw. Hanswurstereien. Stattdessen strebt Gottsched dem die Vernunft betonenden klassizistischen Theater der Franzosen nach, das auch von der Theater-Prinzipalin Caroline Neuber (1697–1760) und ihrer Wanderbühne verbreitet wird. So wird auch in Deutschland die Poetik des Nicolas Boileau (1636–1711), die sich auf die Schlichtheit und Formenklarheit der Antike bezieht, zunächst allen anderen literarischen Tendenzen vorgezogen. Dadurch werden Unwahrscheinlichkeiten und Wunderbarkeiten

Die Literaturepoche: Phase I

2.1 Strukturell unterschiedliche Dramen aus unterschiedlichen historischen Kontexten
2.1.4 Fokus: Gotthold Ephraim Lessing, *Nathan der Weise*

vermieden; Aufbau und Stil der literarischen Werke gewinnen an Klarheit und Deutlichkeit. Die Literatur soll auf geistreiche und anmutige Weise die Vollkommenheit und sinnvolle Ordnung der Welt widerspiegeln und zur vernünftigen und moralischen Erziehung der Menschen beitragen. Die Maxime des Horaz „prodesse et delectare" (nützen und erfreuen) erfährt eine Wiederbelebung.

Die Literaturepoche: Phase II

Die zweite Phase der Aufklärung, von 1755–1770, steht im Zeichen **Gotthold Ephraim Lessings** (1729–1781). Als Journalist in Berlin, Dramaturg in Hamburg und Bibliothekar in Wolfenbüttel verschiebt Lessing die Akzente. Er übernimmt die Poetik Boileaus nicht ungeprüft, weist ihr in seiner *Hamburgischen Dramaturgie* (1767/68) wichtige Übersetzungsfehler aus der Antike nach und entwickelt in der Korrektur dieser Fehler das **bürgerliche Trauerspiel**, in dem die Handlung kausalpsychologisch begründet wird. Lessing löst sich von der Dogmatik der von Gottsched vertretenen Regeln und betont den Eigencharakter der literarischen Gattungen ebenso wie die Individualität des Literaten. Die Wahrheit wird zum Leitbegriff des Schreibens, sie anzustreben zur allgemeinen Intention aller vernünftigen Menschen. Das so entworfene Menschenbild definiert den Menschen als das Wesen, das aus Einsicht und in Vernunft die reine Sittlichkeit verwirklicht.

Erziehung und Bildung

Erziehung und Bildung werden als wichtige Elemente zur Entwicklung einer aufgeklärten Persönlichkeit erkannt, das Streben nach irdischem Glück nur im Rahmen eines sittlichen Verhaltens gebilligt. Das menschliche Zusammenleben baut auf der Einsichtsfähigkeit des Menschen auf und fordert zu religiöser Toleranz und Humanität auf. Fragen der Individuation und der Sozialisierung des Einzelnen, der nicht mehr besitzt als seine moralische Integrität, werden somit zu zentralen Problemen der literarischen Auseinandersetzung.

Schwulst und Pathos des Barock werden aufgegeben und weichen einem klaren, sachlichen Stil. Die Dichter dieser Zeit bemühen sich in dieser Zeit auch, die Mundarten zu überwinden und streben eine allen zugängliche deutsche Hochsprache an.

Biografischer Bezug

Repräsentant der Aufklärung

Gotthold Ephraim Lessing gilt als einer der wichtigsten Repräsentanten der deutschen Aufklärung. Er wird am 22. Januar 1729 als drittes Kind des Mittwochpredigers und Katecheten Johann Gottfried Lessing und seiner Frau Justina Salome, geb. Feller, in Kamenz geboren. Lessings 1740 geborener Bruder Karl Gotthelf sollte später einer seiner wichtigsten Briefpartner, sein Biograf und Nachlassverwalter werden. Lessing besuchte als Achtjähriger die öffentliche Lateinschule in Kamenz, wechselt als Dreizehnjähriger auf die Fürstenschule St. Afra in Meißen und darf 1746 ein Jahr eher als alle anderen das Studium der Theologie in Leipzig aufnehmen. Sein wahres Interesse gilt allerdings dem Theater. Mit Zustimmung der Eltern wechselt Lessing nach zwei Jahren von der Theologie zur Medizin, wird aber mit seiner Bürgschaft für einige Schauspieler im Stich gelassen und muss aus finanziellen Gründen sein Studium (inzwischen in Wittenberg) abbrechen. 1748 geht er als freier Schriftsteller nach Berlin, wo er zunächst als Übersetzer für Voltaire tätig ist. Vorübergehend kehrt Lessing aber nach Wittenberg zurück, um 1752 sein Magisterexamen abzulegen. Nach seiner Rückkehr nach Berlin lernt er als Mitglied des „Montagsklubs" viele Persönlichkeiten des

2.1 Strukturell unterschiedliche Dramen aus unterschiedlichen historischen Kontexten
2.1.4 Fokus: Gotthold Ephraim Lessing, *Nathan der Weise*

akademischen und literarischen Lebens kennen und arbeitet als Redakteur der *Berlinerischen Priveligierten Zeitung*. 1755 gibt er diese Stelle auf und zieht nach Leipzig. Sein Plan, mit dem Leipziger Kaufmannsohn Gottfried Winkler eine vierjährige Europareise durchzuführen, endet in Amsterdam, weil der Siebenjährige Krieg ausbricht. Nach Leipzig zurückgekehrt, zerstreitet er sich mit Winkler, gerät in Geldnot und wendet sich erneut nach Berlin. 1760 wählt man Lessing dort zum Mitglied der Akademie der Wissenschaften. Ohne sich von seinen Freunden zu verabschieden, übernimmt er im gleichen Jahr die Position eines Gouvernement-Sekretärs in Breslau, von wo er erst 1765 nach Berlin zurückkehrt. Zwei Jahre später ist Lessing als Dramaturg am Hamburger Nationaltheater tätig. Sein Versuch, parallel eine unabhängige Verlagsanstalt zu gründen, endet in einem finanziellen Desaster. Als Lessing bereits ein Jahr später Hamburg wieder verlässt, hat er dort die Familie des Unternehmers und Kaufmanns Engelbert König und die des Hermann Samuel Reimarus kennengelernt. 1769 übernimmt Lessing die Stelle des Bibliothekars an der Wolfenbütteler „Bibliotheca Augusta", einer der renommiertesten Bibliotheken Europas, und wird zum Hofrat ernannt. 1771 verlobt er sich nach langem Briefwechsel mit Eva König, der Witwe des inzwischen verstorbenen Hamburger Kaufmanns, und tritt in die Hamburger Freimaurerloge „Zu den drei Rosen" ein. 1775 nimmt er für einige Wochen Urlaub und reist nach Wien, wo er zwar in allen Ehren am Hofe Maria Theresias empfangen, aber nicht, wie erhofft, angestellt wird. Dafür begleitet er den Braunschweigischen Prinz Maximilian Julius Leopold auf eine Italienreise, die ihn bis nach Neapel und erst ein Jahr später wieder nach Deutschland führt, wo er im Oktober Eva König heiratet und mit ihr und drei ihrer Kinder in Wolfenbüttel zusammenzieht. Aber diese Beziehung verläuft tragisch: Im Dezember 1777 stirbt sein Sohn Traugott bereits nach 24 Stunden; seine Frau Eva überlebt die Geburt nur um zwei Wochen. Lessing ist von da an ein gebrochener Mann. Ab 1779 wird sein Gesundheitszustand immer schlechter. Lessing stirbt am 15. Februar 1781.

Bibliothekar in Wolfenbüttel

Familientragödie

Lessing hat trotz seines beruflichen Erfolgs – er galt schon zu seiner Zeit als berühmter Dramatiker und gelehrter Altertumsforscher – stets mit seinem zwischen Erfolg und Scheitern schwankenden Leben gehadert, aber nie die Gründe für sein rastloses Leben offenbart. Seine häufigen spontanen Entscheidungen, Orts- und Tätigkeitswechsel waren dem Drang nach Unabhängigkeit und der Neugier geschuldet sowie dem Wunsch, seine vielfältigen Begabungen auszuprobieren, lassen sich aber auch als Planlosigkeit deuten. Dafür sprechen vor allem seine oft unabgeschlossenen Vorhaben. Selbst bei der Wahl seiner Lebenspartnerin hat er lange zwischen Ernestine Christine Reiske, die seit 1774 verwitwet nicht ganz hoffnungslos um ihn warb, und Eva König geschwankt; nach der Verlobung ließ er sich noch fast fünf Jahre bis zur Eheschließung Zeit. Da kommt seine Angst vor dem Verlust seiner Unabhängigkeit zum Ausdruck, begleitet von wiederkehrenden depressiven Stimmungen, aber auch Geldnöten, die Lessing sogar zur Spielleidenschaft verleiten.

Bemerkenswert sind Lessings Freundschaften, besonders die zu Moses Mendelssohn, der sich aus kleinen Verhältnissen zum Gelehrten und wohlhabenden Kaufmann emporgearbeitet hat und in der Lage ist, Lessing zeitweise finanziell zu unterstützen. Mendelssohn, der zu einem Experten auf den Gebieten der Metaphysik, Psychologie und philosophischen Ästhetik geworden ist, wird europaweit bekannt, als er 1763 den Preis der Berliner Akademie der Wissenschaften zugesprochen bekommt. Ihm setzt Lessing mit seinem Drama *Nathan der Weise* ein literarisches Denkmal.

Freundschaft mit Moses Mendelssohn

2.1 Strukturell unterschiedliche Dramen aus unterschiedlichen historischen Kontexten
2.1.4 Fokus: Gotthold Ephraim Lessing, *Nathan der Weise*

Die Bühne als „Kanzel"

Lessings Schaffen gipfelt in zwei nachhaltigen Höhepunkten: theoretisch in seiner *Hamburgischen Dramaturgie* (1767/68), in der er die von Gottsched von den Franzosen übernommene Theorie des Dramas anhand der Ästhetik des Aristoteles einer gründlichen Prüfung unterzieht. Und praktisch in der Schaffung des bürgerlichen Trauerspiels, das in seinen Stücken *Miss Sarah Sampson* (1755) und vor allem *Emilia Galotti* (1772) seinen Niederschlag findet. Während jenes Stück, in dem eine empfindsame junge Frau ihre voreheliche Sexualerfahrung als Sünde empfindet, den heutigen Moralvorstellungen nicht mehr entspricht, rückt dieses die unmoralischen Machenschaften des absolutistischen Adels in den Mittelpunkt. In seiner Komödie *Minna von Barnhelm* (1767) nimmt Lessing die Wirrungen aufs Korn, die ein allzu preußisches Ehrbewusstsein auslösen kann. Lessing liebt es, sich mit seinen Stücken in aktuelle Debatten der Gesellschaft einzumischen. Und wenn ihm das öffentliche Austragen solcher Debatten über Streitschriften nicht mehr erlaubt wird wie im Zuge des Fragmentenstreits (s. u.), nutzt er umso lieber die Theaterbühne als seine ureigenste „Kanzel". So geschieht es vor allem in seinem letzten Drama *Nathan der Weise*.

INFO

Daten zum Text:

Textsorte	dramatisches Gedicht
Entstehungszeit	August 1778 – Mai 1779
Veröffentlichung	Mai 1779 durch Christian Friedrich Voß, Berlin Ohne Zeit- und Ortsangabe
Erstaufführung	14. April 1785 in Berlin durch die Döbbelinsche Truppe
Quellen	– Boccaccio, *Decamerone*, 1. Buch, 3. Erzählung, 1470 – Voltaire, *Geschichte der Kreuzzüge* – Francois Louis Claude Marin, *Geschichte Saladins Sulthans von Egypten und Syrien*, 1761
Kontext	– *Der Freigeist. Ein Lustspiel*, 1749 – *Die Juden. Ein Lustspiel in einem Aufzuge*, 1749 – *Rettung des Hier. Cardanus*, 1754 – *Fragmente eines Ungenannten*, 1774–1778 – *Streitschriften gegen Goeze*, 1778 – *Ernst und Falk. Gespräche für Freymäurer*, 1778–80 – *Die Erziehung des Menschengeschlechts*, 1780
Einordnung	Aufklärung
Thema	religiöse Toleranz
Zeit der Handlung	ein Tag im Jerusalem des Jahres 1192
Hauptfiguren	Sultan Saladin; Sittah, seine Schwester; Nathan; Recha, seine angenommene Tochter; Daja, deren Gesellschafterin; ein junger Tempelherr; Klosterbruder Bonafides; der Patriarch von Jerusalem

2.1 Strukturell unterschiedliche Dramen aus unterschiedlichen historischen Kontexten
2.1.4 Fokus: Gotthold Ephraim Lessing, *Nathan der Weise*

Inhalt

I. Akt (6 Szenen, Vers 1–787, 787 Verse)

(1) Der jüdische Kaufmann Nathan kehrt nach langer Abwesenheit von einer Geschäftsreise mit einer Karawane voller Güter aus Babylon nach Jerusalem zurück. Von Daja, der Gesellschafterin seiner Tochter Recha, erfährt er, dass sein Haus gebrannt und ein junger Tempelherr Recha aus den Flammen gerettet habe, ohne dass man ihm habe danken können. In der Sprache ihres christlichen Glaubens bezeichnet Daja die Rettung als Wunder und den Retter als Engel. (2) Recha hat zum Unwillen Nathans diese Vorstellung Dajas schwärmerisch übernommen. Nathan hält sie jedoch für religiösen Dünkel und heilt Recha von der Schwärmerei, indem er ihr ausmalt, der Tempelherr könne vielleicht krank sein, um ihr zu verdeutlichen, dass ihr Dank einem Menschen gebühre und keinem Engel. (3) Der muslimische Bettelmönch (Derwisch) Al-Hafi, Nathans gelegentlicher Schachpartner, der überraschend von Sultan Saladin zu seinem Schatzmeister berufen worden ist, sucht Nathan auf, um ihn zu bitten, dem Sultan Geld zu leihen. Nathan lehnt ab, ohne seine Freundschaft zu Al-Hafi in Frage zu stellen. (4) Da meldet Daja, der Tempelherr wandle gerade unter den Palmen. Da er nach Dajas Vermutung das Haus eines Juden nicht betreten wolle, sagt Nathan zu, ihn gleich selbst anzusprechen. (5) Ein Klosterbruder aber kommt Nathan zuvor. Im Auftrag des Patriarchen von Jerusalem erkundet dieser, ob der Tempelherr wohl bereit sei, die Befestigungsanlage Saladins auszuspionieren, das Ergebnis in einem Briefchen an König Philipp II. von Frankreich weiterzuleiten und Saladin zu ermorden. Der Tempelherr, der nach seiner Gefangennahme von Saladin sein Leben geschenkt bekommen hat, weil er dessen verstorbenem Bruder ähnlich sieht, weist dieses Ansinnen jedoch zur Beruhigung des Klosterbruders entschieden von sich. (6) Inzwischen bestürmt Daja den Tempelherrn vergeblich, Nathan in dessen Haus aufzusuchen. Der lehnt genervt und grob jeden Dank ab, zumal den eines Juden.

Der mysteriöse Retter von Nathans Tochter

II. Akt (9 Szenen, Vers 788–1516, 729 Verse)

(1) Im Palaste des Sultans besiegt Sittah ihren zerstreut spielenden Bruder Saladin im Schach und gewinnt erneut eine Siegprämie. Saladin war mit seinen Gedanken bei der Politik. Nachdem sich eine Verbindung seines Bruders Melek mit der Schwester Richard Löwenherz' zerschlagen hat, wünscht er sich eine Verbindung von Richards Bruder mit Sittah. Diese ist aber von der stolzen und oberflächlichen Gesinnung der Christen abgestoßen. Zudem plagen Saladin Liquiditätsprobleme, zumal auch seinem Vater im Libanon das Geld ausgeht. (2) Als Al-Hafi die Gewinnprämie an Sittah zahlen soll, entzieht sich seinem Blick nicht, dass Saladin noch gar nicht wie angenommen schachmatt ist, doch Saladin besteht auf seiner Niederlage. Da bricht Al-Hafi das Sittah gegebene Versprechen und legt offen, dass Saladins Kassen eigentlich leer und alle Aufwendungen der Hofhaltung aus Sittahs Privatvermögen finanziert worden seien. Saladin ist gerührt und trägt Al-Hafi auf, unbedingt Geld zu leihen, zu welchen Bedingungen auch immer. Da erinnert Sittah Al-Hafi an dessen Freund Nathan als möglichen Geldgeber. Aber Al-Hafi weicht unter Verstellungen und Lügen aus und verschwindet, angeblich einem neuen Einfall folgend. (3) Sittah durchaut das Verhalten Al-Hafis und plant, Nathan zur Lösung ihrer Geldprobleme einzuspannen. (4) Nathan ahnt derweil, dass Recha in den Tempelherrn verliebt sein könnte, und erbittet sich

Der klamme Sultan

2.1 Strukturell unterschiedliche Dramen aus unterschiedlichen historischen Kontexten
2.1.4 Fokus: Gotthold Ephraim Lessing, *Nathan der Weise*

von ihr diesbezüglich jederzeitige Offenheit. (5) Nathan trifft mit dem Tempelherrn zusammen und dankt ihm auf Knien und unter Tränen für Rechas Rettung. Der Tempelherr ist verwirrt, als er zudem bemerkt, dass Nathan sein ausweichendes Verhalten richtig einzuordnen weiß. Sie finden im Gespräch in der Auffassung zueinander, dass die rechte Verhaltensweise eines Menschen von allen Äußerlichkeiten und auch der jeweiligen Religionszugehörigkeit unabhängig sei, und schließen über diese Übereinstimmung Freundschaft. (6) Da eilt Daja hinzu, um mitzuteilen, der Sultan wolle Nathan sprechen. (7) Nathan erfährt vom Tempelherrn, dass dieser sich in Saladins Schuld sieht, und seinen Namen Curd von Stauffen. Als der Tempelherr schon davongeht, sinnt Nathan noch über diesen Namen nach, weil er ihn ebenso wie der Gang des Tempelherrn an seinen Freund Wolf von Filnek erinnert. (8) Über Daja lässt er Recha ausrichten, dass sie den Tempelherrn erwarten dürfe. (9) Als Al-Hafi, der Nathan sprechen möchte, erfährt, dass dieser zum Sultan bestellt sei, beteuert er, alles getan zu haben, um zu verhindern, dass Nathan der neue Geldgeber Saladins werden solle. Erregt berichtet er von dem Schachspiel zwischen Saladin und Sittah. Er wolle von nun an kein Geld mehr in Saladins Auftrag und Namen borgen und entfliehe seiner Situation sofort an den Ganges. Auch Nathan vermag nicht, ihn aufzuhalten.

Ein Stauffen oder ein Filnek?

III. Akt (10 Szenen, Vers 1516–2378, 862 Verse)

Der Besuch des Tempelherrn

(1) Recha erwartet den Tempelherrn. Daja wird nicht müde, darauf anzuspielen, dass sie sich mit Recha nach Europa wünscht und ihre Hoffnungen ganz auf den Tempelherrn setzt. Recha wehrt sich gegen den besitzergreifenden Gottesbezug Dajas, verwahrt sich gegen eine Erneuerung der Engelschwärmerei und vertritt die Auffassung, dass das Verhältnis des Menschen zu Gott nicht von seinen Vermutungen über Gott abhängig sein dürfe. (2) Als der Tempelherr dann eintritt, dankt sie ihm in einer sehr rational ironischen Weise, sodass der Tempelherr, der allein von ihrem Anblick und ihrem Lächeln fasziniert ist, vor Verlegenheit ins Stottern gerät und sich vor seiner Verwirrung nur durch schnelle Entfernung retten kann. (3) Daja erkennt, dass sich der Tempelherr in Recha verliebt hat, während Recha durch dessen Besuch eher beruhigt ist. (4) Im Palast des Sultans wartet Saladin derweil auf das Eintreffen Nathans. Ihm ist unwohl, weil er sich des Geldes wegen auf Anraten seiner listigen Schwester verstellt und den Juden auf eine Probe stellen soll. (5) Als Nathan dann erscheint, spricht er ihn zu dessen Überraschung nicht auf seine Geldprobleme an, sondern fragt ihn nach den Gründen, warum Nathan in der jüdischen Religion verweile, in die er hineingeboren sei, und räumt ihm etwas Bedenkzeit ein. (6) Allein gelassen überlegt Nathan, wie er sich verhalten solle, und will sich mit einem Märchen aus der Affäre

Die Ringparabel

ziehen. (7) Deshalb erzählt er Saladin die Geschichte von den drei Ringen: *Ein Vater hat einen Ring vererbt bekommen, der bewirkt, vor Gott und den Menschen angenehm zu machen, wenn man ihn in dieser Zuversicht trägt. Da er von seinen drei Söhnen, die er gleich liebt, keinen bevorzugen will, lässt er zwei weitere Ringe anfertigen, die sich von dem ererbten Ring in nichts unterschieden. Als der Vater stirbt, erbt jeder Sohn einen Ring. In der Meinung, zwei der Ringe müssten falsch sein, ziehen sie vor Gericht. Der Richter vermag keine Entscheidung zu fällen, so sehr gleichen die Ringe einander. Daher bestimmt er die Wirkung des wahren Rings zum Entscheidungskriterium und überantwortet die Entscheidung einem weiseren Richter in ferner Zukunft.* Saladin ist von Nathans Geschichte beeindruckt und bietet Nathan seine Freundschaft an. Der bittet seinerseits den Sultan, ihm etwas von seinem Geldüberschuss abzunehmen, nachdem er zuvor den Tempelherrn für seine Rettungstat entlohnt habe. Saladin fordert Nathan auf, den Tempelherrn zu holen. (8) Dieser erwartet Nathan in der Nähe des Klosters, ringt mit sich, ob er als Christ und Tempelritter das Judenmädchen Recha lieben dürfe, und entschließt sich endlich dafür, zumal er durch Saladins Gnade ein ganz neuer, aller Bindungen lediger Mensch sei. (9) Deshalb fällt er Nathan, als dieser erscheint, als seinem gewünschten Schwiegervater stürmisch um den Hals. Nathan weist ihn zwar nicht ab, aber zurück, weil er zunächst die noch unklaren Verwandtschaftsverhältnisse des Tempelherrn abklären will. Das missversteht der Tempelherr jedoch, weshalb er sich beleidigt zurückzieht. (10) In diesem Zustand trifft Daja ihn an, die ihr lange gehütetes Geheimnis nun nicht länger verschweigen will. Nachdem sie sich vom Tempelherrn dessen Liebe zu Recha hat versichern lassen, offenbart sie ihm, dass Recha gar nicht Nathans leibliche Tochter, sondern in Wahrheit ein Christenkind ist, dass er nur an Kindes statt großgezogen hat.

Wer ist Rechas Vater?

IV. Akt (8 Szenen, Vers 2378–3151, 773 Verse)

(1) Mit dieser Neuigkeit sucht der Tempelherr im Kloster den Patriarchen auf. Zuvor begegnet er jedoch dem Klosterbruder, der meint, der Tempelherr sei wankelmütig geworden und wolle das von ihm übermittelte Angebot des Patriarchen doch noch annehmen. Der Tempelherr kann ihn beruhigen, er suche beim Patriarchen nur einen Rat. (2) Der erscheint auch gerade mit großem Pomp und besteht sofort darauf, dass ein von der Kirche erbetener Rat auch befolgt und umgesetzt werden müsse. Dann erst hört er sich das Problem des Tempelherrn an, der ohne Namen zu nennen wissen möchte, was zu tun sei, wenn ein Jude ein getauftes Christenmädchen im jüdischen Glauben erzogen habe. Statt zu antworten, fragt der Patriarch zurück, ob die vorgetragene Frage nur theoretischer Natur sei oder ob es sich um einen realen Fall handle, behandelt sie alsdann als Faktum und antwortet, dass ein solches Vergehen ungeachtet der Umstände mit dem Tod des Juden auf dem Scheiterhaufen zu ahnden sei. So sehr sich der Tempelherr auch bemüht, Entlastungsgründe für den Juden aufzuführen, der Patriarch beharrt auf seinem Urteil und wiederholt es noch dreimal. Erst als er erfährt, dass der Tempelherr zu Saladin berufen sei, lenkt er schmeichlerisch ein, weil es sich sicherlich nur um eine theoretische Frage gehandelt habe. (3) Bei Saladin sind inzwischen die lang erwarteten Geldlieferungen aus Ägypten eingetroffen, und man trägt Beutel um Beutel in den Palast. Sittah hat derweil ein Bildnis ihres Bruders Assad gefunden, dem der Tempelherr so ähnlich sieht. (4) Der Tempelherr tritt ein, und Saladin schließt mit ihm Freundschaft. Auf die Frage, wo Nathan bleibe, verdüstert sich die Miene des Tempelherrn, und er beklagt, dass seine Werbung um Recha von Nathan abgelehnt worden sei, weshalb er Nathan verdächtigt, ein falsches Spiel zu spielen. (5) Sittah, die das Gespräch heimlich belauscht hat, hat das Bildnis mit dem Tempelherrn verglichen und hält Saladin nun vor, nicht nach seinen Eltern gefragt zu haben. Zugleich schlägt sie ihm vor, Recha dem Zugriff Nathans zu entziehen und zu sich zu holen. (6) Im Hause Nathans ist man immer noch dabei, die Waren von den Kamelen zu laden. Daja hat einen Stoff entdeckt, der sich für ein Brautkleid Rechas eignete, der aber eigentlich für sie gedacht ist, wie ihr Nathan erklärt. Sie will Recha unbedingt mit dem Tempelherrn verbunden wissen und mahnt Nathan, der sie um Geduld bittet, sie könne ihr Geheimnis nicht länger bewahren. (7) Der Klosterbruder, der Nathan

„Der Jude wird verbrannt"

2.1 Strukturell unterschiedliche Dramen aus unterschiedlichen historischen Kontexten
2.1.4 Fokus: Gotthold Ephraim Lessing, *Nathan der Weise*

Der Klosterbruder weiß mehr

aufsucht, will entgegen Nathans Vermutung kein Almosen, sondern berichten, dass er vom Patriarchen beauftragt sei, den Juden zu finden, der ein Christenkind als sein eigenes Kind erzogen habe. Dabei habe er sich erinnert, vor achtzehn Jahren als Reitknecht des Herrn von Filnek selbst ein Mädchen in Nathans Obhut gegeben zu haben. Zwar hätte Nathan besser daran getan, Recha von einer Christin erziehen zu lassen, aber dann hätte er sie andererseits auch nicht genug geliebt. Da offenbart ihm Nathan, dass er Recha in dem Augenblick in Empfang genommen habe, als ein Pogrom gegen die Juden ihm seine Frau und sieben Söhne geraubt habe. Er betrachte deshalb Recha als ein Ausgleichsgeschenk der Vorsehung. Der Klosterbruder bestärkt Nathan in seinem Verhalten gegenüber Recha und erinnert sich auf Nathans Frage nach Rechas Mutter daran, von ihrem Vater ein Buch bekommen zu haben, in dem ihre Angehörigen genannt würden, allerdings in arabischer Sprache. (8) Kaum ist der Klosterbruder

Daja mischt sich wieder ein

verschwunden, um das Buch zu holen, erscheint Daja, um Nathan mitzuteilen, dass Prinzessin Sittah Recha habe zu sich rufen lassen. Da sie annimmt, der Muslim Saladin zeige nun ebenfalls Interesse an Recha und denke an eine Verbindung, beschließt sie, um eine solche Verbindung zu verhindern, nun auch Recha in das Geheimnis ihrer Herkunft einzuweihen, damit sie an der Seite des Tempelherrn als Christin leben könne.

V. Akt (8 Szenen, Vers 3152–3849, 698 Verse)

(1) Zwei Mamelucken melden, dass die vom Emir Mansor geführte Karawane aus Ägypten eingetroffen sei, und werden dafür fürstlich belohnt. (2) Der Emir selbst berichtet, dass von den Tempelherren ausgehende Unruhen im Lande ihn aufgehalten

Der Tempelherr zeigt Reue

hätten. (3) Vor Nathans Haus erkennt der Tempelherr, dass er sich Nathan gegenüber falsch verhalten hat, und ringt sich dazu durch, sich in die herrschenden Verhältnisse zu schicken. (4) Der Klosterbruder ist mit dem Buch zurück, übergibt es Nathan und bemerkt, dass es ein Tempelherr gewesen sei, der ihn beim Patriarchen angeschwärzt habe. (5) Nachdem der Klosterbruder gegangen ist, tritt der Tempelherr an Nathan heran und fragt, ob der Klosterbruder etwas über ihn erzählt habe. Als Nathan verneint, gesteht er ihm trotzdem seinen Verrat, bittet um Verzeihung und sodann erneut um Rechas Hand. Aber erneut weicht Nathan aus, weil er dank des Patriarchen nun auf

Rechas unbekannter Bruder

einen Bruder Rechas gestoßen sei, dem der Tempelherr nun seine Werbung vortragen müsse. Der hält das allerdings für eine verbrämte Ablehnung und will Recha bewegen, sich über alle möglichen familiären Hindernisgründe hinwegzusetzen. (6) Im Palast des Sultans gesteht Recha, die inzwischen von Daja erfahren hat, dass Nathan nicht ihr leiblicher Vater ist, Sittah ihre Verzweiflung, möglicherweise Nathan als Vater zu verlieren, und beschuldigt Daja, sie mit ihrem Christentum immer gequält zu haben. (7) Als Saladin hinzukommt und auf den neuesten Stand gebracht wird, bietet er Recha nach der biologischen und erzieherischen nun seine schützende Vaterschaft an. Zudem spricht er sich für eine Unterstützung der Verbindung mit dem Tempelherrn aus, dessen Eintreffen man jeder Zeit erwarte. (8) Als dieser mit Nathan erscheint, erklärt Saladin zunächst, Nathan könne das von ihm zur Verfügung gestellte Geld wieder abholen. Nathan sind jedoch die Tränen Rechas wichtiger. Saladin ermuntert sie, den Tempelherrn mit einem Geständnis ihrer Liebe zu überzeugen. Da greift Nathan ein

Die Verhältnisse klären sich

und löst die allgemeine Verwicklung auf: Der Tempelherr heiße gar nicht Curd von Stauffen, sondern in Wahrheit Leu von Filnek, seine Mutter sei eine Stauffin gewesen, ihr Bruder Conrad nur Leus Onkel und Ziehvater. Sein wahrer Vater habe Wolf von

Filnek geheißen und sei sein Freund gewesen. Recha, die eigentlich Blanda heiße, sei somit seine Schwester. Während es dem Tempelherrn schwerfällt, in Recha nicht mehr die Geliebte, sondern eine Schwester zu sehen, errät Saladin, was Nathan mit Hilfe des Buches bestätigen kann: Wolf von Filnek ist kein anderer als Saladins Bruder Assad und er somit des Tempelherrn und Rechas Onkel. In allseitiger familiärer Umarmung schließt die Handlung.

Übersicht: Analyse

Bauform	aristotelisch gebautes, geschlossenes, fünfaktiges Drama
Dramentyp	– Familiendrama, Rührstück, didaktische Komödie – Ideendrama: Gipfelpunkt: Ringparabel – analytisches Drama: Demaskierung der Identitäten
Gliederung	drei Handlungsstränge: **Gesamtdrama und Haupthandlung:** I. Akt: Exposition, II. Akt: Steigerung, III. Akt: Peripetie, IV. Akt: Retardierung, V. Akt: Katastrophe **Saladin-Handlung:** Exposition: I,3; II,1–2; Steigerung: II,3; II,9; III,4; Peripetie: III,7; Katastrophe: V,1–2 **Patriarchen-Handlung:** Exposition: I,1–3, 5–6; Steigerung: III,1, 10; Peripetie: IV,1–2; Retardierung: V,4; Katastrophe: V,5
Textform	poetischer Text: nicht immer sauberer Blankvers
Redeformen	Dialoge **zehn Monologe:** I,5: Tempelherr, 532 f.; I,6: Daja, 786 f.; II,5: Nathan, 1191–1199; II,7: Nathan, 1387–1402; III,6: Nathan, 1865–1890; III,8: Tempelherr, 2111–2158; IV,1: Klosterbruder, 2379–2389; IV,7: Nathan, 3117–3124; IV,8: Daja, 3139–3151; V,3: Tempelherr, 3227–3286 **Besonderheiten der Dialogführung:** Echohafte Wiederholungen oder Wiederaufnahmen eines Wortes oder einer Wendung: über 55-mal: 19 f. (Epanalepse) Fortsetzung einer Aussage durch den Dialogpartner: über 5-mal: 1715 **17 Beiseitesprechen:** I,5: Tempelherr, 561 f., 604; II,5: Tempelherr, 1252 f.; III,5: Saladin, 1828, 1862 f.; III,7: Saladin, 1891, 1991; III,10: Tempelherr, 2286 f., 2289–2291; IV,1: Tempelherr, 2441 ff.; IV,2: Patriarch, 2597–2600; IV,3: Saladin, 2648 ff.; IV,6: Nathan, 2905–2910; IV,7: Nathan, 2912–2916; V,1: Mameluck, 3163; V,6: Sittah, 3634; V,8: Tempelherr, 3770

2.1 Strukturell unterschiedliche Dramen aus unterschiedlichen historischen Kontexten
2.1.4 Fokus: Gotthold Ephraim Lessing, *Nathan der Weise*

	neun Narrationen: I,1: Daja, 70–77, 98–108; I,3: Al-Hafi, 461–476; I,5: Tempelherr, 583–589; Klosterbruder, 611 mit Unterbrechungen bis 701; I,6: Daja, 756–758; Tempelherr, 758-761; II,1: Saladin, 892–900; II,3: Sittah, 1116–1125; II,7: Nathan, 1390–1395; III,7: Nathan, 1911 mit Unterbrechungen bis 2054; IV,7: Nathan, 2937–3066, Klosterbruder, 2955–2970; V,5: Tempelherr, 3405–3419; V,6: Recha, 3615–3638 **fünf Teichoskopien (Mauerschauen):** II,4: Nathan/Recha, 1148–1154; Daja/Recha, 1174–1179; II,5: Tempelherr/Nathan, 1323 ff.; II,8: Daja, 1419 f.; V,3: Tempelherr, 3275–3278
Bauprinzipien	**fünf ästhetische Orte:** II,2 – III,1 – III,7 – III,10 und IV,2 **Triadisches Prinzip:** – drei Handlungsstränge: Haupthandlung (Liebe), Saladin-Handlung (Geld), Patriarchen-Handlung (Dogmatik) – drei Figuren pro Handlungsstrang – drei Handlungseinheiten pro Akt (Ausnahme I. Akt) – drei Religionsgemeinschaften: Islam, Christentum, Judentum – drei „wunderbare" Rettungen: Nathan rettet Recha, Saladin rettet den Tempelherrn, der Tempelherr rettet Recha – drei Geheimnisse: Daja: Recha ist ein Christenkind; Sittah: finanzielle Unterstützung ihres Bruders; Nathan: Verlust der Familie – drei Väter Rechas: Wolf von Filnek/Assad (leiblich), Nathan (sozial), Saladin (schützend) – dreifache Verwirrung des Tempelherrn

Ringparabel in der Dramenmitte

Das Gesamtdrama besteht aus 3849 Versen und 41 Szenen. Dabei lassen sich fünf ästhetische Orte ausmachen, die den dort dargestellten Inhalten zusätzliches Gewicht verleihen. Der wichtigste Ort, die nach Versen berechnete Dramenmitte, verweist auf den inhaltlichen Schwerpunkt, die Ringparabel, in III,7. Vier weitere ästhetische Orte ergeben sich in II,2, wo nach Versen das erste Viertel und nach Szenen das erste Fünftel endet, in III,1, wo nach Versen und Szenen das zweite Fünftel endet, in III,10, wo nach Versen und Szenen das dritte Fünftel endet, und schließlich IV,2, wo nach Versen und Szenen das zweite Drittel und nach Versen auch das vierte Fünftel endet. Damit wird folgenden Inhalten Gewicht verliehen:
– II,2: der uneigennützigen und asketischen Grundhaltung Saladins,
– III,1: der Einstellung Rechas zur Ergebenheit in Gott,
– III,10: dem Liebesgeständnis des Tempelherrn und dem Geheimnisverrat Dajas über Rechas christliche Abstammung,
– IV,2: der Patriarchenszene.

Die Handlung

Drei Handlungsstränge

Die Gesamthandlung des Dramas setzt sich aus drei Handlungssträngen zusammen:
– der emotionalen Haupthandlung, in der er es unter Leitung Nathans um die Liebesbeziehung zwischen dem Tempelherrn und Recha geht (a),
– der pragmatischen Saladin-Handlung, die sich im Kern um die finanziellen Probleme des Sultans dreht (b),

2.1 Strukturell unterschiedliche Dramen aus unterschiedlichen historischen Kontexten
2.1.4 Fokus: Gotthold Ephraim Lessing, *Nathan der Weise*

– der ideologischen Patriarchen-Handlung, die von der Rigorosität der katholischen Kirche bestimmt wird (c).

Alle drei Handlungsstränge gehen positiv aus, allerdings zum Teil nur aus der Sicht Nathans oder der Rezipienten. In der Haupthandlung erlangt der Tempelherr als Protagonist nicht die Hand Rechas zur Gattin. Ob Recha als Schwester dagegen für den Tempelherrn ein Liebesgewinn ist, muss offenbleiben. In der Saladin-Handlung kann der Sultan sein Liquiditätsproblem überwinden, sodass sowohl aus seiner wie aus objektiver Sicht die Hoffnungen Saladins erfüllt werden. Letztlich geht auch die Patriarchen-Handlung dank des Verweigerungs- und Sabotageverhaltens des Klosterbruders gegenüber dem Patriarchen gut aus. Die verabscheuungswürdigen und perfiden Interessen des Patriarchen erfüllen sich hingegen nicht. Die zwei Brechungen des reinen Komödienverlaufs haben zur Folge, dass das Stück von Lessing weder als Komödie noch als Tragödie eingeordnet wird, sondern ausweichend als dramatisches Gedicht.

Betrachtet man das Gesamtdrama unter dem Aspekt der Dreisträngigkeit der Handlung, dann ist es wie folgt aufgebaut: *Aufbau*

DIE DREI HANDLUNGSSTRÄNGE (H.) DES *NATHAN*

I. Akt	II. Akt	III. Akt	IV. Akt	V. Akt
1–2 Haupt-H.: Nathans Ankunft von der Geschäftsreise	1–3 Saladin-H.: Saladins Geldmangel	1–3 Haupt-H.: Der Tempelherr liebt Recha.	1–2 Patriarchen-H.: Der Tempelherr sucht Rat beim Patriarchen.	1–2 Saladin-H.: Saladins Gelder treffen ein.
3 Saladin-H.: Al-Hafi will für Saladin Geld borgen.			3–5 Saladin-H.: Er klagt Nathan bei Saladin an.	3–5 Haupt-H.: Dritte Verwirrung des Tempelherrn
4 Haupt-H.: Wiederkehr des Tempelherrn	4–8 Haupt-H.: Freundschaft Nathans mit dem Tempelherrn	4–7 Saladin-H.: Nathan erzählt die Ringparabel.		
5 Patriarchen-H.: Unmoralisches Angebot des Patriarchen			6–8 Patriarchen-/Haupt-H.: Vorgeschichte Nathans	6–8 Saladin/Haupt-H.: Lösung der Konflikte
6 Haupt-H.: Erste Verwirrung des Tempelherrn	9 Saladin-H.: Flucht Al-Hafis	8–10 Haupt-H.: Zweite Verwirrung des Tempelherrn		
a-b-a-c-a	b-a-b	a-b-a	c-b-c/a	b-a-b/a

Schaubild 2: Die drei Handlungsstränge des *Nathan*

2.1 Strukturell unterschiedliche Dramen aus unterschiedlichen historischen Kontexten
2.1.4 Fokus: Gotthold Ephraim Lessing, *Nathan der Weise*

Geschlossenheit durch Klammern

Der I. Akt als Exposition führt alle drei Handlungsstränge ein, ist aber wie die Akte II bis V so konzipiert, dass jeweils eine Klammer für Geschlossenheit sorgt. In den letzten Szenen der Akte IV und V finden jeweils die Vereinigungen zweier Stränge statt: Im IV. Akt mündet die Patriarchen-Handlung in die Haupthandlung, und im V. Akt verschmilzt die Saladin-Handlung mit der Haupthandlung. In beiden Fällen ist Nathan derjenige, der die Vereinigungen bewirkt.

Die Figuren

Die neun Figuren des Dramas lassen sich unterschiedlich in Dreiergruppen einteilen. Geht man von den Handlungssträngen aus, erhält man folgende Aufteilung:

FIGURENGRUPPIERUNGEN IM *NATHAN*

	problembewusst	zielorientiert	folgsam
Haupthandlung	Nathan	Tempelherr	Recha
Saladin-Handlung	Saladin	Sittah	Al-Hafi
Patriarchen-Handlung	Klosterbruder	Daja	Patriarch

Schaubild 3: Figurengruppierungen im *Nathan*

Diese Aufteilung verändert sich, wenn man thematische Unterscheidungskriterien wählt. Dann lassen sich nämlich folgende Gruppierungen denken:

FIGURENGRUPPIERUNGEN IM *NATHAN* II

Soziale Stellung/Kriterium	Kirche	Frauen	Geld
Gehoben	Patriarch	Sittah	Saladin
Mittel	Tempelherr	Recha	Nathan
Niedrig	Klosterbruder	Daja	Al-Hafi

Schaubild 4: Figurengruppierungen im *Nathan* II

Die Anteile der Gesprächsverteilung, die einen Hinweis auf die Bedeutung der Figuren gibt, sieht folgendermaßen aus:

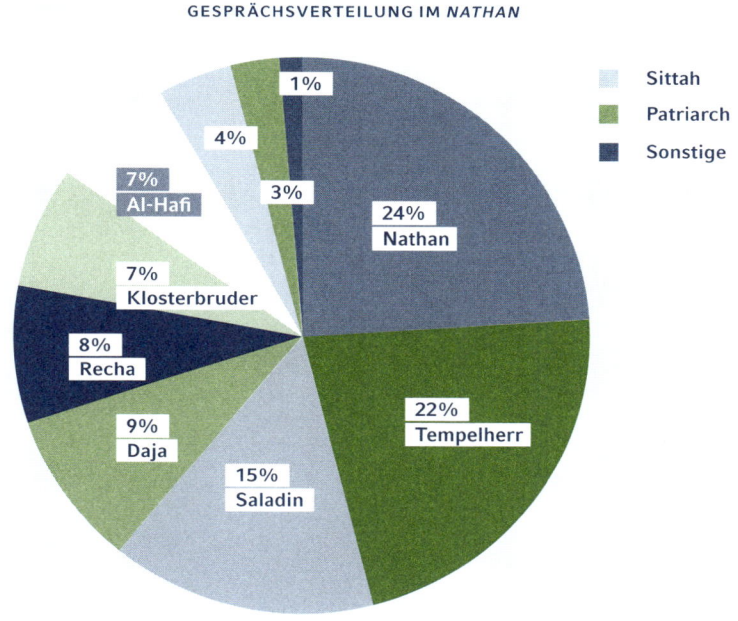

Schaubild 5: Gesprächsverteilung im *Nathan*

Das Diagramm verdeutlicht, dass Nathan und der Tempelherr die beiden wichtigsten Figuren sind, also die Rollen des Protagonisten und Antagonisten besetzen.

2.1 Strukturell unterschiedliche Dramen aus unterschiedlichen historischen Kontexten
2.1.4 Fokus: Gotthold Ephraim Lessing, *Nathan der Weise*

Figuren-
konstellation

Berücksichtigt man die Beziehungen, die zwischen den Figuren existieren, ergibt sich folgende Figurenkonstellation, die auch wieder aus drei Gruppen zu je drei Figuren besteht:

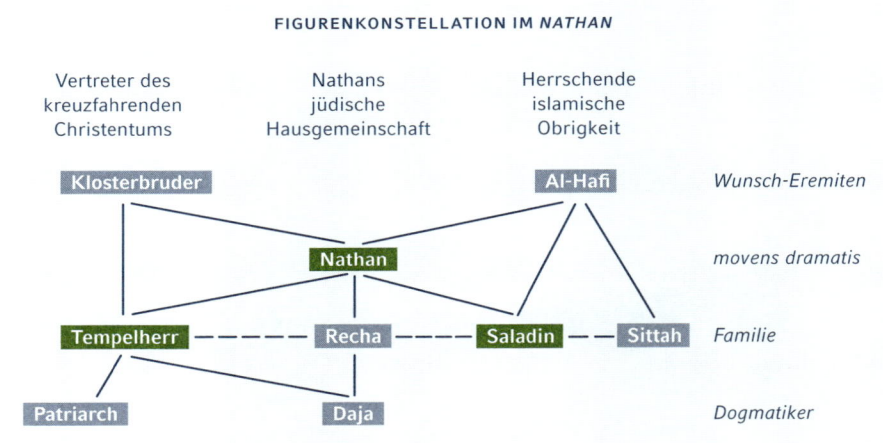

Schaubild 6: Figurenkonstellation im *Nathan*

In dieser Konstellation sind zwei Figuren besonders hervorzuheben: Nathan als Mediator (Vermittler/Schlichter) und kommunikatives Zentrum des Dramas sowie Recha als die Figur, in der sich alle drei Religionen in einer Figur vereinen:
- der Islam durch das väterliche Geblüt
- das Christentum durch Geburt und Taufe
- das Judentum durch Erziehung.

Verborgene
Bedeutungen

Namenssymbolik
Fast alle Namen des Dramas sind nicht willkürlich gewählt, sondern tragen eine verborgene Bedeutung. Nur der Patriarch wird von Lessing keines eigenen Namens gewürdigt:

Nathan: ist die Kurzform von althebräisch „Nathanael" und bedeutet „Gott hat gegeben".

Recha: ist ein Name aus dem Arabischen und Hebräischen und bedeutet „die Zarte", „die Weiche". Dieser Name umschreibt ihre Jugend und Schönheit.

Daja: ist ein Name, den Lessing aus ursprünglich Dinah verändert hat, weil er im Arabischen die „Amme" bedeutet.

Saladin: ist ein historisch verbürgter Name, den Lessing ohne Verlust des Zeitbezuges schlecht abändern konnte. Saladin bedeutet im Arabischen so viel wie „Frömmigkeit der Religion" oder „Rechtschaffenheit des Glaubens".

Sittah: ist ein Name, der im Arabischen „Herrin, Königin" bedeutet, und möglicherweise als ein Hinweis auf ihr Schachspiel zu verstehen.

Assad: bedeutet im Arabischen „Löwe".

Malek: bedeutet im Arabischen „König, Besitzer, Eigentümer".

Lilla: kann abgeleitet vom Wort „leela" aus dem Sanskrit stammen und so viel wie „Spiel, Vergnügen" bedeuten, aber auch aus dem Arabischen „li-llah" entlehnt sein und „Göttin" bedeuten.
Leu: Der Name kommt aus dem Lateinischen und bedeutet „Löwe". Damit wird die Abstammung des christlichen Tempelherrn von seinem muslimischen Vater Assad betont.
Blanda: Der Name entstammt ebenfalls dem Lateinischen und bedeutet „die Freundliche".
Klosterbruder Bonafides: Der Name stammt aus dem Lateinischen und bedeutet „guter Glaube".
Al-Hafi: Der Name bedeutet im Arabischen so viel wie „aus der Familie der Barfüßler" und illustriert das Bettelmönchdasein eines Derwischs.

Die Sprache

Sprachstruktur	gesprächstechnische Auflösung von Duellsituationen
Sprachliche Mittel	Nach der Häufigkeit ihres Auftretens: Epanalepse (direkt: über 110-mal: Vers 12, besonders: 2174 f., auf Abstand über 80-mal: Vers 92 f.), Fragenbündel und rhetorische Fragen (über 40-mal: 256–266), Gegensatz (über 30-mal: 1708 f., 1712 f.), Anapher (über 25-mal: 2366 f.), Metapher (über 20-mal: 1869), Asyndeton (über 15-mal: 282 ff.), Assonanz (über 10-mal: 1391 f.), Alliteration (über 10-mal: 1529, 1531), Figura etymologica (über 10-mal: 1473), Ironie (über 10-mal: 3753 ff.), Steigerung (über 10-mal: 1719), Possessivpronomen (über 5-mal: 1536), Vergleich (über 5-mal: 1614), Chiasmus (über 5-mal: 419 f.)
Motive	Nach der Häufigkeit des Auftretens: Geld (über 30-mal: 9); Geheimnis (über 20-mal: 1582); Engel (über 20-mal: 188); Wunder (über 15-mal: 211); Volk (über 15-mal: 1287); der Weise (über 10-mal: 1784); Mensch (über 10-mal: 498); Freundschaft (über 10-mal: 1319); Innen-vs.-Außen (über 10-mal: 704–706); Liebe (über 10-mal: 2237)

2.1 Strukturell unterschiedliche Dramen aus unterschiedlichen historischen Kontexten
2.1.4 Fokus: Gotthold Ephraim Lessing, *Nathan der Weise*

Struktur des Textes

STRUKTUR DES *NATHAN*

Schaubild 7: Struktur des *Nathan*

Kontexte

Tradition des Stoffes von den drei Ringen

Um 1250 Étienne de Bourbon, *Anecdotes Historiques, Légendes et Apologues*
Der richtige wundertätige Ring steht für das Christentum.

Von Ringen und Religionen

1270–1290 *Dit dou vrai aniel*, altfranzösische Verserzählung
In Ägypten besitzt ein Vater einen heilkräftigen Ring und drei Söhne. Die drei Brüder sind charakterlich sehr ungleich. Der Vater lässt zwei minderwertige Ringe herstellen, die er den minderwertigeren Söhnen überreicht. Der richtige Ring in der Hand des jüngsten Sohnes erweist sich durch seine Heilkraft als der richtige. Er symbolisiert das Christentum, das nun durch Philipp II., Robert von Artois und den Grafen von Flandern auf dem Kreuzzug vertreten wird.

Um 1320 *Gesta Romanorum*
In dieser Legendensammlung des christlichen Mittelalters vererbt ein Kaiser an seine drei Söhne drei gleichartige Ringe, von denen aber nur einer wundertätig ist. Dieser repräsentiert die Christenheit. Das Judentum erhält als Erbe das gelobte Land, der Islam (die Sarazenen) den Schatz.

1349–1352 Giovanni Boccaccio, *Decamerone*
Saladin befragt den Juden Melchisedech, der die Ringparabel ohne eine richterliche Entscheidung erzählt. Die stehe noch aus.

Um 1480 Salomon Ibn Verga, *Schebet Jehuda*
In dieser jüdischen Anekdote stellt König Don Pedro dem weisen Juden Ephraim Sancho die Frage, welche der beiden Religionen, Christentum oder Judentum, das bessere Gesetz habe. Der schlägt dem König vor, das bessere Gesetz durch einen Boten vom Vater im Himmel zu erfragen.

1525 Il Centonovelle: *Cento novelle antique*
Sammlung mittelalterlicher italienischer Novellen.

Die historische Situation

Der Vergleich des Stücks mit den historischen Fakten zeigt, wie frei Lessing mit der Überlieferung umging.

Die Kreuzzüge

Die Kreuzzüge waren Feldzüge der Christenheit zur Befreiung der heiligen Stätten in Palästina. Papst Urban II. rief 1095 zum ersten Kreuzzug auf, der 1099 mit der Einnahme Jerusalems sein Ziel zunächst erreichte, allerdings nach sechswöchiger Belagerung allein auf seiner Seite rund dreitausend Opfer kostete. Die in den eroberten Gebieten eingerichteten Kreuzfahrerstaaten konnten sich wegen der Heimreise der meisten Ritter nicht lange behaupten. So entwickelte sich aus der Situation zunächst ein relativ friedliches Neben-

„Befreiung" Jerusalems als Ziel

einander der Religionen. Der zweite Kreuzzug (1147–1149), der die Kreuzfahrerstaaten wiederherstellen bzw. sichern sollte, verlief nahezu erfolglos. Der dritte Kreuzzug (1189–1192) endete in der Schlacht von Hattin am See Genezareth (1187) sogar in einem Debakel für die Ritter, weil nahezu das gesamte christliche Heer des Staates Jerusalem von Saladin vernichtend geschlagen wurde. Die gefangenen Kreuzritter wurden hingerichtet. Diese Ereignisse nahm Kaiser Friedrich II. Barbarossa zum Anlass, selbst an einem Kreuzzug teilzunehmen. Er ertrank aber 1190 im Flusse Kalykadnus (Saleph) in Kleinasien. Es gelang Richard Löwenherz, die Stadt Akkon zu erobern und sich mit Saladins Bruder Malek el Abel zur Beruhigung der Gegend auf einen Vertrag zu einigen. Dabei sollte Richards Schwester Johanna, die Witwe des Königs von Sizilien, Malek zur Frau gegeben werden, und beide sollten als König und Königin von Jerusalem herrschen. Der Plan scheiterte jedoch am Widerstand Johannas und der katholischen Geistlichkeit. Immerhin kam 1192 ein Waffenstillstand zustande, der den Christen zwar freien Zugang nach Jerusalem garantierte, aber die Herrschaft über die Stadt selbst in Händen behielt. Saladin starb 1193 im Alter von 56 Jahren.

Saladin

Sultan über Ägypten und Syrien

Der Sultan über Ägypten und Syrien hieß mit vollem Namen El-Malik en Nasir Salah ed-Din Jussuf. Sein Name Saladin ist abgeleitet aus Salah ed-Din, was „Wahrheit des Glaubens" bedeutet. Saladin wächst unter der Obhut seines kurdischen Vaters Nadschmuddin Ayyub und vor allem seines Onkels Schirkuh heran und wird in einem Kloster der Sufis, einer mystisch-asketischen Glaubensrichtung des Islam, streng religiös unterwiesen. Im Alter von 32 Jahren wird Saladin vom ägyptischen Kalifen El-Adid zum Wesir ernannt. Damit beginnt sein beispielloser politischer Aufstieg. Mit seinen syrischen Truppen erkämpft er sich die Herrschaft in Ägypten, unterwirft Syrien und heiratet die Witwe des Sultans Ismataddin Khatun. Sein innenpolitisches soziales Aufbauprogramm bringt ihm die Anerkennung als Sultan von Ägypten durch den Kalifen von Bagdad ein. Saladin wird von zeitgenössischen Quellen als klein und zartknochig beschrieben, aber auch als gewandter Reiter und geschickter Waffenkämpfer. Er gilt als gütig und gerecht, aber auch als kühn und entschlossen. Nachdem er nun Herrscher über Ägypten, Syrien und den Jemen ist, greift Saladin den Kreuzritterstaat an. 1177, im Alter von 39 Jahren, wird er in der Schlacht im Wadi ed-Duhr geschlagen und kann sich nur mit Mühe nach Kairo retten. Der vereinbarte Waffenstillstand wird allerdings von dem Kreuzfahrer Rainald von Châtillon (1120–1187) gebrochen, sodass es 1187 erneut zu einer Schlacht kommt. Diesmal kämpft Saladin gegen König Guido von Lusignan (1150–1194). Gut vorbereitet und mit einem Heer von fast 18.000 Mann vernichtet Saladin in der sechsstündigen Schlacht von Hattin das Kreuzfahrerheer vernichtend. Nach seinem Sieg lässt er zu, dass seine Männer 200 gefangenen Ordensrittern den Kopf abschlagen. Noch im gleichen Jahr erobert Saladin Jerusalem, gewährt den Eroberten aber freien Abzug. Als nach dem Tod Kaiser Friedrich II. Barbarossas König Philipp II. von Frankreich und der englische König Richard I. Löwenherz 1191 die Seefestung Akkon belagern und Richard Löwenherz 3000 Muslime umbringen

Waffenstillstand mit Richard Löwenherz

lässt, schließt Saladin mit Richard Löwenherz einen Waffenstillstand. In diese Zeit fällt auch die Episode, dass Saladin einem gefangengenommenen Offizier des Kreuzritterheeres das Leben und die Freiheit schenkt. Als ein Freundschaftspakt zwischen Richard und Saladins Bruder Malik el-Adil scheitert, kommt es 1192 zu einem Frie-

2.1 Strukturell unterschiedliche Dramen aus unterschiedlichen historischen Kontexten
2.1.4 Fokus: Gotthold Ephraim Lessing, *Nathan der Weise*

densvertrag über drei Jahre und drei Monate. Ein halbes Jahr nach Abschluss dieses Abkommens stirbt Saladin in Damaskus.

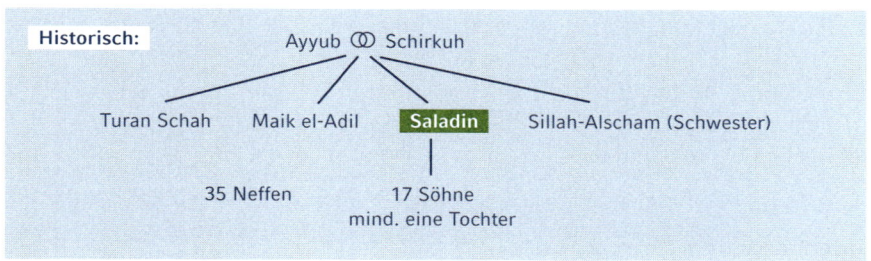

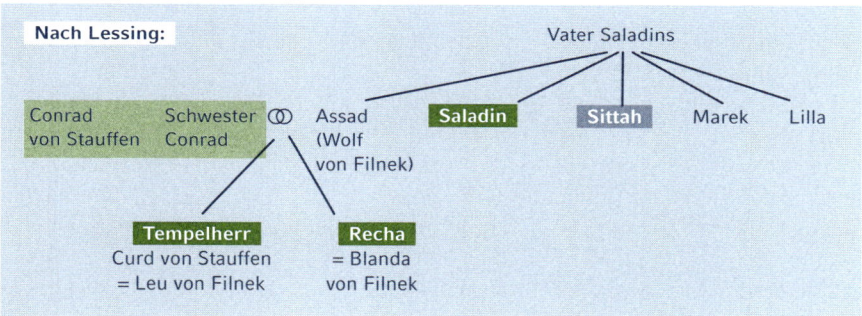

Schaubild 8: Vergleich der Familienverhältnisse in Historie und Lessings *Nathan*

Die Tempelherren

Tempelherren, Tempelritter oder einfach Templer werden die Mitglieder des Tempelordens genannt. Dies war ein geistlicher Ritterorden, der aus dem Lateinischen übersetzt mit vollem Namen lautet: „Arme Ritterschaft Christi und des salomonischen Tempels zu Jerusalem". Dieser infolge des Ersten Kreuzzuges 1118 gegründete Orden sollte die Ideale des adligen Rittertums mit denen des Mönchstums vereinen. Die Tempelherren legten vor dem Patriarchen von Jerusalem ein klassisches Mönchsgelübde über Armut, Keuschheit und Gehorsam ab. Ihre ritterliche Aufgabe war es, die Straßen des Heiligen Landes für die christlichen Pilger zu sichern. Insofern waren sie eine militärische Eliteeinheit. Der Orden war seit 1119 im Palast des Königs von Jerusalem auf dem Tempelberg stationiert. Zu den 72 Statuten des Ordens, die sich auf den Regeln des Benedikt von Nursia aus dem 6. Jahrhundert gründeten, zählte auch, dass es den Kreuzrittern untersagt war, ihre Aufmerksamkeit auf das Angesicht einer Frau zu richten (Regel 70). Dieser Hintergrund ist wichtig, um die Verhaltensweise des Tempelherrn bei Lessing gegenüber Recha, sein Zaudern, seine Selbstzweifel und seine Entschlüsse zu verstehen.

Keusch lebende, militärische Eliteeinheit

2.1 Strukturell unterschiedliche Dramen aus unterschiedlichen historischen Kontexten
2.1.4 Fokus: Gotthold Ephraim Lessing, *Nathan der Weise*

Der Patriarch von Jerusalem und weitere Figuren

Floh rechtzeitig aus Jerusalem

Dem Patriarchen von Jerusalem, Heraklius von Caesarea (1121–1191), wurde nachgesagt, er habe zur Erlangung seines Patriarchats sogar seinen Rivalen vergiften lassen. Nach der Kapitulation Jerusalems vor den Heeren Saladins am 2. 10. 1187, als Saladin den Christen freien Abzug gewährte, verließ Heraklius an der Spitze der Flüchtigen die Stadt, gefolgt von Priestern und Mönchen, die sämtliche Kirchenschätze trugen. Er hielt sich 1192, zu dem Zeitpunkt, zu dem die Dramenhandlung spielt, nicht mehr in Jerusalem auf.

Auch **König Philipp II.** von Frankreich hatte nach der Belagerung von Akkon 1191 Palästina längst verlassen, selbst **Richard Löwenherz** war 1192 kurz nach dem Waffenstillstandsvertrag, ohne Jerusalem betreten zu haben, enttäuscht abgereist.

Zeitgenössische Kontexte

Das Judentum

Erste Juden in Preußen

Erst seitdem Friedrich Wilhelm I. 1671 fünfzig vertriebenen jüdischen Familien aus Wien die Einreise nach Preußen erlaubte, kann man von einem Judentum in Preußen sprechen. Die politische Zielsetzung war unverkennbar. Man war nur an Juden interessiert, die dem Staat mit ihrer Finanzkraft oder ihrem Finanzwissen nutzen konnten. Das galt also für Bankiers, reiche Kaufleute und sogenannte Hofjuden, die als Finanzberater direkt am Hofe angestellt waren. Obwohl man mit einer differenzierten Gesetzgebung den Zugang von Juden durch hohe Geldabgaben einschränken wollte, nahm die Zahl der inoffiziell in Preußen lebenden Juden zu. Das „Revidierte General-Privilegium und Reglement" Friedrich Wilhelm II. schuf ein Fünf-Klassensystem, nach dem sich die meisten Juden der fünften, d. h. zwar geduldeten, aber völlig rechtlosen Klasse zuordnen lassen mussten.

Lessings Freund und Vorbild Nathans

Zu dieser Klasse zählte auch Lessings Freund, der aus bescheidenen Verhältnissen stammende Philosoph **Moses Mendelssohn** (1729–1786). Mendelssohn wurde zum Repräsentanten eines neuen assimilierten Judentums, weil er die Religion als Privatangelegenheit von der Rolle des deutschen Bürgers im Alltag und kulturellen Leben trennte. Diese jüdische Aufklärungsströmung trug den Namen Haskala (= Bildung, Philosophie, mit dem Verstand aufklären). Mendelssohn, den Lessing übrigens beim Schachspielen kennengelernt haben soll, war es, der den Toleranzgedanken besonders vertrat und eine Integration der Juden anstrebte. **Recha Mendelssohn** (1767–1831) war die dritte Tochter von Moses Mendelssohn und seiner Frau Frommet, geb. Guggenheim. Sie wurde gemeinsam mit ihrer Schwester Brendel und ihrem Bruder Joseph unter Aufsicht des Vaters von Hauslehrern unterrichtet.

Die theologischen Streitschriften

Alternative Religionsauffassung

Als Hermann Samuel Reimarus, Orientalist und Professor am Akademischen Gymnasium in Hamburg, 1768 starb, hinterließ er eine Reihe religionskritischer Schriften, die er zum Schutze seiner beiden Kinder nicht veröffentlicht hatte. Reimarus lehnte aus einer deistischen[13] Gesinnung die von den Jüngern und Evangelisten überlieferte und

---

13 Deismus: Glaube an Gott aus Verstandesgründen anstatt wie in den Offenbarungsreligionen aufgrund den Inhalten heiliger Schriften.

2.1 Strukturell unterschiedliche Dramen aus unterschiedlichen historischen Kontexten
2.1.4 Fokus: Gotthold Ephraim Lessing, *Nathan der Weise*

seiner Meinung nach verfälschte Religion ab. Anstelle der von der Kirche gelehrten Religion vertrat Reimarus eine natürliche Religion, wie sie seiner Ansicht nach Jesus tatsächlich gepredigt hatte. Diese Schriften machten Reimarus' Nachkommen Lessing zugänglich. Obwohl Lessing die Auffassungen des Reimarus nicht teilte, veröffentlichte er sie ab 1774 in den *Beiträgen aus den Schätzen der Herzoglichen Bibliothek zu Wolfenbüttel* ohne Nennung des Verfassers als *Fragmente eines Ungenannten*. Für die Nathan-Dichtung sind besonders das erste und vierte Fragment von Bedeutung.

Das **erste Fragment** mit dem Titel *Von Duldung der Deisten* ergänzte Lessing mit einer Verteidigungsschrift über Adam Neuser, einen deistischen Pfarrer des 16. Jahrhunderts. Neuser hatte man dafür verurteilt, dass er die Gottheit Christi und die Trinität bezweifelt hatte und in Konstantinopel zum Islam konvertiert war, weil dieser der natürlichen Religion am nächsten komme. Lessing protestiert in seiner Ergänzung gegen den Dogmatismus der orthodoxen protestantischen Theologie. „Fragmente aus den Papieren eines Ungenannten"

Im **vierten Fragment**, 1777 erschienen und überschrieben mit *Dass die Bücher A.T. nicht geschrieben wurden eine Religion zu offenbaren*, leugnete Reimarus die vorausdeutende Funktion des Alten Testaments. Lessing verteidigt auch Reimarus' Auffassung, dass geschichtliche Überlieferungen kein Beweis für Glaubenswahrheiten sein könnten, in den Schriften *Über den Beweis des Geistes und der Kraft* (1777) und *Das Testament Johannis*. Mit beiden Schriften erntete Lessing heftigen Widerspruch. Gegen die Angriffe des orthodoxen Superintendenten Johann Heinrich Reß wehrte sich Lessing mit der *Duplik*, gegen die des Hauptpastors an der Hamburger Katharinenkirche Johann Melchior Goeze (1717–1786) mit insgesamt elf öffentlichen Briefen, mit man heute als *Anti-Goeze* zusammenfasst. Letztlich geht es darin um die Frage nach dem Verhältnis der Bibel zum christlichen Glauben. Während Goeze auf der schriftlichen Überlieferung als Grundlage des Glaubens beharrte, war sich Lessing sicher, dass die christliche Religion auch ohne Bibel lebbar sei. Der Streit mit Goeze und die Folgen

Der öffentliche Streit endete, als Lessing auf Betreiben Goezes die bis dahin gewährte Publikationsfreiheit entzogen und er somit zum Schweigen verurteilt wurde. Das berühmt gewordene Zitat aus seinem am 6. 9. 1778 an Elise Reimarus gerichteten Schreiben: „Ich muss versuchen, ob man mich auf meiner alten Kanzel, auf dem Theater wenigstens, noch ungestört will predigen lassen." hat bewirkt, dass die Nathan-Dichtung oft auch als „zwölfter Anti-Goeze" bezeichnet wurde. Diese Deutung greift zwar zu kurz, doch sind die Beziehungen des dramatischen Textes zu den theologischen Streitschriften zahlreich.

In folgenden elf Stellen des Dramas geht Lessing auf theologische Positionen ein:

Nr.	Textstelle	Thematik
1	I,2: 359–364	Unterschied zwischen andächtig Schwärmen und gut Handeln
2	II,1: 847–879	Religion Christi vs. christliche Religion
3	II,5: 1297–1301	blinder Dogmatismus des Christentums

2.1 Strukturell unterschiedliche Dramen aus unterschiedlichen historischen Kontexten
2.1.4 Fokus: Gotthold Ephraim Lessing, *Nathan der Weise*

4	III,1: 1589–1592	Ergebenheit in Gott (= Islam)
5	III,2: 1648–1666	Berg-Sinai-Metapher: Empfang der Gesetze ist leichter als deren Befolgung; Ignoranz gegenüber der Bibelüberlieferung
6	III,5: 1845–1848	Traditionsreligion vs. Verstandesreligion
7	III,10: 2281–2290	Religion (Heiland, Wunder) vs. Verstand (Vorsicht/Vorsehung, Wunderbares)
8	IV,1: 2434–2438	Religion ist parteiisch.
9	IV,4: 2756–2759	Macht der abergläubischen Religion
10	V,6: 3520–3536	gegen die Buchgelehrsamkeit /Bibel
11	V,6: 3585–3589	gegen schwärmerischen Dogmatismus
12	V,6: 3615–3633	Christentempel-Metapher: Verfallszustand der Religion; usurpatorischer Dogmatismus

Auch Zitate bzw. Anspielungen Lessings aus den theologischen Streitschriften seiner Auseinandersetzung mit Goeze finden sich im *Nathan*:

Textstelle	Text	Bezugstext
I,5: 632	Das Briefchen aber ist an König Philipp.	Sie sind ein Politikus wie ein Theolog. (*Erster Anti-Goeze*)
II,1: 879 f. IV,2: 2567 f.	Um den Namen, um den Namen Ist ihnen nur zu tun. Den Bösewicht, Den Juden mir nicht nennen?	Welch elende Neugier, die Neugier nach einem Namen! Nach ein paar Buchstaben, die so oder so geordnet sind! ... wo die Vernunft auf ihrem eignen Wege nur Gründe prüfen soll: Was soll da der Name des, der das bloße Organ dieser Gründe ist. (*Neunter Anti-Goeze*)

2.1 Strukturell unterschiedliche Dramen aus unterschiedlichen historischen Kontexten
2.1.4 Fokus: Gotthold Ephraim Lessing, *Nathan der Weise*

III,1: 1558 ff.	Und wie weiß
	Man denn, für welchen Erdkloß
	  man geboren,
	Wenn man's für den nicht ist,
	  auf welchem man
	Geboren?
		Aber ein jeder findet denn doch
		beim Beschlusse seiner Prüfung
		die Religion und Sekte, worin er
		erzogen worden, die beste und
		einzig wahre zu sein.
		(Reimarus, *1. Fragment*)

III,7: 1979 ff.	Nun, wessen Treu und Glauben zieht man denn Am wenigsten in Zweifel? Doch der Seinen? Doch deren Blut wir sind?	

III,5: 1840 f.	Was für ein Glaube, was für
	  ein Gesetz
	Hat dir am meisten
	  eingeleuchtet?
		Allein hier erfordert die Natur
		der Sache, dass ich, ehe ich
		mich mit ihm darüber weiter
		einlasse, erst die bestimmtes-
		te Erklärung von ihm fordere,
		was für eine Religion er durch
		das Wort, christliche Religion
		verstehe? Und dass er uns die
		wesentlichen Artikel dieser Reli-
		gion anzeige, zu welcher er sich
		selbst bekennet, und deren so
		großer Freund und Verteidiger
		zu sein, er sich rühmet.
		(Goeze, *Lessings Schwächen*, 2)

IV,7: 3067 f.	Ihr seid ein Christ! – Bei Gott, Ihr seid ein Christ! Ein bessrer Christ war nie!	Ich habe noch immer die besten Christen unter denen gefunden, die von der Theologie am we- nigsten wussten. (*Axiomata*)

IV,2: 2486 f.	Wer darf
	Sich da noch unterstehn,
	  die Willkür des,
	Der die Vernunft erschaffen,
	  nach Vernunft
	Zu untersuchen?
		Die Vernunft wird ihnen als eine
		schwache, blinde, verdorbene
		und verführerische Leiterin
		abgemalt, damit die Zuhörer,
		was Vernunft oder vernünftig
		heiße, jetzt bange werden, ihre
		Vernunft zur Erkenntnis göttli-

IV,2: 2516 f.	Da seh' der Herr, Wie sich die stolze menschliche Vernunft Im Geistlichen doch irren kann.	cher Dinge anzuwenden, weil sie dadurch leicht zu gefährlichen Irrtümern gebracht werden möchten. (Reimarus, *1. Fragment*)

2.1 Strukturell unterschiedliche Dramen aus unterschiedlichen historischen Kontexten
2.1.4 Fokus: Gotthold Ephraim Lessing, *Nathan der Weise*

IV,2: 2546 u. a.	Tut nichts! der Jude wird verbrannt.	Wer nicht gläubt, der wird verdammt! – Ihm nicht glaubt; nicht gerade das Nämliche glaubt, was er glaubt, wird verdammt! (*Dritter Anti-Goeze*)
IV,2: 2509 f.	Doch zu allererst Erkläre sich der Herr, ob so ein Fall Ein Faktum oder eine Hypothes'.	Folget aus dem bloß möglichen Falle nicht eben das, was aus dem wirklichen Falle folgen würde? (*Achter Anti-Goeze*)
IV,2: 2577	Auch mach ich ihm gar leicht begreiflich, wie Gefährlich selber für den Staat es ist, Nichts glauben!	Wahrlich die Monarchen haben große Ursach, auf die Epischen Dichter und ihre Stallmeister ein aufmerksames Auge zu richten, wenn ihre Throne nicht erschüttert werden sollen. (Goeze, *Freiwillige Beiträge*, 66. Stück)
IV,2: 2522 ff.	Ich will den Herrn damit auf das Theater Verwiesen haben, wo dergleichen pro Et contra sich mit vielem Beifall könnte Behandeln lassen.	In der Theaterlogik ist Herr L. ein großer Meister,… (Goeze, *Etwas Vorläufiges*) Ich gebe den meinen [Stil] aller Welt preis, und freilich mag ihn das Theater ein wenig verdorben haben. (*Zweiter Anti-Goeze*)
V,5: 3416 ff.	Die Schurkerei des Patriarchen, die So ähnlich immer sich erhält, hat mich Des nächsten Weges wieder zu mir selbst Gebracht.	…, dass seine eigenen Einwendungen mit behilflich gewesen, sich besser zu erklären. (*Axiomata*)

Übersicht: Interpretation

Aspekt	Thematik
Biografie	Verarbeitung persönlicher und beruflicher Ereignisse und Erlebnisse
Geschichte	kein Historiendrama und keine sekundäre Geschichtsquelle
Intertextualität	Drama als eine Art „Anti-Goeze Nr. 12"

2.1 Strukturell unterschiedliche Dramen aus unterschiedlichen historischen Kontexten
2.1.4 Fokus: Gotthold Ephraim Lessing, *Nathan der Weise*

Ästhetik	monadenhaft teleologische Dramenstruktur als Ausdruck einer prästabilierten (vorher festgesetzen) Harmonie
Religion	Plädoyer für eine natürliche Vernunftreligion
Philosophie	Ideendrama zur Toleranz
Soziologie	Drama als Überbau einer kaufmännischen Denkbasis der Figuren (Konkurrenzdenken und Bedeutung des Geldes)
Politik	Beitrag zur gesellschaftspolitischen Aufwertung der Juden
Dramentheorie	mosaikhafte Mischform von Comédie larmoyante (weinerliches Lustspiel) und Ideendrama
Literaturepoche	Analyse des Zeitgeistes: Rationalität, Empfindsamkeit und Berechnung
Psychologie	Identitätskrisen am Rande des Tabubruchs
Geschichte	die historische Struktur des Bewusstseins
Kommunikation	der Dialog als Strategie der Konfliktvermeidung und Konsensmittel
Ethik	Antizipation von Kants asketischer Gesinnungsethik
Gender	exotischer Aufbruch der traditionellen Rollenbilder
Rezeption	mahnend-appellative Apologie für progressive Aufklärer

Der **biografische Aspekt**, bei vielen literarischen Werken für die Schule eher zu vernachlässigen, darf bei diesem mosaikhaft konzipierten Drama nicht übersehen werden. Denn mit ihm lässt sich Anlass, Motivik und Zielsetzung des Dramas ergründen. Wenn Nathan auch weniger in Lessing selbst als in seinem Freund Moses Mendelssohn das historische Vorbild hat, ist Nathans Vorgeschichte, der Feuertod seiner Frau und seiner sieben Söhne, doch teilweise an das persönliche Erleben Lessings angelehnt. Dieser hatte im Jahre 1777 sowohl den Tod seiner Mutter, seines gerade geborenen Sohnes Traugott und zu Jahresbeginn 1778 den seiner Frau Eva zu verkraften. Zugleich hat Lessing im Nathan dem sich für die Rechte der Juden einsetzenden Philosophen Moses Mendelssohn ein Denkmal gesetzt. Auch hat er Nathans Tochter nach der Mendelssohns benannt. Dass Nathan wie Al-Hafi, Saladin und Sittah dem Schachspiel zugetan ist, verweist nicht nur auf Lessings Spielleidenschaft, die allerdings eher dem Kartenspiel galt, sondern auch auf die Umstände, unter denen er – vermutlich Ende 1753 – die Bekanntschaft Mendelssohns gemacht hat. Lessings häufige finanzielle Notlagen, aufgrund derer er auch genötigt war, monetäre Unterstützungen u. a. von seinem Freund Moses anzunehmen, spiegelt sich in der Bedeutung wider, die er in dem Stück der Rolle des Geldes zukommen lässt. Beziehen sich die privaten Bezüge eher auf die innere Ausgestaltung des Dramas, so schlagen sich die beruflichen Ereignisse vor allem in der äußeren Gestaltung des Dramas nieder. Schließlich ist das

Biografischer Aspekt

2.1 Strukturell unterschiedliche Dramen aus unterschiedlichen historischen Kontexten
2.1.4 Fokus: Gotthold Ephraim Lessing, *Nathan der Weise*

gegen Lessing verhängte Veröffentlichungsverbot vom Juli 1778 äußerlicher Anlass, das Drama zu verfassen. Und die theologische Auseinandersetzung mit dem Hauptpastor Goeze bildet einer der Hintergründe der Dramenthematik. Zudem ist die Auflösung der Offenbarungsreligionen in einer natürlichen Vernunftreligion Zielpunkt einer sich in ein harmonisches Verwandtschaftstableau entwickelnden Menschheitsfamilie. Lessing nutzt das Drama somit als fiktiv-didaktischen dialogischen Argumentationsraum.

Intertextueller Aspekt

Hier knüpft der **intertextuelle Aspekt** unmittelbar an. Die Kontroverse um die von Lessing veröffentlichten *Fragmente eines Ungenannten* gipfelte in den Streitschreiben gegen den Hamburger Hauptpastor und Wortführer der lutherischen Stadtgeistlichkeit Goeze. In insgesamt elf Schreiben, in denen es nur am Anfang und am Ende um inhaltliche Fragen geht, kommt es zu wechselseitigen persönlichen Anschuldigungen und Diffamierungen. Der Streit endet auf Betreiben Goezes durch den herzoglichen Kabinettsbeschluss, der Lessing durch Zensur den Mund verbietet. Friedrich Schlegel hat nicht ganz Unrecht, wenn er deshalb den *Nathan* „die Fortsetzung des ‚Anti-Goeze' Numero Zwölf" nennt. In der Tat lässt sich nachweisen, dass Lessing in dem Dramentext in vielfacher Form auf Textpassagen aus dem Streit mit Goeze rekurriert. Den Vorwürfen von Paul Albrecht und Sebastian Brunner, die 1890 Lessing bezichtigten, den *Nathan* aus dreihundertvierzig Plagiatsfetzen zusammengesetzt zu haben, sei an dieser Stelle nicht nachgegangen. Es war damals allgemein üblich, wie Lessing sich ausdrückt, „fremde Schätze bescheiden zu borgen" und sich „an fremden Feuern" (*Hamburgische Dramaturgie*) zu wärmen.

Historischer Aspekt

Unter dem Gesichtspunkt der Geschichte lassen sich drei Aspekte differenzieren: der Aspekt des historischen Wirklichkeitsbezuges, der Aspekt der Geschichtlichkeit der Gegenwart und der Aspekt der Zeitgenossenschaft. Der **Aspekt des historischen Wirklichkeitsbezuges** ist nicht belastbar. Im *Nathan* liegt kein Historiendrama vor, da Lessing mit den historischen Fakten, die er den von ihm benutzten Quellen entnommen hat, allzu freizügig umgeht und dem historischen Stoff weder dramaturgisch noch figurativ einen Konflikt zuordnet. Deshalb lässt sich das Drama auch nicht als sekundäre Geschichtsdarstellung anerkennen.

Der **Aspekt der Geschichte** tritt als Geschichtlichkeit in Erscheinung. In Anlehnung an die Ausführungen des Philosophen Gottfried Wilhelm Leibniz (1646–1716) ist die Gegenwart nicht ohne die Vergangenheit verstehbar und trägt ihrerseits die Zukunft bereits im Keim in sich. Diese Geschichtlichkeit exemplifiziert Lessing am augenscheinlichsten in der Haupthandlung des Dramas. Die für den Verlauf der Handlung wesentlichen Ereignisse haben bereits alle in der Vergangenheit stattgefunden: die Annahme Rechas an Kindes statt, die Begnadigung des Tempelherrn und die Rettung Rechas aus dem Feuer. Die komplizierte und verworrene Situation der Gegenwart, dargestellt an den Verwicklungen um das „Liebespaar" Tempelherr–Recha, löst sich erst auf in der analytischen Durchdringung der Vergangenheit. Dieser Akt des vernünftigen Verstehens wiederum schafft die Basis für eine Zukunft, in der die verwandtschaftlich verflochtene Menschenfamilie in der Harmonie einer dreiteiligen Einheit miteinander leben könnte. Den Aspekt der Geschichtlichkeit lässt Lessing durch Nathan in doppelter Weise auch an die Religionen anlegen. Eine jede Religion greift auf eine eigene Historizität zurück, mit der die jeweiligen Mitglieder ihre Glaubenstraditionen legitimieren. Da diese Glaubenstraditionen, hier die drei Offenbarungsreligionen, aber in ihrer logischen Notwendigkeit nicht beweisbar sind, kommt ihnen zwar eine Tatsachenwahrheit zu, aber nicht der Rang einer Vernunftwahrheit. Selbst der urteilende Richter der Ringparabel zieht sich hinter die Geschichtlichkeit der sich als echt zu erweisenden Ringe zurück. Aber auch diese Entscheidung unterstellt dem echten Ring lediglich, seine Rechtmäßigkeit in Tatsachen zu bewahrheiten. Ein Beweis, der dem echten Ring auch Vernunftwahrheit zukommen lassen könnte, bleibt bei diesem „Geschichtlichkeitstest" ausgeschlossen.

Der Aspekt der Zeitgenossenschaft innerhalb des Dramas fällt mit dem **politischen Aspekt** zusammen. In einer Zeit, in der die Juden höchstens dann geduldet wurden, wenn sie dem Staat wirtschaftliche Vorteile schufen, und viele illegal sich aufhaltende Juden völlig rechtlos waren, musste es schon Aufsehen erregen, wenn ein Jude Protagonist eines Dramas wurde. Zwar ist Nathan ein reicher Jude, der als wohlhabender Kaufmann auch in der deutschen Gesellschaft des späten 18. Jahrhunderts Aufnahme gefunden hätte, aber eben *nur* als reicher Kaufmann. Lessing war sich bewusst, dass er mit Nathan eine Reizfigur schuf, mit der er in die politischen Auseinandersetzungen um die Verbesserung der rechtlichen und gesellschaftlichen Stellung der Juden bis hin zur staatsbürgerlichen Gleichberechtigung eingriff. Aber er sprach sich, an Kritik und Anfeindungen gewöhnt, gleichwohl für die Belange seines Freundes Moses Mendelssohn aus. Seine richtige Einschätzung, dass seine Zeit noch nicht reif für eine Bühnenaufführung seines Stückes sei, schließt als Begründung mit Sicherheit diesen politischen Akzent seines Werkes ein.

Politischer Aspekt

Der andere Aspekt, der eine Unaufführbarkeit des Dramas zur Entstehungszeit anzunehmen nahelegte, war der **religiöse Aspekt**. Dieser Aspekt ist sehr komplex und lässt sich in drei Unteraspekte gliedern: den **Vergleich der Religionen**, das System der Religion und die Religiosität der Figuren. Der erste Teilaspekt wird zentral in der Ringparabel angesprochen und in die quantitative Mitte des Dramas gerückt, ist aber dramaturgisch unter den drei Teilaspekten der oberflächlichste und auch der aus der literarischen Tradition bekannteste. In dem Märchen der Ringparabel entzieht sich Nathan der von Saladin eingeforderten Entscheidung über die Wertigkeit der drei Offenbarungsreligionen Judentum, Christentum und Islam. Das parabelhafte Märchen lenkt den Blick vor allem auf die drei Rahmenbedingungen dieser drei Religionen: ihren Offenbarungscharakter, ihre Geschichtlichkeit und ihre soziale Zielsetzung. Diese gleichen Rahmenbedingungen machen die drei Religionen als Religionssysteme gleichwertig und fordern deshalb wechselseitige Toleranz ein. Toleranz ließe sich dabei definieren als die Anerkennung der berechtigten Einzigartigkeit des Individuellen. Wie gering dieser Toleranzbegriff jedoch innerhalb des Dramas von Lessing betont wird, mag allein daran ablesbar sein, dass er ihn nur ein einziges Mal verwendet und zwar in der Aussage des Tempelherrn: „der tolerante Schwätzer ist entdeckt" (2779). Eine historische Hierarchisierung der Religionen wie in Lessings 1780 verfasster Schrift *Die Erziehung des Menschengeschlechts* findet in der Ringparabel nicht statt, in der vom Islam ohnehin gar nicht die Rede ist.

Religiöser Aspekt I: Vergleich der Religionen

Wichtiger als der Vergleich der Religionen ist Lessing schon der Teilaspekt der **Religion als System**. Hier konzentriert er sich ausschließlich auf die Religion des Christentums, im Stück repräsentiert durch den Katholizismus. Zugleich greift Lessing ein in die zeitgenössischen protestantischen Diskussionen um das angemessene Verständnis dieses Systems. Er brandmarkt dabei insgesamt drei Fehlentwicklungen: den militanten Dogmatismus des Katholizismus, den auch von Papst Pius VI. wiederentfachten

Religiöser Aspekt II: Religion als System

2.1 Strukturell unterschiedliche Dramen aus unterschiedlichen historischen Kontexten
2.1.4 Fokus: Gotthold Ephraim Lessing, *Nathan der Weise*

Antisemitismus und die starre Buchstabengläubigkeit des orthodoxen Protestantismus. Der militante Dogmatismus des Katholizismus wird an drei Figuren exemplifiziert: dem Tempelherrn, Rechas Gesellschafterin Daja und dem Patriarchen. Der Tempelherr hat sich dem Religionssystem freiwillig unterworfen, indem er in den Orden der Templer eingetreten ist. Er spürt aber zunehmend, wenn nicht die Diktatur dieses Systems, so doch dessen starre Normierung, die sein individuelles Handeln mehr als gewollt einschränkt. Daja, die in das System hineingeboren scheint, hat sich in naiver Fraglosigkeit mit diesem System identifiziert und orientiert ihr Handeln ganz an den vorgegebenen Glaubensgrundsätzen. Der Patriarch schließlich nutzt und missbraucht die Macht, die ihm seine Position innerhalb des Systems verleiht, zu persönlichem Vorteil und legitimiert sein Handeln durch dogmatische Systemregeln, die mit der Grundidee des Systems gar nicht zu vereinbaren sind. Den von der katholischen Christenheit immer wieder belebten Antisemitismus hat Lessing selber bei Papst Pius VI. kennengelernt. Im Stück thematisiert er die Ablehnung des Judentums dreifach: einmal in dem oberflächlichen und lapidaren Vorurteil des Tempelherrn „Jud' ist Jude" (I,6; 777), dann in dem schauderhaften und an die spätere Inquisition erinnernden Verdammungsurteil des Patriarchen (IV,2), das Lessing durch seine dreifache Wiederholung intensiviert. Und schließlich in dem Hinweis auf das Pogrom, dem Ehefrau und Söhne Nathans zum Opfer fallen (IV,7). Die starre Buchstabengläubigkeit des orthodoxen Protestantismus greift Lessing eher indirekt an. Im Stück kommt es vor allem Recha zu, das hohe Niveau ihrer sozialen Kompetenz weniger auf eine angelesene Buchgelehrsamkeit zurückzuführen als auf die Herzensbildung, die sie durch die liebevolle Erziehungspraxis Nathans erfahren hat. Sie tritt damit in Gegensatz sowohl zu der in Glaubensorthodoxie gefangenen Daja als auch zu der belesenen und gebildeten Schwester des Sultans, Sittah. Lessing verweist damit zugleich auf die Problematik der Religion als System, sich primär an den tradierten Schriften zu orientieren und weniger an den Ideen des ursprünglichen Glaubenskerns. Oder, um mit den Worten Lessings zu sprechen: Man praktiziert eine Religion des Christentums, also des Systems, statt einer Religion Christi. Oder noch anders gesagt: Je mehr Theologie sich um das System der Religion bemüht, umso eher wächst die Gefahr einer Verfälschung der Glaubensgrundlagen. Das System der Religion verkalkt in starrer Äußerlichkeit, und das innere Mark des Systems verdorrt.

Religiöser Aspekt III: Religiosität

Am wichtigsten, so scheint es, ist Lessing der Umgang der Figuren mit der Religion, also mit ihrer **Religiosität**. Zunächst erstaunt, dass bei keiner der drei im Drama zur Sprache kommenden Religionen eines der Mitglieder beim Vollzug einer religiösen Handlung dargestellt wird. Die Religion als Handlungssystem bleibt also ausgeklammert. Weiterhin fällt auf, dass Lessing zwar wiederholt die Glaubensgemeinschaft einer Religion mit dem Begriff „Volk" gleichsetzt, zugleich aber zwischen dem individuellen Religionsmitglied und der Religionsgemeinschaft differenziert: „Sind wir unser Volk? Was heißt denn Volk? Sind Christ und Jude eher Christ und Jude als Mensch?" (1308 ff.) Umso mehr richtet sich der Blick auf die religiösen Überzeugungen und Glaubensinhalte der Figuren und darauf, wie diese in Erscheinung treten. Über Nathans Judentum erfahren wir im Grunde gar nichts, außer dass er dieser Religionsgemeinschaft angehört. Ebenso steht es mit dem Islam Saladins und Sittahs. Lediglich einige religiöse Überzeugungen Dajas und des Klosterbruders werden uns vermittelt, zumal sie in Kontrast zueinander stehen. Daja fällt nicht nur aufgrund der Penetranz ihrer religiösen Usurpationsbemühungen auf, sondern auch wegen ihrer

2.1 Strukturell unterschiedliche Dramen aus unterschiedlichen historischen Kontexten
2.1.4 Fokus: Gotthold Ephraim Lessing, *Nathan der Weise*

schwärmerischen Verteidigung von Engel- und Wundererscheinungen. Rechas christliche Gesellschafterin ist ganz von dem schwülstigen Glaubenszierrat ihres Religionssystems geblendet und hält diesen bereits für Glaubensinhalte. Dagegen hat sich der Klosterbruder in seiner „Einfalt", d. h. naiven Redlichkeit, den unverbildeten Glauben an das Kerngebot seiner Religion, das Liebesgebot, bewahrt. Er hegt daher ein gesundes Misstrauen in die krausen Erscheinungsformen seines Religionssystems und vertraut mehr seinem natürlichen Gefühl, seiner inneren Stimme. Der Klosterbruder verhält sich damit weniger katholisch als lutherisch und gleicht zudem dem Derwisch Al-Hafi. Beide ziehen die Flucht aus einer sich immer stärker äußeren Machtfaktoren beugenden Welt und ihren demoralisierenden Anforderungen vor. Der Klosterbruder will sich nicht zum Handlanger skrupelloser Schurkereien des Patriarchen machen lassen, der Derwisch nicht seine Freundschaft einer Intrige und einem vorübergehenden materiellen Interesse seines Sultans opfern. Es ist schon verständlich, dass Lessing großes Interesse daran hatte, der ganz anderen Welt des Derwischs am Ganges in einem Folgedrama zum *Nathan* nachzuspüren.

Was an der Religiosität der Figuren vor allem auffällt, ist, dass Lessing mit Nathan, Saladin und dem Tempelherrn drei Figuren mit den Grundsätzen ihrer jeweiligen Religion brechen lässt:
- Nathan überwindet das Hiob-Erlebnis des Verlusts seiner Familie, indem er als Jude ein Christenmädchen großzieht;
- Saladin schenkt in dem Krieg der Religionen als Muslim einem seiner Erzfeinde, einem christlichen Tempelritter, das Leben;
- und der Tempelherr löst sich von seinem Ordensgelübde, um sich mit der vermeintlichen Jüdin Recha verbinden zu können.

Das jeweilige Wunder dieser drei Entscheidungen gründet sich in der Lauterkeit der sie hervorrufenden inneren Intuition, nicht in der Befolgung irgendeines Grundsatzes ihrer jeweiligen Religion. Denn das, was diese drei Entscheidungen vereint, vereint auch die drei Religionen: Es ist das sichere Gespür für das in der jeweiligen Situation human Angemessene und Richtige. Mögen bei der Entscheidung des Tempelherrn auch geschlechtliche Triebe und bei der Entscheidung des Sultans auch verwandtschaftliche Gefühle eine nicht unwesentliche Rolle gespielt haben, die Lauterkeit der Entscheidung Nathans, ausgerechnet ein Kind der Religionsgemeinschaft zu retten, deren Hass ihn seiner Familie beraubt hat, steht außer Frage.

Fasst man alle Untersuchungsergebnisse zum Aspekt der Religion zusammen, so ergibt sich Folgendes: Lessing erarbeitet diese Thematik in Form einer Engführung und stößt vom Vergleich der Religionen über die Reflexion über die Religion als System zur individuellen Religiosität als Zielpunkt vor. Diese individuelle Religiosität basiert idealerweise auf einer der menschlichen Natur innewohnenden humanen Intuition, der „unbestochnen von Vorurteilen freien Liebe" (2041 f.), die den Menschen zu richtigen Entscheidungen und Handlungen befähigt. Dieses nahezu einer religiösen Veranlagung entspringende Verhalten lässt sich mit dem Verstand überprüfen und kontrollieren. Kriterium der Wahrhaftigkeit einer Handlung ist ihre willentlich humane Zielsetzung. An der beabsichtigten Nützlichkeit des Handelns ist seine Wahrheit empirisch ablesbar und messbar. Inwieweit die gewollte Handlungsentscheidung zum intendierten Ziel führt, ist für den Menschen aufgrund seiner Unvollkommenheit nicht absehbar. Hier bedarf es der demütigen „Ergebenheit in Gott" (1590 f., 2047). Einer

Religiöser Aspekt IV: Zusammenfassung

2.1 Strukturell unterschiedliche Dramen aus unterschiedlichen historischen Kontexten
2.1.4 Fokus: Gotthold Ephraim Lessing, *Nathan der Weise*

spezifischen offenbarten Religion bedarf dieser Prozess nicht. Auch der Islam wird von Lessing als Religion nicht bevorzugt, weil das Wort „Islam" so viel wie Ergebenheit in Gott bedeutet. Der Islam trägt lediglich im Namen, was die beiden Vertreter des Judentums im Munde führen.

Ethischer Aspekt

Der **ethische Aspekt** vertieft die humane Zielsetzung der Religiosität. Wenn der Klosterbruder formuliert: „Der Wille und nicht die Gabe macht den Geber." (539 f.) und der Tempelherr das Wunderbare der Rettung Rechas auf die Bemerkung zurückführt: „Es ist des Tempelherrn Pflicht, dem Ersten dem Besten beizuspringen, dessen Not sie sehn." (1213 ff.), wird deutlich, dass für Lessing „gut handeln" (361, im Original hervorgehoben) zum wesentlichen Ethos des Menschen zählt, jenseits aller Religiosität. Die gute Tat vollzieht sich zudem im Stillen, weil jeder Stolz darüber ihren Wert minderte. Die Verengung der *Nathan*-Dichtung auf den Begriff der Toleranz lässt zumeist übersehen, dass dieses Drama ein noch stärkeres Plädoyer für die **Humanität** enthält. Mehr als zehnmal lässt Lessing seine Figuren das Menschliche emphatisch betonen, wie Nathan es gegenüber dem Tempelherrn im Vergleich zur Religion hervorhebt: „Wenn ich einen mehr in Euch gefunden hätte, dem es g'nügt, ein Mensch zu heißen!" (1311 ff.) Dieses Menschliche ist eine das Individuum auszeichnende Grundeinstellung, deren Richtigkeit von der Vernunft bestätigt wird, nicht von offenbarten Religionen, und von der Empathie gegenüber den Mitmenschen, dem Mitleiden, getragen wird. Humanität ist somit eine selbstgesetzliche, suprareligiöse Tugend mit identitätsstiftender Wirkung. Lessing gründet sie auf einer Gesinnungsethik wie Immanuel Kant, der diese 1788 in seiner *Kritik der praktischen Vernunft* mit dem Postulat des kategorischen Imperativs einforderte. Dass Lessings Humanitätsideal weniger Beachtung fand als das, welches Goethe in seinem Drama *Iphigenie auf Tauris* nahezu zeitgleich 1779 formulierte, ist vermutlich darauf zurückzuführen, dass Goethe eine dramatischere Textform wählte, während sich Lessings Plädoyer in dem Tumult der lustspielhaften Handlung schwer behaupten kann.

Dramentheoretischer Aspekt

Hier lässt sich der **dramentheoretische Aspekt** anknüpfen. Lessing ist ja nicht ohne Grund mit der Bezeichnung „dramatisches Gedicht" einer Zuordnung seines Stückes zu einer der Dramengattungen ausgewichen. Denn sein *Nathan* ist von der Handlung her zwar eine Komödie, wie allein das märchenhaft harmonische Schlusstableau einer über alle Unterschiede hin vereinten Menschenfamilie verdeutlicht. Aber die ernsthafte Religionsthematik passt gar nicht dazu. Die erwartete man eher in der entscheidungsbeschwerten, anrührenden Tragödie eines Ideendramas. Lessing hat also gewagt, auch wohl in Anlehnung an englische und französische Vorbilder, die bestehenden Gattungen zu mischen, um „so wohl Tugenden als Laster, so wohl Anständigkeit als Ungereimtheit" schildern und „dem menschlichen Leben am nächsten kommen" zu können (so formulierte Lessing in seinen *Abhandlungen von dem weinerlichen oder rührenden Lustspiele*). Herausgekommen ist ein Stück, das sich nach einer Vorlage Voltaires „dramatisches Gedicht" nennt, von seiner Handlungsstruktur her als rührendes Familienstück einzuordnen ist und sich in der Figurenkonstellation an den Rollenfächern der Comédie larmoyante (rührende Komödie) orientiert.

Ästhetischer Aspekt

Diese Verschmelzungen einerseits und das im Drama immer wieder auftauchende triadische Prinzip andererseits sind grundlegende Elemente der in diesem Stück angewandten **Ästhetik**. In Anlehnung an die Monadenlehre des Philosophen Gottfried Wilhelm Leibniz baut Lessing sein Drama aus Einheiten (Monaden) auf, die sich auf einer

2.1 Strukturell unterschiedliche Dramen aus unterschiedlichen historischen Kontexten
2.1.4 Fokus: Gotthold Ephraim Lessing, *Nathan der Weise*

höheren Ebene zu neuen triadischen Einheiten verbinden. Diese triadischen Einheiten wiederum verschmelzen letztlich in einer Harmonie, die wie bei Leibniz prästabiliert, d. h. im Voraus errichtet ist. So meint Lessing, die Harmonie der gleichrangigen, verwandten Religionen vermitteln zu können, die in einer Vernunftreligion gipfelt. Dieses rationale und intentional bestimmte Bauprinzip wirkt dem natürlichen Handlungsverlauf des Dramas allerdings aufgezwängt. Nicht zu Unrecht wurde deshalb wiederholt darauf hingewiesen, dass die in Lessings Entwürfen zum *Nathan* aus dem Jahre 1776 für den fünften Akt vorgesehene Doppelhochzeit von Saladin und Recha einerseits und Sittah und dem Tempelherrn andererseits einen dramaturgisch wesentlich natürlicheren Komödienschluss ergeben hätte, als die für das Schlusstableau notwendigen überkonstruierten Familienverhältnisse.

Der **zeitgenössische Aspekt** erhellt, dass Lessing sich auch bemüht, drei Strömungen seiner Zeit miteinander zu verschmelzen:

- auf der ideellen Seite die rationalistische Aufklärung über das Verhältnis der Religionen zueinander,
- auf der sprachlichen Seite die in der Empfindsamkeit herausgebildete emotional bewegte Ausdrucksweise der Figuren
- und auf der Handlungsebene die zunehmende Bedeutung der Geldwirtschaft im merkantilistischen Wirtschaftssystem.

Zum Verhältnis der Religionen zueinander ist bereits genug gesagt. Die auf die Empfindsamkeit verweisende emotionalisierte Sprache der Figuren ist allein an der unübersehbaren Zahl ihrer Ausrufe, Fragen und intensivierenden Wiederholungen ablesbar. Man darf über die von der Epocheneinteilung der Literaturgeschichte oft überscharf gezogenen Scheidegrenzen nicht vergessen, dass Goethe seinen Briefroman *Leiden des jungen Werthers* bereits fünf Jahre zuvor, also 1774 veröffentlicht hat, der dem Sturm und Drang zugerechnet wird.

Der unübersehbare Verweis auf die Bedeutung der Geldwirtschaft im Drama sollte noch etwas genauer unter dem **soziologischen Aspekt** in den Blick genommen werden. Dieser Aspekt macht nämlich deutlich, in welchem Maße die Geldwirtschaft im merkantilen Wirtschaftssystem des 18. Jahrhunderts an Bedeutung gewinnt, sodass dessen kaufmännische Strukturen auf das Denken der Figuren zurückwirken. Über dreißigmal ist im Stück von Geld die Rede. Der reiche Jude Nathan, der sein Vermögen durch umtriebiges Handelsgeschick erwirbt (1116 ff.) und zu bewahren weiß (429 f.), spiegelt den im zeitgenössischen Deutschland Lessings anzutreffenden Fakt wider, dass im Bankiers-, Geld- und Finanzwesen Juden eine nicht unerheblich tragende Rolle spielen. Der Sultan Saladin repräsentiert den absolutistischen Herrscher, der frei mit dem ihm zur Verfügung stehenden Geld umgehen kann. Seine Einnahmen speisen sich vor allem aus Steuern und Abgaben der beherrschten Gebiete, hier vornehmlich Ägyptens. Seine Ausgaben werden durch den Unterhalt der Herrschaftssitze, z. B. Sitz des Vaters im Libanon (3218 f.), der Machtverhältnisse, z. B. des Heeres, und die persönlichen Bedürfnisse veranlasst. Bezogen auf den letzten Ausgabefaktor erweist sich Saladin allerdings als antirepräsentativ. Er verprasst das Geld nicht wie die absolutistischen Herrscher des 18. Jahrhunderts durch eine verschwenderische Hofhaltung und aufwendige selbstdarstellende Bauten. Lessings Saladin führt stattdessen ein eher asketisches Leben, ihm genügen „Ein Pferd, Ein Kleid, Ein Schwert" (1006). Seine Verschwendungssucht äußert sich in schier maßloser Großzügigkeit. Er zahlt seiner Schwester bei jedem Sieg

2.1 Strukturell unterschiedliche Dramen aus unterschiedlichen historischen Kontexten
2.1.4 Fokus: Gotthold Ephraim Lessing, *Nathan der Weise*

im Schachspiel tausend Dinar (804); er entlohnt Boten mit bis zu drei Geldbeuteln (V,1) und ist vor allem für seine Freigebigkeit gegenüber den Armen bekannt (407 ff.).

Wieweit diese merkantile Oberfläche der Handlung auch die Denkweise der Figuren bestimmt, zeigt sich auch an Nathan. Er will das Schweigen Dajas über seine Rolle als Ziehvater eines Christenkindes und ihre Gewissenspein durch materielle Zuwendungen erkaufen (1413 f. u. IV,6), den Tempelherrn für die Rettung Rechas reich belohnen (II,5) und das Büchlein des Klosterbruders in Gold aufwiegen (3114). Der Klosterbruder als Almosenempfänger identifiziert Nathans Name mit dem von ihm erhaltenen Obolus (2921). Offenbar reduziert auch Sittah Nathan auf die kommerzielle Denkweise, wenn sie ihrem Bruder vorschlägt, Nathan nach der besten der drei Religionen zu befragen. Denn strukturell zielt diese Frage auf ein Wettbewerbsdenken ab, wie es dem Kaufmann Nathan geläufig ist. Nathan nimmt diesen Wettbewerbsgedanken auch auf und macht ihn sogar geschickt zur Antwort auf die Frage. Auf diese Weise wird der ethische Wettstreit der Religionen einem Prinzip des Handels unterworfen und die jeweils zu Grunde liegenden Religionsideen nehmen damit sogar Warencharakter an. Selbst die Wahrheit wird in dem Vergleich mit einer Münze unter einem warenhaften Verkehrswert betrachtet (1867–1876). Ein solch kaufmännisches Warendenken wird auch auf die Handlung und die Figuren dieses Dramas angewandt. So betrachtet der Tempelherr den ihm vom Patriarchen angetragenen Verrat Saladins ebenso als Geschäft wie die Rettung Rechas (Vers 609 f.). Der Tempelherr ist es auch, der Recha wie eine Ware betrachtet, wenn er meint, Nathan wolle ihn mit Recha für deren Rettung bezahlen (2773), und er räsoniert, dass Nathan seiner Ziehtochter durch seine Erziehung einen „höhern Wert" (3267) verschafft habe. Damit zerfällt der Eindruck, den Recha auf ihn macht, in einen natürlichen leiblichen Wert, der durch Aussehen und Erscheinung bestimmt wird, und einen Mehrwert durch Bildung und Erziehung: eine für einen geistlichen Ritter sehr verwunderliche Sichtweise! Auch der Klosterbruder drückt sich, wenn er von Recha als dem Säugling redet, den er Nathan einst übergeben hat, so aus, als handele es sich um eine Ware. Er nennt das Kind das Nathan anvertraute „Pfand" (2933). Unter einem Pfand versteht man aber einen Gegenstand, der als Sicherheit für eine Geldforderung eingesetzt wird. Recha wäre demnach die Sicherheitsleistung, die die Christen Nathan für die Forderung anbieten, die ihm nach dem von ihnen durchgeführten Pogrom und dem Verlust seiner Familie an dieser Religionsgemeinschaft zusteht.

Kommunikativer Aspekt

Auch der **kommunikative Aspekt** ist im weitesten Sinne zur Ästhetik des Dramas zu rechnen. Gleich welche Gesprächsform Lessing für die Dialogpartner im Drama wählt, immer hat man nicht nur das Gefühl, dass der Dialog in Harmonie endet. Das ist vor allem greifbar in den drei Dialogen, in denen die Figuren miteinander Freundschaft schließen, was sicherlich Lessings Erfahrungen mit dem Männlichkeitskult der Freimaurer geschuldet ist: Nathan mit dem Tempelherrn (II,5: 1319 f.), Nathan mit Saladin (III,7: 2060) und Saladin mit dem Tempelherrn (IV,4: 2692 f.). Diese Freundschaftsschlüsse bilden den Boden für das auf ihnen aufgebaute Gebäude der Harmonie, weil sie jegliche Hierarchisierung erschweren und Herrschaft nahezu unmöglich machen. Selbst der Dialog zwischen dem Patriarchen und dem Tempelherrn (IV,2), im Grunde ein Einschüchterungsgespräch, in dem der Patriarch seine religiösen Herrschaftsansprüche geltend macht, endet aufgrund der entschuldigenden Einschmeichelei des Patriarchen letztlich offiziell – wenn auch nur dem Scheine nach – versöhnlich. Selbst zwischen Daja und dem Tempelherrn entwickelt sich eine „Freundschaft" genannte Vertraulichkeit (2264). Die Dominanz der Harmonie trägt nicht nur dazu bei, den Grundgedanken der Humanität zu stützen, sondern befördert insbesondere den Gesamteindruck einer prästabilierten Harmonie.

Lediglich in den Dialogpartien zwischen Nathan und Daja herrscht grundsätzlich Disharmonie, weil dieser im Verbund mit der Liebe zwischen Recha und dem Tempelherrn die Funktion der handlungstreibenden Kraft zukommt. Auch das **lösungsverhindernde Geheimnis** sorgt nachhaltig für eine Störung der kommunikativen Harmonie. Über zwanzigmal taucht es im Drama auf: als das Geheimnis um die Ziehvaterschaft Nathans, um die Kostenbestreitung der Hofhaltung Saladins durch Sittah (II,2), um den Geheimnisverrat Dajas (2372 f.), um die Liebe des Tempelherrn zu Recha (2673), um die Neigung Assads zu hübschen Christinnen (2831–2835), um Nathans Verlust seiner Familie (3028–3033) und um die familiäre Herkunft Rechas und des Tempelherrn. Von den heimlichen Lausch- und Beobachtungssituationen (z. B. 1189 f., 1401) ganz zu schweigen. In allen Fällen schafft das Geheimnis Probleme und Konflikte, die zwar der Dramaturgie des Stückes dienen, die Beziehungen der Menschen untereinander aber erschweren und behindern. Fast hätten sie sogar zum Tabubruch einer Inzestbeziehung zwischen den Geschwistern Leu und Blanda von Filnek geführt.

Legt man an das Drama einen **psychologischen Maßstab** an, so erblickt man in den Figuren nicht nur gemischte Charaktere, sondern auch Menschen in der Krise. Das gilt selbst für die Nebenfiguren Al-Hafi und den Klosterbruder. Beide sind mit der Rolle, die zu spielen das Schicksal ihnen abnötigt, tiefgreifend unzufrieden. Beiden ist es verhasst, von ihrer jeweiligen Obrigkeit missbraucht zu werden: der Bettelmönch Al-Hafi als Schatzmeister und Geldbeschaffer des Sultans, der Klosterbruder als Bote und ausführendes Organ des Patriarchen. Aber beide widersetzen sich und entziehen sich ihren Aufträgen: Al-Hafi, indem er ohne Abschied in die Entlegenheit des Ganges flüchtet, der Klosterbruder, indem er in großer Distanz zu seinen Aufträgen mit vorgeblicher Einfältigkeit deren Sinn und Ziel hintertreibt. Auch er sehnt sich nach einer weltlichen Zurückgezogenheit, um seinem Lebensplan selbstbestimmt folgen zu können. Aber auch die Hauptfiguren stecken in einer Krise. Bei Saladin ist diese am oberflächlichsten, weil es sich bei ihm weniger um eine Persönlichkeits- als um eine Geldkrise handelt. Unwillig zeigt er sich nur, als er sich dem Willen seiner Schwester Sittah beugt, um sich zu verstellen und Nathan in einen argumentativen Hinterhalt zu locken. Der Tempelherr steckt sogar in einer dreifachen Krise: Er weiß nicht, wie er sich gegenüber dem Sultan, seinem ehemaligen Feind, verhalten soll; er weiß nicht, wie er sich angesichts des hinhaltenden Verhaltens Nathans hinsichtlich seiner Annahme als Schwiegersohn verhalten soll; und er weiß nicht, wie er sich angesichts der Reaktion des Patriarchen zu seiner eigenen Religion verhalten soll. Auch Nathan befindet sich in einer dreifachen Krise: Es gelingt ihm immer weniger, Dajas Gewissen zu beschwichtigen; er muss dem Tempelherrn, dem Retter seiner Tochter, zumindest vorläufig deren Hand verweigern, und er ist dem Sultan schicksalhaft für die Beantwortung einer unlösbaren Frage ausgeliefert. Zwar ist das Büchlein des Klosterbruders hilfreich, aber ansonsten werden die meisten Probleme und Krisen durch eine einzige, geradezu trinitarische Losung gelöst: Offenheit, Aufrichtigkeit und Wahrheit.

Psychologischer Aspekt

Verbindet man die Harmonie, die selbst die Formen der Kommunikation einschließt, mit der Aufrichtigkeit, die im zwischenmenschlichen Umgang Konflikte zu vermeiden helfen kann, unter einem **philosophischen Aspekt**, so erschließt sich die geradezu

Philosophischer Aspekt

2.1 Strukturell unterschiedliche Dramen aus unterschiedlichen historischen Kontexten
2.1.4 Fokus: Gotthold Ephraim Lessing, *Nathan der Weise*

modern anmutende Antizipation einer Konsenstheorie. Ähnlich der von Karl-Otto Apel und Jürgen Habermas entworfenen Diskursethik entwickelt sich auch im Lessing'schen Drama der Dialog einander mehr oder minder als gleichwertig erachtender Figuren zu einer herrschaftsfreien und damit idealen Sprechsituation. Am deutlichsten wird diese Entwicklung wohl in der absolut asymmetrisch beginnenden ersten Begegnung zwischen Saladin und Nathan im dritten Akt. Aber die wechselseitige Achtung der Person, die situativ gegebene Redefreiheit und die Offenheit und Wahrhaftigkeit der Dialogpartner wandelt diese Asymmetrie in eine nahezu ideale Kommunikationssituation. Damit lassen sich dem Drama aus philosophischer Sicht drei ethische Leitbegriffe unterstellen, die in folgenden Begriffen gipfeln: Toleranz (erarbeitet aus dem Religionsvergleich), Humanität (erarbeitet aus dem ethischen Imperativ) und Konsens (erarbeitet an der Dialoggestaltung).

Gender-Aspekt

Abschließend sei noch auf drei Aspekte von in Bezug auf Lessings Stück geringerer Bedeutung verwiesen. Unter dem **Gender-Aspekt** wird der Ansatz zu einem Aufbruch der traditionellen Rollenbilder erkennbar. Noch dominiert die maskuline Welt sowohl an Quantität wie an Qualität. Sechs männlichen Figuren stehen drei weibliche entgegen, auch vom Redeumfang her haben die Männer das Sagen: Nathan, der Tempelherr und Saladin. Doch bei den Frauenfiguren hebt sich Sittah deutlich von dem tradierten Frauenbild ab. Sie tritt geradezu als der Verstand Saladins in Erscheinung, regelt für ihn den Staatshaushalt, stiftet ihn dazu an, Nathan zum Palast zu bestellen und ihm die verfängliche Religionsfrage zu stellen, und bestellt an seiner statt Recha zu sich. Sie ist die eigentliche Agentin auf der Seite der muslimischen Figuren. Aber – und damit bleibt das traditionelle Rollenbild noch bewahrt – nach außen dringt von diesen Aktivitäten wenig, da tritt allein Saladin in Erscheinung.

Aspekt der Textsorten

Das Drama unter dem **Aspekt von Textsorten** zu betrachten scheint zunächst wenig sinnvoll. Lessing hat sein Drama zwar als dramatisches Gedicht bezeichnet, aber es bleibt ein Drama. Und doch geraten die Textsortenbezeichnungen in diesem Drama schnell durcheinander. Die Literaturwissenschaft hat sich darauf geeinigt, die im Mittelpunkt des Dramas stehende narrative Darstellung Nathans zu den drei Religionen als Ringparabel zu bezeichnen. Nathan und Saladin nennen die Erzählung jedoch ein Märchen (V. 1890 und 1956). Dieser Begriffsunterschied ist aber nicht bedeutungslos. Während die Sekundärliteratur mit dem Begriff „Parabel" die Intentionsfunktion und damit die didaktische Lehrfunktion hervorhebt, verweist der Begriff „Märchen" eher auf die konstitutiven Merkmale der Geschichte. Ihre Entlehnung aus Boccaccios *Decamerone*, die besondere Erzählsituation Nathans sowie Ort und Zeit des Geschehens verweisen stark auf die Geschichten aus *Tausendundeiner Nacht*, jener indisch-persisch-arabischen Textsammlung, in der Scheherazade sich mit ihren Geschichten die Begnadigung von König Schehriyar erwirkt. In dieser Textsammlung gehen Märchen, Parabeln und Novellen nahtlos ineinander über und werden nicht nur durch den durch Scheherezade gebildeten Erzählrahmen, sondern auch durch die Atmosphäre des fantasievoll bunten Orients zusammengehalten. Letztlich knüpft Lessing mit seinem Drama an diese Tradition an. Die ganze Handlung ist in das schillernde Licht des Orients getaucht: Ort und Zeit wechseln zwischen Wirklichkeit und Fiktion, die Handlung wird bestimmt durch märchenhafte Wunder und endet sogar in einem surreal märchenhaften Schluss. Das Drama verfügt also hinsichtlich seiner Gestaltung über hinreichend konstitutive Merkmale eines Märchens. Auch im *Nathan* wird eine einfache Weltordnung entworfen. In seiner argumentativen Komplexität überschreitet es die einfache Struktur eines Märchens jedoch und tritt wie eine differenzierte und geschachtelte Parabel auf.

Hier spielt auch der Aspekt der **Autor-Leser-Kommunikation** eine Rolle, denn sie lässt die drei Intentionen des Dramas noch einmal in den Vordergrund treten: *Aspekt der Autor-Leser-Kommunikation*
- die der Rechtfertigung von Lessings religionstheoretischer Position in der Auseinandersetzung mit dem Hauptpastor Goeze, in der er für eine allen Offenbarungsreligionen innewohnende Vernunftreligion eintritt. Hier nutzt er das Sprachmaterial, das den an dem Fragmentenstreit interessierten zeitgenössischen Lesern aus den bisher veröffentlichten Texten bekannt sein dürfte.
- die dem zeitgenössischen Geschmack geschuldete Unterhaltungsintention, der Lessing mit den dramaturgischen Elementen der Komödie und des familiären Rührstücks gerecht zu werden versucht, und
- die didaktische Intention der „Erziehung des Menschengeschlechts" zu Toleranz und Humanität durch eine idealisierte Ideen-Handlung.

Zweifellos ist Lessing die didaktische Intention am wichtigsten. Ihr unterwirft er die Unterhaltungsintention, was besonders an dem „märchenhaften" Schluss deutlich wird. Der Rechtfertigungsintention, die vielleicht der für die Abfassung des Dramas wichtigste Anlass war, räumt Lessing dagegen nur in karikaturistischen Spots wie dem Auftritt und Gebaren des Patriarchen einen abgemilderten Raum ein. Die Predigt, die Lessing von seiner „Kanzel" des Theaters hält, ist nicht die eines bissig nachtretenden Streithahns, sondern die eines harmoniebestrebten und empfindsamen humanistischen Erziehers im Sinne der Aufklärung.

2.2 STRUKTURELL UNTERSCHIEDLICHE ERZÄHLTEXTE AUS UNTERSCHIEDLICHEN HISTORISCHEN KONTEXTEN UNTER BERÜCKSICHTIGUNG IHRER POETOLOGISCHEN KONZEPTE

2.2.1 Poetologische Konzepte: Gattungen

Die narrative Literatur unterscheidet ihre Erzähltexte in der Regel nach der Länge. Zu den epischen Großformen gehören das Epos und der **Roman**, von mittlerer Länge sind die **Erzählung** und die **Novelle**. Aus diesen Formen werden zumeist die obligatorischen Texte ausgewählt. Die kürzeren Texte kommen als Kleinformen höchstens für die zu stellenden Prüfungsaufgaben in Betracht. Das sind vor allem die **Kurzgeschichte** im Grundkurs und die **Parabel** im Leistungskurs. Fabel und Anekdote kommen für den Grundkurs nur bedingt infrage; Kalendergeschichte, Märchen und Schwank dürften weitgehend unberücksichtigt bleiben. *Gattungen*

Im Allgemeinen ist der Zweck des **Romans** die Darstellung der Fülle und Vielfalt der Wirklichkeit in ihren allgemeinen und konkreten Bedingungen, der veränderlichen und problematischen Ordnungen und der verschiedenartigsten menschlichen Verhaltensweisen in Auseinandersetzung mit dieser Wirklichkeit. Aber auch das ist erst im Laufe der Jahrhunderte entstanden. *Zweck des Romans*

2.2.2 Merkmale der Novelle

Übersicht

Beschreibungsmerkmale intentional	Beschreibungsmerkmale strukturell
ungewöhnliches Ereignis (*Goethe*)	Verkürzungstechniken
im Mittelpunkt stehender Konflikt (*Storm*)	Tektonik
Einbruch des Dämonischen (*Pongs*)	Rahmen
	Mittelpunktsereignis
	Wendepunkt
	Leitmotiv

Die literarische Textsorte „Novelle" entwickelte sich in der italienischen Frührenaissance des 14. Jahrhunderts aus anonym verfassten Biografien altprovenzalischer Troubadoure. Der Name leitet sich vom italienischen Wort „novella" her und bedeutet: Neuigkeit. In die deutschsprachige Literatur fand die Novelle erst am Ende des 18. Jahrhunderts.

Eher ein Sammelbegriff

Alle Versuche, eine konstante Definition des Novellenbegriffs zu erarbeiten, die für alle Novellen aller Epochen und aller Autoren Gültigkeit besitzen könnte, sind gescheitert. Der Begriff „Novelle" ist deshalb eher ein Sammelbegriff, in dem aus Einzelbeispielen abgeleitete Merkmale unterschiedlichen Charakters und Wertes aneinandergereiht werden. Es lassen sich generell zwei Beschreibungszweige unterscheiden, ein intentionaler und ein struktureller:

Wortinhalt als Ausgang

Die **intentionalen Beschreibungsmerkmale** gehen vom Wortinhalt aus. Danach ist die Novelle zuvörderst die Darstellung „eine(r) sich ereignete(n) unerhörte(n) Begebenheit" (Goethe, 1827), also eines überraschenden Ereignisses. Die Novelle versucht, dieses **ungewöhnliche Ereignis** im Rahmen der menschlichen Bedingungen und Bedingtheiten zu deuten (Martin Swales, 1977). Das Ereignis ist einerseits im täglichen Leben verankert und spiegelt insofern die „Denkart eines Zeitalters" (August Wilhelm Schlegel, 1804) und zeigt andererseits den Menschen in einer Krise (Friedrich Theodor Vischer, 1857). In einem **„im Mittelpunkt stehenden Konflikt"**, der sich auf das Ende zuspitzt (Theodor Storm, 1881) und seelischer, geistiger oder sittlicher Art sein kann, wird ein „bedeutsames Menschenschicksal" entfaltet (Paul Heyse, 1900). Das Bedeutsame dieses Konflikts liegt darin, dass der im Mittelpunkt stehende Charakter diesen Konflikt durch sein Ungebändigtsein selbst auslöst (Josef Kunz, 1954) oder „durch eine besondere Verkettung der Umstände" in diesen Konflikt hineingezogen wird (Friedrich Spielhagen, 1876), sodass natürliche Kräfte und die Verhältnisse das Schicksal und Verhalten des Charakters bestimmen (Theodor Mundt, 1845). Diese Auseinandersetzung des Menschen mit den ihn determinierenden Fakten und Ideen (Walter Siltz, 1954) wird manchmal als **Einbruch des Dämonischen** in das Menschenleben empfunden (Hermann Pongs, 1930).

Die **strukturellen Beschreibungsmerkmale** sind formaler Art und beziehen sich auf erzählerische Darbietungstechniken. Unstrittige Novellenmerkmale sind die vielfältigen straffenden Verkürzungstechniken: Aussparung in der Zeitgestaltung, Fortfall retardierender Momente, Einsträngigkeit der Handlung, überschaubare Figurenzahl. Folgende weitere Strukturmerkmale können beobachtet werden:

Form als Ausgang

- **Tektonik**: Oft besitzen die Novellen einen an den Bauformen des Dramas orientierten Aufbau, wobei die Peripetie des Dramas durch einen Wendepunkt ersetzt wird.
- **Rahmen**: Die Haupterzählung wird in einen Erzählrahmen eingebettet. Man unterscheidet den zyklischen Rahmen, der mehrere Geschichten (Binnenerzählungen) zu einer Einheit zusammenfasst, und den einfachen Rahmen, der die Glaubwürdigkeit des Erzählten verstärken soll oder mit Hilfe dessen der Erzähler den Anschein von Objektivität erzeugen will.
- **Mittelpunktsereignis**: Ein Ereignis, zumeist ein Konflikt, steht im Mittelpunkt der Erzählung. Die erzählte Begebenheit erhebt den Anspruch auf Wahrheit, was sich in einem System wirklichkeitsbeziehender Hinweise (Deiktika) und in einem „objektiven Berichtstil" (Gero von Wilpert) äußert, wie er aus Chroniken bekannt ist.
- **Wendepunkt**: Allgemein die plötzliche Wendung eines Ereignisses ins Unerwartete, bezeichnet der Wendepunkt jene Stelle, von der aus sich das Geschehen ohne direkte Einwirkung des Menschen zur Lösung des Konflikts oder zur Katastrophe wendet. Dabei unterstreicht ein negatives Ende die Determiniertheit menschlichen Handelns, während ein positives Ende auf einen inneren Wandel der Zentralfigur hinweist.
- **Spitzenmotiv, Leitmotiv, Dingsymbol, Falke**: Gemeint ist ein Motiv oder ein bestimmter Gegenstand, der an wichtigen Stellen des Geschehens wiederholt auftritt. Mit Bezug auf eine Boccaccio-Novelle benannte Paul Heyse dieses Leitmotiv mit dem symbolischen Ausdruck „Falke".

2.2.3 Bausteine der Erzähltheorie

Die Erzähltheorie untersucht vor allem die verallgemeinerbaren Elemente des Erzählens: die Erzählformen, die Erzählperspektive und die Darbietungsformen des Erzählens.

Übersicht: Erzählformen

Ich-Erzähler		subjektive Darstellung aus der Sicht des Erzählenden
Er-Erzähler	personaler Erzähler	subjektive, aber distanzierte Darstellung
	neutraler Erzähler	Versuch einer objektiven Darstellung
	auktorialer Erzähler	allwissender und allmächtiger Erzähler: darf alles, muss aber gar nichts
Sonderform	variabler Erzähler	Versuch einer Objektivierung der Darstellung durch mehrere Erzähler (polyperspektivisch)

Erzählperspektive

Welche Einstellung der Erzähler, gleichgültig um welche Art von Erzähler es sich handelt, zur Wirklichkeit hat, offenbart sich im Erzählerstandpunkt. Er umfasst gleichsam die Weltanschauung und Weltsicht des Erzählers, sein Erzählerbewusstsein, und enthält die Summe all seiner Einstellungen, Werte und Wissensvoraussetzungen. Sie werden deutlich an seinen Kommentaren, Urteilen und Bewertungen, an seinen wahrgenommenen und nicht wahrgenommenen Problemen, an seinem Erzählinteresse und seinen Erzählschwerpunkten. Gemessen am Zeitgeist einer bestimmten Epoche kann ein Erzähler also einen reaktionären, konservativen, zurückgebliebenen, zeitgemäßen, aufgeschlossenen, fortschrittlichen, unkonventionellen, revolutionären oder psychisch abweichenden Standpunkt einnehmen.

Standpunkt des Erzählers

Übersicht: Raum-Zeit-System

Zeit	Zeit der Handlung	historischer Zeitpunkt, zu dem die Handlung angesiedelt worden ist, durch entsprechende Deiktika (Hinweise)
	Tempus	(in der Regel) episches Präteritum
	Erzählte Zeit	dargestellter Zeitraum
	Erzählzeit	Erzähl- und Rezeptionsdauer
	Zeitraffung	Erzählzeit < erzählte Zeit
	Zeitdeckung	Erzählzeit = erzählte Zeit
	Zeitdehnung	Erzählzeit > erzählte Zeit
Raum	geografischer Raum	Verortung in der Realität durch entsprechende Deiktika
	fiktiver Raum	erfundener Raum
	symbolischer Raum	Außenwelt = psychische Situation

Eine Erzählhandlung ist **tektonisch** aufgebaut, wenn die Handlungselemente spiegelsymmetrisch geordnet sind (z. B. Aufbruch – Werbung um eine Frau – Bewährung in Abenteuern – Annahme der Werbung – Heimkehr) oder eben **atektonisch**.

Lineares und analytisches Erzählen

Bei einem **linearen** Erzählen spricht man von einem **konsekutiven** Erzählen, wenn die Handlungsschritte zeitlich aufeinander folgen, und von einem **konsequentiellen** Erzählen, wenn sie logisch notwendig aneinandergereiht sind. Wird eine Handlung gleichsam rückwärts erzählt (z. B. in einem Krimi), so liegt ein **analytisches** Erzählen vor.

Übersicht: Darbietungsformen des Erzählens

Erzähler	Erzählbericht	Darstellung der Ereignisfolge
	Deskriptionen	Veranschaulichung des Erzählers
	Kommentare, Reflexionen	Erläuterungsformen des Erzählers
Figurenrede	direkte Rede	wörtliche Rede
	indirekte Rede	Wiedergabe der wörtlichen Rede durch den Erzähler
	innerer Monolog	Wiedergabe der Figurengedanken durch die Figur
	erlebte Rede	Wiedergabe der Figurengedanken durch den Erzähler
	stream of consciousness	untrennbare Koppelung von innerem Monolog und erlebter Rede

Erzähltechniken

Als besondere künstlerische Verfahren des Erzählens gelten: Verfremdungen, Parallelismen, Retardationen, Reihungen, Hervorhebungen, Rückblenden usw.

2.2.4 Fokus: Heinrich von Kleist, *Die Marquise von O...* (1808)[14]

Sozio-historischer Hintergrund

Die Romantik (1795–1840) lässt sich verstehen als eine protesthafte Reaktion auf die nach der Französischen Revolution als krisenhafte Enttäuschung empfundenen napoleonischen Kriege und die Wiederherstellung des absolutistischen Systems in Europa.

Die Romantik setzt die sich von der rationalen Einseitigkeit der Aufklärung wegbewegende Entwicklung des Sturm und Drang und der Klassik fort und erweitert sie bis an die Grenzen ihrer Möglichkeiten. Fichtes **subjektiver Idealismus**, der von einem absolut autonomen, schöpferischen Ich ausgeht, und Schellings **Identitätsphilosophie**, nach der Natur und Geist eine Einheit bilden, schaffen die Bedingung für die Welt- und Kunstauffassung einer allumfassenden Synthese. Romantische Literatur versteht sich als eine „progressive Universalpoesie", die das Ziel verfolgt, nicht nur „alle getrennten Gattungen der Poesie zu vereinen" (Friedrich Schlegel), sondern auch alle anderen Bereiche des Lebens. So dominiert die Vorstellung von der Aufhebung und Vereinigung

Ideologie der universellen Einheit

---

[14] Ausführlich: Dirk Jürgens: *Textanalyse und Interpretation zu Heinrich von Kleist, Die Marquise von O...*, Hollfeld: Bange Verlag, 3. Aufl. 2016 (Königs Erläuterungen Bd. 461). Daneben existiert eine weitere Königs Erläuterung, die identisch ist bis auf die Seitenverweise; in dieser Ausgabe wird auf die Schöningh-Textausgabe EinFach Deutsch Bezug genommen: Dirk Jürgens: *Textanalyse und Interpretation zu Heinrich von Kleist, Die Marquise von O...*, Hollfeld: Bange Verlag, 1. Aufl. 2017 (Königs Erläuterungen Spezial Bd. 3126-3).

der Gegensätze in einer mystischen Einheit, die an mittelalterliches Wunschdenken anknüpft. Überirdisches soll mit Irdischem, Ewiges mit Zeitlichem, Vergangenes mit Gegenwärtigem, Seelisches mit Körperlichem, Geist und Sinnlichkeit, Bewusstes und Unbewusstes, Traum und Wirklichkeit zu einer harmonischen Vollkommenheit verschmelzen.

Die Epoche der Romantik wird in **drei Phasen** gegliedert:
- die **Frühromantik** oder „Jenaer Romantik" zwischen 1795 und 1805, die ihren Schwerpunkt in der Herausbildung der romantischen Theorie und ihre Hauptvertreter in Ludwig Tieck, Friedrich Wilhelm Joseph Schelling, Novalis (Friedrich von Hardenberg) und den Gebrüdern Friedrich und August Wilhelm Schlegel und ihre Zentren in Berlin, Halle und eben Jena besaß,
- die **Hochromantik** oder „Heidelberger Romantik" zwischen 1805 und 1820, in der man sich vor allem in Heidelberg unter dem Eindruck der napoleonischen Kriege auf das Patriotische, National-Historische und Völkische (Märchen, Volkslieder) konzentrierte und die vor allem von Achim von Arnim, Clemens Brentano und Joseph von Eichendorff repräsentiert wird.
- die **Spätromantik** oder „Schwäbische Romantik" zwischen 1820 und 1848, die sich stärker dem Religiösen zuwandte und in Ludwig Uhland, Gustav Schwab und Eduard Mörike ihre wesentlichsten Autoren fand. Stärker politisch orientiert war die 1811 in Berlin gegründete „Christlich-deutsche Tischgesellschaft" um Adam Müller, Adalbert von Chamisso und Friedrich de la Motte Fouqué, der auch Heinrich von Kleist angehörte und zu der auch E.T.A. Hoffmann über seine „Serapionsbrüder" Beziehung hatte.

2.2 Strukturell unterschiedliche Erzähltexte aus unterschiedlichen historischen Kontexten

2.2.4 Fokus: Heinrich von Kleist, Die Marquise von O... (1808)

EPOCHENÜBERSICHT ROMANTIK

Politische Krise
Revolutionskriege
Napoleonische Kriege/Befreiungskriege
Wiener Kongress
Restauration

Philosophischer Idealismus
Fichtes Idealismus
Schellings Identitätsphilosophie

Krise des Individuums
Stillstand der Emanzipation
Tendenz zum Eskapismus (Flucht): Mittelalterideal, Naturidylle, Poetisierung der Welt, Subjektivismus

Romantik als Universalpoesie
Frühromantik
Jenaer Romantik: 1795–1805
Hochromantik
Heidelberger Romantik: 1805–1820
Spätromantik
Schwäbische Romantik: 1820–1848

Schaubild 9: Romantik

Biografischer Bezug

Heinrich von Kleist (1777–1811) entstammte einer in Preußen in mehreren Linien weit verzweigten altpommerschen Familie. Es war Tradition, dem König im Militär bis in höchste Positionen zu dienen. Kleists Vater, Joachim Friedrich von Kleist, war Regimentskapitän, als seine zweite Frau Juliane Ulrike, geb. von Pannwitz, Bernd Heinrich Wilhelm am 18. 10. 1777 in Frankfurt/Oder zur Welt brachte. Heinrich hatte noch vier Geschwister; aber mit niemandem verstand er sich so gut wie mit seiner Halbschwester Ulrike, die als eine von zwei Töchtern aus der ersten Ehe seines Vaters stammte. Von seiner Familie hatte Kleist nicht viel, die Verhältnisse waren schwierig, er wuchs nahezu vaterlos auf, wurde von einem Hauslehrer unterrichtet, besuchte die Privatschule eines hugenottischen Predigers und das Gymnasium der französisch-reformier-

Militärkarriere erwartet

2.2 Strukturell unterschiedliche Erzähltexte aus unterschiedlichen historischen Kontexten
2.2.4 Fokus: Heinrich von Kleist, *Die Marquise von O...* (1808)

ten Gemeinde. Schon mit 14 Jahren tritt er dem Militär bei, nimmt 1792–1795 am Ersten Koalitionskrieg gegen Frankreich, dem Rheinfeldzug, teil, wird Offizier, spielt in einem Offiziersquartett die Klarinette. Aber das Soldatenleben behagt ihm nicht, und so nimmt er mit 21 Jahren seinen Abschied, um eine Karriere als Gelehrter anzustreben.

Nervös und überspannt

Kleist war ein **schwieriger Mensch**: Seine nervöse Unrast gestattete ihm keinen normalen Lebensplan, sondern ließ ihn sich zwischen allen Misserfolgen immer wieder in Reisen flüchten. Für die Konstanz eines Berufs war er als überspannter Hysteriker nahezu ungeeignet. Er haderte nicht nur mit seiner Stellung als zuletzt Sekondeleutnant im Potsdamer Garderegiment, er war auch unzufrieden mit seinem Studium der Physik und Mathematik (1799–1801), das er nicht abschloss. Kleist war auch in seiner zehnjährigen Tätigkeit als Schriftsteller wegen maßlos überzogener Selbstansprüche nicht so erfolgreich, wie er hoffte, und vermochte nicht, sich mit seiner den Lebensunterhalt sichernden Tätigkeit als preußischer Beamter (1804–1806) im Berliner Finanzdepartment oder an der Königsberger Domänenkammer zu identifizieren. Auch seine Versuche, als Herausgeber der Zeitschrift *Phoebus* (1808) oder der *Berliner Abendblätter* (1810–1811) seinen Lebensunterhalt zu bestreiten, scheiterten. Er hatte sogar ins Auge gefasst, sich am Schweizer Thuner See als Bauer niederzulassen oder in Koblenz bei einem Tischler zu arbeiten.

Finanzielle Probleme

So verwundert es nicht, dass Kleist in seinem von beispielloser Unrast getriebenen Leben selten über einen festen Wohnsitz verfügte und ohne Beruf und gesichertes Einkommen ständig in finanziellen Schwierigkeiten war, die nur durch Erbschaften, private Zuwendungen und Pensionen kurzfristig überbrückt werden konnten.

Auch sein persönliches Auftreten machte ihn zum **Außenseiter**. Er zeigte ein gestörtes, unsicheres Verhalten, stotterte verlegen, errötete leicht und führte oft unverständlich murmelnde Selbstgespräche. Die Verlobung mit seiner Schülerin Wilhelmine von Zenge, die er privat unterrichtete, löste er nach zwei Jahren offiziell wieder auf. Gespräche mit deutlich älteren Frauen fielen ihm leichter. Seinem krankhaften Ehrgeiz standen Phasen chronischer Schwermut gegenüber, sodass die Neurologin Adele Juda in einem psychiatrischen Gutachten zu dem Schluss kommt, Kleist sei „ein schizoider Psychopath mit vielen hysterischen Zügen"[15] gewesen. Eine bipolare Störung, die ihn zwischen euphorischer Unternehmenslust und depressivem Fluchtverhalten wechseln ließ, darf als wahrscheinlich gelten. Wiederholt hatte er auch seine Freunde zum gemeinsamen Suizid aufgefordert. Der gelang dem 34-Jährigen schließlich am Nachmittag des 21. November 1811, als er am kleinen Wannsee zwischen Potsdam und Berlin nach einem fröhlich verbrachten Tag zunächst die unheilbar an Krebs erkrankte Henriette Vogel erschoss (mit ihrem Einverständnis) und sich dann selbst das Leben nahm.

Kleist hat auf der literarischen Bühne seiner Zeit nur eine Nebenrolle gespielt. Seine vier Dramen, die er bis dahin geschrieben hatte, waren zumeist noch nicht veröffentlicht, nur *Die Familie Schroffenstein* hatte 1804 in Graz eine Aufführung erhalten. Kleist war 30 Jahre alt und hatte erst eine Erzählung geschrieben, als er 1808 die Novelle *Die Marquise von O...* veröffentlichte.

---

15 Adele Juda (Neurologin), zitiert nach: sites.google.com/site/berhampp/home/reportagen/kleist (Stand: Januar 2019).

2.2 Strukturell unterschiedliche Erzähltexte aus unterschiedlichen historischen Kontexten
2.2.4 Fokus: Heinrich von Kleist, *Die Marquise von O…* (1808)

Daten zum Text:

INFO

Textsorte	Erzählung (Novelle)
Entstehungszeit	vermutl. zwischen Mai 1805 und Januar 1807
Veröffentlichung	*Phoebus*, Heft 2, Februar 1807; Buchausgabe: *Erzählungen*, Bd. 1, Berlin: Reimer, 1810
Literarische Einordnung	zwischen Klassik und Romantik
Thema	unbewusste Empfängnis
Quellen	Michel de Montaigne, *Essays*, Bd. 2: *Über die Trunkenheit* (1588) Jean Jacques Rousseau, *Nouvelle Eloïse* (1761)
Zeit der Handlung	Zeit des Zweiten Koalitionskrieges (1799–1802)
Erzählte Zeit	etwa sechs Monate plus drei Jahre Vorgeschichte und etwa drei Jahre Nachgeschichte
Ort der Handlung	Oberitalien
Hauptfiguren	Lorenzo von G…, Obrist u. Kommandant; Frau von G…; Forstmeister von G…, Jäger; Julietta Marquise von O…; Graf F…, Oberstleutnant; General K…; Arzt, Hebamme, Jäger Leopardo

Inhalt

[Exposition: 4 Absätze]

(1) Die verwitwete Marquise von O… setzt eine Annonce in die Zeitung, über die sie den Mann sucht, der sie ohne ihre Kenntnis geschwängert hat und dem sie hierin die Ehe verspricht. In einem Rückblick wird erzählt, wie es zu dieser Anzeige gekommen ist. — *Die Annonce*

Die Marquise ist nach dem Tod ihres Mannes mit ihren beiden Töchtern in ihr Elternhaus, eine Festung in Oberitalien, zurückgekehrt. Da bricht ein Krieg aus. Ihr Vater, Oberst von G…, hat den Auftrag, die Festung als Kommandant gegen die Belagerung durch den Feind zu verteidigen. Obwohl er sich ohne Rücksicht auf seine Familie ganz dieser Aufgabe widmet, wird die Festung erobert. (2) Infolge der durch ein Feuer entstehenden Wirren wird die Marquise von einem russischen Offizier vor der Vergewaltigung durch eine Rotte Soldaten gerettet. Sie fällt in Ohnmacht. Der Offizier gibt sie bald darauf – der Text deutet mit einem nicht begründbaren Gedankenstrich an dieser Stelle auf eine Auslassung hin – in hilfreiche Obhut und kehrt in den Kampf zurück. (3) Er fordert den Kommandanten auf, sich zu ergeben, und gestattet ihm, sich um seine Familie zu kümmern. Dann scheut er keine Anstrengungen, die Festung — *Die Eroberung der Festung*

2.2 Strukturell unterschiedliche Erzähltexte aus unterschiedlichen historischen Kontexten
2.2.4 Fokus: Heinrich von Kleist, *Die Marquise von O...* (1808)

vor weiterer Zerstörung zu bewahren. Die Marquise und ihr Vater finden keine rechte Gelegenheit, dem Oberstleutnant Graf von F... angemessen zu danken, so heißt der Offizier nämlich. Als am nächsten Tag der russische General von dem Vorfall hört, lobt er den Grafen, wundert sich aber, dass dieser die Männer der Soldatenrotte nicht benennen kann. Als sie trotzdem ausfindig gemacht werden, lässt der General die fünf Soldaten erschießen. Dann gibt er den Befehl zum Abzug, und die Eroberer einschließlich des Grafen verlassen die Festung. (4) Während die Familie des Kommandanten noch darüber nachsinnt, wie man dem Grafen ihren Dank aussprechen könne, trifft die Nachricht ein, der Graf sei noch am Tage seines Abzugs in einem Gefecht gefallen. Als der Kommandant persönlich der Meldung nachforscht, erfährt er, die letzten Worte des Grafen, als ihn die Kugel traf, seien gewesen: „Julietta! Diese Kugel rächt dich!" Die Marquise ist untröstlich, ihrem Retter nun keinen Dank mehr abstatten zu können, und bedauert ihre Namensvetterin, der der letzte Satz des Grafen galt. Die Suche nach dieser Person endet vergeblich, und nach einigen Monaten hat die Marquise auch den Grafen vergessen.

Die Todesnachricht

[Steigerndes Moment: 5 Absätze]

(5) Als Folge der Niederlage muss die Familie die Festung räumen und bezieht eine Wohnung in der Stadt. Alles kehrt in die alte Ordnung zurück. Nur die Marquise wird trotz robuster Gesundheit seit geraumer Zeit von Übelkeit, Schwindelanfällen und Ohnmachten heimgesucht. Als der Obrist einmal den Frühstückstisch verlässt, erklärt sie ihrer Mutter, dass sie sich fühle wie während ihrer zweiten Schwangerschaft. Beide scherzen aber darüber und vermuten einen der Traumgötter als möglichen Vater. (6) Da wird eines Tages, als auch der Forstmeister von G..., der Sohn des Kommandanten, im Hause weilt, zur Überraschung aller Graf von F... angemeldet. Nachdem er sich nach dem Befinden der Marquise erkundigt und bemerkt hat, dass sie ihm nicht die Wahrheit sagt, überrascht er sie mit einem Heiratsantrag. Alle weichen verlegen einer Antwort aus und drängen den Grafen, sein unerwartetes Erscheinen zu erklären. Der erzählt von einer schweren Verwundung, die ihn mehrere Monate ans Bett gefesselt habe, und von Dienstreisen, die ihn nach Neapel und vielleicht gar nach Konstantinopel oder St. Petersburg führen würden. Deshalb halte er hier und jetzt um ihre Hand an, um mit einer „Forderung seiner Seele" im Reinen zu sein. Der Kommandant erwidert ausweichend, dass die Marquise sich nach dem Tode ihres Gatten entschlossen habe, keine neue Verbindung einzugehen, bittet sich Bedenkzeit aus, um ihn erst näher kennenzulernen, und lädt ihn endlich nach dem Ende seiner Dienstreise ein, ihr Gast zu sein. Letztlich aber liege die Entscheidung bei ihm. (7) Trotz der Dringlichkeit seiner Abreise und der Warnung aller Anwesenden will der Graf noch einen Tag verweilen, wenn dies eine positive Antwort fördern könnte. Er sei ein ehrlicher, vermögender Mann und im Begriff, die einzige Verfehlung seines Lebens wiedergutzumachen. Als man ihm erneut eine gute Reise wünscht, ist er trotz einer dann drohenden Entlassung sogar gewillt, seine Reise abzubrechen, und trifft die dazu notwendigen Maßnahmen. (8) Er bittet den Obrist, ihm ein Gastzimmer anzuweisen, und verlässt das Haus, um sich beim Gouverneur anzumelden. (9) Erst gegen Abend kehrt er zur Familie des Kommandanten zurück, die sich inzwischen wechselseitige Vorwürfe gemacht hat. Bei der Abendtafel erzählt der Graf einen Traum, den er im Wundfieber gehabt habe. Darin habe er die Marquise mit einem Schwan namens Thinka verwechselt, den er als Knabe vergeblich mit Kot beworfen habe. Immer wieder sei der Schwan

Rätselhafte Übelkeit

Der Totgeglaubte kehrt zurück

Der Traum des Grafen

rein wieder aufgetaucht. Daraufhin versichert er, dass er die Marquise außerordentlich liebe. Nachdem der Graf sich zurückgezogen hat, berät die Familie die Situation eingehend und entschließt sich endlich, dem Grafen ein bedingtes Eheversprechen zu geben. Alles Weitere soll entschieden werden, wenn der Graf nach vier oder sechs Wochen von seiner Dienstreise zurückkehrt. In großer Eile bricht der Graf auf.
[Peripetie: 6 Absätze]
(10) In den folgenden Wochen kommen die Familie des Kommandanten und der Onkel des Grafen überein, dass die Verlobung so gut wie abgemacht scheint. Die anhaltende Kränklichkeit der Marquise lässt es ratsam erscheinen, einen Arzt zu Rate zu ziehen. Der bestätigt, dass die Marquise ihre Beschwerden zu Recht als Schwangerschaftszeichen deute. Das empört die Marquise, weil sie glaubt, eine Schwangerschaft sicher ausschließen zu können. (11) In einem hochemotionalen Gespräch mit ihrer Mutter rät ihr diese, dem Vater von dem Vorfall zu berichten. Doch die Marquise zögert, weil ihr Gefühl, schwanger zu sein, nicht mit ihrem Wissen über diese Unmöglichkeit übereinstimmt. Sie möchte deshalb eine Hebamme rufen lassen. In Frau von G... wachsen daraufhin die Zweifel an der Aufrichtigkeit ihrer Tochter, und sie drängt sie zu einer ernsten Gewissensprüfung. Ein Fehltritt ließe sich verzeihen, nicht aber eine dreiste Lüge, die die Naturgesetze infrage stellt. Als die Marquise erneut ihre Unschuld beteuert, lässt sich ihre Mutter noch einmal die ärztliche Diagnose bestätigen, bevor sie die Hebamme rufen lässt. (12) Als auch die Hebamme etwas süffisant feststellt, dass eine Schwangerschaft vorliegt, fällt die Marquise in Ohnmacht. Als sie nach ihrem Erwachen ihrer Mutter gegenüber bei ihrer Unschuldsbeteuerung bleibt, verflucht diese sie und verlässt das Zimmer. (13) Ratlos fragt die Marquise die Hebamme, ob eine unwissentliche Empfängnis möglich sei. Die Hebamme antwortet, dass dies bis auf die heilige Jungfrau noch keiner Frau widerfahren sei, und unterbreitet Vorschläge, wie man in einer solchen Situation der üblen Nachrede entgehen könne. (14) Da wird der Marquise ein Schreiben hereingereicht, das die Mutter nach dem Diktat des Vaters zu Papier gebracht hat. Herr von G... wünscht, dass sie sofort das Haus verlässt, und kündigt ihr zugleich die Verwaltung ihrer Finanzen auf. Entsetzt sucht sie ihren Vater auf, nachdem ihre Mutter nicht zu sprechen ist und auch ihr Bruder sich abweisend verhält. Der Vater flieht vor ihr, wirft vergeblich die Türe vor ihr zu und kehrt ihr zuletzt in seinem Schlafzimmer den Rücken zu. Als sie sich flehend vor ihm auf die Knie wirft, greift er zu einer an der Wand hängenden Pistole, wobei sich ein Schuss löst. Erschrocken rafft sie ihre Habe zusammen und will mit ihren Kindern das Haus verlassen, als ihr Bruder sie im Namen des Vaters auffordert, die Kinder in seiner Obhut zurückzulassen. Die Marquise aber ignoriert diese Aufforderung mit den Worten, eher wolle sie sich erschießen lassen. (15) Durch ihr für sie selbst überraschendes Verhalten ermutigt, will sie ihr Leben auf dem Gute in V... nach der Niederkunft selbst in die Hand nehmen, da es ihr nicht gelingt, die Familie von ihrer Unschuld zu überzeugen. Sie zieht sich einstweilen in eine fast klösterlich zu nennende Einsamkeit zurück und gebietet, niemanden vorzulassen. Allein auf dem Gut versteigt sie sich einerseits in die Idee einer religiös verklärenden Schwangerschaftsursache, geißelt aber andererseits den möglichen Vater als menschlichen Auswurf. Das gewachsene Gefühl eigener Selbstständigkeit lässt sie schließlich die Suchanzeige nach dem Vater ihres erwarteten Kindes aufgeben.

Marginalien: Die Marquise muss sich rechtfertigen | Die Marquise wird verstoßen | Rückzug aufs Land

2.2 Strukturell unterschiedliche Erzähltexte aus unterschiedlichen historischen Kontexten
2.2.4 Fokus: Heinrich von Kleist, *Die Marquise von O...* (1808)

[Retardierendes Moment: 9 Absätze]

Rückkehr des Grafen

(16) Nur mit wenigen Tagen Verspätung trifft der Graf F... von seiner Dienstreise nach Neapel wieder in M. ein, wo er von der Familie des Kommandanten mit Verlegenheit empfangen wird. Der Oberst überlässt es seinem Sohn, den Grafen von der jüngsten Entwicklung der Dinge zu unterrichten. Ihm ist indes völlig unverständlich, warum der Graf verärgert beklagt, dass die Vermählung nicht vollzogen worden sei, bekundet, dass er der Marquise vollen Glauben schenke und deshalb zu ihr eilen wolle, um seinen Antrag zu wiederholen. (17) In V... wird der Graf nicht zur Marquise vorgelassen. Durch eine offene Gartentür erschleicht er sich jedoch einen Zugang zu der in einer Gartenlaube Handarbeitenden. Die Marquise ist von seinem Erscheinen doppelt überrascht. Als er unter Liebesbezeugungen seinen Antrag wiederholt, weist sie ihn

„Ich *will* nichts wissen"

mit den Worten von sich: „Ich *will nichts* wissen" und verschwindet. (18) Der Graf entscheidet sich dagegen, ihr mit Gewalt zu folgen, und gedenkt, ihr einen Brief zu schreiben. Als er am Abend zufällig mit dem Forstmeister zusammentrifft, weist ihn dieser auf die erschienene Anzeige hin. Der Graf empfiehlt sich mit den Worten, er wisse nun, was er zu tun habe. (19) In der Familie des Kommandanten steigen inzwischen die Spannungen. Die Obristin ist über das Verhalten ihres Gatten, der jegliche Erinnerung an seine Tochter auszumerzen gedenkt, arg verbittert, fühlt sich von ihm unterjocht, schilt die Forderung nach den Enkelkindern ein Unrecht und legt ihrem Mann die Zeitungsanzeige vor. Doch der schiebt sie mit den Worten „Die Närrin!"

Der Unbekannte meldet sich

beiseite. (20) Kurz darauf erscheint ebenfalls als Anzeige die Antwort auf das Inserat der Marquise: Zu einem fest bestimmten Termin will der Vater des Kindes sich bei den Eltern einstellen. (21) Während der Obrist seine Tochter eine schamlose Hündin schimpft und denjenigen erschießen will, der sich als Vater präsentieren sollte, gewinnt seine Frau wieder Vertrauen in ihre Tochter. (22) Als die Marquise den Vater brieflich bittet, denjenigen, der bei ihnen vorstellig werden würde, zu ihr zu schicken, zerreißt der Obrist das Schreiben und untersagt seiner Frau, einen Plan auszuführen, mit dem sie gedenkt, die Wahrheit über ihre Tochter ans Licht fördern zu können. So fährt sie gegen seinen Willen mit dem Jäger Leopardo zu ihrer Tochter, wo sie von

Die Mutter testet ihre Tochter

dieser unter Tränen und auf Knien empfangen wird. Die Obristin bittet ihre Tochter um Verzeihung und gibt vor, der Vater ihres Kindes habe sich schon am Vortage zu erkennen gegeben; er sei von niedrigem Stande und der Jäger Leopardo. Die Marquise kann sich jedoch nur erinnern, dass der Jäger einmal von ihrem Diwan ging, wo sie eingeschlafen war. Die Obristin erkennt, dass ihre Tochter den Vater wirklich nicht kennt, glaubt ihren Unschuldsbeteuerungen, indem sie sie geradezu religiös verherrlicht, und versichert ihrer Tochter, „sie wolle keine andere Ehre mehr als deine [ihre] Schande". Im Triumph führt sie ihre Tochter heim, klärt mühsam ihren Mann auf und fordert von ihm, seiner Tochter Abbitte zu leisten. Das fällt dem Oberst jedoch äußerst schwer, sodass seine Tochter ihm entgegenkommt. (23) Nachdem die Obristin für ihren Gatten alle möglichen Wohltaten vorbereitet hat, beobachtet sie durch das Schlüsselloch mit Genugtuung, dass Vater und Tochter sich bei ihrer zärtlichen Versöhnung wie Brautleute verhalten. (24) Am Tage, an dem sich der Kindsvater offenbaren will, kommt man überein, dass die gesamte Familie bei dem Ereignis anwesend sein solle. Zur festgelegten Uhrzeit erscheint zunächst Leopardo und löst einige Irritationen aus, bevor er den Grafen F... anmeldet. Er erscheint in derselben Uniform und denselben Waffen und Orden, die er bei der Eroberung der Festung getragen hat. Die Marquise ist erschüttert

und weist ihn von sich, obwohl er sowohl ihrer Mutter als ihr selbst zu Füßen liegt und unter Tränen ihre Hand ergreift. Auch als die Mutter ihr etwas ins Ohr flüstert, gibt sie ihre störrische Haltung nicht auf. In ungestümer Wildheit sagt sie, mit diesem Manne könne sie sich nicht vermählen, nennt ihn einen Teufel und verlässt den Raum, nicht ohne alle Anwesenden zuvor mit Weihwasser besprengt zu haben.
[Katastrophe: 3 Absätze]
(25) Alle stehen ratlos und betroffen. Dann vereinbaren die Eltern über den Kopf des sprachlosen Grafen hinweg die Hochzeit für den folgenden Tag in der Annahme, der Graf wolle sein Vergehen so schnell als möglich wiedergutmachen. (26) Die Marquise widersetzt sich jedoch weiterhin heftig einer Heirat. Erst aufgrund eines Heiratskontrakts, der eine sogenannte Josephsehe vorsieht, in der der Graf auf alle Rechte eines Gemahls verzichtet, willigt sie ein. (27) Während der Trauzeremonie sieht die Marquise ihren Bräutigam nicht an, und auch nach der Kirche trennen sich die Wege des Paares sofort. Der Graf bezieht eine Wohnung in M... , ohne zu der Familie des Kommandanten in Beziehung zu treten. Bei der Taufe seines inzwischen geborenen Sohnes fallen die Taufgeschenke des Grafen großzügig aus: 20.000 Rubel für den Knaben und ein Testament, das die Marquise nach dem Tod des Grafen zur Alleinerbin seines Vermögens macht. Von diesem Tag an wird der Graf auf Veranlassung der Obristin öfter eingeladen und erneuert nach Ablauf eines Jahres seine Bewerbung. Diesmal wird sie von der Marquise angenommen, eine zweite Hochzeit wird gefeiert und weitere Kinder folgen. Als der Graf später einmal seine Frau fragt, warum sie vor ihm wie einem Teufel geflohen sei, antwortet sie, „er würde ihr damals nicht wie ein Teufel erschienen sein, wenn er ihr nicht, bei seiner ersten Erscheinung, wie ein Engel vorgekommen wäre."

Figurenkonstellation

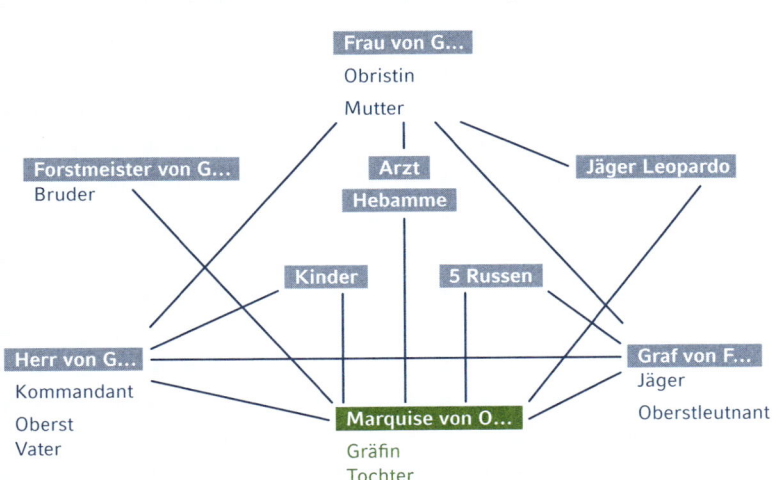

Schaubild 10: Figurenkonstellation von *Die Marquise von O...*

2.2 Strukturell unterschiedliche Erzähltexte aus unterschiedlichen historischen Kontexten
2.2.4 Fokus: Heinrich von Kleist, *Die Marquise von O...* (1808)

Übersicht: Analyse
(Es werden im Folgenden maximal drei Belegstellen angegeben)

Textsorte	analytische Erkenntnis-Novelle
Zeit	– Zeit der Handlung: 1799 (Zweiter Koalitionskrieg) – Erzählte Zeit: • Vorgeschichte, neun Monate Schwangerschaft, drei Jahre Ausblick • Wechsel zwischen Zeitraffung und Zeitdeckung
Raum	Oberitalien: M...: Mailand, Mantua oder Modena
Erzähler	– kaum auktorialer, konsekutiver Erzähler – eher sachlicher Erzählbericht mit szenischen Konzentrationen bei emotionalen Krisen der Figuren oder zur Vorbereitung von Entscheidungen – hohes Erzähltempo, große Ereignisdichte – Wertungen vorrangig in Absatz 1 und 2; kaum Deskriptionen, aber ausgeprägte Darstellung von Gestik und Mimik, oft wie Regieanweisungen der indirekten Rede vorangesetzt (13,14), der direkten Rede eingeschoben (44,36) oder nachgestellt (38,15 f.). – Kommentare: 19,37; 29,16; 45,5 f. – Ungenauigkeiten: mehrere Kinder (3,6) vs. zwei (3,21); drei Jahre (3,15) vs. die nächsten (3,23); Verschweigen vollständiger Orts- und Personennamen – falsche Titel (Marquise statt Marchese, Kaiser statt Zar; dt. Titel des russischen Grafen)
Figurenrede	– direkte und indirekte Rede: Dominanz der indirekten Rede, direkte Rede ohne Anführungen – Anreden: Stellung (Kommandant) statt Familienbezug (Vater); Ausnahme Marquise: „mein liebster Bruder" (27,3) , „mein teuerster Vater" (27,4), „liebste" (2-mal: 18,37) / „meine teuerste" (7-mal: 40,10 f.) / „meine vortreffliche Mutter" (37,33) – Doppeldeutigkeiten: Folgen: Kränklichkeit vs. Schwangerschaft (10,10 f.), Gründe: geschäftliche vs. private (15,16 f.)
Sonderformen	Zeitungsannonce: 34,14–17; Brief: 26,23–27
Sprache	schwer lesbare Sprache mit komplizierter hypotaktischer Syntax
Stilmittel	**semantisch**: Neologismus (32,1; 39,33; 40,19), Komposita (7,30; 17,15); Oxymoron (17,11), Superlative (29-mal: 3,16 u. 24; 14,1 u. 24; 39,20), Wortwiederholungen (19-mal: 13,21; 19,9; 44,35), Modaladverbien: indem, wobei (11-mal: 11,31; 19,13; 41,10), Zeitadverbien: eben (7-mal: 5,16; 9,21), bald (15-mal: 5,29; 33,2), inzwischen (14-mal: 11,19; 33,4), religiöses Wortfeld (10,11 f.; 45,9 f.), militärisches Wortfeld (6-mal: 14,14 ff.; 28,1 f.), Wortfeld des Theaters (9-mal: 5,2 ff.; 10,11 f., 11,33; 21,34)

2.2 Strukturell unterschiedliche Erzähltexte aus unterschiedlichen historischen Kontexten
2.2.4 Fokus: Heinrich von Kleist, *Die Marquise von O...* (1808)

	syntaktisch: Asyndeton (31,29 f.), Anapher (25,2 f.; 26,33–36), Epipher (31,17 f.), Parallelismus (40,32), Chiasmus (40,9 f.), Voranstellung (4,5 u. 24), Inversion (38,28; 39,9 u. 11); Partizipialkonstruktion (14-mal: 5,36; 13,34; 42,15), Doppelattribution bzw. Zwillingsausdrücke (12-mal vorzugsweise in der Darstellung und Sprache der Frauen: 22,8 und 30; 30,32 f.; 41,25 f.), Fragebündel (38,6); Attributhäufung (47,1) **pragmatisch**: formelhafte Wendungen (7-mal: 12,2 f.; 15,29; 39,5), Vergleiche (10-mal: 9,30 f.; 45,5; 47,31), Metaphern (6-mal: 5,1; 44,37), Widersprüche (Engel vs. Teufel, 47,28–31; göttliches Kind vs. Auswurf, 28,15 u. 32–29,7)
Motive	Geflecht von tektonisch-strukturellen Grundmotiven: Raumöffnungen (24-mal: Tür, 13-mal: 4,25; Fenster, 4-mal: 14,37; Portal, 2-mal: 5,17; Pforte, 2-mal: 30,29; Laubeneingang, 2-mal: 30,35; Tor, 36,23), Irrtum (16-mal: 8,19; 14,19; 34,26 ff.), Tränen (12-mal: 24,17 u. 35; 36,28; 46,14), Erröten (10-mal: 7,5; 23,9), Sprachlosigkeit (8-mal: 5,7; 17,13 f.; 44,17), Verwirrtheit (7-mal: 4,19; 15,30; 44,4), Erbleichen (7-mal: 9,31; 29,34; 45,13), Unruhe (7-mal: 13,4; 22,18; 29,1), zu Füßen (7-mal: 8,15; 19,22; 41,17), Ohnmacht (6-mal: 5,9; 25,23; 33,11), auf den Knien (6-mal: 27,17; 38,36; 44,27), Geld (5-mal: 12,34 f.; 44,34; 47,11), Wahnsinn (4-mal: 23,22), von Sinnen (4-mal: 20,18; 24,35; 32,23 f.), nichtswürdig (4-mal: 22,8; 30,6; 34,32), Handkuss (3-mal: 37,2), Verlegenheit (3-mal: 7,16), Rücken (3-mal: 27,12)
Ironie und Komik	– Sprachkomik: 25,16–22; Doppeldeutigkeiten (11,16 f.; 13,37 f.; 16,11; 18,17 u. 25); Falschurteile (12,26 f.; 18,28) – Sprachironie: 14,11–14; 31,21; 34,7 – Situationskomik: zurückgehaltene Information der Obristin (37 f.; 39,35 ff.), Versöhnungsszene zwischen Mutter und Tochter (38,18–39,14), Vater und Tochter (42,1–15), Offenbarung des Grafen (44,14–45,11); Missverständnisse (15,16 f.) – ironische Paradoxien: Tod der Russen (7,26), „Glück seiner näheren Bekanntschaft" (12,2), Mariensymbolik (s. u.), Geständnisbehinderung des Grafen – ironische Namensgebung: Julietta (kleine Julia) in Anspielung auf Rousseaus Julie; Lorenzo (der Lorbeerbekränzte) für den besiegten Kommandanten, der Haus und Tochter an den Feind (Graf F...) verliert.
Struktur	– 27 Erzählabsätze • inhaltlich: wie eine 5-aktige Komödie: Exposition (Errettung der Marquise: 1–4), steigerndes Moment (1. Ablehnung des Heiratsantrags: 5–9), Peripetie (Bestätigung der Schwangerschaft, Verstoßung: 10–15), retardierendes Moment (2. Ablehnung des Heiratsantrags, Wahrheitsprobe, 3. Ablehnung des Heiratsantrags: 16–24), Katastrophe (Heiratskontrakt, 1. und 2. Hochzeit: 25–27)

2.2 Strukturell unterschiedliche Erzähltexte aus unterschiedlichen historischen Kontexten
2.2.4 Fokus: Heinrich von Kleist, *Die Marquise von O...* (1808)

- nach Absätzen und Textumfang: 3-gliedrig:
  I (1–9, 601 Zeilen), II (10–18, 602 Zeilen), III (19–27, 601 Zeilen)
- antizipierte Filmstruktur: Hook (interessante Eröffnung: Anzeige), dramatischer Aufbau (Flashback: 1–15), Plot Point (= Hook: Anzeige), Reversels (Wendepunkte: Ablehnungen des Heiratsantrags), Kiss off (Happy End)
- Dominanz 3- und 4-gliedriger Strukturelemente:
  - 5-fache Lüge: Kommandant (5,21), Marquise (26,4 f.), Graf (7,9 u. 30,22), Obristin (38,2 f.)
  - 4-fache Eheschließung: körperlich (5,9), juristisch (46,10 f.), sozial (46,24 f.), persönlich (47,20 f.)
  - 4-fache Weigerung des Kommandanten, seine Tochter anzuhören (27,6–16), 3-schrittige Behandlung des Themas: Zeugung (5,9), Schwangerschaft (9,1 f.–26,20), Geburt (47,4)
  - 3-fache Niederlage des Kommandanten: 5,21; 19,10 f.; 45,19 ff.
  - 3-fache Bestätigung der Schwangerschaft: 9,9 f.; 21,13 u. 24,36; 25,21 f.
  - 3-facher Konflikt der Marquise: mit sich selbst (innerer Konflikt), mit den Eltern, mit dem Kindsvater
  - 3-faches Schuldgeständnis des Grafen: 11,3 ff.; 12,18 ff.; 32,19 f.
  - 3-facher Heiratsantrag des Grafen: 10,11; 31,24; 44,32 f.
  - 3-facher Ausruf der Marquise: „Herr meines Lebens!" (27,16), „Gott, mein Vater!" (38,13), „Aber mein Gott!" (40,36)
  - 3-fache Ausdrucksform: Körpersprache, Lautsprache, Schriftsprache
  - 3-fache Schriftform: privat (Brief), juristisch (Testament), öffentlich (Anzeige)
  - Wiederholung (Verfolgungsszene Marquise-Kommandant: 27 vs. Graf-Marquise: 31 f.)

Symbolik

- ironische Mariensymbole:
  - Nach Konrad von Würzburg setzt sich der Marienpreis (Marienlob) zusammen aus erzählendem Lobpreis (Gold) und spiritueller Auslegung (Edelsteine): Gold (44,34), Stein (29,12).
  - Der eingeschlossene Garten (hortus conclusus) ist nach dem Hohelied (AT 4,12) ein Mariensymbol und als Paradiesgärtlein Motiv künstlerischer Gestaltung. Auch die geschlossene Pforte ist nach Ezechiel (AT 44,1–3) ein Mariensymbol. Die nichtjungfräuliche Empfängnis der Marquise wird durch die offene Pforte (30,29 u. 31,10) und den somit nicht geschlossenen Garten versinnbildlicht.

2.2 Strukturell unterschiedliche Erzähltexte aus unterschiedlichen historischen Kontexten
2.2.4 Fokus: Heinrich von Kleist, *Die Marquise von O...* (1808)

- Nach dem Physiologus[19] legt ein Einhorn den Kopf in den Schoß einer Jungfrau als Sinnbild für die Menschwerdung Christi im Schoße Marias. Hier verbirgt die Obristin ihr Antlitz im Schoße der Marquise (38,20) als Sinnbild der mütterlichen Verzeihung.
- Die vielfachen apotheotischen Anrufe der Mutter: „du Reinere als Engel" (38,22), „der du umstrahlt bist" (38,24), „du Herrliche, Überirdische" (38,30 f.) verweisen ebenfalls auf die Marienverehrung.
– Der Schwan (17,6) ist nicht nur ein Sinnbild der Reinheit, er symbolisiert in der griechischen Mythologie auch den Ort, wo Apollons Mutter in Wehen lag.
– Freimaurerverweis: Der Handschuh des Arztes (21,29) ist hier kein Fehdehandschuh, sondern eher ein Symbol für die reine Wissenschaft und Aufklärung desjenigen, dessen Hände bei der Arbeit sauber bleiben.
– ironisch-zotiges Handlungssymbol: Schlauch, Wasserstrahl (5,34 f.)
– Namenssymbolik: Graf F... (f.: fecit = er hat es gemacht), Thinka (Katharina: die Reine)

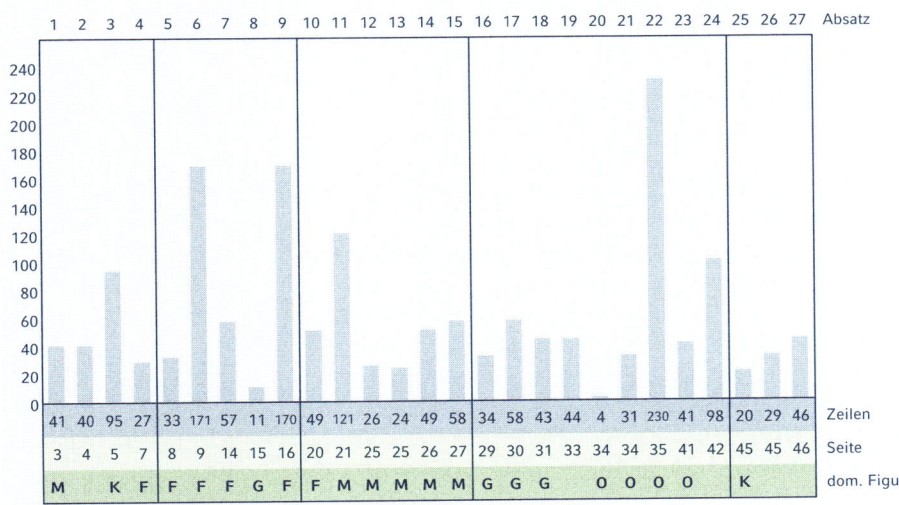

Schaubild 11: Struktur von *Die Marquise von O...*

2.2 Strukturell unterschiedliche Erzähltexte aus unterschiedlichen historischen Kontexten
2.2.4 Fokus: Heinrich von Kleist, *Die Marquise von O...* (1808)

Übersicht: Interpretation

Das literarische Werk Heinrich von Kleists zählt zu den meistkommentierten der deutschen Literatur. Es verwundert deshalb nicht, dass die Deutungsaspekte so zahlreich sind.

Aspekt	Thematik
Biografie	literarische Verarbeitung eigenen Erlebens
Ästhetik	Spiel mit dem ersten Anschein
Psychologie	Darstellung des Problems der Identität und des Erkennens
Gender	labile Familienstruktur; Mann und Frau in einer Doppelrolle
Soziologie	Ständegesellschaft, Adel als Soldaten und Jäger
Politik	Allegorie auf die napoleonische Eroberung Preußens
Religion	Spiel mit Bibelmotiven: gegen Heuchelei und religiöse Mystifizierung
Kommunikation	Kommunikationsstörungen als Indiz für soziale Störungen, Symbolik der Raumöffnungen
Rezeptionsästhetik	geringe Erzählersteuerung, Spiel mit dem Leser, Herausforderung zu aktiver Rezeption
Gattungstheorie	Novelle

Biografischer Aspekt

Der **biografische Aspekt** beleuchtet das Verhältnis der Novelle zum Autor. Er geht aus von dem wechselvollen Leben Kleists mit seinen ständigen Brüchen und Richtungsänderungen und den damit verbundenen Folgen. Kleists Gefühl des wiederholten Versagens spiegelt sich in den Bevormundungen und Demütigungen seiner Familie. Die verarbeitet Kleist in seiner Novelle, in der es auch, besonders in der Figur des Kommandanten, um **Demütigungen und Unterwerfungen** geht. Kleists Vorliebe für militärische Themen resultiert aus seiner eigenen Militärzeit, die er aufgab, weil er mit den Auffassungen des preußischen Heeresreformers Carl von Clausewitz sympathisierte, aber der preußische Militarismus sich noch einer Reform gegenüber sperrte. Kleists kritische Einstellung erwuchs aus der Ablehnung jeglicher Bevormundung. Im Sinne der Aufklärung verfolgte er die Ideale des Wissens und der Selbstbestimmung. Seine Wertschätzung des Wissens führte ihn zu dem ironisch ausgearbeiteten Kontrast zwischen Wissen (Graf) und **unaufgeklärtem Nicht-Wissenwollen** (Marquise). Andererseits wollte Kleist das von der Aufklärung geforderte Primat der Vernunft durchbrechen, weil gerade das Gefühl und nicht der Verstand, wie er seiner Halbschwester Ulrike 1799 schrieb, der eigentliche Ort des Glückes sei. Die Marquise führt ihren **Kampf zur Unterdrückung des eigenen Gefühls** deshalb letztlich vergeblich. Kleist begeisterte sich für Rousseaus proklamierte Rückkehr zur Natürlichkeit. Er versprach sich von ihr eine Befreiung von allen gesellschaftlichen Zwängen, den unterwerfenden

2.2 Strukturell unterschiedliche Erzähltexte aus unterschiedlichen historischen Kontexten
2.2.4 Fokus: Heinrich von Kleist, *Die Marquise von O...* (1808)

Formen von Autorität (Kommandant) und den erstarrten Ritualen der Zivilisation (Formelhaftigkeit des Ausdrucks und der gesellschaftlichen Formen). Kleist träumte 1802 von der Idylle eines bäuerlichen Lebens auf der Aare-Insel am Thuner See. Aufgrund der zugespitzten politischen Lage gab er diesen Plan zwar auf, aber seine Figuren dürfen seinen **Plan eines Lebens auf dem friedlichen Lande** (V...) verfolgen. Kleist stellte dem politischen Krieg des Verstandes (Kommandant – Graf) den emotionalen Krieg der Gefühle (Marquise) zur Seite. Fazit: Der biografische Aspekt erhellt einige Hintergründe und Strukturmerkmale der Novelle, trägt aber zur Deutung der Geschichte nur unwesentlich bei.

Auch der **ästhetische Aspekt** trägt wenig zur Textdeutung bei, weil er in seinem analytischen Interesse mehr die Textgestaltung beleuchtet. Kleist wählt als Grundgerüst seiner Novelle das traditionelle **Aufbaukonzept eines fünfaktigen Dramas** und verstärkt den inneren Zusammenhalt durch eine Vielzahl von Klammern, die einmal aus drei- bis viergliedrigen sich wiederholenden oder steigernden Strukturelementen bestehen, zum anderen aus einer **Struktur von Widersprüchen**. Diese Widersprüche bilden aber keine unüberbrückbaren Gegensätze, sondern enttarnen die Bipolarität der angesprochenen Wirklichkeit, indem sie in einer **komplementären Synthese** miteinander verschmelzen. Es entsteht ein **Spiel mit dem ersten Anschein**. Um den Eindruck einer wahren Begebenheit zu erwecken, täuscht Kleist mit nur dem Scheine nach verschwiegenen Echtnamen für Orte und Personen eine Schlüsselerzählung vor. Selbst der sich anscheinend wie ein Chronist um Objektivität mühende Erzähler erweist sich gelegentlich als unzuverlässig. Auch der Anschein, es ginge um die detektivische Entdeckung des Kindsvaters trügt. Dazu sind der Erzählbeginn und die hinreichenden Textandeutungen in den Äußerungen des Grafen zu verräterisch. In Wirklichkeit geht es darum darzustellen, wie eine Frau von Adel und gutem Ruf eine uneheliche Schwangerschaft verkraftet und wie ihre Familie als unmittelbare Gesellschaft auf ein solch unerhörtes Ereignis reagiert. Kleists Neigung zur Erkundung des Menschen in Extremsituationen lässt ihn zur Gewalt als zerstörender Kraft der bestehenden Ordnung greifen, um mit dieser Form der Zerstörung von Konventionen **anthropologische Grundelemente** freizulegen. Letztlich trägt auch die komplizierte Syntax des Erzählers dazu bei, die suggerierte Aktionsnähe des Lesers zu zerstören.

_{Ästhetischer Aspekt}

Für Kleist hatte der Inhalt vor der Form Vorrang. Die nächsten fünf Aspekte befassen sich in sich weitender Perspektive mit dem Inhalt der Novelle. Der **psychologische Deutungsaspekt** rückt zwei Probleme in den Mittelpunkt der Betrachtung: das **Problem des Identitätsverlusts** und das **Problem der Gewinnung von Erkenntnis**. Das um 1800 besonders interessante Problem der Identität entsteht in der Novelle dadurch, dass der Marquise nicht bewusst zu sein scheint, wie sie schwanger geworden ist, obwohl sie sich schwanger fühlt und die physischen Merkmale einer Schwangerschaft nach zwei Geburten sehr wohl kennt. Es liegt entweder ein von den Eroberungsereignissen ausgelöstes **Trauma** vor, das sie mit Erinnerungslücken schont und dem die Marquise durch Verdrängungen ausweicht, oder es liegt ein **Konflikt ihrer psychischen Instanzen** vor, ein (psychoanalytisch formuliert) Konflikt zwischen ihrem Ich, ihrem Es und ihrem Über-Ich. Ein solcher Konflikt könnte aus psychoanalytischer Sicht so aussehen: Möglicherweise verliebt sich die Marquise – nach dreijähriger erotischer Abstinenz und unterdrückter Sexualität im Hause ihrer Eltern – in ihren heldenhaften Retter, wodurch ein ihr unbewusstes sexuelles Begehren freigesetzt wird. Diesem Be-

Psychologischer Aspekt

2.2 Strukturell unterschiedliche Erzähltexte aus unterschiedlichen historischen Kontexten
2.2.4 Fokus: Heinrich von Kleist, *Die Marquise von O...* (1808)

gehren nachzugeben untersagt ihr jedoch das Über-Ich (Gewissensinstanz). Nimmt man an, dass der emotionale Konflikt zwischen Es und Über-Ich entsprechend groß ist, so ist es denkbar, dass ihr Bewusstsein (das Ich) zu einer Lösung nicht in der Lage ist und sich einer Entscheidung allein durch eine Flucht in die Ohnmacht entziehen kann und jegliche Verantwortung für das Geschehen abgibt. Dass Gefahren für Leib und Leben der Marquise nicht zwangsläufig das Bewusstsein rauben, zeigt sie sowohl bei der Bedrohung durch die russischen Soldaten als auch beim Pistolenschuss ihres Vaters. Ihr auf ihren Retter gerichtetes Begehren selbst ist ihr also nicht bewusst, wohl aber das Verbot einer außerehelichen Liebesbeziehung. Dieser Konflikt kann nun in der Folge allein durch eine **Verdrängung** gelöst werden: Die Marquise will zunächst die Schwangerschaft nicht wahrhaben und projiziert dann die Ursache und Schuld an ihrem Zustand auf eine fremde, unbekannte Person. Sie bündelt die Kräfte ihres Willens, dass nicht sein kann, was nicht sein darf, und verschließt sich so weit als möglich jeglichem Erkenntnisprozess. Diese Erkenntnisverweigerung wird zunächst durch günstige Vorurteile (Obristin), falsche Einschätzungen (Kommandant), uneindeutige Verhaltensweisen (Graf) und eigene Gefühle begünstigt. Die von ihr nicht steuerbaren physischen Reaktionen (Erröten, Erbleichen) verraten die Marquise aber immer dann, wenn der von ihr tabuisierte Bereich berührt wird (z. B. 18,32). Erst als die Fakten nicht mehr zu leugnen sind, bekennt sich die Marquise zu ihrer Schwangerschaft, nimmt sie sogar voller Selbstbewusstsein an, überhöht aber das ihr Unbegreifliche ins Metaphysische und Religiöse. Kleist zeigt somit auf, wie leicht es ist und einem gemacht werden kann, einem Erkenntnisprozess auszuweichen, und wie schnell gesellschaftliche Tabuisierungen ein im Grunde natürliches Liebesverhältnis in ein skandalöses Licht rücken. In den Gegensatz zu diesem natürlichen Liebesgefühl, das kriminalisiert wird, stellt Kleist die unnatürliche Vater-Tochter-Beziehung, in der die Marquise ihr Bedürfnis nach sinnlicher Lust ausleben darf (42,1–24), was in der Zeit der Empfindsamkeit offenbar als tolerierbar und akzeptabel gilt. Hier geht Kleists Ironie bereits in Sozialkritik über.

Gender-Aspekt

Er übt sie vor allem anhand des kleinsten Sozialverbandes, der Familie. Unter dem **Gender-Aspekt** werden zudem die Rollenausübungen von Mann und Frau herausgestellt. Nachdem die Aufklärung alle möglichen Autoritäten hinterfragt hat, ist die bürgerliche Kleinfamilie erstarkt und hat Preußen sich seit 1794 neue Grundlagen für das Familien- und Sexualstrafrecht geschaffen. Gleichwohl zeichnet Kleist in denen von G... noch eine recht **traditionelle, aber labile Familienstruktur**: Der Kommandant gibt seinen beruflichen Pflichten gegenüber den familiären den Vorzug und ist auch ansonsten ein schlechtes Familienoberhaupt. Er versagt in der Rolle des Beschützers und verliert erst das Haus und dann auch seine Tochter an den Feind. Innerhalb der Familie erweist er sich als ein allein um die Ehre besorgter Despot, der den Familienmitgliedern Befehle erteilt, nahezu diktatorisch über die Sexualität von Frau und Tochter wacht, seiner Tochter mit der Pistole Gewalt androht und jegliche Kommunikation verweigert, diesen Machtmissbrauch aber mit rührseliger Sentimentalität kompensiert. Die Entscheidungsmacht hat ihm seine Gattin längst aus der Hand genommen, auch wenn sie sich gelegentlich immer noch zum Werkzeug ihres Mannes erniedrigen lässt (Briefdiktat). Sie ist eine pragmatische, durchsetzungsfähige Frau, die auch vor Manipulationen und Intrigen nicht zurückschreckt, um ihre materiellen und sozialen Interessen, Geld und gesellschaftliche Stellung, zu befördern. In ihr ist am ehesten jener

Frauentypus zu sehen, von dem Kleist sich eine Vorkämpferrolle im gesellschaftlichen Emanzipationsprozess erhoffte. Der Marquise fehlt zu dieser Rolle noch das Selbstbewusstsein. Sie erfüllt ganz das Rollenbild der Frau ihrer Zeit und definiert sich über die gesellschaftlich ihr zugeschriebenen Tätigkeiten (3,23 f.; 28,14 f. u. 21–24). Zwar erfährt sie die Möglichkeit der Selbstbestimmung als Voraussetzung der Emanzipation, als sie sich in einem existenziellen Akt der väterlichen Autorität widersetzt und sich später ihrem Ehegatten verweigert, letztlich aber unterwirft sie sich erneut den geltenden Strukturen und bestätigt die alte Ordnung. Der Graf als Oberstleutnant nimmt der Marquise gegenüber nicht nur vom Dienstgrad her die Position eines Stellvertreters für den Vater ein, der den Rang eines Obersten bekleidet. Insgesamt greift Kleist auch hinsichtlich der Geschlechterrollen zu komplementären Paradoxien. Alle Figuren spielen eine **Doppelrolle**: der Kommandant ist Haustyrann und überzärtlicher Vater, der Graf Vergewaltiger und Liebender, die Obristin gibt die mütterliche Freundin und manipulative Intrigantin, und die Marquise erscheint mal als Heilige und mal als Hure. Doch niemand ist so, wie es scheint, denn alle Figuren werden nur in den Extremen gezeigt, die sie in ihrer Person vereinen.

Öffnet man den Blick unter dem **soziologischen Aspekt** weiter, rückt die Ständegesellschaft des 18. Jahrhunderts ins Blickfeld und vor allem der Adelsstand, in den Kleist ja selbst hineingeboren wurde. Dieser Stand profiliert sich in der Novelle als Soldaten- und Jägergesellschaft (Kommandant und Forstmeister). Der Graf wird geradezu zur Vorzeigefigur, denn er ist Oberstleutnant eines Jägerkorps (6,11 f.), mehrfacher Ordensträger, heldenhafter Offizier und dazu noch „schön wie ein junger Gott" (9,30 f.). Er entspräche ganz dem **preußischen Heldenklischee**, würde seine verwerfliche Tat sein Ansehen unverletzt lassen. Die Familie von G... lebt nach den Leitwerten ihres Standes: Ruhm, Ehre und Ansehen. Sie wird **vom Militär fremdbestimmt** (4,3 f.), und der soziale Rang (Kommandant, Obristin, Forstmeister) überlagert die familiären Beziehungen (Vater, Mutter, Bruder). Man strebt einen sozialen Aufstieg an (von dem Fräulein von G... zur Gräfin F...), verhindert eine uneheliche Geburt des Kindes (43,4 f.) und achtet auf die Einhaltung althergebrachter Rituale (5,21) und konvenierter Etikette (11,16 f.; 12,2 f.). Kleist ironisiert dieses tradierte System und gibt es der Lächerlichkeit preis. Er zeigt auf, wie vorurteilsbelastet und unverdient oft das gelobte Verdienst ist (7,4) und wie sehr der edle Schein trügen kann (12,26 f.). Die feine Etikette verhüllt nur, dass die gesellschaftliche Ordnung im Grunde auf den verschiedensten **Formen von Gewalt** beruht: Da wird nicht nur auf militärischer Ebene Krieg geführt, sondern auch zwischen den Menschen (34,33): Es geht um die Androhung der Gewalt (27,13; 35,1 f.), um Sieg (45,19) oder Niederlage (46,10–13), Eroberung (14,34 f.) und Unterwerfung (19,11), Verlust (33,35 f.), Gewinn (47,11–14) und Beute (28,1). Auf den **niedrigeren Stand** wird herabgesehen. Während die Hebamme allein aufgrund ihres gefragten Sachverstandes und ihrer Ratschläge noch den Status einer Gesellschafterin (26,19) zugesprochen bekommt, bleibt der Jäger Leopardo nahezu stummer Bediensteter. Als Jäger hat er einen gewissen Anteil an der adeligen Männergesellschaft und scheint wegen seiner schon durch seinen Namen angedeuteten animalischen Attraktivität (39,23) vor allem der Gräfin zu Diensten sein zu müssen (36,7 f.). Kleist deutet hier die Doppelmoral der adeligen Gesellschaft an, die auch schon den Grafen nicht davon zurückhält, für sein Vergehen fünf einfache Soldaten hinrichten zu lassen. Dass

Soziologischer Aspekt

2.2 Strukturell unterschiedliche Erzähltexte aus unterschiedlichen historischen Kontexten
2.2.4 Fokus: Heinrich von Kleist, *Die Marquise von O...* (1808)

Kleist dabei einer Montaigne-Episode[16] von der unteren Schicht in den Adel transponiert, verdeutlicht, dass der Adel seine Privilegien zu Unrecht auf der Ungleichheit aufbaut.

Politischer Aspekt

Der **politische Deutungsaspekt** gründet sich auf den historischen Zusammenbruch Preußens nach den napoleonischen Siegen bei Jena und Auerstedt am 14. 10. 1806 und dem Untertitel der Novelle, nach dem Kleist den Schauplatz von den Norden in den Süden verlegt haben will. Die Handlung wäre dann eine **Allegorie**, nach der der französische (in der Novelle: russische) Graf den preußischen Kommandanten besiegt. Die Rolle der Marquise wird gedeutet als die der preußischen Intellektuellen, die zwar die Gewalt Napoleons verabscheuen, aber eine Neigung für die vor allem innenpolitischen Neuerungen empfinden. Das erwartete Kind wird deshalb gleichgesetzt mit der Erwartung der Reformen, die später von Hardenberg und Stein umgesetzt wurden. Wie tragfähig diese Deutung ist, sei angesichts des Hasses, den Kleist auf Napoleon hatte (er gedachte ihn sogar persönlich umzubringen), allerdings dahingestellt.

Religiöser Aspekt

Zwei weitere Deutungen fokussieren Einzelaspekte. Die zahlreichen **religiösen Bezugnahmen** innerhalb des Textes rechtfertigen schon, von einer zu erkennenden **Religionskritik** Kleists zu sprechen, in der er bestimmte Erscheinungen der pietistischen und empfindsamen Strömungen seiner Zeit ironisiert. So wendet er sich in den Versöhnungsszenen der Marquise mit ihrer Mutter und ihrem Vater **gegen die effektheischenden und oft heuchlerischen Äußerungsformen** der Sentimentalität, die nicht selten in eine scheinreligiöse Überhöhung ausarten, enttarnt anhand des Verhaltens der Marquise (28,5–34) die Neigung des Menschen, das ihm Unerklärliche zu mystifizieren und ihm den Rang des Religiösen zu verleihen, und geißelt schließlich die in ein exorzistisches Ritual mündende Teufelsvorstellung der Marquise (44,37 und 45,8 f.). So sehr Kleist einerseits dem Gefühl gegenüber dem Verstand das Recht einräumt, so sehr zeigt er ihm hier die Grenzen auf. Darüber hinaus ist auch in dieser Novelle ein **Spiel mit Bibelmotiven** erkennbar, sei es die Vertreibung aus dem Paradies (34,29), sei es die Heimkehr des verlorenen Sohnes, die er in der Variante einer Heimkehr der Tochter gar zweimal sich vollziehen lässt (3,23 u. 39,19), als handele es sich um einen Einzug nach Jerusalem.

Kommunikativer Aspekt

Der zweite Einzelaspekt beleuchtet die besondere **Kommunikation** zwischen den Novellenfiguren. Für Kleist ist die Sprache ein Indikator für Macht, Bewusstsein und Wahrheit. In dem Maße, in dem er der verstandesorientierten Sprache misstraut, weicht er auf andere Kommunikationsformen aus: zum einen auf die vom Willen unbeeinflussbaren **Körperreaktionen** des Errötens und Erblassens, die ein Heucheln nicht zulassen, zum anderen auf die eher justiziable Form der **Schriftsprache**. Die Wahrheit der unwillkürlichen Körperreaktionen steht damit in Kontrast zu den bewussten Gesten, die durchaus der theatralischen Manipulation unterliegen. Als Erscheinungsweisen der Schriftsprache treten die private Form des Briefes (vgl. Analyse) auf, die juristische Form des Ehekontrakts (46,10 f.), der Schenkung und des Testaments (47,11 f.) und die öffentliche Form der Zeitungsanzeige (34,14 ff.). Die gegen Ende der Novelle deutliche Zunahme der schriftlichen Verrechtlichung der Kommunikation verdeutlicht,

---

16 Michel de Montaignes *Essai über die Trunksucht* (1588) berichtet von einer als keusch geltenden Bauersfrau und Witwe, die schwanger wird und von der Kirchenkanzel verkünden lässt, dem Verursacher, gibt er sich zu erkennen, zu verzeihen und ihn ggfs. zu heiraten. Daraufhin beichtet ein Ackerknecht die Tat, die in einem beiderseits alkoholisierten Zustand geschehen ist.

2.2 Strukturell unterschiedliche Erzähltexte aus unterschiedlichen historischen Kontexten
2.2.4 Fokus: Heinrich von Kleist, *Die Marquise von O...* (1808)

wie wenig die mündliche Kommunikation gelingt, da sie immer wieder in Sprachlosigkeit und Schweigen erstirbt. Die private Kommunikationsverweigerung hat ihren Gipfel in der doppelten Distanzierung, wenn der Kommandant seine Tochter in einem seiner Frau diktierten Brief des Hauses verweist und sich daraufhin auch körperlich jedem Gespräch zu entziehen sucht. Sprachstörungen und Sprachverlust verweisen somit auf soziale Störungen und Verluste. Dazu dient auch die **Symbolik der Raumöffnungen**: Fenster, Türen, Portale, Pforte, Laube und Tor. Die kommunikative Offenheit des Grafen erkennt man daran, dass er fast alle Raumöffnungen im Sturm nimmt, bis seine Scheu (bzw. sein Schuldgefühl) ihn zunächst vor dem Eingang der Laube warten lässt (31,2) und er am Ende sogar nicht einmal wagt, die Tür zur Wiege seines Kindes (47,7) zu durchschreiten. Für den Kommandanten und die Marquise wird die verschlossene Tür zum Symbol ihrer kommunikativen Verweigerung (27,8 u. 40,21 f.; 28,28 u. 43,35). Für die Obristin wird sie zum Objekt, das ihre Verheimlichungen und Heimlichkeiten offenbart (40,6 u. 41,32).

Zum Schluss sind noch zwei textexterne Aspekte zu erwähnen, der rezeptionsästhetische und der gattungstheoretische Aspekt. Der **rezeptionsästhetische Aspekt** ist besonders unter Berücksichtigung der Autor-Rezipienten-Kommunikation (vgl. Kap. 130 ff.) von Interesse. Die Vielzahl der inhaltlichen Interpretationsaspekte verweist bereits auf eine relativ **geringe Steuerung des Lesers** durch den kleistschen Erzähler hin, obwohl dieser mit vor allem zeitlichen Bestimmungen eine exakte Leserführung vortäuscht. Durch Mehrdeutigkeiten, Unbestimmtheiten und Darstellungslücken wird der Leser zu einer aktiven Rezeption genötigt. Allein die zentrale Schlussfolgerung hinsichtlich des Vergewaltigungsakts, der im Text ja ausgespart und durch einen Gedankenstrich ersetzt wird, macht deutlich, dass Kleist auch **mit dem Leser spielt**. Zunächst weckt er auf dreifache Weise das Leseinteresse: Der Schauplatz der Handlung soll verlegt worden sein, man muss ihn also irgendwohin zurückverlegen; Orts- und Personennamen scheinen verschlüsselt, man muss sie demnach entschlüsseln; die Anzeige zu Beginn der Erzählung ist wie ein Köder, der Leser ist neugierig, wer wohl der Vater sein könnte. Dann folgt ein konstitutives Spiel der Verwirrungen, denn in dem Maße, in dem die Figuren sich widersprechen, sich verstellen und wechselseitig täuschen, wird auch der Leser durch die Figuren einer gezielten Desinformation unterzogen und getäuscht. Hinzu kommt, dass der Erzähler gezielt Lücken in seiner Darstellung zulässt (5,9; 36,7 f.), auf Introspektionen bei seinen Figuren verzichtet (Ausnahme: 47,17 f.) und einen Subtext an Zeichen und Verweisen ausbreitet, der vom Leser erst einmal entdeckt und verstanden werden will. So wird der Leser einerseits verunsichert, behält aber andererseits vor den Figuren einen Informationsvorsprung. Wenn er bald vermutet, wer der Vergewaltiger ist, hat sich längst sein Interesse für die Marquise und ihr sonderbares Verhalten geweckt. Mit einer gewissen Lust verfolgt der Leser die allmähliche Demontage des gesellschaftlichen Pflichtmodells von der weiblichen Unschuld, nicht ohne Häme rümpft er gegenüber dem Gefühlskitsch der Versöhnungsszenen die Nase. Handelt es sich um einen heutigen und womöglich sogar weiblichen Leser, empfindet er vielleicht sogar einen Skandal. Nahezu unmerklich hat Kleist den Erkenntnisprozess, dem die Marquise sich verweigert, umgekehrt im Erkenntnisstreben des Leseprozesses gespiegelt.

Rezeptionsästhetischer Aspekt

2.2 Strukturell unterschiedliche Erzähltexte aus unterschiedlichen historischen Kontexten
2.2.4 Fokus: Heinrich von Kleist, *Die Marquise von O...* (1808)

Gattungs-
theoretischer
Aspekt

Der **gattungstheoretische Aspekt** untersucht, inwieweit der Text, von Kleist selbst ungenau als Erzählung etikettiert, dem Anspruch gerecht werden kann, eine **Novelle** genannt zu werden. Natürlich ist es eine unerhörte Begebenheit, wenn eine Frau den Vater ihres Kindes per Zeitungsanzeige sucht. Das Motiv der unwissentlichen Schwangerschaft ist tragfähig genug, um als Leitmotiv zu gelten. Auch über mehrere Wendepunkte verfügt die Erzählung: sei es das unerwartete Überleben des Grafen, sei es die trotz gegenläufiger Bekundungen wiederholte Eheverweigerung der Marquise, sei es die Versöhnungsintrige der Obristin. Zentraler Wendepunkt der Handlung und zugleich Mittelpunktsereignis bleibt freilich die Zeitungsanzeige. Auch formale Kennzeichen der Novelle sind feststellbar: Die Handlung verläuft einsträngig, die Figurenkonstellation ist überschaubar. Der Erzählstil steht einem objektiven Bericht nahe, weil der auktoriale Erzähler sich stark zurücknimmt und über die Gefühle und Gedanken seiner Figuren schweigt, sofern sie sie nicht selbst äußern oder sie sich an ihren Verhaltensweisen ablesen lassen. Das sind hinreichende Kriterien für eine Novelle. Von einer Kriminalnovelle zu sprechen, und sei es auch nur ironisch, wird der Tatsache insofern nicht gerecht, als nicht die kriminelle Tat und der Täter mit seiner Psyche im Mittelpunkt der Darstellung steht, sondern das Verhalten und die Psyche des „Opfers".

INTERPRETATIONSANSÄTZE ZU *DIE MARQUISE VON O...*

Biografie	Ästhetik
literarische Verarbeitung eigenen Erlebens	Spiel mit dem ersten Anschein

Psychologie	Gender	Politik
Problem der Identität und des Erkennens	labile Familienstruktur, Mann und Frau in einer Doppelrolle	Allegorie auf die napoleonische Eroberung Preußens

Religion	Kommunikation
Spiel mit Bibelmotiven gegen Heuchelei und religiöse Mystifizierung	K.-Störung als Indiz für soziale Störungen

Rezeptionsästhetik	Gattungstheorie
Spiel mit dem Leser Herausforderung zu aktiver Rezeption	Novelle

Schaubild 12: Interpretationsansätze zu *Die Marquise von O...*

2.2.5 Fokus: E.T.A. Hoffmann, *Der Sandmann* (1816)[17]

Biografischer Bezug

Amadeus hieß er gar nicht. Der Mozartverehrer Ernst Theodor Wilhelm Hoffmann (1776–1822) legte sich seinen dritten Vornamen, der in der Abkürzung gemeinsam mit den beiden ersten als E.T.A. zu seinem Markenzeichen werden sollte, erst 1805 zu. Hoffmann kann als der **repräsentativste Künstler der Romantik** gelten, weil er als Mehrfachbegabung Maler und Zeichner, Musiker und Komponist, Schriftsteller und Publizist zugleich war und in seiner Person alle Künste zu einer Einheit verschmolz. Dabei war er erst 1814 mit den in Berlin lebenden Romantikern in Kontakt gekommen. [Mozart-Verehrer]

Als jüngster von drei Söhnen eines Hofgerichtsadvokaten in Königsberg geboren, hat Hoffmann eine einsame Kindheit und Jugend. Weil seine Eltern sich zwei Jahre nach seiner Geburt trennen, wächst er im Haushalt seiner verwitweten Großmutter mit deren drei unverheirateten Geschwistern auf. Aus Gründen der Familientradition drängt man den 16-Jährigen, der sich zu den Künsten hingezogen fühlt, ein ihm ungeliebtes Jurastudium aufzunehmen, das er gleichwohl 1800 mit seinem dritten Examen erfolgreich abschließt. Da hat er sich bereits wegen eines Skandals um eine zehn Jahre ältere Gesangsschülerin, der fünffachen Mutter Dora Hatt, ins schlesische Glogau versetzen lassen, wo er bei seinem Patenonkel wohnt. Mit diesem und dessen Familie zieht er in der Folge nach Berlin um. Mit dessen Tochter, seiner Cousine Minna Doerffer, hat er sich inzwischen verlobt. Als Hoffmann mit 24 Jahren seine erste Anstellung im ehemals polnischen, jetzt preußischen Posen antritt, steht er zum ersten Mal ohne verwandtschaftliche Aufsicht auf eigenen Füßen. Er löst die Verlobung mit seiner Cousine und heiratet die aus einfachen Verhältnissen stammende Michaelina Trzcińska (Mischa Rorer). Weil er prominente Posener zeichnerisch karikiert, wird er ins Dreitausendseelenkaff Płock strafversetzt. Erst zwei Jahre später erreicht er die Versetzung nach Warschau; weitere zwei Jahre später verliert er seine Anstellung, weil die Franzosen 1806 nach den militärischen Siegen über Preußen deren Verwaltungsstrukturen auflösen und Hoffmann den Huldigungseid auf Napoleon ablehnt. Ohne seine Frau schlägt er sich zunächst mühsam und verarmt in Berlin durch, bis er 1808 mittels eines Stellungsgesuchs den Posten eines Musikdirektors in Bamberg antreten kann. Auch diese Lebensstation wird jedoch aufgrund einer Intrige zu einem Misserfolg: Hoffmann legt die Orchesterleitung nieder und arbeitet in Bamberg weiter als Direktionsgehilfe, Hauskomponist, Bühnenarchitekt und Kulissenmaler. Zudem gibt er Gesangs- und Klavierunterricht. Dabei verliebt er sich unglücklich in Julia Marc, die erst 13-jährige Tochter einer verwitweten Konsulin, was mit einem Eklat endet. 1812 ist Hoffmann erneut arbeits- und mittellos. Die Berufung als Musikdirektor nach Dresden und Leipzig hilft ihm nur kurze Zeit. Zwei Jahre später befindet er sich nach seiner Entlassung wieder in tiefster Not. Erst 1814 beruhigt sich sein Leben, als er in den preußischen Staatsdienst zurückkehren kann. Es ist zugleich das Jahr, in dem mit den *Fantasiestücken* seine ersten schriftstellerischen Arbeiten erscheinen. In den ihm verbleibenden acht Lebensjahren widmet sich Hoffman neben seinem juristischen [Jurastudium] [Intrigen und Eklat in Bamberg]

---

[17] Ausführlich: Horst Grobe: *Textanalyse und Interpretation zu E.T.A. Hoffmann, Der Sandmann*. Hollfeld: Bange, 6. Aufl. 2017 (Königs Erläuterungen, Bd. 404).

2.2 Strukturell unterschiedliche Erzähltexte aus unterschiedlichen historischen Kontexten
2.2.5 Fokus: E.T.A. Hoffmann, *Der Sandmann* (1816)

Brotberuf, der ihn in höchste Ämter führt, verstärkt der Literatur, was ihm sogar mehr Geld einbringt als sein Amt.

E.T.A. Hoffmann ist 39 Jahre alt, als er seine Niederschrift zum *Sandmann* beendet. Wichtige Szenen soll er sogar während der Sitzungen des Kammergerichts in Berlin verfasst haben. Viele Verhältnisse und Erlebnisse seines Lebens finden in dem Text ihren Niederschlag:

– Der Autor empfand sich selbst als Missgestalt: Hoffmann war von kleiner Statur und wenig attraktiv, „hatte eine gelbliche Gesichtsfarbe, dunkles, beinahe schwarzes Haar"[18] (wie ihn sein Freund Julius Eduard Hitzig in der ersten Biografie des Dichters bechrieb) und graue, listig scheinende Augen.
– Wie sein Protagonist war Hoffmann ein nervöser Mensch, der bemüht war, die von seinem körperlichen Minderwertigkeitsgefühl ausgehenden Komplexe durch Geselligkeit und Erfolge zu kompensieren.
– Er fühlte sich schon in Königsberg von der gesellschaftlichen Umwelt unverstanden, abgestoßen und beklagte sein verfehltes Leben.
– Er hatte die Mittelmäßigkeit, Spießigkeit und Pedanterie eines kleinbürgerlichen Haushalts bei seiner Großmutter kennengelernt.
– Er kannte die deprimierenden Erfahrungen als Künstler und hatte durch zahlreiche Ablehnungen – erfolglose Zuwendung von Kompositionen an die Königin Luise und den Direktor des Königlichen Nationaltheaters Iffland, Ablehnung durch die Leipziger Musikverleger Härtel und Kühnel und deren Züricher Kollegen Nägeli, Zurückweisung des Angebots, Buchillustrationen vornehmen zu dürfen, vergebliche Bewerbungen um eine Anstellung als Musiker in Breslau, Leipzig und Frankfurt –, Misserfolge (Bamberg) und berufliche Versetzungen selbst erfahren, wie gedemütigt und erniedrigt sich ein Außenseiter fühlen kann.
– Er nahm selbst an physikalischen Experimenten zur Erzeugung von Geistererscheinungen teil.
– Er kannte die Auswirkungen einer Doppelexistenz als Künstler und Staatsbeamter.

INFO

Daten zum Text:

Textsorte	Erzählung: Schauer-Novelle
Entstehungszeit	16. November 1815
Veröffentlichung	September 1816 (mit Jahreszahl 1817), Reimer'sche Realschulbuchhandlung, Berlin
Lit. Einordnung	zwischen Romantik und Biedermeier
Thema	Suizid eines Hochsensiblen nach frühkindlicher traumatischer Störung

---

18 Zit. nach: Detlef Kremer (Hrsg.): *E.T.A. Hoffmann. Leben – Werk – Wirkung.* Berlin, Boston: 2., erw. Aufl., de Gruyter 2012, S. 14.

2.2 Strukturell unterschiedliche Erzähltexte aus unterschiedlichen historischen Kontexten
2.2.5 Fokus: E.T.A. Hoffmann, *Der Sandmann* (1816)

Intertextualität	– Pygmalion-Motiv: Ovid, *Metamorphosen* – Narziss-Motiv: griechische Sage von Narziss und Echo – Horus-Motiv: ägyptischer Mythos: Kampf zwischen Horus und Seth (Augenraub)
Kontext	erste Erzählung des zweibändigen Sammelwerks *Nachtstücke*, herausgegeben von dem Verfasser der *Fantasiestücke in Callots Manier*
Zeit der Handlung	Beginn des 19. Jahrhunderts
Erzählte Zeit	etwa zwei bis drei Monate plus etwa acht Jahre Vorgeschichte plus etwa drei Jahre Nachgeschichte
Ort der Handlung	– Provinzial-Städtchen S. – Studienort G.
Hauptfiguren	Nathanael (Physikstudent) – Mutter, alte Kinderfrau, Vater, Coppelius (Advokat) – Clara (Verlobte); Lothar (deren Bruder) – Coppola (Wetterglashändler[14]); Spalanzani (Physikprofessor), Olimpia (dessen „Tochter"), Siegmund (Freund und Kommilitone Nathanaels)

Inhalt
(Die nachfolgenden Zahlen dienen einer im Text nicht vorhandenen Zählung von Kapiteln und Absätzen.)

[1] Nathanael an Lothar (Brief, 15 Absätze)

(1) Nathanael teilt seinem Freund Lothar von seinem Studienort G. aus mit, dass mit dem Auftreten eines Wetterhändlers etwas Entsetzliches in sein Leben getreten sei. (2) Um das begreiflich zu machen, müsse er von seiner früheren Jugendzeit berichten: (3) Als man früher nach dem Abendessen im Familienkreis zusammengesessen habe, sei er wie seine Geschwister immer um neun Uhr mit der Bemerkung zu Bett geschickt worden, der Sandmann komme gleich. Da zu dieser Zeit wirklich der schwere Tritt eines Besuchers zu hören gewesen sei, habe Nathanael seine Mutter gefragt, was es mit dem Sandmann auf sich habe. Diese habe ihn beschwichtigt, das sei nur eine bildliche Redensart und eigentlich bedeutungslos. Die alte Kinderfrau seiner Schwester hingegen habe den Sandmann als böses Ungeheuer beschrieben, das den Kindern die Augen raube, um sie auf dem Halbmond seinen eulenähnlichen Kindern zum Fraß vorzuwerfen. Seine Angst habe sich auch später nicht gelegt, als er begann, dem Ammenmärchen zu misstrauen; er sei für alle Arten von Geistergeschichten sensibel geworden. In seinem 10. Lebensjahr habe er beschlossen, dem Geheimnis auf den Grund zu gehen. (4) Er habe sich im Zimmer seines Vaters hinter einer Gardine versteckt und entdeckt, dass es sich beim Sandmann um den Advokaten Coppelius handelte,

Traumatisches Kindheitserlebnis

---

19 Wetterglas: Barometer, physikalisch–meteorologisches Instrument zur Messung des Luftdrucks.

2.2 Strukturell unterschiedliche Erzähltexte aus unterschiedlichen historischen Kontexten
2.2.5 Fokus: E.T.A. Hoffmann, *Der Sandmann* (1816)

der gelegentlich bei ihnen zu Mittag gegessen habe. (5) Nathanael beschreibt den Anwalt als monströse, furchteinflößende Gestalt, die durch seine knotigen, haarigen Fäuste bei den Kindern, die er kleine Bestien zu nennen pflegte, Ekel und Abscheu hervorgerufen habe. Die Eltern hätten Coppelius zwar offenbar auch verabscheut, sich ihm gegenüber aber eher unterwürfig verhalten. (6) Er sei damals von der Identität zwischen Coppelius und dem Sandmann überzeugt gewesen. (7) Versteckt im Zimmer seines Vaters, habe er beobachtet, wie die beiden Männer sich in schwarze Kittel gekleidet und in einer kleinen alchemistischen Küche hantiert hätten. Dabei habe der Vater seine Physiognomie der des hässlichen Advokaten angenähert. Als Coppelius Augen gefordert habe, sei Nathanael schreiend aus seinem Versteck hervorgestürzt. Coppelius habe ihn gefasst, um ihm glühende Körner in die Augen zu streuen, aber auf Bitten des Vaters davon abgelassen, ihm jedoch Hände und Füße zuerst ab- und dann wieder angeschraubt. Nathanael sei in Ohnmacht gefallen und habe sich später von seiner Mutter trösten lassen. (8) Er sei mehrere Wochen danach krank gewesen. Aber das schrecklichste Ereignis sei erst noch gekommen. (9) Etwa ein Jahr später, Coppelius solle zu diesem Zeitpunkt die Stadt bereits verlassen haben, (10) seien wieder die beängstigenden Schritte auf der Treppe zu hören gewesen, und die Kinder seien zu Bett geschickt worden. (11) Nathanael habe in seinem Zimmer mit dem Bild des Coppelius vor Augen keinen Schlaf gefunden, als gegen Mitternacht eine Explosion seinen Vater getötet habe. (12) Coppelius sei verschwunden geblieben. (13) In der Gegenwart meint der inzwischen in G. studierende Nathanael nun, in dem piemontesischen Wetterglashändler, der sich Guiseppe Coppola nennt, jenen Coppelius seiner Kindheit wiedererkannt zu haben. (14) Deshalb will er den Kampf gegen ihn aufnehmen, um den Tod seines Vaters zu rächen. (15) Der Mutter soll von all dem nichts erzählt werden.

Der Tod des Vaters

[2] Clara an Nathanael (Brief, 6 Absätze)
(1) Clara teilt ihrem Verlobten mit, dass sie seinen Brief an Lothar mit tiefer Erschütterung gelesen habe, weil er wohl irrtümlich an sie adressiert gewesen sei, und die Gestalt Coppolas sie zunächst bis in den Schlaf verfolgt habe. Jetzt sei sie aber wieder heiter. (2) Sie meint, alles Schreckliche, wovon Nathanael berichtet habe, sei nur in seinem Inneren vorgegangen. (3) Er habe das Ammenmärchen des Sandmanns mit der Erscheinung des Coppelius verknüpft. Dessen Treffen mit dem Vater habe wohl gefährlichen alchemistischen Zwecken gedient, wobei es dem Vater vermutlich um wissenschaftliche Erkenntnis gegangen sei. Nathanaels möglichen Einwand, sie sei in ihrer Oberflächlichkeit für das Geheimnisvolle unempfänglich, (4) widerspricht sie, auch wenn sie nur ein einfältiges Mädchen sei. (5) Wenn es eine dunkle Macht gebe, so müsse sie aus unserem Selbst erwachsen, sodass sie nur das Phantom unseres eigenen Ichs sei. Sie sei sich mit Lothar darin einig, Nathanael solle sich beide ihn bedrückenden Gestalten aus dem Sinn schlagen und nach Heiterkeit streben. Dann verlören auch die bösen Mächte ihre Kraft. (6) Gekürzter Abschiedsgruß.

Claras vernünftige Erklärung

[3] Nathanael an Lothar (Brief, 2 Absätze)
(1) Nathanael gibt seinem Unmut Ausdruck, dass Clara seinen Brief an Lothar gelesen hat und dass sie ihn so philosophisch und magistermäßig belehren zu können glaubt. Lothar möge es unterlassen, Claras analytischen Verstand zu schulen. Nebenbei wisse er nun von seinem Physikprofessor Spalanzani, bei dem er studiert, dass Coppola und

Nathanael ärgert sich

2.2 Strukturell unterschiedliche Erzähltexte aus unterschiedlichen historischen Kontexten
2.2.5 Fokus: E.T.A. Hoffmann, *Der Sandmann* (1816)

Coppelius nicht identisch seien und Coppola die Stadt verlassen habe. Neulich habe er einen Blick auf Spalanzanis versteckt gehaltene Tochter Olimpia erhaschen können. Sie sei ihm wegen des Ebenmaßes ihrer Erscheinung wunderschön vorgekommen, allerdings wirkten ihre Augen tot und unheimlich. Vielleicht sei sie nicht sonderlich intelligent. Er werde bei seinem nächsten Besuch mündlich ausführlicher berichten. (2) Abschiedsgruß.

[4] (In der Provinzialstadt S.; Erzählerbericht, 8 Absätze)
(1) Der Erzähler wendet sich an den Leser. Die Wirklichkeit seines Freundes Nathanael sei wunderlicher als alle Erfindung. Vielleicht sei der Leser auch schon einmal von einem Erlebnis so erfüllt gewesen, dass es ihm unmöglich war, die inneren Empfindungen zum Ausdruck zu bringen. Auch der Erzähler trage die Geschehnisse ungefragt aus eigenem Antriebe vor und sei sich hinsichtlich der Art des Erzählens sehr unsicher. Deshalb habe er sich entschlossen, die Briefe als Problemumriss voranzustellen, um sodann die Einzelheiten erlebnishaft auszumalen. Der Leser werde dann vielleicht glauben, dass nichts wunderlicher sei als das wirkliche Leben. (2) Den Briefen sei hinzuzufügen, dass Lothar und Clara als Waisen im Hause von Nathanaels Mutter Aufnahme gefunden hätten und Nathanael und Clara verlobt seien. (3) Statt mit seiner Erzählung fortzufahren, geht er zunächst auf Clara ein, beschreibt sie als weniger schön, aber mit einem erfrischend natürlichen Blick, von kindlicher Offenheit und analytischem Verstand. Manche hielten Clara deshalb für kalt und prosaisch. Als Nathanael bald darauf nach Hause kommt, lässt ihr Anblick Nathanael all seine Probleme vergessen. (4) Doch er hat sich gleichwohl verändert. Er bestreitet die menschliche Freiheit und sieht den Menschen unter der Einwirkung eines außer ihm liegenden höheren Prinzips. (5) Clara widerstrebt seine mystische Schwärmerei, und sie fordert ihn auf, die Gedanken an Coppelius aus seinem Kopf zu verbannen, denn nur sein Glaube verleihe diesem Macht. Aber Nathanael versucht sie seinerseits durch das Vorlesen aus mystischen Büchern oder seinen düsteren Dichtungen zu überzeugen. Letztlich verfasst er ein wüstes Gedicht, in dem er beschreibt, wie Coppelius seine Beziehung zu Clara zerstört. Dabei springen Claras Augen wie blutige Funken in Nathanaels Brust, worauf ihn ein flammender Feuerkreis fortreißt. In seiner Vorstellung erblickt er in Claras Augen den Tod. (6) Als er nach drei Tagen Arbeit Clara im Garten der Mutter sein Gedicht voll Inbrunst und Hingerissenheit vorträgt, bittet Clara ihn, das „wahnsinnige Märchen" ins Feuer zu werfen. Nathanael ist entsetzt und beschimpft sie als „lebloses, verdammtes Automat". Lothar ergreift für seine Schwester Partei und nach einer wechselseitigen Beleidigung scheint ein Duell unvermeidlich. Erst im letzten Augenblick geht Clara schluchzend zwischen die Kampfbereiten und führt eine Versöhnung herbei. (7) Nathanael fühlt sich vom Druck der finsteren Macht befreit und kehrt drei Tage später an seinen Studienort zurück. (8) Der Mutter wird der Vorfall verschwiegen.

[5] (Im Studienort G.; Erzählerbericht; 10 Absätze)
(1) Während seiner Abwesenheit ist das Haus, in dem Nathanael sein Zimmer hatte, aufgrund eines Feuers im Laboratorium der benachbarten Apotheke abgebrannt. Sein Habe ist aber von Freunden gerettet und in sein neues Zimmer gebracht worden. Da das Haus, in dem sich das neue Zimmer befindet, dem des Professors Spalanzani gegenüberliegt, kann Nathanael in das Zimmer dessen Tochter Olimpia blicken.

Randnotizen:
- Der Erzähler meldet sich zu Wort
- Entfremdung zwischen Clara und Nathanael
- Neues Zimmer mit Aussicht

2.2 Strukturell unterschiedliche Erzähltexte aus unterschiedlichen historischen Kontexten
2.2.5 Fokus: E.T.A. Hoffmann, *Der Sandmann* (1816)

Nathanael stalkt Olimpia

Er bewundert zwar ihren schönen Wuchs, ist aber von ihrer Steifheit befremdet. Als er gerade dabei ist, einen Brief an Clara zu schreiben, kommt der Wetterglashändler Coppola in seine Stube. Nathanael bemüht sich, Claras Ratschläge umzusetzen und seine Ängste zu beherrschen. Coppola breitet ihm mit dem wiederholten Zuruf „sköne Oke" auf dem Tisch eine Vielzahl von Brillen aus. Nathanael ist entsetzt, fühlt sich von tausend Augen beobachtet und von ihren „blutroten Strahlen" durchbohrt. Erneut hilft ihm der Gedanke an Clara, seinen Anfall in den Griff zu bekommen. Und so entschließt er sich tapfer, ein kleines Fernglas zu kaufen. Um es zu erproben, blickt er eher zufällig in Olimpias Zimmer und empfindet mit zunehmender Begeisterung das, was er sieht, mehr und mehr als lebendig. Lachend entfernt sich der bezahlte Coppola über die Treppe. Statt den Brief an Clara fortzusetzen, fühlt er sich immer stärker verführt, sich in den Anblick Olimpias zu versenken, bis sein Freund Siegmund ihn zur Vorlesung abholt. In den folgenden Tagen bleibt ihm ein Blick auf Olimpia verwehrt, obwohl er beständig nach ihr Ausschau hält und bei einem Spaziergang sogar gesehen zu haben glaubt, wie sie aus einem Gebüsch tritt. Nathanael verfällt in Liebeskummer. (2) Als er bei der Heimkehr im Hause Spalanzanis ein geräuschvolles Treiben gewahrt, erklärt ihm Siegmund dies mit den Vorbereitungen zu einem Fest, das der Professor zu geben gedenkt. Olimpia soll zum ersten Mal gesellschaftlich in Erscheinung treten. (3) Auch Nathanael ist eingeladen. Er ist von Olimpias Spiel auf dem Flügel und ihrem Gesang entzückt und kann sich, als er sie durch sein Fernglas betrachtet, nicht beherrschen, begeistert ihren Namen zu rufen. Auch während des sich anschließenden Balls kann er von Olimpia nicht lassen, fordert sie immer wieder zum Tanz auf, hält ihre Hand, küsst zum Abschied ihre eiskalten Lippen und fragt sie, ob sie ihn liebe. Er bemerkt nicht, dass die Gesellschaft und Professor Spalanzani ihn belächeln. Anderntags hört Nathanael verständnislos, wie die Leute über Olimpias Starrheit und Stumpfsinn herziehen. Auch Siegmund kann nicht nachvollziehen, was Nathanael an der „Holzpuppe" mit dem „Wachsgesicht" findet, hält Olimpia für eine Maschine, die ihre Lebendigkeit nur vortäuscht, und warnt Nathanael, auf einem „bösen Wege" zu sein. Der aber bleibt dabei, dass er allein Olimpias innere Werte und ihren Liebesblick versteht. (4) Nathanael lebt fürderhin nur noch für Olimpia, liest ihr alles vor, was er jemals geschrieben hat, und fühlt sich nur von ihr, die ihm mit starrem Blick geduldig zuhört, verstanden. Aufkeimende Zweifel werden beschwichtigt; er spielt sogar mit dem Gedanken an eine eheliche Verbindung.

Die fürchterliche Entdeckung

Als er ihr einen Ring seiner Mutter anstecken will, hört er den Lärm einer heftigen Auseinandersetzung zwischen Spalanzani und dem „grässlichen Coppelius" (!), wie ihm scheint. Dann sieht er, dass der Professor und „der Italiener Coppola" (!) um eine weibliche Figur streiten, die dabei zu Bruch geht und ihre Augen verliert. Während Coppola mit der Puppe davonläuft, erkennt Nathanael mit Grausen, dass es sich um Olimpia handelt, deren Augen ihm von Spalanzani an die Brust geworfen werden. „Da packte ihn der Wahnsinn". Mit den wiederholten Worten „Feuerkreis" und „Holzpüppchen dreh dich" würgt er den Professor, bis er von ihm weggerissen und in eine Irrenanstalt gebracht wird. (5) Der Erzähler wendet sich noch einmal an den Leser, um zu berichten, welche Folgen der Automatenbetrug in der Gesellschaft des Ortes zeitigte. Spalanzani muss die Universität verlassen, Coppola ist verschwunden. Unter der Bevölkerung geben sich einige, als hätten sie im Nachhinein schon alles geahnt; ein Rhetorikprofessor weiß, dass alles nur eine Allegorie sei, und bei den Liebespaaren müssen die Frauen mit ihrem Verhalten beweisen, dass sie

2.2 Strukturell unterschiedliche Erzähltexte aus unterschiedlichen historischen Kontexten
2.2.5 Fokus: E.T.A. Hoffmann, *Der Sandmann* (1816)

denkende und empfindende Wesen sind. (6) Als Nathanael wie aus einem Traum erwacht, befindet er sich wieder in seinem Zimmer des elterlichen Hauses und wird von Clara, Lothar, seiner Mutter und Siegmund gepflegt. Clara freut sich, ihren Geliebten wiederzuhaben; „jede Spur des Wahnsinns war verschwunden". Als Siegmund sich von Nathanael verabschiedet, meint dieser seine Genesung allein Clara zu verdanken. Eine Erbschaft beschert der vierköpfigen Hausgemeinschaft ein kleines Gut auf dem Lande; Nathanael und Clara wollen heiraten. Als man gemeinsam durch die Stadt geht, schlägt Clara Nathanael vor, den Rathausturm zu besteigen, um in das ferne Gebirge zu sehen. (7) Oben auf der Galerie weist sie Nathanael auf einen grauen Busch hin, der auf sie zuzuschreiten scheint. Nathanael zückt sein Fernglas und richtet es auf Clara. Da durchschießt ihn erneut der Wahnsinn, mit den Worten „Holzpüppchen dreh dich" will er Clara hinabstürzen. Clara kann sich so lange am Geländer festhalten, bis der hinaufeilende Lothar, von Claras Angstgeschrei alarmiert, sie rettet, indem er Nathanael ins Gesicht schlägt. (8) Nathanael kommt aber nicht zur Besinnung, springt wie toll herum und schreit „Feuerkreis dreh dich". Als er in der am Fuße des Turms harrenden Menge Coppelius sieht, schreit er „Sköne Oke!" und springt in die Tiefe. (9) Nathanael liegt mit zerschmettertem Schädel auf dem Pflaster, Coppelius ist verschwunden. (10) Mehrere Jahre später will man Clara in einer entfernten Gegend vor einem Landhaus mit zwei spielenden Jungen gesehen haben, folglich ist sie doch noch glücklich geworden.

Nathanael scheint zu gesunden

FIGURENKONSTELLATION VON *DER SANDMANN*

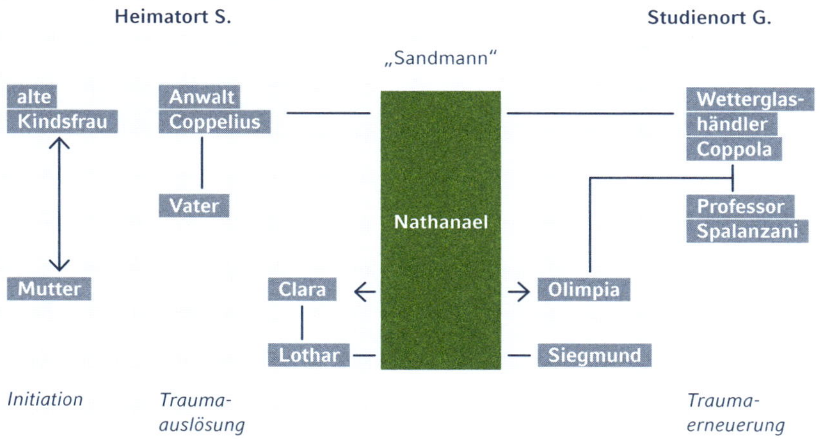

Schaubild 13: Figurenkonstellation von *Der Sandmann*

2.2 Strukturell unterschiedliche Erzähltexte aus unterschiedlichen historischen Kontexten
2.2.5 Fokus: E.T.A. Hoffmann, *Der Sandmann* (1816)

Übersicht: Analyse

Textsorte	scheinbarerer Brief-Roman; Erzählung: „Schauer-Novelle"
Erzähler	drei Erzähler: 1) Briefe: intradiegetischer Binnenerzähler Nathanael, Clara; 2) Erzählrahmen: homodiegetischer, anonymer, auktorialer bis personaler Erzähler: Wertungen: 17,33; 38,25; Kommentare
Tempus	Präteritum; Ausnahmen (Präsens): 7,11–18; 17,4–7; 23,19–24,2
Erzählte Zeit	etwa 15 Jahre (ca. von Nathanaels 4. bis 18. Lebensjahr)
Struktur	**Textgliederung**: fünfteilig: drei Briefe: 3–12, 12–16, 16 f.; zwei Erzählabschnitte: 17–26, 26–42 **dramatische Struktur**: fünfaktig drei Briefe (3–17): Exposition; 1. Erzählabschnitt (17–26): Steigerung; 2. Erzählabschnitt, Absatz 1–4 (26–38): Peripetie; 2. Erzählabschnitt, Absatz 5 und 6 (38–40): Retardierung; 2. Erzählabschnitt, Absatz 5–10 (40.–42): Katastrophe **Binnenstrukturen**: Nathanael (fünfaktig: tragödienhaft) Exposition (Vorgeschichte: 3–12), steigerndes Moment (Dissens mit Clara: 12–26); Peripetie (Olimpia: 26–38), Retardierung (scheinbare Genesung: 39–40), Katastrophe (Suizid: 41 f.) Clara (fünfaktig: komödienhaft) Exposition (Vorstellung: 12–16, 20 f.), Steigerung (Gedicht: 21–26), Peripetie (indirekte Auslösung des Fernglaskaufs: 27 f.), Retardierung (Turmereignis: 41), Katastrophe (privates Glück: 42) Olimpia (fünfaktig: tragikomödienhaft) Exposition (Vorstellung: 17), Steigerung (neues Zimmer: 26,30–27,12), Peripetie (Fernglaseinsatz: 29,23–30,8), Retardierung (Fest: 30,29–36,25), Katastrophe (36,25–37,31) Doppelfigur des Bösen: Coppelius/Coppola (fünfaktig, komödienhaft) Exposition (Vorstellung Coppola: 3,26–32, Vorstellung Coppelius: 6,15–10,6), Steigerung (Coppelius: Tod des Vaters: 10,31–12,4), Peripetie (Coppola: Fernglasverkauf: 27,12–29,14), Retardierung (Coppola: Verlust Olimpias: 36,25–37,28), Katastrophe (Coppelius: 42,4–18)
Sonderformen	drei Briefe zu Textbeginn
Figurenrede	direkte und indirekte Rede
Sprache	gehobener hypotaktischer Stil
Deskriptionen	eher typencharakteristisch als realistisch-detailliert

2.2 Strukturell unterschiedliche Erzähltexte aus unterschiedlichen historischen Kontexten
2.2.5 Fokus: E.T.A. Hoffmann, *Der Sandmann* (1816)

Stilmittel	**semantisch**: Wortfeld des Grauens (18 Begriffe: abscheulich [6,14] … widerwärtig [8,20]); Gemination (Wortdoppelungen, 35-mal: 3,27), Wortwiederholungen (dreifach: 4-mal: 27,29; vierfach: 37,4), Superlativ (3-mal: 7,19), Kontrast (3-mal: 12,18), Neologismus (2-mal: 20,29), Figura etymologica (20,32) **syntaktisch**: Doppelausdruck (102-mal: 3,6), Doppelattribution (16-mal: 25,28), Dreifachattribution (5-mal: 14,21), Anapher (9-mal: 9,32 f.), Partizip (5-mal: 18,4), Asyndeton (4-mal: 26,27), Polysyndeton (3-mal: 7,9 f.), Imperativ (4-mal: 15,22), Ellipse (3-mal: 37,37 f.), Inversion (3-mal: 16,28), Aufzählung (3-mal: 37,1 f.) **pragmatisch**: Vergleich (35-mal: 3,16), Metapher (2-mal: 10,26), Wortspiel (32,10), Anreden (15-mal: 3,20); Vorausdeutungen (9-mal: 3,27), Religionisierung (7-mal: 3,6), Metonymie (3,30; 41,8), Synekdoche (28,11), Beleidigung (25,15 f.), Feuermetaphorik (glühen usw.)
Namenssymbolik	– Nathanael: (hebr.) von Gott gegeben = Theodor (gr.) – Clara: (lat.) laut, berühmt, hell, verständlich = Lothar (ahdt.) – Olimpia: (ital.) die auf dem Berg der Götter Sitzende, (lat.) olim + pia: seit langem + liebevoll, ergeben – Siegmund: (ahdt.) Sieg und Schutz – Coppelius: zu (ital.) coppo (Augenhöhle); coppella (Schmelztiegel) – Spalanzani: zu (ital.) spalanzare (die Augen aufreißen) – Coppola: zu (ital.) coppa (Augenhöhle); copula (Band, Verbindung; Enterhaken)
Farbsymbolik	Schwarz (Gefahr, Unheil, Tod: 9-mal: 7,31); Rot (Blut, Feuer: 6-mal: 7,27), Grau (unwirklich, geheimnisvoll: 3-mal: 7,23), Blau (krank, mystisch, sehnsüchtig: 2-mal: 8,13), Grün (krank, gefährlich: 7,23), Silber (vornehm: 7,36), Gold (edel; hier: täuschend: 14,18)
Symbole	Auge: Organ der Wahrnehmung, Spiegel der Seele, Sinnbild für Bewusstsein, Einsicht, Wissen und Macht, Begriff der Alchemie; Perspektiv: Medium der selektiven Rezeption und autistisch imaginativer Projektion vs. Klarsicht und Durchblick; Puppe: Projektions- und Kompensationsobjekt, Mutterersatz, Treppe: Aufstieg zur Reife vs. Abstieg ins Unbewusste, Begriff der Alchemie; Feuerkreis: Kreis = lat. orbit = anatom. orbita = Augenhöhle; Turm: künstler. Zurückgezogenheit (Elfenbeinturm), Sinnbild der Hybris (Turmbau zu Babylon), der Männlichkeit (Phallus) und der Jungfräulichkeit

2.2 Strukturell unterschiedliche Erzähltexte aus unterschiedlichen historischen Kontexten
2.2.5 Fokus: E.T.A. Hoffmann, *Der Sandmann* (1816)

Motive	Auge (48-mal: 3,10), Oke (6-mal: 27,27), Blick (12-mal: 18,6); akustische Eindrücke (52-mal: 37,1 f.), Lachen/lächeln (21-mal: 3,19), Feuermotiv (42-mal: 9,11–30), heiter (12-mal: 8,21), feindlich (11-mal: 3,23), starr (11-mal: 4,25), Treppe (9-mal: 3,31), Entsetzen (8-mal: 3,14), hold (7-mal: 3,6), schön (7-mal: 17,12), Blut/blutig (6-mal: 5,15), „Sinn und Gedanken" (5-mal: 12,23 f.), Riesen- (5-mal: 23,27), Natur (4-mal: 3,16), Tränen (4-mal: 24,32), Gardine (4-mal: 9,1), Dampf (4-mal: 4,26), Bild (4-mal: 11,17), kalt (4-mal: 21,4), Jammer (4-mal: 8,34), Wahnsinn (3-mal: 38,7)
Duplizität (Doppelerscheinungen)	– Entsprechungen: Vaterfigur (biologisch: Vater; wissenschaftl.: Spalanzani); Augenmagier (Coppelius, Coppola); warnende Analytiker (zu Hause: Clara, am Studienort: Siegmund), Mutterfigur (alt, biologisch: Mutter; jung, betreuend: Clara) – Kontraste: Erzählungen vom Sandmann (realistisch: Mutter vs. Ammenmärchen: alte Kinderfrau), Coppelius (Augenraub) vs. Spalanzani (Augenwurf), Homunculus (biologisches Scheitern: Vater und Coppelius vs. technisches Gelingen: Spalanzani und Coppola), Idealfrau (Clara vs. Olimpia) – trügerisches Familienidyll (innen: Nathanaels Familie vs. außen: Claras Familie)
Irrtümer/ Täuschungen/ Verwechslungen	– Nathanael (5): 12,16; 23,34; 28,22; 33,17 f.; 33,37 f.; Erzähler (4): 20,18 f. (die Aussagen „wolkenloser Himmel", „buntes, heitres Leben" sind falsch); 37,10; 37,35 f.; 40,13; Clara (2): 24,23; 25,5 f. – drei Verwechslungen: Lothar-Clara, Coppelius-Coppola, Clara-Olimpia
Ironie und Komik	– einfache Ironie: Clara bezeichnet sich als einfältig (14,13 ff.), niemand hat Olimpia als Puppe erkannt (38,36 f.). – groteske Übertreibung: Architekten und Maler loben Claras Schönheit (20,10–20), Olimpias „Ach" als mystische Hieroglyphe (35,3 ff.). – slapstickhafte groteske Komik: Verhalten der Gesellschaft nach Olimpias Zerstörung (39,6 f. u. 39,21–30) – Zynismus: Aussage des Coppelius (42,10 f.)
Synästhesie	Verknüpfung der Sinne: Gesichtssinn: s. Augenmotiv (65-mal); Gehör: s. akustische Eindrücke (52-mal); Geruch (2-mal: 6,23), Geschmack (8,11), Gefühl (5-mal: 10,7) Verknüpfung der Künste: Literatur: Schiller, *Die Räuber* (4,12), Schiller, *Die Braut von Korinth* (33,5 f.), Nathanaels Werke (35,22–24), Malerei: Aussehen Spalanzanis (17,2), Claras Schönheit (20,14 f. u. 20,17) Musik: Claras Blick (20,23), Olimpias Gesang (31,5 u. 31,14–17)

2.2 Strukturell unterschiedliche Erzähltexte aus unterschiedlichen historischen Kontexten
2.2.5 Fokus: E.T.A. Hoffmann, *Der Sandmann* (1816)

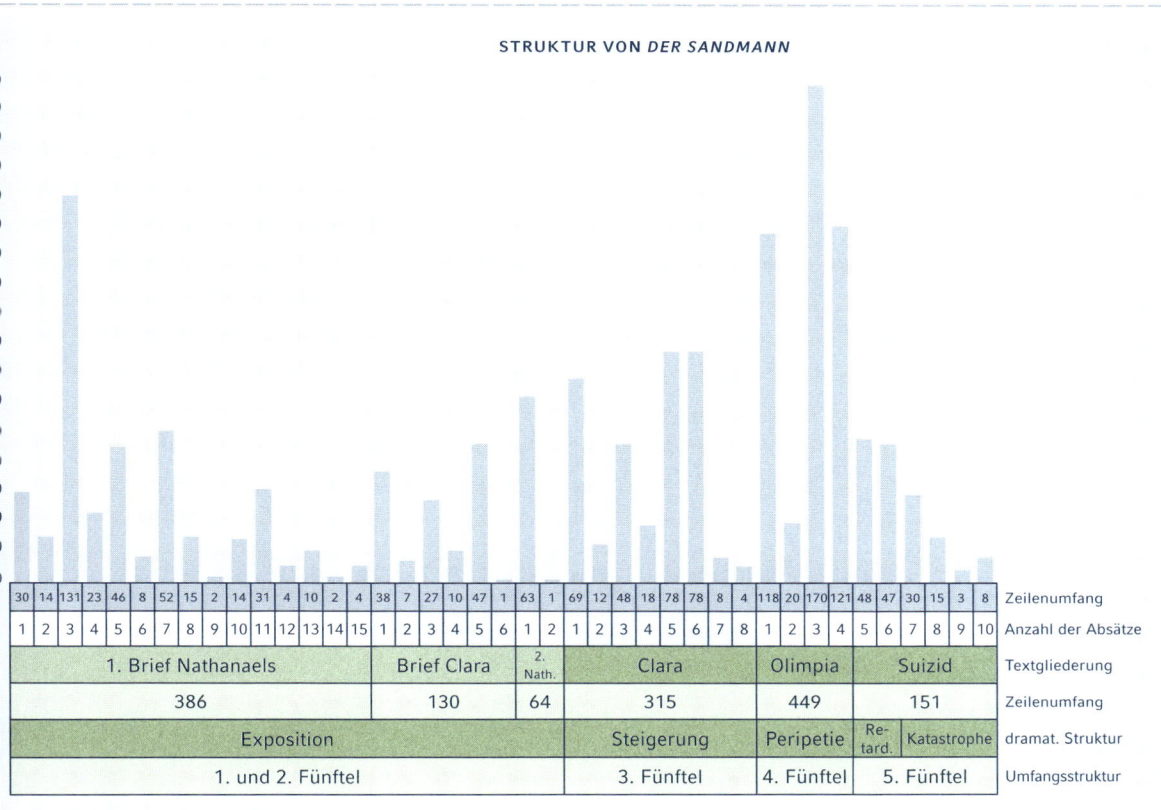

Schaubild 14: Struktur *Der Sandmann* (Anzahl der Zeilen pro Absatz)

2.2 Strukturell unterschiedliche Erzähltexte aus unterschiedlichen historischen Kontexten
2.2.5 Fokus: E.T.A. Hoffmann, *Der Sandmann* (1816)

Die Erzählung vereint wie in Form eines Superzeichens folgende unterschiedliche Einflüsse miteinander:

MITEINANDER VERSCHMOLZENE EINFLÜSSE IN *DER SANDMANN*

Literatur:
- Ovidius Naso (Ovid), *Metamorphosen Libri* (Metamorphosen III: Mythen von Narziss und Pygmalion) (10 n. Chr.)
- Schiller, *Die Räuber* (1781)
- Schiller, *Das verschleierte Bild zu Saïs* (1795)

Medizin:
- Medizin: Adalbert Friedrich Marcus (1753–1816)
- Psychiatrie: Friedrich Speyer, Johann Christian Reil (1759–1813)
- Erregungstheorie: John Brown (1735–1788)
- Magnetismus: Franz Anton Mesmer (1734–1815)

Technik:
- Optik: Beginn der optischen Industrie in Deutschland: Johann Heinrich August Duncker (1767–1843)
- Mechanik: Julien Offray de La Mettrie (1709–1751)

Zeitgeist:
- Aufklärung: analytische Rationalität (Clara, Lothar, Siegmund)
- Sturm und Drang: Geniekult: Prometheus-Mythos (Nathanael)
- Klassik: Winckelmanns an antiken Statuen abgelesenes Schönheitsideal (Olimpia)
- Romantik: Betonung des Irrationalen (Nathanael); Universalpoetik (Hoffmann)

Mystik:
- Gotthilf Heinrich Schubert, *Ansichten von der Nachtseite der Naturwissenschaft* (1808)
- Magnetismus/Hypnose: Franz Anton Mesmer
- betrügerische Alchemie: Guiseppe Balsamo, gen. Alessandro Graf von Cagliostro (1743–1795)
- Geisterseher/Magier: Johann Christian Wieglets (1767–1843)

Schaubild 15: Miteinander verschmolzene Einflüsse in *Der Sandmann*

2.2 Strukturell unterschiedliche Erzähltexte aus unterschiedlichen historischen Kontexten
2.2.5 Fokus: E.T.A. Hoffmann, *Der Sandmann* (1816)

Übersicht: Interpretation[20]

Die Forschung ist sich zwar darüber einig, dass sich *Der Sandmann* einer eindeutigen Interpretation entzieht, doch haben sich vier unterschiedlich starke und differenzierte Deutungsansätze herausgebildet: ein biografischer, ein ästhetischer, ein soziologischer und ein psychologischer Ansatz.

Der **biografische Aspekt** geht von der Namensähnlichkeit der Figur Nathanael (hebr. „Gott hat gegeben", Gottesgeschenk) und Amadeus (lat. „liebe Gott!") als selbst gewähltem Vornamen Hoffmanns aus und stützt sich zudem auf das Doppelleben, das beide, Figur wie Autor, führten. So wie Hoffmann seine Schriftstellerei vorwiegend nachts neben seinem Brotberuf als Richter betrieb, betätigt sich auch sein Protagonist Nathanael als ordentlicher Physikstudent nebenher als Poet. Ähnlichkeiten in der jugendlichen Erfahrung mit der Hysterie seiner Mutter, der bürgerlichen Atmosphäre der Familie seines Onkels und seiner Tanten, bei denen Hoffmann heranwuchs, sein Interesse an Geisteskrankheiten, dem der Autor vor allem in Bamberg intensiv nachging, und das Gefühl der eigenen Gefährdung durch den Wahnsinn in seiner unerwiderten Liebe zu seiner minderjährigen Gesangsschülerin Julia Marc lassen die Möglichkeit zu, den Text als **in die Fiktion transponierte Auseinandersetzung mit eigenen inneren und äußeren Erfahrungen** seines Lebens zu verstehen. Dem Schreiben des Textes käme damit die Bedeutung einer Selbsttherapie zu.

Biografischer Ansatz

Weitaus differenzierter nimmt sich der **ästhetische Aspekt** aus. Er beleuchtet vor allem die komplizierte, verschachtelte Struktur des Textes, seine Gleichsetzungen des Ungleichen, seine Parallelismen und Variationen, seine vielfältigen perspektivischen Brechungen, seine charakteristischen Stilmerkmale, seine Motivik und Symbolik, seine Selbstreflexionen und Ironien. Es scheint, als beabsichtige der Autor einerseits mit der Duplizität der Strukturelemente jegliche Form der Nachahmung zu diskreditieren und damit die eigene **Originalität des Werkes** hervorzuheben. Andererseits wollte er offenbar mit den Unschärfen, Verzerrungen und Lücken des Erzählens den Leser zu einer besonders **aktiven und kreativen Rezeption** animieren.

Ästhetischer Aspekt

Der **philosophische Ansatz** versucht die geistesgeschichtlichen Voraussetzungen für die Verfassung des Textes zu klären. Dabei spielen einmal die Möglichkeiten und Grenzen des Erkennens eine Rolle und zum anderen das sich um 1800 wandelnde Naturverständnis. Kant hatte der optimistischen Hoffnung der **Aufklärung** auf grenzenlose menschliche Erkenntnis mit seiner Kritik die Schranken aufgezeigt, indem er das „Ding an sich" als der empirischen Erkenntnis unzugänglich herausgestellt hatte. Diese Einsicht in die Grenzen des Erkennens hält aber die weiterhin im optimistischen aufklärerischen Denken Verhafteten wie Clara nicht davon ab, der eigenen Vernunft absolut zu vertrauen. Menschen wie Clara nehmen daher auch an, alle Gefühle und Empfindungen seien von der Vernunft beherrsch- und kontrollierbar, und lassen als Realität nur das gelten, was sich empirisch, d. h. von den Sinnen – und dabei vor allem von den Augen – verstandesmäßig erschließen lässt. Der idealistische Fortschrittsglaube verleitet Menschen wie Coppelius oder Spalanzani sogar dazu, im Missbrauch ihrer Vernunft mittels der Alchemie die Grenzen des Menschen in **gefährlicher Überheblichkeit** zu

Philosophischer Ansatz

---

20 Vgl. auch: Oliver Jahraus (Hrsg.): *Zugänge zur Literaturtheorie. 17 Modellanalysen zu E.T.A. Hoffmanns Der Sandmann.* Stuttgart: Reclam, 2016.

2.2 Strukturell unterschiedliche Erzähltexte aus unterschiedlichen historischen Kontexten
2.2.5 Fokus: E.T.A. Hoffmann, *Der Sandmann* (1816)

überschreiten (Tod des Vaters) und in verantwortungslosem **absoluten Materialismus** zu wähnen, man könne Leben und Geist mechanisch erklären und konstruieren (Olimpia). Beides kritisiert Hoffmann ebenso wie die Verstiegenheit der neuen romantischen Naturphilosophie. Diese behauptet gleichsam im Ausgleich zu dem von Kant bewirkten Verlust der äußeren Realität mystisch verborgene innere Kräfte der Natur, die sich in einer Art Hieroglyphensprache äußerten (vgl. 35,3). Diese Kräfte zu entziffern, so glaubt man, gelinge dem Menschen nur in körperlichen oder geistigen Extremsituationen wie Ekstase, Inspiration, Trance oder Wahn. In der Figur Nathanaels führt Hoffmann die Gefahren einer solchen Weltauffassung vor, indem er die geheimen Kräfte dämonisiert und ins Riesenhafte steigert sowie die fatalen Auswirkungen dieser nicht verstandenen Kräfte am Verhalten der Zentralfigur aufzeigt. Des Weiteren verdeutlicht der Autor, in welchem Maße dadurch ein negatives, fatalistisches Weltbild gefördert wird, in dem sich der Mensch seiner Selbstständigkeit völlig begibt. Mit der Androiden Olimpia und dem dämonischen Paar Coppelius/Coppola spricht sich Hoffmann sowohl gegen die rationale als auch gegen die romantisch-irrationale Unnatur aus.

Literarhistorischer Aspekt

Der **literarhistorische Aspekt** spürt in dem Text jene Elemente auf, in denen sich Kennzeichen der Romantik niederschlagen, und prüft, inwieweit der Text der Epoche der Romantik zuzurechnen ist. Dabei wird zunächst der Gegensatz zwischen Aufklärung und Romantik in der Opposition von Clara und Nathanael wiedergefunden, die vergeblich versuchen, sich gegenseitig von ihrer eigenen Weltsicht zu überzeugen. Clara erscheint als Repräsentantin einer selbstgefälligen, fast biedermeierlichen Genügsamkeit und verstaubten Alltagsroutine, was Romantiker wie Hoffmann als **Philistertum** bezeichneten. Dem setzte die **Romantik** vor allem Dynamik, geniale Kreativität und Fantasie entgegen, die in der progressiven Universalpoesie ihren literarischen Ausdruck fand. In der Figur Nathanaels findet dieses Künstlertum seine kritische Problematisierung. Obwohl die Werke des Studenten eher Langeweile als Begeisterung auslösen, also nicht gerade genial sind, wie selbst der Erzähler zugibt (23,3 f.), treibt ihn seine ihn selbst berauschende Exaltiertheit bis an den Rand des Wahnsinns. Mit seinem überheblichen und übersteigerten Subjektivismus erscheint Nathanael wie die **Karikatur eines frühromantischen übersensiblen Künstlers**, der in narzisstischer Selbstbespiegelung sich selbst verfällt. Nicht umsonst erscheinen die künstliche Olimpia und der gekünstelte Nathanael namentlich als von der Normalität abgesetzt und von den Göttern in besonderer Weise Erkorene. Nathanaels Fantasie, die sich verselbstständigt, ermangelt es an dem notwendigen Realitätsbezug. Hoffmann drückt seine (Selbst-)Kritik der Romantik aber auch mit den stilistischen Mitteln der Romantik aus. Er allegorisiert, indem er die innere Befindlichkeit Nathanaels nach außen in sichtbare Figuren projiziert, bildet aus den Fantasmen eine zur Realität konkurrierende Parallelwelt und erschließt sie in synästhetisch universalisierter Empirie.

Rezeptionsästhetischer Aspekt

Den Konsequenzen der ästhetischen Textstruktur für den Leser widmet sich der **rezeptionsästhetische Ansatz**. Er befasst sich vornehmlich mit dem Auftreten und Verhalten des Erzählers. Dessen Unzuverlässigkeit ergibt sich aus der wechselhaften Darstellungsperspektive, wobei der im Grunde auktoriale Erzähler ankündigungslos in die personale Erzählhaltung hinübergleitet. So unterläuft er die Glaubwürdigkeit der fiktionalen Realitätsebene. Lücken im Erzählbericht weisen darauf hin, dass der Erzähler dem Leser nicht alles ihm Bekannte mitteilt oder sogar selbst nicht weiß. Nachträglich gefüllte Leerstellen (19,30–20,4) verstärken diesen Eindruck. Zudem nimmt

2.2 Strukturell unterschiedliche Erzähltexte aus unterschiedlichen historischen Kontexten
2.2.5 Fokus: E.T.A. Hoffmann, *Der Sandmann* (1816)

der Erzähler kaum Wertungen vor, selbst die Aufklärung darüber, ob Coppelius und Coppola nun identisch sind oder nicht, versagt er dem Leser. Der Erzähler spielt mit ihm und bindet ihn zugleich in den Erzählprozess ein. In einem fiktiven Dialog mit ihm reflektiert er mögliche Erzählmodelle (18,36–19,17) und suggeriert so, als sei er auf dessen Mitarbeit angewiesen. Dem ist in der Tat so. Denn dadurch, dass der Leser sich auf die Geschichte einlässt und damit an ihre Möglichkeit glaubt, wird die Erzählung gleichsam ent-fiktionalisiert und wahr. Hoffmann verlagert so die Entscheidungen über alles Rätselhafte und Geheimnisvolle auf den Leser, fordert ihn zu einer aktiven Lektüre auf und überträgt ihm die Verantwortung, was und wie viel von der Geschichte einen Sitz in dessen Leben haben soll: ein perfekter **Autor-Leser-Bezug**. Er selbst empfiehlt ein **emblematisches Lektüreverständnis** (19,17–29), wobei die vorangestellten drei Briefe das Motto abgeben und die vom Erzähler dargebotene Geschichte Nathanaels die farbig ausgestaltete Pictura. Die Subscriptio wird vorgezogen und bereits an dieser Stelle formuliert (19,25–29).

Der erste *inhaltliche* Interpretationsblock richtet die Aufmerksamkeit auf die zur Sprache kommenden gesellschaftlichen Verhältnisse. Der **soziologische Ansatz** ist weit gefasst. Die Satire der Teegesellschaften verdeutlicht, dass die bürgerliche Gesellschaft noch **im aufklärerischen Denken verhaftet** ist und sich, mit dem Begriff der Romantiker gesprochen, philisterhaft verhält. Es ist irrwitzig, dass man (bzw. frau) zum Nachweis der eigenen Nicht-Automatenhaftigkeit sich eines automatisch-mechanischen Verhaltens befleißigt (39,19–30). Damit wird deutlich, wie stark das Denken, Verhalten und Empfinden der Menschen von äußeren Einflüssen abhängig ist. Hoffmann antizipiert, wenn auch nicht als erster, in gewisser Weise die naturalistische Milieutheorie. Hier unterwirft sich die Gesellschaft allerdings aus mangelndem Selbstbewusstsein noch freiwillig den eigenen Regeln, macht sich in Überanpassung von ihnen abhängig und selbstentwertend unterwürfig. Dass dieses duckmäuserische Verhalten, das darauf angelegt ist, Probleme zu verharmlosen und zu verschweigen (z. B. Vaters wunderbare Geschichten: 4,20), diese Probleme aber nicht mindert, sondern steigert, wird an der familiären „Explosion" in Nathanaels Familie deutlich. Dabei handelt es sich um das Modell einer **typischen bürgerlichen Kernfamilie**, die aus Eltern und Kindern besteht und einen mittelständischen Haushalt ohne Finanzsorgen repräsentiert. Wenn in diese idyllisch scheinende biedere Alltagswelt das Geheimnisvolle einbricht, wirkt das zerstörend: Liebesbeziehungen scheitern, der Vater und am Ende auch der Sohn kommen sogar um. Deshalb zeigt Hoffmann am Ende seiner Erzählung durch den Gebrauch des Konjunktivs an, dass Claras Schlussidylle keine positive Lösung ist, weil sie die „Nachtseiten" der *conditio humana* idealistisch ausblendet.

Soziologischer Ansatz

Etwas enger kreist der **Gender-Aspekt** das Verhältnis der Geschlechter in dieser Familie ein. Wir sehen die **traditionelle Familienstruktur** mit einem Vater, der nach innen die Führungsposition des Hausherrn verteidigt, nach außen aber längst abgegeben hat und entmachtet ist. Selbst selten zu Hause, dann sich im Tabaksqualm entziehend, ist er unfähig, seine Familie vor Demütigungen zu schützen. Letztlich stirbt auch sein Sohn an den Auswirkungen und Spätfolgen dieser Demütigungen. Auch die Mutter ist an dem Debakel nicht schuldlos. Zwar spendet sie wie ihre Rollennachfolgerin Clara Nathanael Nestwärme, befeuert aber durch ihr Verschweigen und Beschwichtigen noch zusätzlich Nathanaels Neugier nach Aufklärung der mysteriösen Vorgänge. Clara setzt diese Versagung komplementär fort. Sie spricht zwar Klartext, scheint aber

Gender-Aspekt

2.2 Strukturell unterschiedliche Erzähltexte aus unterschiedlichen historischen Kontexten
2.2.5 Fokus: E.T.A. Hoffmann, *Der Sandmann* (1816)

ihre Rolle als Verlobte recht emotionslos und „kalt" zu gestalten, da von liebenden Zärtlichkeiten zwischen dem Paar an keiner Stelle die Rede ist. Beide Frauen werden bei ernsten Themen nicht zu Rate gezogen, man übergeht sie. Sie haben sich je nach Alter und familiärer Position den ihnen zustehenden Aufgaben im Haushalt zu widmen.

Kommunikativer Aspekt

Der **kommunikative Aspekt** konzentriert sich letztlich auf einen Teilaspekt der interpersonalen Bezüge. Man redet allgemein nicht viel, schwelgt lieber in Erinnerungsanekdoten, als Probleme zu diskutieren, und strebt eine ausgeglichene Harmonie an. Selbst Clara gibt sich trotz ihrer klaren Analyse konziliant. Das kann aber das grundlegende wechselseitige Unverständnis zwischen den Verlobten nicht heilen, wie die Briefe zeigen. Auch die nichtsprachliche Kommunikation zwischen Nathanael und Olimpia, die allein auf Körpersprache und optische Signale vertraut, scheitert. Der durch das Perspektiv eingeleiteten **medialen Kommunikation** kommt dabei besondere Bedeutung zu. Sie ist nicht nur einseitig, sondern offenbar auch fatal, weil sie die Wirklichkeit verfälscht und selbst wieder zum Medium macht. Nathanaels durch das Fernglas vermittelte Liebe zu Olimpia macht diese zum Mittel seiner narzisstischen Selbstliebe. Dass Hoffmann das Kommunikationsproblem nicht nur auf die erzählte Geschichte beschränkt, wird an seiner Bezugnahme zum Leser deutlich, den er als Adressat in seine Darstellungsprobleme einbezieht. Insofern verweist der Text auf die **Kommunikationsproblematik des Künstlers** allgemein. Selbst Nathanael ist ihr unterworfen. Als Kind drückt er seine Ängste in Kreidezeichnungen aus, die niemand wahrnimmt; als Erwachsener verfasst er Texte, die selbst seiner Verlobten unverständlich bleiben. Wo der soziale Rahmen, sei es Familie oder Gesellschaft, keine angemessene Reaktion auf künstlerische Aussageweisen zeigt, bleibt **Kunst ein kommunikativer Blind-Akt**.

Psychologischer Aspekt

Der bei weitem umfassendste Interpretationsansatz geht vom **psychologischen Aspekt** aus, zumal er sich in fünf Akzentuierungen darstellt. Die sanfteste Sicht beschränkt sich auf eine **Beschreibung der Normabweichung** im Verhalten Nathanaels. Sofern sie ihn nicht sogar entschuldigt, weil er nur unwissentlich an einem heimlich durchgeführten öffentlichen Experiment mit einem Automaten teilnimmt, stellt sie das Ungleichgewicht zwischen dem Physikstudenten und dem Dichter fest. Im sensiblen Verschmelzen der nicht miteinander zu vereinbarenden sinnlichen Eindrücke aus realen Erfahrungen (Wissenschaft) und märchenhaften Vorstellungen (Kunst) sieht diese Beschreibung der Normabweichung den Grund dafür, dass Nathanaels heimliches Beobachten und die kindliche Angst vor der nachfolgenden Strafe die Verkehrung von Real- und Vorstellungswelt und letztlich einen Selbstbestrafungs- und Vernichtungsprozess auslöst. Die **individualpsychologische Sicht** bewertet das Schicksal Nathanaels als verzweifeltes **Ringen eines vernachlässigten Ichs um Anerkennung und Selbstbestätigung.** Weil seine kindliche Neugier nach dem abendlichen Besucher von der Mutter ausweichend und unbefriedigend mit dem Sandmann-Märchen beantwortet wird, welches die Amme aus Disziplinierungsgründen mit einem Strafhorror verschärft, kann Nathanael nur den Sandmann zum Schlüssel der für ihn verbotenerweise beobachteten, aber unverständlichen Vorgänge im Zimmer seines Vaters nehmen. Dessen Unfalltod verstärkt das Angstgefühl der unheimlichen Bedrohung und Verfolgung durch etwas Feindliches. Nathanael rettet sich anscheinend in die Realitäten eines Physikstudiums, muss aber erleben, dass die Begegnung mit Coppola ausreicht, die lediglich verdeckten psychischen Wunden wieder aufzureißen. Claras rationale Hilfestellungen können deshalb nicht greifen, weil Nathanaels Verlobte der Angst als psychisches Faktum weder Realität noch Bedeutung zubilligt. Nathanaels Versuch, diese Angst literarisch zu bewältigen, indem er sie im Gedicht entäußert, scheitert an Claras Unverständnis und Abwehrhaltung. Ihre Aufforderung, den Text ins Feuer zu werfen, kommt der Aufforderung an Nathanael gleich, sein entäußertes Ego, also gleichsam sich selbst, zu vernichten. Diese fehlende Anerkennung, unterstützt von mangelnden Liebesbeweisen, treibt Nathanael in die Krise. Statt seinem eigenen Gefühl zu vertrauen und dem Optiker Coppola die Tür zu weisen, nimmt er vorübergehend die „vernünftige" Perspektive Claras ein und verlässt sich mit dem Fernglas des Weiteren auf eine entscheidende mediale Fremdperspektive, die ihm fortan ein eigenständiges selbstidentisches Handeln verwehrt. Mit diesem Kauf hat er nicht nur ein Instrument der zunächst körperlosen Annäherung an das Projektionsobjekt seiner Liebesgefühle erworben, sondern auch die Möglichkeit geschaffen, sich sehnsuchtsvoll eine Partnerin zu erschaffen, die ihm mit vorbehaltloser Akzeptanz ergeben ist. Nathanaels Narzissmus ist gleichsam eine ihm aus **mangelnder emotionaler Sozialisation aufgedrängte reflexive Liebe.** Deshalb kommt Olimpias Zerstörung einer Selbstzerstörung in effigie (‚im Bilde') gleich. Das durch Claras Pflege gegebene Zwischenidyll für Nathanael verdeckt nur oberflächlich die weiterhin ungelöste Problematik, weshalb nur die eigene Selbstzerstörung im Suizid als letzte Konsequenz übrig bleibt. Dieser Sicht zufolge ist Nathanaels Wahn lediglich eine **in die Tragödie gesteigerte extreme Verhaltensform**, der ggf. auch nicht akzeptierte Künstler der Realität erliegen können. Freuds **tiefenpsychologische Deutung**, die Nathanael als Opfer verdrängter Kastrationsängste sieht und das Auge als Motiv mit dem männlichen Glied gleichsetzt, kann man als Zwangsergebnis eines libidinösen Deutungssystems eher vernachlässigen. Es bleibt schließlich noch die **psychiatrische Sicht,** die die Textereignisse als **romantische Literarisierung eines psychopathologischen Prozesses** betrachtet und als Symptome einer posttraumatischen Belastungsstörung. Danach prägt das traumatische Kindheitserlebnis im Zimmer des Vaters eine innere psychotische Verhaltensbereitschaft, Innen- und Außenwelt paranoid umzukehren und im Rahmen dieser Bewusstseinsspaltung zwischen Wirklichkeit, Vorstellung und Wahn nicht mehr angemessen (gesund) werten zu können. Die Erzählung wäre dann eine dem heutigen Erkenntnisstand der Psychologie vorausgreifende **Krankheitsdarstellung.**

2.2 Strukturell unterschiedliche Erzähltexte aus unterschiedlichen historischen Kontexten
2.2.6 Fokus: Hartmut Lange, *Das Haus in der Dorotheenstraße* (2013)

Schaubild 16: Interpretationsansätze zu *Der Sandmann*

2.2.6 Fokus: Hartmut Lange, *Das Haus in der Dorotheenstraße* (2013)[21]

Sozio-historischer Hintergrund

Berliner Republik

Die Jahre ab 1990 bis heute umfassen keine literarische Epoche, sondern markieren eher die Zeitspanne der jüngsten Gegenwart seit der Wiedervereinigung des geteilten Deutschlands, die man auch als Zeit der Berliner Republik bezeichnet.
- Sie ist **außenpolitisch** geprägt von der Aufwertung der Rolle Deutschlands im Verband der internationalen Völkergemeinschaft (Militäreinsatz im Kosovo, Afghanistan, Syrien) und der neben Frankreich wirtschaftspolitischen **Führungsrolle in der Europäischen Union**. Beide Rollen sind nicht unumstritten und reichern die innerpolitischen Spannungen an.

---

21 Ausführlich: Ralf Gebauer: *Hartmut Lange, Das Haus in der Dorotheenstraße*. Hollfeld: Bange, 2018 (Königs Erläuterungen Spezial).

2.2 Strukturell unterschiedliche Erzähltexte aus unterschiedlichen historischen Kontexten
2.2.6 Fokus: Hartmut Lange, *Das Haus in der Dorotheenstraße* (2013)

- Diese Spannungen und innenpolitischen Debatten resultieren zum einen aus den von der Transition (abrupter Übergang vom alten zum neuen System) verursachten wirtschaftlichen Ungerechtigkeiten bei der Wiedervereinigung, den damit einhergehenden **Behinderungen des Angleichungsprozesses** und der Harmonisierung des wirtschaftlichen West-Ost-Gefälles, was in den neuen Bundesländern zu mangelnder Identifikation, erhöhter Arbeitslosigkeit, Umsiedlungen und Rechtsradikalität geführt hat, zumal sich Deutschland zunehmend als Einwanderungsland versteht.
- Sie resultieren zum anderen in den alten Bundesländern aus den die einzelnen Menschen direkt betreffenden kommunalen Problemen, wo die mangelhafte Finanzlage aufgrund der enormen Kosten des Aufbaus Ost zu einem **infrastrukturellen Entwicklungsstau** geführt hat.
- Sie resultieren ebenso aus der Agenda 2010 (von der Schröder-Regierung 2003 initiiert), die nach Ansicht ihrer Kritiker mit ihren einschneidenden Sparmaßnahmen im Bereich der Sozial-, Renten- und Gesundheitspolitik die **Kluft zwischen Arm und Reich** weiter vertieft hat, während ihr ihre Befürworter u. a. einen nachhaltigen positiven Effekt auf die Beschäftigungszahlen zuschreiben.
- Und sie resultieren letztlich aus den Folgen der **internationalen Krise** der Bankenwirtschaft, der weltweiten Energie- und Klimaproblematik und der Flüchtlingsproblematik.

Biografischer Bezug

Hartmut Lange wurde 1937 in Berlin-Spandau als Sohn eines Metzgers und einer Verkäuferin geboren. Als er zwei Jahre alt war, wurde die Familie zwangsweise nach Posen in Polen umgesiedelt. Der Vater fiel im Weltkrieg. Als seine Mutter mit ihm zu Kriegsende einen Fluchtversuch unternahm, gerieten beide in ein sowjetisches Lager, aus dem sie 1946 nach Ostberlin abgeschoben wurden. Hier lebte er in Berlin-Adlershof bis 1965. Lange besuchte die Oberschule nur bis zur elften Klasse und verdiente sich dann seinen Lebensunterhalt mit Gelegenheitsarbeiten. 1957–1959 studierte er Dramaturgie an der Deutschen Hochschule für Filmkunst in Potsdam-Babelsberg und arbeitete darauf 1961–1964 als Dramaturg am Deutschen Theater in Ostberlin, wo er sich mit dem Dramatiker Peter Hacks befreundete. Nach Konflikten mit der offiziellen Kulturpolitik der DDR nutzte Lange 1965 einen Urlaubsaufenthalt in Jugoslawien, um sich nach Westberlin anzusetzen. Hier erhielt er eine Anstellung an der Schaubühne am Halleschen Ufer und arbeitet seitdem in Berlin an verschiedenen Theatern als Dramaturg, Regisseur und freier Schriftsteller. Er lebt mit seiner Frau in Berlin und bei Perugia in Umbrien (Italien). *(Jahre in der DDR)*

Noch während seiner DDR-Zeit hatte Lange als **Dramatiker** auf sich aufmerksam gemacht und galt als einer der Talentiertesten in der Nachfolge des sozialistisch orientierten epischen Theaters im Stile Brechts. Er schrieb an die 15 Theaterstücke. Die Wende zur novellistischen Prosa kam 1982 mit einer weltanschaulichen Krise, als sich Langes geistige Orientierung weg von Marx und Engels hin zu Schopenhauer, Nietzsche und Heidegger verschob. Lange erkannte, dass die auf politischer Analyse basierende Erkenntnis niemandem hilft und rettet. Als Konsequenz dieser Einsicht rückte das Subjekt mit seiner existenziellen Problematik in den Mittelpunkt seines Interesses *(Selbsterfahrung des Einzelnen)*

2.2 Strukturell unterschiedliche Erzähltexte aus unterschiedlichen historischen Kontexten
2.2.6 Fokus: Hartmut Lange, *Das Haus in der Dorotheenstraße* (2013)

und die Darstellung der Selbsterfahrungen des Einzelnen ins Zentrum seiner Novellen. *Das Haus an der Dorotheenstraße* ist Langes 17. Buchausgabe einer Novelle oder Novellensammlung.

INFO

Daten zum Text:

Textsorte	Novelle
Veröffentlichung	*Das Haus in der Dorotheenstraße*, Diogenes Verlag AG, Zürich 2013, S. 71–93
Quelle	Shakespeare, *Die Tragödie von Othello, dem Mohren von Venedig* (1603/1604)
Literarische Einordnung	Gegenwart
Thema	Eheproblem
Kontext	dritte von fünf Novellen des gleichnamigen Sammelbandes
Zeit der Handlung	Mitte Februar bis Mai 2011
Erzählte Zeit	vier Monate
Ort der Handlung	Dorotheenstraße, 14109 Berlin (Potsdam-Kohlhasenbrück), Berlin, London
Hauptfiguren	Gottfried Klausen (Wirtschaftskorrespondent), Xenia (seine Frau), Chefredakteur, Sekretärin; Männerstimme

Inhalt (6 Kapitel)

(1) Das Ehepaar Klausen hat in der abseits gelegenen Dorotheenstraße in Kohlhasenbrück, an der Grenze zwischen Berlin-Wannsee und Potsdam, wo die Nathanbrücke über den Teltowkanal führt, ein älteres Haus gekauft. Gottfried Klausen hat Mitte Februar den Posten des Wirtschaftskorrespondenten einer überregionalen Tageszeitung in London übernommen. Seine Frau möchte aber vorerst in der Dorotheenstraße bleiben.

Probleme einer Fernbeziehung

(2) Nach sechs Wochen sitzt Klausen immer noch allein in seinem Zweizimmerapartment in London. Er ist unzufrieden und kommt mit dem Wetter nicht zurecht. Eines Tages besucht er eine Aufführung des Ehedramas *Othello*, dargeboten von der Royal Shakespeare Company, und findet das Stück unglaubwürdig, weil Othello, statt die vermeintliche Untreue seiner Ehefrau Desdemona vernünftig zu hinterfragen, diese eifersüchtig umbringt. Als er nach der Vorstellung seine Frau Xenia anruft, erreicht er sie weder über Handy noch Festnetz. Mit der Beruhigung, seinerseits die Telefonverabredung eingehalten zu haben, legt er sich schlafen. In der Nacht wird er wach, ist irritiert und fühlt sich fremd. (3) Am nächsten Morgen schlägt er seiner Frau eine seiner Meinung nach geeignete Dreizimmerwohnung in der Londoner Gower Street vor, aller-

2.2 Strukturell unterschiedliche Erzähltexte aus unterschiedlichen historischen Kontexten
2.2.6 Fokus: Hartmut Lange, *Das Haus in der Dorotheenstraße* (2013)

dings müsse der Vertrag in spätestens zwei Wochen unterschrieben sein. Als er seiner zögernden Frau seine Einsamkeit klagt, verabreden beide, dass Xenia am kommenden Sonntag nach London fliegen solle, um sich die Wohnung anzusehen. Zeitig wartet er mit einem Veilchenstrauß in der Hand vor dem Gate, doch Xenia kommt nicht. Als er sie über sein Handy anruft, antwortet ihm eine unbekannte Männerstimme. Klausen legt sofort auf und reagiert während der Heimfahrt nicht einmal mit einem Blick auf das wiederholte Klingeln. Er unterstellt eine falsche Verbindung und findet verschiedene Gründe dafür, sich keine Sorgen machen zu müssen. Als er Xenia dann endlich erreicht, ist ihm ihre Entschuldigung nicht wichtig; er nimmt alle Schuld auf sich und zeigt sich bemüht, baldmöglich nach Berlin zu kommen. (4) In den folgenden Wochen arbeitet er sehr intensiv, um eine Woche Urlaub in Berlin verbringen zu können. Am Abend vor seiner Abreise muss er wegen eines Brandgeruchs seine Schlafzimmerfenster schließen. Am Tage seines Abflugs (21. oder 24. Mai 2011) muss er feststellen, dass infolge eines Ausbruchs des Vulkans Grimsvötn in Island der Flughafen Heathrow geschlossen ist. Als er Xenia davon unterrichten will, hört er erneut eine Männerstimme und im Hintergrund Xenias Lachen. Xenia meldet sich nicht. (5) Klausner ist wie betäubt. Doch statt sich mit einem erneuten Anruf Klarheit zu verschaffen, sucht er nach möglichen Erklärungen, die in dem Verdacht münden, seine Frau betrüge ihn. Als er Tage später erneut eine *Othello*-Vorstellung besucht, verlässt er das Theater, bevor Othello im fünften Akt seinen Eifersuchtsmonolog hält, in dem er mit den Worten „Put out the light" Desdemonas Tod beschließt. Klausen sucht einen Pub auf, um alles zu überdenken. (6) Die Mordaufforderung „Put out the light" geht ihm nicht mehr aus dem Kopf. Er wird bei seiner Arbeit fahrig, recherchiert schlampig und berichtet von Privataffären einiger Abgeordneter sowie von Orientierungsproblemen im Londoner Nebel. Als sein Chefredakteur diese Berichte nicht akzeptiert, bittet Klausen, ihn zu versetzen, weil er sich mit London nicht anfreunden könne. Er möchte zunächst nach Island geschickt werden, um über das dortige Aschefeld zu berichten. Hier bricht der Erzähler die Darstellung von Gottfried Klausen mit den Worten ab, man wisse nicht, was danach geschehen sei. Stattdessen fragt er sich, warum Klausen nicht nach Hause in die Dorotheenstraße wolle, um wenigstens seine persönlichen Sachen zusammenzusuchen. Dort habe wegen der warmen Witterung die Kastanienblüte begonnen, und von der Nathanbrücke aus sei das immer hell erleuchtete Haus kaum noch sichtbar. Die Frau, die in dem Hause lache, solle sich aber nicht zu sicher fühlen. Denn es könne sein, dass eines Nachts der Hausherr doch noch zurückkäme, „Put out the light" riefe und alles Licht im Hause löschte.

Randnotizen: Die rätselhafte Männerstimme; Offenes Ende

Übersicht: Analyse

Erzähler	– auktorialer Er-Erzähler mit Kommentaren in der Funktion eines antiken Dramenchores (Vermittler zwischen Leser und Geschichte): dialogische Struktur – Erzähler in der Rolle eines Chores (6-mal: 78,21 ff.; 78,26–79,18; 87,20–88,7; 88,14–20; 92,10–23; 93,7–18) – unzuverlässiges Erzählen: Lücken in der Darstellung der Figuren und der Handlung

2.2 Strukturell unterschiedliche Erzähltexte aus unterschiedlichen historischen Kontexten
2.2.6 Fokus: Hartmut Lange, *Das Haus in der Dorotheenstraße* (2013)

Textsorte	– novellenhafte Erzählung
Struktur	– sechs Kapitel, das erste und letzte jeweils geteilt – Gliederung in Form eines 5-aktigen Dramas: Exposition (1–2: Figuren- und Problemeinführung: befremdende Wohn- und Eheverhältnisse), Steigerung (3: Xenias Ausbleiben, Männerstimme), Peripetie (4: Vulkanausbruch, Männerstimme, Xenias Lachen), Retardierung (5: Betrugsverdacht, Überlegung), Katastrophe (6: Bitte um Islandreise, Kritik und Warnung des Erzählers)
Raum-Zeit-System	– geografischer Raum als symbolischer Raum – zeitraffendes Erzählen
Sonderformen	gekürztes Originalzitat aus Shakespeare, *Othello*, V,2 (88,11–13)
Figurenrede	direkte Rede (13-mal: 75,6 ff.), indirekte Rede (8-mal: 75,3 ff.), innerer Monolog (mit Inquit-Formel und halber Anführung, 12-mal: 76,19 f.), Rede (87,20, 4-mal)
Sprache	schmucklose, nüchterne Ausdrucksweise in bevorzugter Hypotaxe
Tempus	episches Präteritum; Ausnahmen: Präsens (78,26–79,18; 81,3–8)
Deskriptionen	Landschaft (73,1–16), Klausens Haus (74,2–8), Klausens Zimmer (79,1–11), Wohnung in der Gower Street (80,4–10), Flughafen Heathrow (81,3–8), Klausens Haus (93,4–7)
Stilmittel	**semantisch**: Wortfeld der Vernunft (7-mal, vernünftig: 2-mal: 74,1; gründlich: 74,23, präzise: 74,25, Fakten: 77,21, Nachweisbarkeit: 77,21 Verabredung: 3-mal: 78,21, Klarheit: 87,14) vs. Wortfeld des Gefühls (7-mal: Gefühl: 73,21, Geborgenheit: 73,21, Unzufriedenheit: 76,18, Fremdheit: 3-mal: 78,27, Gekränktheit: 82,26, Geduld: 85,25, Zuneigung: 92,13), Wortfeld der Telekommunikation (telefonieren: 7-mal: 76,13 f.; Handy: 5-mal: 78,12), voller Name der Hauptfigur (Ausdruck der Distanz, 17-mal: 74,19) **syntaktisch**: hypotaktischer Doppelsatz (getragener Satzrhythmus: 34-mal: 73,1–6), Einschübe (15-mal: 74,23 f.), Satzanfang mit „Und" (6-mal: 75,6), Asyndeton (5-mal: 77,3–5), Ellipse (3-mal: 76,4), Anapher (2-mal: 79,1–3), Wiederholung (2-mal: 82,2–4), Polysyndeton (84,5–8) **pragmatisch**: Vergleich (2-mal: 85,20), doppelsinnige Andeutungen (10-mal: 76,21), Gegensätze (verwunschene ländliche Romantik Kohlhasenbrücks vs. öde Kargheit der Metropole Londons; rational kontrollierte, analytisch präzise Welt der Medienkultur vs. wilde, ungezügelte Welt der Natur: Garten, Vulkan; Othello-Kritik als Theorie des Umgangs mit vermuteter Untreue vs. egoistisch-eifersüchtige Verdächtigung als Praxis; Steigerung im Erzählerkommentar (Allgemeinplatz, 78,26 f.; vorwurfsähnlicher Einwand, 82,27–83,6; überprüfendes Bedenken, 87,17 ff.; vorwurfsvolles Bedenken, 92,14 ff.; drohende Warnung, 93,8 ff.)

2.2 Strukturell unterschiedliche Erzähltexte aus unterschiedlichen historischen Kontexten
2.2.6 Fokus: Hartmut Lange, *Das Haus in der Dorotheenstraße* (2013)

Symbolik	**Namenssymbolik**: Gottfried (biedermännisch); Klausen (in sich eingeschlossen Alleinlebender); Xenia (Wortspiel: die Fremde vs. die Gastfreundliche) **Pflanzensymbolik**: Buche (Selbstsucht, Engstirnigkeit, Schutz der Ehe und Ehefrau), Fichte (Ringen um Klarheit, hoffnungsvolle Zuversicht), Veilchen (Unschuld, Demut; Bitte um Geduld), Kastanienblüte (sexuelle Sehnsucht, Bitte um Verzeihung), **Dingsymbole**: Haus (Geborgenheit, Heimat), Kanal (eingeschränkte Erotik), Brücke (Hindernisse überwinden), Halbkreis (Endstation), Vulkanausbruch (Ausbruch unterdrückter Gefühle), Asche (Ende der Liebesbeziehung)
Motive	weitmaschiges, loses Netz an inneren Bindungen: Verkehrsmittel (zur Überwindung von Distanz: Auto, Taxi, Bus, Zug, Flugzeug), Brücke (4-mal: 76,20), Schlafzimmer (3-mal: 84,18), Lachen (3-mal: 86,14), Regen (2-mal: 77,1), Männerstimme (2-mal: 86,8), Fenster (2-mal: 85,5), Untreue (2-mal: 78,4)
Intertextualität	Franz Kafka, *Auf der Galerie*, Erzählung (79,11–18) Max Frisch, *Biedermann und die Brandstifter*, Stück (Chorpassagen, besonders S. 93)

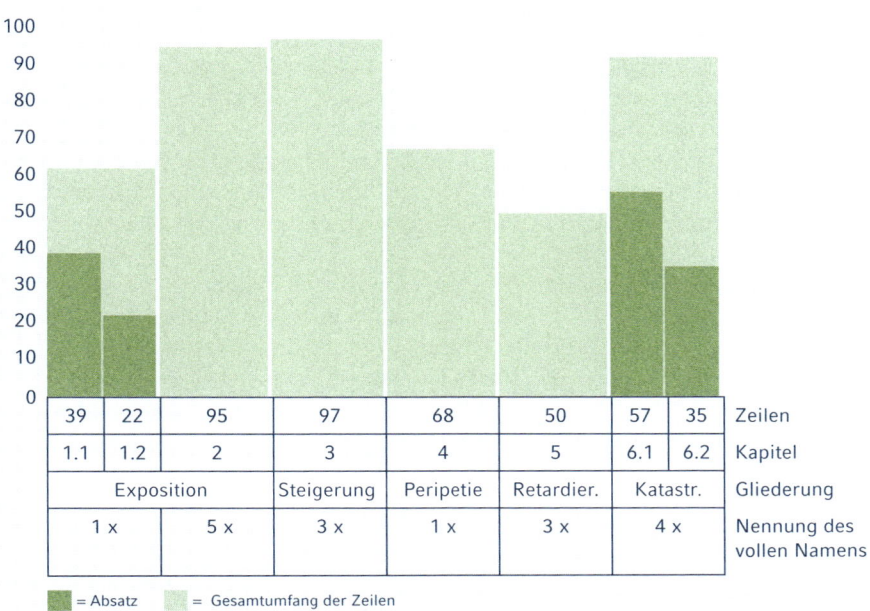

Schaubild 17: Struktur von *Das Haus in der Dorotheenstraße*

2.2 Strukturell unterschiedliche Erzähltexte aus unterschiedlichen historischen Kontexten
2.2.6 Fokus: Hartmut Lange, *Das Haus in der Dorotheenstraße* (2013)

Übersicht: Interpretation

biografisch	eigene Erfahrungen
soziologisch	Entfremdung durch die moderne Arbeitswelt
Gender	Anzeichen des Rollenaufbruchs
kommunikations-theoretisch	Scheitern der Annäherung
psychologisch	Entdeckung des Unheimlichen in der eigenen Psyche
philosophisch	rationaler Zweifel als Teil einer emotionalen Verzweiflung
ästhetisch	auf die Problematik reduzierter Text der Andeutungen und Fragen
rezeptionsästhetisch	appellativer Text für aktive, reflexionswillige Leser

Biografischer Aspekt

Unter dem **biografischen Aspekt** lässt sich höchstens feststellen, dass Lange die Gegend in Kohlhasenbrück aus eigener Anschauung sehr gut kennt und die Problematik des geschilderten Einzelschicksals kein theoretisches Konstrukt ist, sondern der Lebenserfahrung des Autors erwachsen sein wird. Insofern ist der biografische Aspekt unergiebig und verzichtbar.

Soziologischer Aspekt

Die Geschichte zeigt unter dem **soziologischen Aspekt**, wie die zunehmende Großräumigkeit der Arbeitswelt (Rom, Madrid, London, S. 74,27 f.) selbst die engsten persönlichen und individuellen Nahbeziehungen (zur Ehefrau Xenia) gefährdet. Der moderne Mensch Klausen ist in der globalisierten Welt überall unterwegs, aber nirgends zu Hause. Selbst dem Ort, wo er seine emotionale Heimat wähnt (Kohlhasenbrück), entziehen seine zunehmenden Wissens- und Erlebnislücken das notwendige Sicherheitsempfinden und vorbehaltlose Vertrauen, die als Voraussetzungen für ein ungetrübtes Heimatgefühl grundlegend sind. Gewohnheit, Gedankenlosigkeit, Gleichgültigkeit sowie Spekulation und Misstrauen zersetzen zudem das Fundament des Vertrauens. Dadurch dass Klausen Beruf und Karriere zunehmend an die erste Stelle seines Lebens rückt (77,5–8, 92,3–9), verdrängt er von dort die personale Bindung, die allein seiner Psyche Halt gibt (80,16–18). Er lässt sich sogar dazu verleiten, die Erfordernisse dieser Bindungen durch die auf Konkurrenz, Erfolg und Profit ausgerichteten Strukturen der Arbeitswelt zu ersetzen und sich so nicht nur von seiner Heimat und dem ihm lieb gewesenen Menschen, sondern auch von sich selbst zu entfremden. Und plötzlich steht er vor dem unerwarteten Rätsel um die Treue seiner Frau, das ihm unheimliche Reaktionen in ihm hervorruft, die seine geordnet scheinenden Verhältnisse zerrütten.

Gender-Aspekt

Damit rückt auch der **Gender-Aspekt** in das Blickfeld. Das Verhältnis zwischen Klausen und seiner Frau scheint konservativ angelegt zu sein, soweit die Novelle ein Urteil zulässt. Klausen ist mit Sicherheit kein „Hausvater" mehr, schon deshalb, weil er nicht mehr in seinem Haus lebt und allem Anschein nach keine Kinder hat. Er ist vielmehr als im Ausland eingesetzter Wirtschaftsjournalist ein Mann des öffentlichen Le-

2.2 Strukturell unterschiedliche Erzähltexte aus unterschiedlichen historischen Kontexten
2.2.6 Fokus: Hartmut Lange, *Das Haus in der Dorotheenstraße* (2013)

bens, verfolgt gesellschaftsanalytische Aufgaben und erscheint insofern als autonome, rationale Persönlichkeit, deren Wert sich daran bemisst, was sie für ihren Arbeitgeber leistet. Xenia, Klausens Frau, erscheint aus der Sicht Klausens ebenfalls in einem traditionellen Rollenschema gefangen. Ihr obliegt offenbar die Gestaltung des gemeinsamen Heims, die Sorge um die Behaglichkeit des täglichen Lebens, die eheliche Beziehungsarbeit und die wärmende Funktion der Ehegemeinschaft. Sie scheint einfühlsam, zurückhaltend und von ihrem Mann abhängig zu sein. Von einer eigenen beruflichen Tätigkeit ist an keiner Stelle die Rede. Da ihr der Text kein eigenes Auftreten zubilligt, wirkt sie merkwürdig entpersonalisiert und in Verschmelzung mit der botanischen Wildheit ihrer Wohnumgebung gleichsam naturalisiert. Das macht sie und ihr Verhalten rätselhaft, unerklärlich und stilisiert sie zu einem Mythos der Weiblichkeit. Doch die Positionierung der Geschlechter verharrt nur dem Anscheine nach in konservativer Stabilität. Xenia entscheidet selbstständig, wenn sie vorerst auf ihren Verbleib in Kohlhasenbrück besteht, die Reise nach London nicht antritt und sich vielleicht wirklich mit einem Liebhaber vergnügt. Klausen hingegen zeigt eher Anzeichen einer männlichen Krise. So bewegt er sich recht erfolglos in der Vorrangsrolle des Mannes und vermag wegen des getrennten Lebens seine tradierte Funktion als Beschützer nicht zu erfüllen. Er wirkt aus der Bahn geworfen, als er sich der Treue seiner Frau als Basis und Stütze seiner Lebenspraxis nicht mehr sicher zu sein wähnt.

Unter einem **kommunikationstheoretischen** Ansatz gerät vor allem die Dialektik der modernen technischen Kommunikation in den Blickpunkt. Es zeigt sich, dass trotz aller technischen Innovationen, die räumliche Distanz zwischen Menschen zu verkürzen oder zu überbrücken, sei es durch die Entwicklung verkehrstechnischer Hilfsmittel wie Eisenbahn, Automobil oder Flugzeug, sei es durch die Entwicklung kommunikationstechnischer Hilfsmittel wie Telefon und Handy, letztlich die psychische Distanz zwischen den Menschen nicht notwendigerweise verbessert wird. Vielleicht tragen die erweiterten technischen Kommunikationsmöglichkeiten paradoxerweise sogar zum Aufbau einer größeren zwischenmenschlichen Distanz bei. Zwischen Klausen und seiner Frau zumindest scheitern alle Versuche einer räumlichen Annäherung. Noch gravierender sind allerdings die durch das Scheitern von technischen Kommunikationsversuchen per Telefon oder Handy heraufbeschworenen Missverständnisse und Be- und Entfremdungen. *Kommunikationstheoretischer Aspekt*

In welchem Maße mit der Selbstentfremdung das Unheimliche in uns Einzug halten kann, verdeutlicht der **psychologische Aspekt** der Deutung. Klausen ist sich seiner selbst zunächst sicher. Er ist wie gewohnt ganz auf sich selbst konzentriert, nimmt den Posten in London an, obwohl seine Frau nicht mitkommt, und handelt nach der Reihenfolge Ich, Wir, Du (75,7 f.). Er klagt seiner Frau gegenüber über sein Alleinsein in der Fremde (80,15 ff.), hat aber keinen Gedanken für *ihr* Alleinsein. Auch mit der in Aussicht genommenen Wohnung in der Gower Street meint er, über Lebensentscheidungen seiner Frau verfügen zu können. Ihre Erklärungen ihres Verhaltens und die Begründungen für ihre Entscheidungen sind ihm hingegen „unerheblich" (83,14). Die gemeinsame romantische Lebensidylle, die das Haus in der Dorotheenstraße repräsentiert, existiert nicht mehr, aber das wird von Gewohnheiten und Verabredungen kaschiert (78,21 ff.; 88,5 ff.). Jetzt reicht eine kleine Beunruhigung, um die dünne Oberfläche der Wirklichkeit zu durchbrechen und Verunsicherung, Illusion und Selbsttäuschung entstehen zu lassen. Shakespeares *Othello* liefert das literarische Alarmsi- *Psychologischer Aspekt*

2.2 Strukturell unterschiedliche Erzähltexte aus unterschiedlichen historischen Kontexten
2.2.6 Fokus: Hartmut Lange, *Das Haus in der Dorotheenstraße* (2013)

gnal. Nicht gelingende Telefonate und die nicht angetretene Londonreise seiner Frau irritieren zwar, aber beunruhigen noch nicht (82,6). Erst eine fremde Männerstimme am anderen Ende der Leitung sorgt für eine Verunsicherung, auf die Klausen nicht vorbereitet ist. Noch glaubt er, mit rationalen Erklärungsversuchen, Zugeständnissen und Schuldübernahmen zur alten Selbstgewissheit und Problemfreiheit zurückgefunden zu haben (82,27 f.). Doch das erneute Hören einer Männerstimme und vor allem das Lachen einer Frau, in dem er das seiner Frau erkannt zu haben meint (86,15), lösen eine emotionale Reaktion aus, der sein rationales Denken nicht gewachsen ist (87,13). Da es ihm unmöglich ist, die Sachverhalte logisch aufzuklären, blühen Vorstellungskraft und Fantasie auf (87,20–88,7). Die Erkenntnis, dass er selbst über den Menschen, der ihm am nächsten steht, nicht alles weiß, befremdet und bedroht ihn. Obwohl er die wahren Sachverhalte gar nicht erkennen kann, misst er seinen eigenen Mutmaßungen das Gewicht der Wirklichkeit zu und sieht psychopathische Gespenster, die sein Leben völlig durcheinanderbringen (90). Dies löst bei ihm eine innere Angst aus, die ihn sogar zu radikalen Lösungen drängt („Put out the light)". Das Unheimliche ist somit nicht nur ein Gefühl, das aus unerklärlichen Sachverhalten resultiert, sondern in noch höherem Maße die erschreckende Entdeckung der eigenen Psyche (91,18 f.).

Philosophischer Aspekt

Der **philosophische Aspekt**, den die Interpreten wegen der Lebens- und Erkenntniskrise des Autors gern betonen und unter dem sie Zusammenhänge mit Pascal, Hegel, Marx, Kierkegaard, Schopenhauer oder Nietzsche herstellen, vertieft und verallgemeinert diese psychologische Betrachtungsweise. Die Krise zwischen den Ehepartnern wird symptomatisch für die existenzielle Krise des Menschen schlechthin gewertet. Dieser hat trotz der langen Entwicklung der Aufklärung noch nicht zu sich selbst gefunden und will seine Unfähigkeit zu vertrauensvoller Partnerschaft nicht wahrhaben. Ihm wird in seiner gesellschaftlich verursachten selbstentfremdeten Situation die Natur mehr zur Bedrohung als zum Trost. So sieht sich der moderne Mensch aus der Beschränktheit seiner Erkenntnisfähigkeit einer existenziellen Situation ausgesetzt, deren Doppelbödigkeit und Unwägbarkeiten seine Grundangst des Lebens nährt und ihn in eine Sphäre des Unheimlichen hüllt. Lange erzeugt mittels bewusst eingesetzter Ambiguitäten (Mehrdeutigkeiten) eine Verrätselung der Welt und einen Angstzustand, in dem man die von der Welt der Sinne ausgelösten Zweifel mit dem Zweifel an der Welt des Verstandes vermengt: Der rationale Zweifel wird zu einer nahezu unheilbaren emotionalen Verzweiflung.

Ästhetischer Aspekt

Der **ästhetische Aspekt** erhellt, dass sich in dieser Erzählung die Fähigkeiten des Prosaisten mit denen des Dramatikers verbinden. Einem geringen Handlungsbogen – zwei ausgefallene Flüge, ein paar misslungene Telefonate – steht ein wohlkalkulierter Spannungsbogen gegenüber. Der reicht von einer einvernehmlich liebevollen Umarmung (75,13) bis immerhin zur Möglichkeit eines Mordes („Put out the light!", 93,15). Es ist aber nicht nur die manische Reaktion und psychologische Entwicklung Klausens, die den Bogen spannt, es sind auch die fast unscheinbaren erzählerischen Mittel, die zum Einsatz gelangen.

Zunächst setzt Lange einen ungenauen und in seinem Wissen lückenhaften Erzähler ein. Nicht nur, dass er dem Leser das Ende der Beziehungskrise vorenthält, er liefert von den Figuren auch keine Beschreibung, geht nicht auf ihr Alter ein, trifft keine Aussagen, ob Xenia ihren Mann zu den anderen Auslandsstationen begleitet hat, wie er alle möglichen Bemerkungen zu Xenia verschweigt. Auch seine Zeitangaben sind un-

2.2 Strukturell unterschiedliche Erzähltexte aus unterschiedlichen historischen Kontexten
2.2.6 Fokus: Hartmut Lange, *Das Haus in der Dorotheenstraße* (2013)

präzise: Nach dem ersten Telefonat mit der Männerstimme arbeitet Klausen zunächst „in den nächsten Wochen" (84,1), dann, beim zweiten Telefonat mit der Männerstimme, fand das erste erst „vor Tagen" (86,7) statt. Hinzu kommt, dass der Flughafen in Heathrow beim Ausbruch des Grimsvötn gar nicht gesperrt wurde, sondern nur einige Flüge ausfielen, z. B. nach Berlin am 24. 05. 2011. Eine Sperrung erfolgte ein Jahr zuvor beim Ausbruch des Eyjafjalla.

Der Erzählstil ist zurückhaltend nüchtern und scheint mit Stilmitteln zu geizen. Aber es ist genau diese Zurückhaltung, die die Geschichte raffiniert macht. Auf der anderen Seite strotzt die Geschichte nämlich vor Andeutungen. Neben den leicht durchschaubaren *Othello*-Motiven und dem des Vulkanausbruchs vollziehen sie sich einmal auf der doppeldeutigen Ebene der Sprache, wenn z. B. Klausen der Wind ins Gesicht bläst (76,21), es Viertel vor zwölf ist (78,24 f.) und sich zwei Welten nicht mehr berühren (79,17 f.); zum anderen aber auch durch das Nicht-Gesagte: Wenn Klausen meint, man müsse sich um die gemeinsame Wohnung kümmern (80,1), ist ihm vielleicht nicht klar, dass er sich vornehmlich um die gemeinsame Beziehung kümmern müsste. Wenn es ihm wichtig ist, wieder einmal auf der Nathanbrücke zu stehen (83,21 f.), ist ihm seine Frau Xenia offenbar weniger wichtig. Die Geschichte treibt das auf die Spitze, als Klausen es vorzieht, statt mit seiner Frau in Berlin ihre Beziehungsprobleme zu klären, sich von London nach Island versetzen zu lassen (92,4). Hier nimmt der Erzähler auch am deutlichsten die Rolle eines antiken Chores an, wenn er in einer Art mahnendem Vorwurf das Verhalten Klausens kritisiert. Das hat einen weiteren Effekt: Indem er an der Richtigkeit des Figurenverhaltens zweifelt, lässt er keinen Zweifel an der Glaubwürdigkeit und Realität des Erzählten zu. Letztlich hält der Erzähler in dem Maße, in dem die Andeutungstechnik seine Aussagen ersetzt, die Geschichte in einer eigentümlichen Schwebe, die letztendlich auf den nur möglichen, nicht aber notwendigerweise realen Schluss der Erzählung hinausläuft.

Diese ästhetische Struktur des Textes hat nicht nur einen selbstreferenziellen Wert, sie ist auch als Hinwendung an den Leser zu verstehen. Dies untersucht der **rezeptionsästhetische Ansatz**. Schon von Beginn an offenbart der Text seine im Grunde dialogisch-appellative Intention. Aussagen wie „wie gesagt" (73,1) und „zugegeben" (74,9) unterstellen nicht nur, dass der Leser auch die anderen Geschichten des Sammelbandes kennt – Lange geht bereits in der ersten Geschichte auf den Teltowkanal ein (11) – er suggeriert auch einen vorhandenen Erzähler-Leser-Bezug. Dieser steigert sich in den chorhaften Erzählerkommentaren, vom Allgemeinplatz (S. 78,26: „Jeder kennt…") über den vorwurfsvollen Einwand (81,13 f.) und das überprüfende Bedenken (87,17 ff.) zum bedenkenden Vorwurf (92,14 ff.) und letztlich zur drohenden Warnung (93,8 ff.). So wie der antike Chor des Dramas eine Vermittlungsfunktion zwischen Stück und Publikum einnahm, so überträgt Lange diese Funktion hier auf den Erzähler. Dessen rhetorische Fragen sind eindeutig nicht an die Hauptfigur gerichtet, sondern an den Leser. Lange setzt somit einen aktiven Leser voraus, der bereit ist, die Reduktion des Erzählens auf die dargestellte Problemstruktur zu akzeptieren, unklare Erzählformen und Darstellungslücken in Kauf zu nehmen und die ihm vom Erzähler aufgedrängten Fragen zu erwägen und zu beantworten. Damit hat der Text eine appellative Gesamtfunktion: Der Leser soll sich einmal mit der Sachlage der vermuteten Untreue auseinandersetzen und zum anderen mit der Unheimlichkeit der eigenen Psyche, die jeden befallen kann. Mea res agitur: Es geht um meine eigene Sache.

Rezeptionsästhetischer Aspekt

Schaubild 18: Interpretationsansätze zu *Das Haus in der Dorotheenstraße*

2.3 LYRISCHE TEXTE ZU EINEM THEMENBEREICH IM HISTORISCHEN LÄNGSSCHNITT UNTER BERÜCKSICHTIGUNG IHRER POETOLOGISCHEN KONZEPTE

Bei der Behandlung der Gattung Lyrik werden keine Einzelwerke vorgegeben, sondern nur ein Thema. Deshalb ist es schwierig, selbst herausragende Gedichte des in Frage kommenden Themas als bekannt vorauszusetzen. Infolgedessen sollen in diesem Kapitel vor allem die strukturellen Wissenselemente angesprochen werden. Dazu gehören neben den Basisinformationen und denen zu den zeitgeschichtlichen und historischen Hintergründen der Epochen vor allem die kennzeichnenden stilistischen Strukturen sowie formalen Schwerpunkte.

2.3.1 Poetologische Konzepte

Übersicht: Formen und Elemente des lyrischen Sprechens

Gedichtformen	Lied	einfache Strophen aus meist 4 gereimten kurzen Versen
	Sonett	2 Quartette: abba, 2 Terzette: cdc/dcd oder cde oder ccd/eed
	Ballade	(dramatisches) Erzählgedicht
	Ode	reimlose Strophen in hohem Sprachstil
	Hymne	freirhythmischer feierlicher Preisgesang ohne Reim

2.3 Lyrische Texte zu einem Themenbereich im historischen Längsschnitt
2.3.1 Poetologische Konzepte

Strophenformen	Distichon	2-zeilig, meist 6 Daktylen
	Lied	4-zeilig, oft im Kreuzreim mit alternierendem Metrum
	Chevy-Chase	4-zeilige Balladenstrophe: 1. u. 3. Vers: 4 Hebungen, 2. u. 4. Vers: 3 Hebungen, Kreuzreim
	Stanze	8-zeilig; Reimschema: abababcc, oft 5-hebiger Jambus
Metrum	Jambus	x´x: Gedícht: Blankvers (5-hebig ohne Reim), Alexandriner (6-hebig mit Zäsur)
	Trochäus	´xx: Prósa
	Anapäst	xx´x: Anapäst
	Daktylus	´xxx: Dáktylus: Hexameter (6-hebig); Pentameter (6-hebig mit 2 fehlenden Senkungen)
	Knittelvers	unregelmäßig, 4 Hebungen, paargereimt
Vers	Zeilenstil	Kolon (Satzeinheit) und Versende stimmen überein (oft Satzzeichen, Beginn des nächsten Verses mit „und" etc.).
	Enjambement	Zeilensprung: Satzeinheit wird im folgenden Vers fortgeführt.
	Hakenstil	Dominanz von Enjambements in einer Strophe
Klangmittel	Assonanz	auffällige Wiederholung gleicher Vokale in betonten Silben: Am A̱nfang war a̱lles wa̱hr.
	Alliteration	auffällige Wiederholung gleicher Konsonanten in betonten Silben: wie w̲undersam das W̲olkenw̲ort gew̲ählt
	Onomatopoesie	Lautmalerei: der Keks krackt und knackt
Endreime	Paarreim	aa bb cc
	Kreuzreim	abab
	umarmender Reim	abba
	Schweifreim	aabccb
	Haufenreim	aaaaa

2.3 Lyrische Texte zu einem Themenbereich im historischen Längsschnitt
2.3.1 Poetologische Konzepte

andere Reime	Anfangsreim	Reim der ersten beiden Wörter im Vers
	Binnenreim	Reim innerhalb desselben Verses
	Schlagreim	Reim zwischen zwei aufeinanderfolgenden Wörtern
	Waise	reimloser Vers innerhalb einer gereimten Umgebung
Kadenz	männlich	betontes Versende: hát, Apparát, Erntedánk
	weiblich	unbetontes Versende: gelúngen, háben, Líebschaft
Bildlichkeit	Vergleich	mit wie: hoch wie ein Baum
	Metapher	Vergleich ohne wie: Er war ein Baum
	Symbol	allgemein eingeführtes und bekanntes Sinnbild: Rose = Liebe, Taube/Ölzweig = Friede
	Chiffre	außerhalb der Konvention willkürlich gewähltes Sinnbild: Eis = Schweigen

Übersicht: Geschichtliche Entwicklung der Lyrik

Humanismus	Gelehrtenpoesie	Dichterschulen: Imitationen und Variationen traditioneller Muster
Barock	höfische Poesie	Gesellschaftsdichtung und religiöse Dichtung: Kirchenlieder
18. Jh.	bürgerliche Poesie	Lehrgedicht, anakreontische Gesellschaftsdichtung, vaterländische und Kriegslieder, politische Lyrik, religiöse Lieder (Aufklärung), empfindsame und genialische Poesie, weltliche Lieder (Sturm und Drang), Gedankenlyrik (Klassik)
19. Jh.		irrationale Lyrik, intellektuelle Reflexion, Hymnen, Volkslieder und volkstümliche Lieder, Freiheitslieder (Romantik); pessimistische, idyllische, weltschmerzliche Lyrik (Biedermeier); politische Lyrik (Vormärz), Naturlyrik, Balladen, humoristische Lyrik (Realismus); Sozialkritik am technischen Zeitalter (Naturalismus); L'art pour l'art, Sprachexperimente, Metaphorik (Symbolismus)

2.3.2 Fokus: „unterwegs sein" – Lyrik vom Barock bis zur Gegenwart

Zum Thema „unterwegs sein"

Unterwegs zu sein hat die **Bedeutung**, auf einem Weg zu sein von Position A zu Position B. Es bedeutet Bewegung, Veränderung und Entwicklung, je nachdem ob man den Begriff räumlich, zeitlich oder geistig auffasst. Unterwegs zu sein heißt auf einer Reise zu sein, einen Ausgangspunkt verlassen zu haben, aufgebrochen zu sein, aber einen Zielpunkt noch nicht erreicht zu haben, noch nicht angekommen zu sein. „Unterwegs sein" ist somit ein prozessualer Begriff. *Prozessualer Begriff*

Man kann aus verschiedenen **Gründen** auf dem Weg sein, sich entweder willentlich und aus eigenem Antrieb auf dem Weg befinden, aus fremdem Antrieb billigend an einer Reise teil- oder sie allein unternehmen oder aber auch gezwungenermaßen und unfreiwillig auf einer Flucht sein, sei es aufgrund einer endgültigen Emigration, eines vorübergehenden Exils oder einer Vertreibung. *Freiwillig oder gezwungen*

Mit den jeweiligen Gründen verändert sich auch der **Sinn und Zweck** einer Reise. Er kann darin liegen, dem Alltag zu entkommen, Fernweh, Neugier oder Abenteuerlust zu befriedigen oder zu sich selbst zu finden, sich dem Modetrend einer Zeit folgend einer Erziehungs-oder Bildungsmaßnahme zu unterwerfen oder aus Angst vor Gewalt und Tod sein Leben zu retten.

In allen Fällen ist die **Problemstruktur** dieselbe. Unterwegs zu sein bedeutet, etwas Gewohntes, Vertrautes, heimatlich Bergendes zu verlassen, sich den Risiken der Ungewissheit anheimzugeben und sich etwas Neuem, Unerwartetem und Fremdem auszuliefern. Tut man das nicht, weil man in seiner gewohnten Komfortblase verweilt, reist man im Grunde auch nicht, denn man ist nicht wirklich unterwegs.

Der das Unterwegssein prägende **Prozess** wird bestimmt von der Begegnung mit Anderem in Form von Menschen, Lebensumständen, Landschaften, Klimaverhältnissen, sozialen Strukturen wie Sitten und Gebräuche sowie kulturellen, moralischen und politischen Ideen und Systemen.

Während und am Ende dieses Prozesses werden sich je nach der eigenen **Reaktion** auf das, dem man sich aussetzt oder dem man ausgesetzt wird, – sei diese Reaktion nun akzeptierend, tolerierend oder ablehnend – Rückwirkungen auf die eigene **Identität** einstellen. Die eigene Identität kann eine Bestätigung erfahren, sich stärken und festigen, sie kann aber auch durch Zweifel in eine Krise geraten und sich wandeln, bei extremer Erschütterung sogar verloren gehen und zum Entstehen einer völlig neuen Persönlichkeit führen. Das dürfte angesichts des auch für die menschliche Psyche gültigen Beharrungsvermögens allerdings eine Ausnahme bleiben. Unter Berücksichtigung all dieser Komponenten kann man Unterwegssein deshalb im weitesten Sinne auch als eine universelle **Metapher für das Leben** schlechthin auffassen. *Metapher für das Leben*

Der lyrische Schwerpunkt lässt sich thematisch leider nicht weiter eingrenzen, denn er nimmt nach Aussage der Fachaufsicht und dem Vorsitzenden der Aufgabenkommission „den Motivkomplex ‚unterwegs sein' in einem umfassenden Sinne in den Blick."[22] „Neben dem Unterwegssein im wörtlichen Sinne (soll) auch das vielfältige Spektrum

---

[22] Auskunft des Landesinstituts für Schule NRW (QUA-LiS NRW) vom 21. 12. 2017.

2.3 Lyrische Texte zu einem Themenbereich im historischen Längsschnitt
2.3.2 Fokus: „unterwegs sein" – Lyrik vom Barock bis zur Gegenwart

seiner übertragenen Bedeutungen – von der existenziellen, ursprünglich religiös bzw. metaphysisch konnotierten ‚Lebensreise' über das (...) gedankliche, entwicklungspsychologische Unterwegssein bis hin zu metaphorischen oder poetologischen Lesarten – vor dem Hintergrund literaturgeschichtlicher Entwicklungen berücksichtigt werden."[23] Das heißt, dass das Thema Reisen in seinem ursprünglichen Sinne eher in den Hintergrund tritt.

Das Thema in den Epochen

Beschränkung auf wesentliche Epochen

Da keine Autoren, sondern nur der Zeitraum vom Barock bis zur Gegenwart vorgegeben ist, eröffnet sich selbstverständlich ein sehr weites Feld, das Einzelbetrachtungen sinnlos macht. Wo immer in den vorgelegten Texten auf Personen, insbesondere Künstler, Zeitumstände, Orte, konkrete politische Verhältnisse oder Kulturobjekte jeglicher Art, seien es Gebäude, Skulpturen, Gemälde u. Ä. verwiesen wird, deren Kenntnisse man nicht im Rahmen einer altersgemäßen Allgemeinbildung voraussetzen kann, wird eine Erläuterung dem Textverständnis helfen müssen. Umgekehrt wird man wohl unterstellen dürfen, dass beim Prüfling grobe Kenntnisse über die jeweiligen in Frage kommenden literarischen Epochen und ihre soziopolitischen und kulturellen Hintergründe vorhanden sind, weil das Teil des literarhistorischen Unterrichts ist. Deshalb muss sich die Darstellung des Themas auf wesentliche Epochen und auf eine Zusammenfassung der signifikanten Merkmale der jeweiligen Lyrik beschränken.

Überblick über die Reiselyrik

Zeit	Reisetypus
17. Jh.	Forschungsreise, Abenteuerreise, Delegationsreise
Ende 18. Jh. – Ende 19. Jh.	Bildungsreise
Ende 19. Jh. – Mitte 20. Jh.	Erholungsreise, Erlebnisreise, Tourismus
Mitte 20. Jh. – heute	Urlaubsreise, Massentourismus

EPOCHEN

Barock (1600–1720)

Private Reisen nur Ausnahmen

In der Zeit des **Barock** sorgten die konfessionellen Streitigkeiten und die Wirren des Dreißigjährigen Krieges (1618–1648) für viel Bewegung der Soldaten auf dem europäischen Kontinent. Private Reisen fanden wegen der Zeitumstände selten statt. Dafür wurde schon allein wegen der Nähe der Lyrik zu religiösen Themen das Leben gern mit einer Reise verglichen.

Barocke Lyrik ist keine emotional motivierte individuelle Ausdruckskultur, sondern repräsentative rhetorische Sprachartistik.

---

23 Ebd.

2.3 Lyrische Texte zu einem Themenbereich im historischen Längsschnitt
2.3.2 Fokus: „unterwegs sein" – Lyrik vom Barock bis zur Gegenwart

Überblick

Textsorten	Lied (meist vierzeilige Strophen mit vier-hebigen Versen), Sonett (2 Quartette mit meist umarmendem Reim, 2 Terzette meist im Schweifreim) im Alexandriner (6-hebiger Jambus mit Mittelzäsur)
Intentionen	– Memento-mori-Gedanke: Gedenke, dass du sterblich bist! Meist religiös begründete Mahnung, sich an ewigen, geistlichen Werten zu orientieren statt an vergänglichen weltlichen. Adressaten sind Bürgertum und einfaches Volk, dem aufgrund seiner erzieherisch großen Bindung an Kirche und Glauben das Seelenheil einziger Besitz scheint. Vergänglichkeits-Thematik (Vanitas): unterstützt den Memento-Mori-Gedanken
	– Carpe-diem-Gedanke: Nutze den Tag! Meist religionsferne Mahnung, das kurze Erdenleben lustbezogen zu nutzen. Adressaten sind oft Adlige, die sich wegen ihres materiellen Besitzes ein lustbetontes Leben leisten können. – Vanitas-Gedanke: vanitas vanitatum: alles ist eitel! Mahnung an die Vergänglichkeit und Nichtigkeit alles Irdischen. Adressaten sind vor allem der Adel und diejenigen, die nach Macht, Einfluss, Amt, Wissen und Besitz streben. – Harmonisierung der Gegensätze

Stilelemente	– Formstrenge, Ästhetisierung
	– Kontrasttechnik (Polarisierung, Antithetik):
	  • semantisch: zeitlich: früher – heute – Zukunft, Diesseits – Jenseits
	  • wertend: positiv – negativ
	  • begrifflich: z. B. Haus – Ruine
	  • syntaktisch: Chiasmus; pragmatisch: Paradoxon, Oxymoron
	– konventionelle Bildlichkeit: Embleme (inscriptio – pictura – subscriptio), Allegorien, Topoi; Symbole, Metaphern, Vergleiche
	– Wiederholungen: Anapher, Parallelismus, insistierende Nennungen
	– Lautakzente: Assonanz, Alliteration, Klangmalerei

Aufklärung (1700-1785)

Während in Mitteleuropa Preußen unter Friedrich dem Großen im Siebenjährigen Krieg (1756–1763) seine Großmachtstellung gegen Österreich unter Maria Theresia behauptete, entwickelte sich – ausgehend von der englischen Aufklärungsphilosophie, die Erkenntnisse allein auf Sinneswahrnehmungen und Erfahrung gegründet wissen wollte, und dem französischen Rationalismus Descartes' – eine Geistesbewegung, die alle Ordnungen auf die natürliche Vernunft und den gesunden Menschenverstand zurückzuführen bemüht war und eine Emanzipation des Individuums von Feudalismus und Absolutismus anstrebte.

„Nützen und erfreuen"

2.3 Lyrische Texte zu einem Themenbereich im historischen Längsschnitt
2.3.2 Fokus: „unterwegs sein" – Lyrik vom Barock bis zur Gegenwart

Die **Lyrik der Aufklärung** will dementsprechend nach dem Motto Vergils „delectare et prodesse" dazu beitragen, mit Gedankenlyrik und Lehrdichtung auf unterhaltsame Weise zu belehren und zu erziehen. Der englische Lyriker Laurence Sterne schuf mit seinem Reisebericht *Yoricks empfindsame Reise durch Frankreich und Italien* (1768) zudem ein Vorbild für Gefühlsbetontheit, Begeisterung für sittliche Ideale und das Schwärmen für Natur und Vaterland.

Überblick

Textsorten	Lehrgedicht, Fabel, Lied vs. Ode (verschieden Formen), Hymne (meist freirhythmisches Preis- und Lobgedicht)
Intentionen	– Überwindung der höfischen Dichtung zugunsten einer bürgerlichen Dichtung – Rückgewinnung von Realitätsnähe und Volksnähe – Denkanstöße geben, informieren, bilden und erziehen
Stilelemente	– (Aufklärung:) logisch-argumentativer Aufbau – genaueste Wirklichkeitsbeschreibung – satirische Realitätsdarstellung – (Empfindsamkeit:) schwärmerisches Pathos, enthusiastische Sprache – intensiviertes Sprechen

Sturm und Drang (1765–1785)

Neue Naturliebe

In der Zeit vor der Französischen Revolution (1789) wurde auch in der Dichtung gegen alle Normen und Traditionen rebelliert. Man lehnte sich gegen die reine Vernunftherrschaft auf, pries die schöpferische Kraft des Gefühls und der Fantasie und feierte Shakespeare als Originalgenie.

In der **Lyrik des Sturm und Drang** werden Formvorschriften ignoriert, weil sich das subjektive Gefühl unmittelbar und ungebrochen in der Erlebnislyrik niederschlagen will. Das führt hier zum schlichten Lied oder volksliedhaften Gedichten und dort zu einem auf antike Helden zurückgreifenden Hymnus. Inhaltlich wird neben der Begeisterung für den schöpferischen, in Freundschaft und Liebe sozial verlässlichen, freiheitsliebenden und patriotischen Menschen, auch ein natürliches Leben in der Natur propagiert, z. B. bei Wanderungen.

Klassik (1785–1830)

Der blutige Verlauf und die schrecklichen Folgen der Französischen Revolution sorgten für eine Suche nach einem menschenwürdigeren Vorbild, das man in der griechisch-römischen Antike gefunden zu haben glaubte. Diese Retrospektive im Verein mit den sittlichen Maximen des deutschen philosophischen Idealismus (Immanuel Kant) verschmolzen zu der Leitidee von Humanität und Harmonie, in der sich Mensch und Natur ebenso wie Individuum und Gesellschaft in einer Übereinstimmung befinden. Vor diesem Hintergrund glaubte man den Menschen zu einer widerspruchsfreien Persönlichkeit erziehen zu können.

2.3 Lyrische Texte zu einem Themenbereich im historischen Längsschnitt
2.3.2 Fokus: „unterwegs sein" – Lyrik vom Barock bis zur Gegenwart

Die **Lyrik der Klassik**, wie man diese Epoche später nannte, ist inhaltlich geprägt von einer starken Orientierung an sittlichen Idealen und formal von starken Bezügen zur griechischen Klassik. Die poetischen Freiheiten des Sturm und Drang werden zugunsten einer strengen und virtuosen Handhabung antikisierender Formen zurückgenommen. Goethes *Italienische Reise* (1786–1788), veröffentlicht 1816–1817, lieferte vielen das Vorbild für die seitdem nach der adeligen Kavalierstour in Mode gekommenen bürgerlichen **Bildungsreisen**, vornehmlich in den europäischen Süden, die der Entfaltung, Festigung und Erweiterung der eigenen Persönlichkeit dienten.

Bildungsreise nach dem Vorbild Goethes

Überblick

Textsorten	Lied, Sonett, Elegie (Gedicht in Distichen = aus einem Hexameter und einem Pentameter mit Mittelzäsur bestehenden Doppelversen), Ballade (erzählendes Gedicht in unterschiedlichen Formen), Hymne
Intentionen	– auf Humanität und Sittlichkeit ausgerichtete Inhalte – angestrebte Einheit des Guten, Wahren und Schönen – Präsentation von Maß und Ordnung – Herausstellung des Allgemeinen, Typischen, Immergültigen und Idealen
Stilelemente	– philosophische und existenzielle Reflexionen (Gedankenlyrik) – kunst- und anspruchsvolle Verssprache und Verwendung von Stilmitteln

Romantik (1800–1835)

Bedeutete die Epoche der Klassik bereits eine Abkehr von der Tagespolitik, steigerte sich die Hinwendung zum Ästhetischen noch mehr in der Zeit der napoleonischen Kriege, die nach dem Zusammenbruch Frankreichs zum Wiener Kongress (1815) führten, mit dem eine Epoche der Restauration einsetzte. Enttäuscht flüchtete sich die Romantik in die Idee einer alle Gegensätze aufhebenden, allumfassenden Synthese, die alle Bereiche des Lebens und alle Gattungen der Poesie in einer mystischen Einheit verschmelzen sollte und an mittelalterlichem Wunschdenken anknüpfte.

Die **Lyrik** ist nicht die von den Romantikern bevorzugte literarische Gattung, aber diejenige, die es ihnen am ehesten erlaubt, die divergierenden Sphären des Lebens miteinander zu harmonisieren und das subjektive Empfinden der **Sehnsucht**, dem bestimmenden Gefühl der Epoche, zum Ausdruck zu bringen. Deshalb ist neben der Natur und der Liebe vor allem die **Reise** eines der bevorzugten, manchmal patriotisch gefärbten Themen.

Sehnsucht

2.3 Lyrische Texte zu einem Themenbereich im historischen Längsschnitt
2.3.2 Fokus: „unterwegs sein" – Lyrik vom Barock bis zur Gegenwart

Überblick

Textsorten	Ballade, Hymnus, Sonett, Volkslied
Intentionen	– Fiktion einer ursprünglichen, heilen Welt – Poetisierung und Romantisierung der Welt: Versöhnung von Mensch und Natur – Erweiterung des Bewusstseins: Vermischung von Innen- und Außenwelt – Hang zum Irrationalismus und zum Gefühl
Stilelemente	traditionelle Formbeherrschung, Farbsymbolik, Imperative, Ironie als Mittel der Verfremdung, Paradoxon, Possessivpronomen, Schlichtheit des Ausdrucks, Symbol, Verniedlichungsformen, Wiederholungen

Biedermeier (1815–1848), Junges Deutschland (1830–1848), Vormärz (1840–1848)

Die Restauration unter Metternich unterdrückte und verhinderte mit ihrer Polizeistaatlichkeit bürgerliche Freiheiten ebenso wie nationale Einheitsbestrebungen. Auch die Julirevolution von 1830 wühlte zwar die Gemüter auf, blieb aber ohne politische Konsequenzen. Das hatte im **Biedermeier** einen Verzicht aufs Politische und einen Rückzug ins Private zur Folge. Man bewahrte die Tradition der Klassik und huldigte in Biederkeit und melancholischer Grundhaltung der Ordnung im Kreise der Familie.

Als Junges Deutschland wurde eine nur lose miteinander verbundene Gruppe von fortschrittlich gesinnten Schriftstellern bezeichnet, die in vielen programmatischen Texten einen emanzipatorischen Liberalismus predigten und sich rigide gegen Klassik und Romantik wandten. Ihre politische Sozialkritik fand zumeist einen publizistischen Ausdruck.

Flucht ins Exil

Ebenfalls eine politisch revolutionäre Haltung nahmen die Dichter des **Vormärz** ein, die sich in ihrer Lyrik zudem propagandistisch und agitatorisch für eine einheitliche deutsche Nation engagierten. Nach dem Scheitern der Märzrevolution von 1848 mussten viele Literaten ins **Exil** nach Belgien, Frankreich, der Schweiz und den USA gehen. Die Reisethematik spielte in diesen Epochen keine bedeutende Rolle, wenn man einmal von den Texten junger Schriftsteller absieht, die sich genötigt sahen, ins Exil zu gehen.

Realismus (1850–1890)

Preußen erwarb als mächtigster deutscher Einzelstaat die Führungsrolle zur Bildung eines Nationalstaates; nach drei siegreichen Kriegen gegen Dänemark, Österreich und Frankreich kam es mit Hilfe Bismarcks 1871 zur Gründung des Deutschen Reiches unter Kaiser Wilhelm I. Viele demokratische Freiheiten waren zwar auf der Strecke geblieben, wurden aber von Kaiserverehrung und ansteigender wirtschaftlicher Prosperität übertüncht. Dem propagierten Fortschrittsoptimismus der Gründerzeit standen aber Skeptizismus und Pessimismus des Bürgertums entgegen. Dieses spaltete sich zunehmend in vermögende Großbürger, traditionsbewusste Bildungsbürger, Kleinbürger und Industriearbeiter auf.

Der **Realismus** setzte mit den Grundzügen der Resignation und Entsagung die Struktur des Biedermeiers fort, wandte sich jedoch der neuen Wirklichkeit zu, die er aber künstlerisch veredelte und verklärt darstellte (poetischer Realismus). Die **Lyrik im Realismus**, die vor allem das Dinggedicht bevorzugte, war von geringerer Bedeutung.

Verklärte Wirklichkeit

Naturalismus (1880–1900)

Während das Deutsche Reich die Blütezeit des politischen und wirtschaftlichen Imperialismus erlebte, verschärften sich die sozialen Gegensätze und wurde die soziale Frage zum Hauptproblem der Innenpolitik. Dieser Tendenz folgte auch die Literatur des Naturalismus, die mit einer naturgetreuen Widerspiegelung der realen Verhältnisse (Kunst = Natur-x) auf die milieubedingten Verhältnisse des Menschen hinweisen wollte.

Kunst = Natur-x

Die von Arno Holz geprägte **Lyrik des Naturalismus** brach mit der Tradition und fand eine neuartige Formsprache, die sich durch Knappheit und einen an der Natur orientierten Rhythmus bestimmt. Aber wie im Realismus war sie von geringerer Bedeutung.

Impressionismus, Symbolismus (1890–1920)

Beide Strömungen sind als Gegenbewegungen zum Naturalismus zu verstehen, die sich bevorzugt in der **Lyrik** ausdrückten. Während der aus Frankreich beeinflusste Symbolismus sich bemühte, neben strenger Formdisziplin ein neues Sprachbewusstsein zu entwickeln (l'art pour l'art), führte der Impressionismus Ansätze der Romantik fort, indem er danach strebte, durch die Vermischung von Sinneseindrücken weniger die Außenwelt abzubilden als mit großer Sensibilität die von Empfindungen geprägte innere Seelenlandschaft intensiv zum Ausdruck zu bringen. Diesem Ausdruck haftet oft etwas Schwermütiges, melancholisch Resignatives an (Endzeitstimmung).

Resignative Seelenlandschaften

Überblick

Textsorten	Ballade, Sonett, Elegie
Intentionen	– spiritueller Gegenpol zur Technisierung und Materialisierung der Außenwelt – gesteigerter Ästhetizismus – Betonung der subjektiven Intuition
Stilelemente	strenge Formbeachtung, Reimbindung, erhöhte Bildlichkeit, Farbsymbolik

Expressionismus (1910–1925)

In einer Protesthaltung gegen den aggressiven Imperialismus des Deutschen Reiches unter Wilhelm II., die Erfolglosigkeit in der Lösung der sozialen Frage und die Verlogenheit des modernen Lebens begehrten viele Intellektuelle auf und strebten gesellschaftliche und politische Veränderungen und eine grundsätzliche Erneuerung der Menschheit an. Diese Geisteshaltung wurde durch Verlauf und Folgen des Ersten Weltkriegs verschärft und erschöpft.

2.3 Lyrische Texte zu einem Themenbereich im historischen Längsschnitt
2.3.2 Fokus: „unterwegs sein" – Lyrik vom Barock bis zur Gegenwart

Starke Emotionen

Die **Lyrik des Expressionismus** setzte ihren Akzent vor allem auf die Ausdrucksstärke der Emotionen, die entweder pathetisch und enthusiastisch ausfielen, einem ekstatischen Schrei der Verzweiflung gleichkamen oder in schmerzhafter Verfallsschwermut ertranken. Der Reiseaspekt konzentriert sich in dieser Zeit vor allem auf die Erfahrungen während des Krieges.

Überblick

Textsorten	traditionsfreie, experimentelle Formen, Formlosigkeit
Intentionen	– Zersprengung der alten Weltordnung und ihrer Normen – Sehnsucht nach dem und Propagierung des neuen Menschen – Ausweitung des subjektiv Individuellen ins global Humane
Stilelemente	orgiastische, barocke Sprachgewalt; Formfreiheit, Nominalstil, Interjektionen, assoziative Verknüpfungen, Neologismen, kräftige Bildlichkeit, dynamische Adjektive und Verben, Ellipsen, Kontraste, Superlative, Synästhesie

Gegenwart (nach 1945)

Vielfalt und Vielstimmigkeit

Die Zeit nach 1945 entspricht in etwa der Zeit der Bundesrepublik Deutschland. Zwischen 1948 und 1989 existierte dazu parallel die Deutsche Demokratische Republik (DDR), die aus der ehemals sowjetisch besetzten Zone Deutschlands hervorgegangen und nach dem Vorbild der ehemaligen Sowjetunion sozialistisch organisiert war. Erst nach der Wende 1989 und der Wiedervereinigung der beiden deutschen Teilstaaten besteht die sogenannte Berliner Republik, weil Berlin wieder Hauptstadt Deutschlands wurde. Diese Zeit wird auch gern als Gegenwart angesprochen. Reiselyrik gab und gibt es in der Bundesrepublik nahezu selbstverständlich, während sie in der DDR wegen der Ausreisebeschränkungen ins westliche Europa einen besonderen Stellenwert bekam.

Angesichts dieser historischen Entwicklung wundert es nicht, wenn in der Literatur allgemein und in der Lyrik speziell die unterschiedlichsten Strömungen nebeneinanderbestehen, von denen sich wegen der fehlenden historischen Distanz noch keine als dominant herausgeschält hat. Der offene Sammelbegriff **Postmoderne** versucht dieser unübersichtlichen Lage, die sowohl die Thematik als auch den Stil betrifft, nicht nur zu entsprechen, sondern firmiert umgekehrt sogar als Programm anti-epochaler Differenzierung und Spezifizierung. Heute sieht man sich einer Fülle vieler, oft selbst verlegter Reisegedichte gegenüber, die zwar nahezu alle erdenklichen Aspekte abdecken, aber oft von sehr strittiger Qualität sind.

2.3 Lyrische Texte zu einem Themenbereich im historischen Längsschnitt
2.3.2 Fokus: „unterwegs sein" – Lyrik vom Barock bis zur Gegenwart

Übersicht: Lyrik der Postmoderne

Formen	traditionelle Formen; Konkrete Poesie: Abkehr von formalen Traditionen neben neubelebten Formen der Tradition; Poetry-Slam bzw. Spoken-Word, Rap
Intentionen	Darstellung der banalen Alltagswelt einschließlich Technik und Medien Ausdruck subjektiver Erfahrungen, Stimmungen und Gefühle: Gleichgültigkeit, Resignation, Melancholie, Enttäuschung, Zweifel Vergangenheitsbewältigung vs. Politikferne Suche nach Identität und Lebenssinn
Stilmittel	Pluralisierung der Funktionen; Umgangssprache, Humor, Ironie, intertextuelle Allusionen, Eklektizismus (Vermischung von Stilen: Stilmix), Synkretismus (Vermischung von Ideologien), Simultanität, Verfremdungen, Textoffenheit, Lakonie

Übersicht: Weltanschauliche Kennzeichen moderner Lyrik[24]

- Entideologisierung: gegen Christentum, Humanismus, Marxismus
- Verlust eines gültigen Ordnungssystems
- Bezugslosigkeits- und Isolationsgefühl des Individuums
- soziale Kontakt- und Kommunikationsstörungen
- Fragmentarisierung der sinnlichen Wahrnehmungen
- Abhängigkeits- und Unterlegenheitsgefühl angesichts automatisierter Technik
- polyperspektivische Verunsicherung
- Flucht in die Innerlichkeit und irrationale Bewusstseinsräume

Tendenzen der Lyrik nach 1945

Zeit	Name	Beschreibung	Autoren
1945–1949	Trümmerlyrik	Stil des lakonischen Konstatierens	Günter Eich
	traditionelle Lyrik	Orientierung an Stilformen der Vergangenheit z. B. Klassik, Expressionismus	Oskar Loerke, Wilhelm Lehmann, Elisabeth Langgässer, Georg Britting

---

[24] Vgl. *Deutsche Gegenwartslyrik*. Eine poetologische Einführung von H.-J. Willberg. Stuttgart: Reclam, 1989, S. 10 f. (Arbeitstexte für den Unterricht, UB 15010).

2.4 Komplexe, auch längere Sachtexte
2.3.2 Fokus: „unterwegs sein" – Lyrik vom Barock bis zur Gegenwart

Zeit	Name	Beschreibung	Autoren
1951–1970	hermetische Lyrik	am Symbolismus anknüpfender Stil des l'art pour l'art: Chiffrensprache	Paul Celan, Yvan Goll, Gottfried Benn, Ingeborg Bachmann
1954–1964	experimentelle Lyrik	in Anlehnung an den Dadaismus: Konkrete Poesie, Wiener Gruppe	Eugen Gomringer, Helmut Heißenbüttel, Franz Mon, Ernst Jandl, Konrad Bayer, Gerhard Rühm, Oskar Pastior, H. C. Artmann
ab 1955	lakonische Lyrik	minimalistische Reduktion von Umfang und Aussage	Erich Fried, Volker von Törne
1968–1974	engagierte Lyrik	kritisch-tagespolitisch orientiert bis hin zum Agitprop	H. M. Enzensberger, Erich Fried, Franz Josef Degenhardt, Nicolas Born, Dieter Süverkrüp, Yaak Karsunke
1974–1985	Alltagslyrik Neue Subjektivität	prosanaher Stil mit subjektiver Perspektive auf Alltagsprobleme	Rolf Dieter Brinkmann, Wolf Wondratschek, Karin Kiwus, F. C. Delius, Sarah Kirsch, Jürgen Theobaldy
ab 1985	postmoderne Lyrik	Stilmischungen: Spiel mit Stilformen, Themen und Motiven	Durs Grünbein, Volker Braun, Ulla Hahn, Sarah Kirsch, Henning Heske
ab 1990	Poetry-Slam	eventhaft-interaktive Vermittlung von Lyrik	Nora Gomringer, Xóchil Andrea Schütz

2.4 KOMPLEXE, AUCH LÄNGERE SACHTEXTE

Gebrauchstexte

Als Sachtexte bezeichnet man alle nicht-fiktionalen Texte. Weil sie in der Regel eine Absicht haben und einen Zweck verfolgen, nennt man sie auch Gebrauchstexte. Sie treten in unserem Alltag in vielfältigster Weise in Erscheinung. Das macht es schwierig, ein eindeutiges Ordnungsraster zu erstellen, weil in den seltensten Fällen in einem Text nur eine einzelne Absicht verfolgt wird:

2.4.1 Übersicht: Sachtexte

Sprachfunktion	Stilmerkmale	Textsorten
darstellend-informativ	unpersönlich, sachlich, knapp, verständlich, zuverlässig, empfängerbezogen	Dokument, Bericht, Beschreibung, behördliche Schreiben, Inhaltsangabe, Nachricht, Protokoll, Rezept, Einkaufzettel
sozial-normativ	sachlich, regelnd, Bedingungen und Konsequenzen betonend, verbindlich, fachsprachlich	Satzung, Gesetz, Vertrag, Erlass, Verordnung
theoretisch-argumentativ, erörternd	analytisch, logisch strukturiert, definierend, begriffs- und erkenntnisorientiert, diskursiv, um Objektivität und Überzeugung bemüht, fachsprachlich	Erörterung, Essay, Interpretation, Facharbeit, wissenschaftlicher Text
	analytisch, meinungsbildend, subjektiv, innovativ, kreativ, ggf. auch unterhaltend	Kommentar, Rezension, Glosse, Leserbrief
expressiv-kontaktiv	ausdrucksbetont, autor- und empfängerbezogen, auf Miterleben, Mitfühlen und Anteilnahme angelegt	Karte, Brief, Tagebuch
appellativ-persuasiv	überredend, rhetorisch, emotionale Wortwahl, Hochwertwörter, handlungsanweisend	Werbetext, politische Rede

Bei den Abituraufgaben sollte das aufgezeigte Spektrum eingeengt sein auf theoretisch argumentative und erörternde Texte. Aber auch diese können recht unterschiedliche stilistische Erscheinungsformen zeigen, je nachdem ob sie wissenschaftlich, feuilletonistisch, essayistisch, assoziativ, logisch-sachlich, emotional, pointiert, agitativ oder anders angelegt sind.

Das Schwierigste bei der Analyse eines argumentativen Sachtextes ist die Ermittlung seiner **logischen Struktur**. Nicht immer wird nämlich das schlichte Modell von Einleitung, Hauptteil und Schluss eingehalten, nicht immer gliedert sich der Hauptteil einfach in Pro und Contra. Oft enthält ein Sachtext ein auf den ersten Blick nicht leicht zu durchschauendes Geflecht von vorgetragenen Begründungen, die erst bezweifelt oder widerlegt werden, bevor der Autor seine eigenen Argumente vorträgt, sie eventuell gegen mögliche Anzweiflungen verteidigt und so seine These bzw. Antithese be-

Wie analysiert man einen Sachtext?

kräftigt. Auch sollten die Beispiele und Belege auf ihre Stichhaltigkeit und ihre Beweiskraft ebenso geprüft werden wie angeführte Zitate oder der Verweis auf Autoritäten. Generell sollte ein besonderes Augenmerk auf **Konjunktionen und Adverbien** gelegt werde, die nicht selten Gedankenschritte eines Textes anzeigen wie: Bedingungen, Einräumungen, Gegensätze, Gründe, Modalitäten, Einschränkungen, Reihungen, Folgen und Zielformulierungen.

2.4.2 Übersicht: Argumentationsmodelle

Lineares Modell	Einleitung – These – Begründung (ggf. mehrgliedrig) – Widerlegung möglicher Nachteile – Darlegung der Vorteile und positiven Konsequenzen – Wiederholung der These / Schluss
Dialektisches Modell	Einleitung – Antithese – Begründungen der Antithese – Widerlegung der Begründungen – These – Begründungen der These – Zurückweisung möglicher Einwände – Fazit: Wiederholung der These / Schluss
Antithetisches Modell	Einleitung – Antithese 1 – Widerlegung ihrer Begründung – These 1 – Begründung – Antithese 2 – Widerlegung ihrer Begründung – These 2 – Begründung – etc. – Zusammenfassung und Fazit /Schluss

Durchschaut man die Argumentationsweise eines Textes nicht, läuft man leicht Gefahr, der vorgetragenen Meinung folgen zu müssen, und hat so z. B. keinen Ansatz zur Entfaltung einer eigenständig begründeten Ansicht.

3. INHALTSFELD KOMMUNIKATION

3.1 RHETORISCH AUSGESTALTETE KOMMUNIKATION IN FUNKTIONALEN ZUSAMMENHÄNGEN

Als am feinsten ausgestaltete Form der rhetorisch ausgestalteten Kommunikation und vermutlich einzig prüfungsrelevante Textsorte darf die **Rede** gelten. Ausgangspunkt einer jeden Redeanalyse muss die Klärung der Redesituation sein, also die Beantwortung der Fragen: Warum spricht wer worüber wo zu wem und wie sieht der soziokulturelle und historisch-politische Hintergrund dieser Rede aus?

Redesituation und Redeziel

Unter Berücksichtigung der Redesituation und des Redeziels unterscheidet man drei Redearten:

3.1.1 Übersicht: Redearten

Festrede (genus demonstrativum)	ausdrucksorientiert: Im emotionalen Einvernehmen zwischen Redner und Publikum wird einer Person, einer Sache, einem Anlass feierlich gedacht.
Entscheidungsrede (genus deliberativum)	handlungsorientiert: politische Rede: Mit allen zur Verfügung stehenden Mitteln wird etwas empfohlen oder abgelehnt.
Gerichtsrede (genus judiciale)	thematisch orientiert: Anklage oder Verteidigung: Es wird nur ein Aspekt, pro oder contra, berücksichtigt.

Von diesen drei Redegattungen ist die politische Rede sicherlich die interessanteste, weil komplexeste. Hier sind alle Redestrategien gefordert.

3.1.2 Übersicht: Redestrategien

Aufwertung	– Verwendung von positiv besetzten, dynamisch wirkenden Wörtern und Begriffen (Leitwörter, Hochwertwörter) – Hervorhebung, Lob und Anerkennung der Wir-Gruppe – positive Verallgemeinerungen und Betonung positiver Teilaspekte – Verwendung von gängigen Formulierungen (Schlagwörter) – Verweis auf gleichgesinnte Autoritäten

Beschwichtigung	– Herunterspielen, Ausklammern, Tabuisieren unangenehmer Probleme – Notwendigkeit und Zwanghaftigkeit des eigenen Vorgehens betonen – Appelle an die Verantwortungsgemeinschaft
Verschleierung	– Verwendung bewusstseinslenkender Begriffe – Sprachlenkung: ideologische Umbenennungen – Verwendung von Wörtern, deren Inhalt unklar ist (Leerwörter)
Abwertung	– Tadel, Kritik, Verunglimpfung der Gegner auch durch Unterstellungen – Hervorhebung von behaupteten Schwächen, Fehlern und Vergehen der Gegner – Aufspaltung des Gegners: Unterteilung in Gute und Schlechte, Behauptung gravierender Meinungsverschiedenheiten – Verwendung von negativ besetzten, hinfällig wirkenden, lächerlich machenden Wörtern und Begriffen
Dramatisierung	– emotional aufwühlendes, Angst und Befürchtungen schürendes, schicksalsträchtiges Vokabular – maßlose Übertreibungen (gern bei Zahlenwerten und Problemen)

Da die politische Rede versucht, mehr mit Sprachmitteln zu überreden als durch Argumente zu überzeugen, greift sie gern auf das Arsenal der Rhetorik zurück.

Die reine Feststellung des Vorhandenseins rhetorischer Figuren ist jedoch ebenso wertlos wie die Angabe, wie häufig ein bestimmter Buchstabe in einem Text vorkommt. Entscheidend ist, welche Funktion das jeweilige rhetorische Mittel erfüllt. Deshalb ist die nachfolgende Übersicht so geordnet, dass sie sowohl angibt, welchem sprachlichen Aspekt das jeweilige rhetorische Mittel zugeordnet werden muss, als auch benennt, welche Funktion es normalerweise in diesem Rahmen erfüllt.

3.1.3 Übersicht: Rhetorische Figuren

Figur	Beispiel	Definition	Funktion
			phonologisch
Alliteration	wie wundersam das Wolkenwort gewählt	Silben: auffällige Wiederholung gleicher Konsonanten in betonten Silben	Intensivierung
Assonanz	Am Anfang war alles wahr.	auffällige Wiederholung gleicher Vokale in betonten Silben	Intensivierung

3.1 Rhetorisch ausgestaltete Kommunikation in funktionalen Zusammenhängen
3.1.3 Übersicht: Rhetorische Figuren

Emphase	Ein M a n n steht vor dir.	besondere Betonung eines Wortes	Intensivierung
Paronomasie	Eile mit Weile	Wortspiel durch Verbindung klangähnlicher Wörter	Intensivierung
			semantisch
Anadiplose	Das Leben braucht Versöhnung. Versöhnung darf nicht …	Ein Satz beginnt mit dem/den letzten Wort/Wörtern des vorherigen Satzes.	Betonung
Antithese	Der Wahn ist kurz, die Reu' ist lang.	Entgegenstellung von Begriffen und Gedanken	Pointierung
Hendiadyoin	Hilfe und Beistand	inhaltlich identische Substantive	Betonung
Neologismus	Knabenmorgenblütenträume	Wortneuschöpfung	Anschaulichkeit
Oxymoron	schweigend im Gespräch vertieft; bittere Süße	zwei sich widersprechende Vorstellungen	Humor; innere Spannung
Pleonasmus	weißer Schimmel	Wiederholung eines charakteristischen Merkmals des Bezugswortes	Überbetonung
Synästhesie	das warme Braun ihrer Stimme	Verbindung unterschiedlicher Sinneseindrücke	Intensivierung
Tautologie	immer und ewig Persil bleibt Persil.	inhaltlich identische Adjektive oder Satzaussage	Betonung
Zwillingsformel	Mann und Maus, Kind und Kegel, Tod und Teufel	zwei meist antithetische Begriffe, gern mit Alliteration	Anschaulichkeit Betonung
			syntaktisch
Akkumulation	Vieh, Menschen, Stadt und Felder (Welt)	Aufzählung zu einem Oberbegriff	Ausschmückung
Anapher	Das Wasser rauscht / das Wasser schwoll	Wortwiederholung am Satz- oder Versanfang	Betonung

3.1 Rhetorisch ausgestaltete Kommunikation in funktionalen Zusammenhängen
3.1.3 Übersicht: Rhetorische Figuren

Asyndeton	Alles rennet, rettet, flüchtet.	Reihung von Satzteilen ohne Konjunktion	*Dynamisierung*
Chiasmus	Die Kunst ist lang und kurz ist unser Leben.	symmetrische Überkreuzstellung einander entsprechender Satzglieder	*Pointierung*
Correctio	Er ist schlau, ja sogar verschlagen.	Korrektur eines zu schwachen Ausdrucks	*Pointierung*
Ellipse	Je früher, desto besser.	unvollständiger Satz	*Hast, Unruhe*
Epipher	Doch alle Lust will Ewigkeit, will tiefe, tiefe Ewigkeit.	Wortwiederholung am Satz- oder Versende	*Betonung*
Hyperbaton	Es ist der Liebe milde Zeit.	abweichende Satzstellung (**Inversion**)	*Betonung*
Klimax	Ich kam, sah und siegte.	Dreigliedrige Steigerung; umgekehrte Abschwächung: **Antiklimax**	*Pointierung*
Parallelismus	Heiß ist die Liebe, kalt ist der Schnee.	Wiederholung gleicher Syntaxabfolge	*Pointierung*
Polysyndeton	und läuft und läuft und läuft	unnötige Verbindung von Satzteilen durch Konjunktionen	*Betonung*
rhetorische Frage	Sind wir nicht alle Menschen?	Scheinfrage, die keine Antwort erwartet	*Nachdrücklichkeit*
Zeugma	Ich heiße Peter und Sie herzlich willkommen.	überraschende Zuordnung eines Prädikats zu unterschiedlichen Objekten	*Humor*
			pragmatisch
Allegorie	Justitia = Gerechtigkeit	konkrete bildhafte Darstellung eines abstrakten Begriffes	*Bildlichkeit*
Apostrophe	Augen, verhüllt euch!	pathetische Anrede	*Emotionalisierung*
Euphemismus	Entsorgungspark = Mülldeponie	Beschönigung	*Beschwichtigung*
Hyperbel	Schneckentempo, Meer von Tränen	Übertreibung	*Dramatisierung*

3.1.3 Übersicht: Rhetorische Figuren

Ironie	Du bist mir ein schöner Freund!	unwahre Behauptung zur Kennzeichnung des Gegenteils	Pointierung
Litotes	gar nicht so hässlich = recht hübsch	behutsame Bejahung durch doppelte Verneinung	Schonung oder Betonung
Metapher	Königin der Herzen	Vergleich ohne wie	Bildlichkeit
Metonymie	den ganzen Goethe lesen; ein Gläschen trinken; das Weiße Haus sagt	Ersatz eines Wortes durch eines, das zu ihm in unmittelbarer Beziehung steht	Anschaulichkeit
Paradoxon	Das Leben ist der Tod, und der Tod ist das Leben.	Scheinwiderspruch	Pointierung
Periphrase	Auge des Gesetzes = Polizei	Umschreibung	Bildlichkeit
Personifikation	Mutter Natur	Vermenschlichung	Anschaulichkeit
Symbol	Kreuz = christlicher Glaube Schwert = Krieg, Kampf	vereinbartes konkretes Sinnbild für etwas Abstraktes	Bildlichkeit
Synekdoche	Gemeinschaft von Tisch und Bett = Ehe	ein Teil steht für das Ganze (pars pro toto)	Anschaulichkeit
Vergleich	steif wie ein Stockfisch	Verknüpfung zweier Begriffe mit wie	Bildlichkeit

3.2 AUTOR-REZIPIENTEN-KOMMUNIKATION

Vorab eine Anmerkung: Wie schon einmal beim Umgang mit der Linguistik scheint diesmal der mit der Rezeptionsästhetik dazu zu verführen, noch vor einer vorläufigen wissenschaftlichen Klärung der in Frage stehenden Phänomene diese zu einem Lehrstoff zu machen. Daraus ergeben sich Probleme bei der Abgrenzung zu produktionsästhetischen und textästhetischen Positionen, bei Entscheidungen innerhalb des rezeptionsästhetischen Richtungsstreits, bei der zu verwendenden Begriffsnomenklatur und bei der Klärung der durch sie bezeichneten Inhalte. Die nachfolgende zusammenfassende Darstellung versucht diesen Problemen aus dem Weg zu gehen, indem sie fachterminologische Begriffe samt der Namen ihrer Urheber vermeidet. Fraglich wird das Thema auch dadurch, dass es bislang zu keiner anwendbaren Methodik geführt hat und nicht zufriedenstellend zu operationalisieren ist.

3.2.1 Modell der textexternen Kommunikation der Textaufnahme

Drei Prozessphasen

Kein literarisches Werk entsteht isoliert von äußeren Einflüssen oder wird isoliert von äußeren Einflüssen rezipiert. Als Kommunikationsobjekt ist es selbst Bestandteil einer Kommunikation, die sich in drei Prozessphasen gliedern lässt:
- den **Prozess der Texterzeugung** vor der Veröffentlichung, in der der Autor im Mittelpunkt steht (Autor-Text),
- den **Prozess der Textaufnahme**, in der der Rezipient (= Leser) im Mittelpunkt steht (Text-Rezipient) und
- den **Prozess der Textwirkung**, in der die durch das literarische Werk vermittelte Kommunikation zwischen Autor und Rezipient in den Fokus rückt (Autor-Rezipient).

Unter Berücksichtigung möglichst vieler Faktoren kann man folgendes Modell der textexternen Kommunikation der Textaufnahme erstellen:

MODELL DER TEXTEXTERNEN KOMMUNIKATION DER TEXTAUFNAHME

Autor	Werk	äußerliche Einflüsse	wertende Einflüsse	Rezeptionssituation		gesellschaftlicher Zeitgeist
		Werbung Verkaufspreis	literarische Modetrends			ästhetische, ethische, kulturelle, soziale, politische, wirtschaftliche Normen
			kritische Erwähnungen in den Medien	gesundheitlich finanziell beruflich sozial familiär	bewusste/ unbewusste Aufnahme durch den **Rezipienten**	
		Umschlag Klappentexte Format Druckbild	Autoräußerungen (Interviews)			**Lebenseinflüsse**
			Rezensionen			Ausbildung Erfahrung Erlebnisse
			mediale Verwertung (Verfilmung)			
			Bestseller- und Rankinglisten			kulturelle, soziale, wirtschaftliche **Herkunft**
			literarische Preise			
			Diskussion			
			Lesungen		**Feedback**	

Schaubild 19: Modell der textexternen Kommunikation der Textaufnahme

3.2.2 Verhältnis von Autor und Rezipient

Ausgehend von diesem Modell ist es zunächst möglich, Besonderheiten in der Kommunikation zwischen Autor und Rezipienten zu verorten und in ihrem jeweiligen Bedingungsgefüge zu analysieren. Selbstverständlich sind diese Besonderheiten nicht generalisierbar, sondern können nur anhand einer speziellen Publikation nachvollzogen werden. Generalisierbar ist lediglich das prinzipielle Verhältnis von Autor und Rezipient:

Verhältnisformen zwischen Autor und Rezipient

– **kongruentes Verhältnis**: Der Rezipient stimmt dem Werk in Inhalt, Form und Intention zu. Autor und Rezipient bestätigen sich wechselseitig in ihren weltanschaulichen und ästhetischen Einstellungen.
– **teilkongruentes Verhältnis**: Der Rezipient stimmt einem Werk in Inhalt, Form und Intention nur teilweise zu. In der Folge ergibt sich eine in der Regel wohlwollende, sachliche Diskussion, bei der der Autor den vorgebrachten Einwänden entweder einsichtig, streitend oder ablehnend gegenübertreten kann. Eine Akzeptanz der Kritik kann z. B. zu Werkveränderungen bei späteren Auflagen führen.
– **teilinkongruentes Verhältnis**: Der Rezipient lehnt ein Werk in Inhalt, Form und Intention überwiegend ab. Es ergibt sich vielleicht ein engagierter bis heftiger Disput über die Ablehnungsgründe, an dem der Autor beteiligt sein kann.
– **inkongruentes Verhältnis**: Der Rezipient lehnt ein Werk vollkommen oder grundsätzlich ab aufgrund unvereinbarer Gegensätze in den weltanschaulichen, politischen, sozialen, kulturellen und/oder ästhetischen Einstellungen. Das hat in der Regel zur Folge, dass die Kommunikation gestört ist und Autor und Rezipient sich bestenfalls wechselseitig ignorieren. Fühlt sich der Rezipient sogar in seinen z. B. ethischen oder religiösen Grundeinstellungen verletzt, kann es zu einem gesellschaftlichen Skandal kommen, in dessen Verlauf Autor und Werk diskriminiert werden.

3.2.3 Lesen als Form der Kommunikation

Die Autor-Rezipienten-Kommunikation ist ein umstrittener Begriff innerhalb der **Rezeptionsästhetik**. Er geht von der Vorstellung aus, dass unabhängig von allen textexternen Einflüssen, die auf Produktion und Rezeption eines literarischen Werkes einwirken, innerhalb des literarischen Textes eine Kommunikation zwischen Autor und Rezipient stattfindet, die erst durch den Lesevorgang realisiert wird. Das kann nur eine **unilaterale Kommunikation** sein; denn sie ist aus der Position des sendenden Autors nachvollziehbar, kann jedoch für die Position des Rezipienten nicht eingenommen werden, weil seine Kommunikationsakte während der Rezeption den Autor nicht (oder nur ausnahmsweise, etwa in Form von Leserbriefen oder Rezensionen) erreichen. Falls alle textexternen Kommunikationswege ausgeschlossen sein sollen, mag sich in ihm durch den Lesevorgang lediglich eine Vorstellung von dem Autor, seiner Denkweise und seinen Einstellungen herausbilden (**impliziter Autor**). Insofern ist nur die Betrachtung interessant, wie der Autor über sein Werk auf den Rezipienten einwirkt, d. h. welche Kommunikationsstruktur dem jeweiligen Werk eingeschrieben ist.

Unilaterale Kommunikation

Wie bei jeder Kommunikation müssen bestimmte Inhalte im Text sprachlich so formuliert sein, dass sie für einen Rezipienten verständlich sind. Dabei kann die Art und Weise der Formulierung, der **literarische Stil**, bereits segmentierende Wirkung für

Mittel, mit denen Autoren auf Leser (ein-)wirken

3.2 Autor-Rezipienten-Kommunikation
3.2.3 Lesen als Form der Kommunikation

die Leserschaft haben, insofern er sich nur an die Leserklientel einer bestimmten ästhetischen Beheimatung richtet bzw. nur einen bestimmten Leserkreis anspricht. Unabhängig vom verwendeten Schreibstil hat der Autor innerhalb seiner Textaussagen unterschiedliche Möglichkeiten der Leseransprache. Er kann die Rezipienten direkt ansprechen, also im Drama über eine der Figuren, in erzählenden Texten über den Erzähler und in lyrischen Texten über das lyrische Ich, und ihnen so **Leseanweisungen, Lese- und Verständnishilfen** geben, er kann dies aber auch indirekt tun, indem er **Steuerungselemente** in den Text einschreibt, die dessen Wirkstruktur bestimmen. Als Steuerungselemente eignen sich vor allem die **Figuren** mit ihren Aussagen und die **Erzeugung von Emotionen**. Diese Wirkstruktur kann man in Abhängigkeit von der Vorstellungsbindung sehen, die der Autor durch Zusammenhang, Anschaulichkeit, Genauigkeit, Detailliertheit und Konsequenz seiner Darstellung beim Rezipienten erreicht, womit er ihn zur Identifikation mit dem Dargestellten einlädt oder sogar zwingt. Während der Leseprozess sukzessiv erfolgt, geschieht die Leserlenkung aber selten linear, sodass der Rezipient seine Erwartungen immer wieder korrigieren muss. Letztlich kann die Lesersteuerung während des Rezeptionsprozesses so weit gehen, dass der Autor den Rezipienten nicht nur in seiner Vorstellung bindet, sondern ihm durch Erläuterungen und Kommentare selbst die Wertung des Dargestellten abnimmt bzw. vorschreibt. Je stärker diese Leselenkung erfolgt, umso **passiver** vollzieht sich die Rezeption. Umgekehrt ist es aber auch möglich, dass der Autor auf solche steuernden Strukturelemente weitgehend verzichtet oder es dem Leser nicht nur ermöglicht, z. B. durch die Verwendung von Ironie, eine Distanz aufzubauen, sondern durch Mehrdeutigkeiten, Unbestimmtheiten oder Darstellungslücken den Rezipienten einlädt, wenn nicht sogar nötigt, diese ungenau oder nicht definierten Stellen der Darstellung selbst zu konkretisieren, zu vervollständigen oder zu füllen. Man spricht dann von Inferenzen, also von aus dem Kontext erschlossenen Informationen. So kommt es zu einer **aktiven Rezeption**, in deren Verlauf der Leser seine eigenen Vorstellungen einbringt, die in Abhängigkeit von den jeweiligen soziografischen Bezügen und sozialen wie individuellen Dispositionen des Rezipienten unterschiedlich ausfallen. Da kann schon das Geschlecht des Rezipienten ausschlaggebend sein oder auch das Maß der Lesekontinuität. Denn bei jeder Unterbrechung des Lesevorgangs muss nach unterschiedlich langer Zeit die Leseerinnerung aktiviert werden. Lesepausen wirken sich aber in der Regel so aus, dass die Leseerinnerung im Sinne einer Stilisierung der Erinnerungsinhalte komprimiert wird, also eine Reduzierung auf die vermeintlichen Grundstrukturen erfolgt. Das bringt notwendigerweise Verschiebungen innerhalb der Leseerinnerungen und vielleicht sogar der rezeptionalen Akzentuierungen mit sich. Verstärkt wird dieser Verlust des Gelesenen durch die möglicherweise situativ begründeten unterschiedlichen Dispositionen des Lesevorgangs. Die Unterschiedlichkeit der Rezeption hat wiederum zur Folge, dass das Verständnis des Textes unterschiedlich ausfallen kann, wenn nicht ausfallen muss. Das ist der Grund für die **unvermeidbare Unterschiedlichkeit der Interpretationen**. Diese Unterschiede werden umso größer, je unterschiedlicher die Horizonte der Rezipienten untereinander und die zwischen Autor und Rezipient sind, z. B. durch eine historische Distanz. Die Grenze der adäquaten Verstehbarkeit eines Textes liegt sicherlich dort, wo der innere Zusammenhalt seiner Strukturen nicht mehr erkennbar ist und auch vom Leser nicht mehr angemessen hergestellt werden kann.

Marginalien:
- Ständige Korrektur der Erwartungen
- Der Leser als Mit-Erschaffer des Werks
- Warum jeder ein Werk anders liest

3.2 Autor-Rezipienten-Kommunikation
3.2.4 Lesen als Erfahrungsprozess

Schaubild 20: Autor-Rezipienten-Kommunikation

3.2.4 Lesen als Erfahrungsprozess

Generell hat der Prozess des Lesens für den Rezipienten zur Folge, dass er sich in der Auseinandersetzung mit einem literarischen Werk in seiner zeitgenössischen Positionierung erkennt und nach Maßgabe des gelesenen Werks zu einer **kritischen Selbstverortung** geführt wird. Die Konfrontation der fiktionalen Welt eines literarischen Werkes mit der eigenen subjektiven Welt im Leseprozess ist somit ein Erfahrungsprozess, der einer doppelten Interpretation unterliegt: der des literarischen Werkes und der des eigenen Standpunktes. Damit sind auch die Extrempunkte der Rezeptionsästhetik definiert: Auf der einen Seite ist es die **literarische Wertung,** auf der anderen eine in Bezug auf das literarische Werk wertlose subjektive Nabelschau.

_{Literarische Wertung versus subjektive Nabelschau}

Zum Schluss sei noch auf den Begriff „Erwartungshorizont" eingegangen. Fraglos ist kein Leseprozess ohne einen Erwartungshorizont des Lesers denkbar. Fraglos ist aber auch, dass dieser Erwartungshorizont lediglich für die reflektierte Selbstbeobachtung des Lesers von Interesse ist und nicht ausschlaggebend sein kann für das dem Text angemessene Textverständnis oder dessen Interpretation. Es ist ein nur zu häufig begangener Fehler, den Erwartungshorizont zu Rezeptionsbeginn oder nach der ersten flüchtigen Lektüre eines Textes ohne Rücksicht auf die im Text enthaltenen Strukturen zur Grundlage einer Deutung zu machen (wer gibt schon gerne zu, dass sein Vor-Urteil irrig war). Erst aus der möglichst aufmerksamen Analyse des Textes kann sich in Verbindung mit angemessenen eigenen Vorstellungen eine tragfähige Textdeutung entwickeln.

_{Erwartungshorizont}

4. INHALTSFELD MEDIEN

4.1 BÜHNENINSZENIERUNG EINES DRAMATISCHEN TEXTES

Beteiligte an einer Aufführung

Wie beim Film wird auch das Theater in der Schule nur in seiner klassischen Form als Literaturtheater thematisiert. Dabei geht man von dem Grundsatz aus, dass jedes Werk der dramatischen Literatur in der Regel nicht als Lesedrama geschrieben worden, sondern für eine Aufführung angelegt ist. An einer solchen Aufführung ist heute eine Vielzahl von Personen beteiligt:
- die **Intendanz**, die den Spielplan gestaltet und die dramatischen Werke auswählt, die zur Aufführung gelangen sollen.
- die **Dramaturgie**, die das aufzuführende Werk und seine Hintergründe fachwissenschaftlich erschließt,
- die **Regie**, die die Aufführung in Zusammenarbeit mit dem Dramaturgen, den Schauspielern und den Bühnenmeistereien plant und ihre Durchführung leitet,
- das **Schauspielensemble**, das die Verkörperung der Figuren übernimmt,
- die **Bühnenmeistereien**, die für die Lösung der gestalterischen, technischen und handwerklichen Fragen verantwortlich sind (Bühnenbild, Beleuchtung, Musik, Requisiten, Kostüme, Maske, Schreinerei, Schlosserei etc.).

Aufführungsstile

Allein die Anzahl der verschiedenen Menschen, die sich mit dem literarischen Werk auseinandersetzen, macht deutlich, dass es wohl nie zwei Inszenierungen geben wird, die gleich ausfallen. Das fängt mit der Intention an, mit der die Intendanz den jeweiligen Spielplan akzentuieren will, setzt sich über die Interpretation des Stücks durch Dramaturgie und Regie fort und endet bei den Umsetzungsmöglichkeiten des Schauspielensembles und der Bühnenmeistereien.

Insgesamt lassen sich folgende Aufführungsstile grob voneinander unterscheiden:

Übersicht: Aufführungsstile

Klassisches Illusionstheater	(„Meininger Spielweise":) Absolute Texttreue, detailgetreue historische Ausstattung, wirklichkeitsnahe Spielweise: Streben nach einem Gesamtkunstwerk
Ausstattungstheater	Betonung der optischen Wirkung von Bühnenbild, Kostümierung, Requisite, Maske durch üppige Ausstattung
Erzähltheater	(episches Theater:) Betonung des Sprechtextes durch verfremdende Desillusionierungseffekte: argumentierendes Aufklärungstheater

Schauspielertheater	Betonung der Schauspielerpersönlichkeiten: Faszination der körperbetonten (Gestik, Mimik) Rollen-Interpretation
Regietheater	Betonung der Regieinspirationen: z. T. radikale Texteingriffe, große Umdeutungslust, Geschlechterwillkür bei der Rollenbesetzung
Postdramatisches Theater	Betonung medialer Techniken, Einbeziehung nicht-dramatischer Texte (z. B. Memoiren), Rücknahme des Sprechtheaters: Wahrnehmungserweiterung der Zuschauer

Der Begriff „Inszenierungsstil" wird zwar gern und oft verwendet, ist aber inhaltlich beliebig füllbar; ihm liegt kein System definierter Klassifikationen zugrunde. Bühneninszenierungen eines literarischen Textes lassen sich am besten im Vergleich erschließen.

Da eine Bühneninszenierung ein aktuelles Phänomen ist, kann sie nur dadurch prüfungsrelevant werden, dass man sie in Form der Aufzeichnung einer Live-Übertragung, einer Theaterinszenierung oder einer speziellen Fernsehproduktion bzw. einer schriftlich niedergelegten Besprechung (z. B. in Form einer Theaterkritik) behandelt. Bislang waren jedoch alle schriftlichen Prüfungsaufgaben textgestützt, d. h. es wurde noch nie der Ausschnitt einer Aufzeichnung materielle Grundlage einer Prüfungsaufgabe. Das ist auch dadurch begründbar, dass Theater und Fernsehen bzw. Film völlig verschiedenartig funktionierende Medien darstellen, die aus vielfältigen strukturellen und soziologischen Gründen keine angemessene Adaption zulassen. Die Rezension einer Bühneninszenierung kann jederzeit vorgelegt werden. Sie ist dann wie ein Sachtext zu behandeln.

Theaterkritik als möglicher Sachtext in Prüfung

4.2 KONTROVERSE POSITIONEN DER MEDIENTHEORIE

Unter dem Begriff „Medientheorie" versteht man alle wissenschaftlichen Ansätze, die sich mit dem Wesen und der Wirkung von Medien befassen. In der Schule geht es weniger um die Spezifika von Einzelmedien als um die vermutete Wirkung der Massenmedien, in der Regel also um kommunikationstheoretische und gesellschaftskritische Ansätze der Medientheorie.

Vermutete Wirkung von Massenmedien

Neben den bekannten Massenmedien Presse, Radio und Fernsehen spielen zunehmend moderne elektronische Medien eine Rolle, die neben der Realität und der Fiktionalität mit der Virtualität eine neue dritte Dimension eröffnet haben. Ist für die Fiktion die Realität noch Bezugsebene, so entgrenzt die Potenzialität des Virtuellen das Bewusstsein von der Gebundenheit an die rezeptive Wahrnehmung und öffnet die scheinbar grenzenlose Welt der aktiven Vorstellung, in der die Realität nur noch einen Simulationsstatus besitzt. Die abstrahierenden Kulturtechniken des Lesens und Schreibens könnten in dem Maße entwertet und abgelöst werden, in dem die Interaktivität zwischen Mensch und Maschine durch **immer komplexere Interfacesysteme** (Maus, Datenhandschuh, Datenhelm, VR-Brille) steigt. Das könnte für das menschliche Denken eine Entmythisierung der Realität, seine Loslösung von historisch gewachsenen

Realität, Fiktionalität, Virtualität

Denkbezügen einerseits und mit wachsender Algorithmisierung ihre kybernetische Synthetisierung andererseits, also den Ersatz durch Kunstwelten, zur Folge haben.

Deshalb werden die Vor- und Nachteile, die fördernden und schädlichen Auswirkungen der zunehmend intensivierten Nutzung von Internet und Mobiltelefon konkret untersucht. Die Ergebnisse sind wie zu erwarten unterschiedlich, je nachdem welche Kompetenz sie in den Blick nehmen. Auch den wissenschaftlichen Untersuchungen fehlt wegen der mangelnden Langzeitstudien noch die überzeugende Beweiskraft. Die nachfolgende Übersicht soll, ohne einen Anspruch auf Vollständigkeit zu erheben, einige grundsätzliche der jeweils genannten Argumente auflisten.

Übersicht: Medienkritik

Medium	angenommene Vorteile	angenommene Nachteile
Handy / Chat (von Mädchen bevorzugt)	– Anonymität – Schnelligkeit – Erleichterung eines Beziehungsaufbaus – soziale Kontakte in einer sich immer weiter anonymisierenden Welt – psychische Stabilisation und gestärktes Selbstvertrauen durch positive Selbstdarstellung – konsequenzlose Identitätsexperimente – Verbesserung der Sozialkompetenz – gute soziale Integration – Erleichterung der sozialen Kontaktpflege	– Verkümmerung der Kommunikationsfähigkeit – Verlust der Rechtschreib- und Ausdruckskompetenz – Verlust der Privat- und Intimsphäre durch Selbst- und Fremddarstellungen – Schein-Privatraum – Begünstigung von Orts- und/oder Persönlichkeitslügen – Gefahr des Missbrauchs von Persönlichkeitsdaten – irreführende Selbstdarstellungen: Identitätstäuschungen – Gefahr der verzerrenden Projektion eigener Vorstellungen und Wünsche auf einen unbekannten Gesprächspartner: virtuelle Persönlichkeit – kommunikativer Druck der Vernetzung: Erwartungsprofile
Computer-Spiele (von Jungen bevorzugt)	– Förderung der Intelligenz durch Komplexität und Interaktivität der Spiele – spannender Zeitvertreib	– Schaffung einer realitätsfernen Wunschpersönlichkeit – zunehmende Entfremdung von der Realität – Förderung der Aggressivität durch interaktive Gewaltdarstellungen – Konditionierung durch Spielverfahren – soziale Isolation – Verschwendung von Lebenszeit

4.2 Kontroverse Positionen der Medientheorie

Internet	– Zugänglichkeit zu Informationen – Nutzung von Online-Diensten – Online-Coaching – Steigerung der Mündigkeit – Horizonterweiterung – transkulturelle Kommunikation – Förderung der Toleranz – Partizipationsfreiheit – Freisetzung von Innovation und Kreativität – Förderung der Demokratisierung	– Fehlen ganzheitlicher Sinneserlebnisse – ungesunde Schlaf- und Bewegungsarmut – Verkümmerung von Wahrnehmungsfähigkeiten – Gefahr eines anwachsenden Minderwertigkeitsgefühls – Schwierigkeiten der räumlichen Orientierung – grobmotorische Störungen – Gefahr des Mobbings, Shitstorms – Makel der digitalen Rückständigkeit – Gefahr der Internet-Sucht – Verlust von Ordnungs- und Hierarchiestrukturen – Verlust von Raum-Zeit-Kategorien

Wie bei allen neuen Erfindungen gilt auch bei den neuen Medien, dass sie als technische Neuerungen zunächst selbst wertfrei sind. Ihre Bewertung ist abhängig davon, wie und wozu der Mensch sie nutzt. Bei der Nutzung kann man allgemein sagen, dass von einem allzu exzessiven Gebrauch selbstverständlich immer abzuraten und dagegen ein emanzipierter, verantwortungsbewusster Umgang mit den neuen Medien anzuraten ist. Die jeweiligen Extrempositionen sind auf jeden Fall zu verwerfen. Es ist weder sinnvoll, sich in eine süchtige Abhängigkeit von den Medien zu begeben, noch sich ängstlich von den medialen Entwicklungen der Zeit abzukoppeln und sie zu verteufeln; denn schließlich führt beides in eine nicht gewollte Isolation.

Verantwortungsbewusster Umgang mit neuen Medien als Ideal

TEIL II: ANWENDUNGSWISSEN: VERKNÜPFUNGSASPEKTE

1. PSYCHOLOGISCHER ASPEKT: INDIVIDUATION UND SOZIALISATION – EINE KURZE GESCHICHTE DER LITERATUR

Übersicht

Werk	Individuation	Sozialisation
Nathan der Weise	teilproblematisiert: Der Tempelherr ist durch außergewöhnliche Ereignisse verunsichert, Recha zeigt noch Anflüge von Beeinflussbarkeit.	– Der Tempelherr steckt in einer Krise: er ist hinsichtlich des sozialen Systems, mit dem er sich identifizieren kann, irritiert. – Al-Hafi und der Klosterbruder flüchten vor den Normen, die ihre Autonomie bedrohen. – Der Patriarch missbraucht seine soziale Position. – Nathan und Saladin etablieren vernunftorientierte humane Normen.
Die Marquise von O...	unproblematisiert: Sowohl die Marquise wie der Graf werden bereits im reifen Erwachsenenstatus eingeführt.	– Übereinstimmung mit den gesellschaftlichen Normen (Kommandant, Obristin) – sensationelle Durchbrechung eines gesellschaftlichen Tabus (Marquise) – Erschütterung eines gesellschaftlichen Idealbildes (Graf)
Der Sandmann	traumatisch belastetes Selbstbewusstsein Nathanaels	übertriebene Irrationalität verhindert eine sachgerechte und angemessene Wahrnehmung von Welt
Das Haus in der Dorotheenstraße	unproblematisiert: Gottfried Klausen wird bereits als Erwachsener eingeführt	berufliche Identifikation gefährdet bestehende Sozialbezüge

1. Psychologischer Aspekt: Individuation und Sozialisation

Individuation und Sozialisation sind zentrale Prozesse der menschlichen Entwicklung. In der Phase der **Individuation** nutzt der Einzelne als unabhängiges, eigenständiges Individuum seine Möglichkeiten, seine Persönlichkeit nach Maßgabe seiner Veranlagungen und Zielsetzungen zu verwirklichen. In der Phase der **Sozialisation** begreift er sich als Teil der Gemeinschaft, in der er lebt, und übernimmt in ihr nach Maßgabe seiner Individualität eine möglichst widerspruchsfreie Rolle. Die Darstellung dieser beiden Prozesse gehört wie die Liebesbeziehung zum Kanon literarischer Themen und Probleme und hat z. B. in Form des Entwicklungsromans sogar zu einem eigenen Genre gefunden.

Wie in der Geschichte der deutschen Literatur mit diesen beiden Prozessen umgegangen worden ist und wie sich die explizit genannten literarischen Werke der Abiturobligatorik 2021 dazu verhalten, kann man am besten darstellen, wenn man bildhaft die phylogenetische Entwicklungsreihe der Literaturepochen wie eine ontogenetische Entwicklung (eines Individuums) begreift.

Gedankenexperiment: Literaturgeschichte als Entwicklung eines Individuums

Im Zeitalter des **Barock** begann die deutsche Literatur erstmals konsequent die eigene Sprache zu benutzen (anstelle des Lateinischen), war gleichsam im kindlichen Zustande des Spracherwerbs. In einem solch jungen Stadium der Entwicklung ist die Persönlichkeit noch nicht entfaltet, sondern erprobt sich zaghaft im Rahmen der gesetzten Ordnungen und Regeln. Für den Barock war dies das von Kirche und Adel vorgegebene weltanschauliche Wertesystem. Ein individueller Ausdruckswille trat noch zurück hinter dem Bestreben, seine Virtuosität in der Nutzung der neu gewonnenen sprachlichen Möglichkeiten unter Beweis zu stellen, ohne die Rahmenbedingungen selbst ernsthaft in Frage stellen zu wollen.

Die Epoche der Aufklärung kann als Phase eines sich auf Logizität und Rationalität aufbauenden Selbstbewusstseins verstanden werden, in der das bestehende religiös begründete Ordnungssystem erstmalig eine eigene natur- und wesensbegründete Grundlegung erfährt, die auch Missstände und Fehlentwicklungen in dem bislang fraglos akzeptierten System offenbart. Die in diesem Zusammenhang erhobenen Anklagen drängen jedoch noch primär nach einer verstandesorientierten innersystematischen Lösung. Lessings Spätwerk **Nathan der Weise** kann dafür als Beispiel gelten. Während der **Patriarch** durch sein Verhalten auf den Missbrauch der theologischen Macht der Kirche verweist, zeigt der **Tempelherr** die Irritationen, die einen Menschen in der Phase des aufklärerischen Umbruchs befallen können. Auf der anderen Seite repräsentieren Nathan und Saladin die ideologieübergreifende Richtigkeit vernunftorientierter Normen, während **Al-Hafi** und der **Klosterbruder** ihre individuelle Autonomie eskapistisch bewahren wollen.

Verknüpfungsaspekt 1: Lessing

Es werden in dieser Zeit aber auch andere Reaktionen gezeigt: Der Pietismus verwendet die neuen Erkenntnisse dazu, traditionell am alten System festzuhalten und ihm eine das religiöse Gefühl vertiefende Rechtfertigung zu verleihen. Im Kontrast dazu vertändelt sich die Anakreontik ganz in flüchtiger Oberflächlichkeit und kokettem Spiel. Dagegen entdeckt man im Sturm und Drang die Kraft der eigenen individuellen Persönlichkeit und Willensfreiheit und revoltiert nahezu pubertär gegen alle Einschränkungen der eigenen Person, die man auch in ihrer Entscheidungsverantwortung absolut setzt.

Sturm und Drang als Pubertät

1. Psychologischer Aspekt: Individuation und Sozialisation

Suche nach einem Ausgleich

War der Blick bislang nahezu ausschließlich auf den Prozess der Individuation gerichtet und gipfelte er im Sturm und Drang in höchstem Autonomieanspruch, so erfährt er um 1800, vergleichbar mit der Adoleszenz, einen **Wandel der Perspektive zur Sozialisation**. Goethe und Schiller erkennen, dass die Egomanie ein Weg in die isolierende Sackgasse und den persönlichen Untergang ist, und suchen nach einem idealen harmonischen Ausgleich zwischen Individuum und Gesellschaft, zwischen Autonomiestreben, allgemeiner Menschenwürde und sozialer Vernunft. Das ist die Epoche der **Klassik**. Die von ihr idealisierten Lösungen scheitern aber an der Unvollkommenheit des Menschen und den ihn umgebenden Zuständen. Deshalb wird nach anderen Lösungsstrategien gesucht, zumal das Individuum zu kopflastig erscheint.

Verknüpfungsaspekt 2: Kleist

Die **Romantik** bemüht sich in einer Systemflucht, die Möglichkeiten der Individuation durch Betonung des Emotionalen und Irrationalen zulasten der Sozialisation zu bewahren bzw. diese Sozialisation lediglich spirituell zu vollziehen. Kleist zeigt in seiner Novelle anhand der **Marquise von O.**, wie schwierig es für eine nur bedingt emanzipierte Frau selbst des Adels ist, sich den gesellschaftlichen Normen entsprechend in einer Extremsituation angemessen zu verhalten und mit der Erschütterung gesellschaftlicher Ideale fertig zu werden. Da bedarf es mit der Zeitungsanzeige schon der sensationellen Durchbrechung des gesellschaftlichen Tabus, dass man eine außereheliche Schwangerschaft geheimzuhalten hat. E.T.A. Hoffmann geht sogar noch einen

Verknüpfungsaspekt 3: Hoffmann

Schritt weiter, wenn er mit psychologischem Feinsinn am Schicksal des **Nathanael** den existenziellen Folgen einer spirituell misslungenen Individuation und Sozialisation nachspürt und zugleich vor den Gefahren einer einseitigen Überbetonung des Irrationalen warnt.

Während der **Biedermeier** versucht, das klassische Idealmodell dadurch zu retten, dass man den Kreis der Sozialisation eng auf die Familie begrenzt, ist der **Vormärz** bereit, seine Individualität kämpferisch für die Erreichung konkreter sozialer und politischer Ziele einzusetzen.

Dem **Realismus** des 19. Jahrhunderts gelingt ein bedingter Ausgleich zwischen Individuation und Sozialisation, insofern die Lösung in beiderseitigen Einschränkungen und Zugeständnissen gesehen wird, deren Hauptlast jedoch der Individuation zukommt. Eine gelungene Sozialisation wird möglich, wenn man das Potenzial seiner Individuation bescheiden an die Erfordernisse der realen Gegebenheiten anpasst. Die Romane Theodor Fontanes machen deutlich, dass dieser Grundsatz für alle gesellschaftlichen Kreise anzuwenden ist.

Literarische Moderne: verlorene Maßstäbe

Am Ende des Jahrhunderts werden jedoch Zweifel an der alleinigen Eigenverantwortung des Menschen für Individuation und Sozialisation manifest. Im **Naturalismus** stellt man dar, dass diese Anpassung oft nicht allein vom Individuum zu leisten ist, weil die individuellen Voraussetzungen wie physische, intellektuelle und psychische Veranlagung, Erziehung und soziales Milieu dies nicht zulassen. Die zur Jahrhundertwende um sich greifende Skepsis erfasst, einer schweren Entwicklungskrise gleich, alle Bereiche. Zukunftsträchtige Entwicklungsmöglichkeiten für Individuation und Sozialisation sind nicht zu erkennen:
- nicht im Rückzug auf die Individualität, infolge derer der **Impressionismus** die subjektive Wahrnehmung zum vorrangigen Maßstab macht,
- nicht in der romantischen Flucht in die Isolation ästhetischer Spiritualität, wie sie der **Symbolismus** betreibt, und auch

1. Psychologischer Aspekt: Individuation und Sozialisation

– nicht in der geniehaften und exaltierten Kraftmeierei des **Expressionismus** gegen alle Welt.

Die immer stärker anwachsende Unüberschaubarkeit der modernen Welt, der Zusammenbruch der solide geglaubten politischen Ordnungssysteme nach dem Ersten Weltkrieg und die Beschleunigung und Dynamik der zivilisatorischen Entwicklung (Technisierung) werfen im 20. Jahrhundert mehr und schneller Fragen auf, als sich beantworten lassen. Die traditionellen Leit- und Wertmaßstäbe für die Individuation, zunächst nur angezweifelt, sind nun vollends verloren. Die gesellschaftlichen Umwälzungen vollziehen sich so turbulent, dass das Ziel einer sinnvollen Sozialisation nicht auszumachen ist. Der Mensch scheint seiner Existenz verzweifelt ausgesetzt, er erkennt höchstens noch in der Partnerbindung eine verlässliche Form der Verbindlichkeit und reagiert auf die allgemeine Verunsicherung mit pragmatischen Überlebensstrategien und klammert sich an die traditionellen oder unausgegorenen neuen Ideologien der Masse, wie es die Werke der **Neuen Sachlichkeit** schildern (Faschismus, Kommunismus).

Zunehmende Desorientierung

Nach der katastrophalen Verirrung in die vermeintlich neue Grundlagen schaffende Ideologie des Nationalsozialismus, in der sich jegliche Individuation an vorgegebenen Sozialisationsprinzipien zu orientieren hatte, ist man nach **dem Ende des Krieges** noch ratloser als zuvor. Die Impulse von außen durch zurückkehrende Exilanten sind schwach, und den von den Besatzungsmächten angebotenen Werten der demokratischen Freiheit misstraut man. Die Zeiten stehen schlecht für eine störungsfreie Individuation. Zerrüttete, zerrissene, aufgelöste Familienstrukturen, überholte und unbrauchbar gewordene Leitbilder sowie fehlende neue Orientierungsmarken lassen die Menschen in einem Ordnungsvakuum allein und begründen das Scheitern der Sozialisations- oder Re-Sozialisationsversuche der Erwachsenen. Es sind weniger die unmittelbaren Folgen des Krieges, die diese Zustände definieren, als die Entwicklungsbedingungen, die schon vor dem Krieg begannen, den Menschen über den Kopf zu wachsen: die unüberschaubare Dynamik des Simultaneität, die Vereinzelung in der Masse, die dschungelhaften Verhältnisse der Großstädte und vor allem der durch den allgemeinen Vertrauensschwund verursachte Verlust an menschlicher Beziehungssicherheit. Hier setzt eine Entwicklung ein, die bis heute nicht überwunden ist: der Ersatz der Bindungsverlässlichkeit durch die betäubende Teilhaberschaft an medialer Unterhaltung und Zerstreuung.

Flucht in Ideologien der Masse

Mit der Überwindung der deutschen Teilung und der **Wiedervereinigung** gingen zudem tradierte gesellschaftliche Grundsätze verloren und sind von einem einerseits verunsicherten und andererseits gierig ergriffenen liberalisierten Egoismus verdrängt worden. Die Sozialisation zeigt die Tendenz zur Polarisierung. Hier verkümmert sie zu einer entwerteten Beliebigkeit, Gleichgültigkeit und Hilflosigkeit und wird durch markt- und konsumgerechte Trends ersetzt, dort führt sie zu egozentrischer Ignoranz und Intoleranz sowie zu einer Konkurrenz um nicht immer gerechtfertigte Macht- und Führungsansprüche. Auch der Einfluss der modernen Arbeitswelt auf den Menschen und seine irritierenden und zerstörerischen Einflüsse auf dessen sozialen Beziehungen beeinflussen permanent die Sozialisierungsprozesse, wie **Hartmut Langes Novelle** *Das Haus in der Dorotheenstraße* zeigt.

Verknüpfungsaspekt 4: Lange

1. Psychologischer Aspekt: Individuation und Sozialisation

Verknüpfungsaspekt 5: Lyrik

Die Verbindung zur Lyrik liegt auf der Hand. Nirgendwo sonst sind die Äußerungsformen der Individuation und gleichzeitig der Sozialisation unmittelbarer als in Momenten subjektiver Emotionen. Einerseits versucht das Individuum, sich in seiner unverwechselbaren Persönlichkeit zu präsentieren, andererseits ist es bemüht, diese in der Auseinandersetzung mit einer wie auch immer gearteten Umgebung angemessen zur Geltung zu bringen. Je nach der gewählten Thematik, sei es das Verhältnis dieser Individualität zur Natur, zu reisebedingten Veränderungen, zur alltäglichen Weltumgebung, zu anderen Menschen, zu Organisationsformen, Zuständen und Verhältnissen der Gesellschaft oder Politik, bieten sich in der Lyrik unendliche Möglichkeiten und Motive der Darstellung einer vielleicht für verallgemeinerbar gehaltenen subjektiven Befindlichkeitsartikulation. Die Lyrik kann beleuchten,

– in welchem Maße das individuelle Selbstbewusstsein in der Einschätzung und Wertung der eigenen Gefühle gesichert, fraglich oder unsicher, entwickelt oder unterentwickelt ist,
– inwieweit seine Beziehung zur Außenwelt einseitig oder wechselseitig, oberflächlich sinnlich oder kategorial analytisch und geistig reflektierend begründet ist,
– in welchem Maße und unter ggf. welchen Bedingungen eine Einvernahme und ein Einverständnis mit den erkannten Wertesystemen und Maßstäben des Lebensumfeldes vorhanden ist,
– aus welchen Gründen oder Auffassungsdifferenzen die Beziehung zu Welt und Menschen scheitert und der Verarbeitungsprozess dieses Dissenses die Persönlichkeit der betroffenen Person charakterisiert.

Verknüpfungsaspekt 6: Sprache

Im Bereich der **Sprache** werden Individuation und Sozialisation zu bestimmenden Faktoren der Sprachverwendung. Idiolekt, Soziolekt und Ethnolekt sind wichtige Identität stiftende Erscheinungsformen der subjektiven Sprachfindung. Im Idiolekt findet die eigene Persönlichkeit mit ihrer Milieuprägung ihren individuellen Ausdruck, im Soziolekt und Ethnolekt gibt das Individuum seine nicht nur sprachliche Sozialisation zu erkennen, indem es die Sprachmerkmale seiner sozialen Gruppe übernimmt und sich so gegen andere mögliche Vereinnahmungen verwahrt. Die Beherrschung von Varietäten befreit das Individuum wieder von solchen sozialen Einordnungen, Ab- und Ausgrenzungen.

Verknüpfungsaspekt 7: Medien

Auch die **Medien** übernehmen heute bei der Individuation und Sozialisation eine wichtige Funktion, weil sie aufgrund ihrer Nähe bei der Entwicklung des Einzelnen nicht ohne Wirkung bleiben. Das Weltbild und das Realitätsbewusstsein eines Menschen werden wesentlich durch diese tertiäre Sozialisationsinstanz der Medien geprägt. Es ist nicht unerheblich, wieweit man sich mit seiner Realität auseinandersetzt oder inwieweit man in die Fiktionalität (Welt der Heftchenromane und Regenbogenpresse) oder Virtualität (Welt der interaktiven Computerspiele) entflieht und Surrogate von Sozialkontakten (Chats und soziale Netzwerke) für reale Beziehungen hält.

1. Psychologischer Aspekt: Individuation und Sozialisation

	Individuation — Entfaltung und Nutzung der eigenen Anlagen und Möglichkeiten		Sozialisation — Rollenfindung und Verantwortung in einem gesellschaftl. Miteinander	
BAROCK				vorgegebenes weltanschauliches Wertesystem
AUFKLÄRUNG		naturbegründetes Selbstbewusstsein		
STURM UND DRANG	autonome Selbstbestimmung			
KLASSIK			Ausgleich von Autonomie und sozialer Pflicht	
ROMANTIK		Flucht in den Individualismus		
BIEDERMEIER			Verpflichtung nur gegenüber der Familie	
VORMÄRZ				Kampf um politische Ziele
REALISMUS			individuelle Anpassung an soziale Verhältnisse	
IMPRESSIONISMUS		ästhetischer Rückzug auf die Individualität		
EXPRESSIONISMUS	extrem individueller Ausdruck			
NEUE SACHLICHKEIT			Verunsicherung aller Werte	
NACH 1945			Ausweitung und Vertiefung der Unsicherheit	
HEUTE				wachsende soziale Fremdbestimmung durch Medien u. soziale Zwänge

Schaubild 21: Individuation und Sozialisation

2. GENDERASPEKT

Dominanz männlicher Autoren in der Literaturgeschichte

Die Stellung des Mannes in der Gesellschaft scheint über die Jahrhunderte relativ stabil. Religiös begründet, findet er im Patriarchat eine fest definierte privilegierte und dominante Rolle, die ihm erst seit dem Epochenumbruch 19./20. Jahrhundert ernstlich streitig gemacht wird. Das ist allein schon an der Autorschaft von Texten ablesbar, obwohl die Frauen bereits seit der Mitte des 12. Jahrhunderts zu schreiben begonnen haben (Hroswitha von Gandersheim, ca. 935 – 1002, wird als erste deutsche Dichterin angesehen) und sogar seither traditionell das Gros des Lesepublikums ausmachen. Dies ist keine Frage der literarischen Qualität: Da auch die Literaturgeschichtsschreibung männlich dominiert wurde, wurden selbst herausragende Texte von Autorinnen in der Regel gar nicht erst kanonisiert. Selbst die zum Abitur obligatorisch zu lesenden Texte entstammen männlichen Federn. Auch die Hauptfiguren der zu lesenden Texte sind überwiegend männlich. Lediglich Goethes Gretchen und Kleists Marquise von O... weichen davon ab. Hier wird erkennbar, dass sich erst im 20. Jahrhundert eine Veränderung der geschlechtsspezifischen Wertung vollzieht.

2.1 DIE ROLLE DES MANNES IN DER GESELLSCHAFT

Übersicht

Werk	Figur	Männerbild
Nathan der Weise	Nathan	selbstbewusst, zielstrebig, unabhängig, reflektiert: absolutes Ich
	Saladin	geradlinig, sozial, emotional: empathischer Herrscher
	Patriarch	selbstgefällig, überheblich, opportunistisch
	Tempelherr	jung, verunsichert, auf der Suche nach der eigenen Identität
	Al-Hafi	zurückgezogen, überfordert, eskapistisch
	Klosterbruder	unangepasst, kritisch, eskapistisch

2. Genderaspekt
2.1 Die Rolle des Mannes in der Gesellschaft

Die Marquise von O…	Kommandant	uneingeschränktes Familienoberhaupt als gesellschaftliche Fassade; Verlust der Führungsposition innerhalb der Familie
	Forstmeister	angepasster, gehorsamer Sohn seines Vaters
	Graf F…	männliches Idealbild: von höherem Adel, reich, ansehnlich, mutig, entschlossen, verantwortungsvoll; aber mit „Handlungsfehlern"
Der Sandmann	Vater	zwiespältig: launiger Familienvater vs. unterwürfiges Familienoberhaupt
	Nathanael	psychisch krank: traumatisch belasteter Egoist mit bipolarer Störung
	Lothar, Siegmund	helfende Freunde
	Coppelius / Coppola	Verkörperung des rücksichtslos brutalen Bösen / bizarrer, gewinnorientierter Händler
	Spalanzani	zynischer, betrügerischer Materialist
Das Haus in der Dorotheenstraße	Gottfried Klausen	Fortleben einer Priorität des Mannes trotz konziliant scheinender Partnerschaft

Lessing beleuchtet in seinem Drama ***Nathan der Weise*** drei verschiedene Erscheinungsformen des Männerbildes. Am schwächsten ist es beim **Tempelherrn** ausgebildet. Es ist vor allem seiner Jugend und seinen Erlebnissen geschuldet, dass sein ursprünglich fragloses Selbstverständnis als Tempelritter erschüttert wird. Als Ritter wird er vom islamischen Feind besiegt und wider alle Erwartungen begnadigt. Als Ordensmann gerät er durch die Liebe zu der von ihm geretteten Recha, zudem eine vermeintliche Jüdin, in Konflikt mit seinen Gelübden. Je nach Situation und Empfinden schwankt er zwischen diesen Polen auf der Suche nach der eigenen Identität. Auch **Al-Hafi**, der Bettlerderwisch, ist durch die ihm zufallende Funktion des Schatzmeisters aus seiner Bahn geworfen und verunsichert. Er glaubt sich durch die Flucht an den Ganges in eine ihm gemäßere Form des sozialen Lebens retten zu können. Der **Klosterbruder** zeigt sich da bereits souveräner. Zwar leidet auch er unter der unwürdigen Verwendung als operationeller Beauftragter des Patriarchen, aber mit einer „bauernschlauen" Naivität gelingt es ihm, die moralisch zweifelhaften Aufträge, von denen er sich innerlich distanziert, zu unterlaufen und sogar ins Positive zu wenden. Gleichwohl strebt er wie Al-Hafi danach, sich den Anforderungen der Welt durch einen eskapistischen Rückzug ins Eremitendasein zu entziehen. Der **Patriarch** füllt die Rolle des selbstgefälligen und überheblichen Funktionärs aus, der sich mit fraglichen Mitteln in einem System hochgedient hat und nun dieses System in egoistischer Machtarroganz fanatisch durchzusetzen gewillt ist, solange nicht sein heuchlerischer Opportunismus ihm zu geeigneterem Verhalten rät. Er versammelt so ziemlich alle negativen Eigenschaften auf sich, die seit dem Mittelalter als Vorurteil gegen „Pfaffen" vorgebracht

Verknüpfungsaspekt 1: Lessing

2. Genderaspekt
2.1 Die Rolle des Mannes in der Gesellschaft

wurden: Selbstsucht, Gier, Überheblichkeit und Rechthaberei. Sultan **Saladin** tritt uns äußerlich zwar als absolutistischer Herrscher entgegen, der über ein ausgedehntes Gebiet befiehlt, das sich von Ägypten bis zum Libanon erstreckt, und selbstherrlich über Leben und Tod entscheidet. Aber wir lernen auch den Menschen Saladin kennen, zu dem das nach außen getragene Männerbild so wenig passt. Da erscheint er im Gegensatz zum machiavellistischen Fürsten eher als ein zum Verzicht bereiter Asket, der sich aus Geld und verliehener Macht nichts macht, die Armen und Bedürftigen unterstützt, sich mit Verstellung schwertut, um pragmatische Rollen zu übernehmen, und der familiären Empfindungen den vermeintlichen politischen Notwendigkeiten den Vorzug gibt. Der öffentlich gefürchtete Potentat Saladin lässt so von allen Vorurteilen entschlackt einen warmherzigen, empathischen, auf seine Gefühle wie seinen Verstand und nur auf sich selbst vertrauenden Mann hervortreten, der großen Anteil hat an einem idealisierten Männerbild der Aufklärung. An diesem Idealbild hat auch **Nathan** wesentlichen Anteil. Er ist nicht nur vermögend, welterfahren und lebensklug, sondern auch einfühlsam, geduldig, besonnen und stets darauf bedacht, in seinen Mitmenschen und Gesprächspartnern das menschlich Beste zu erkennen und zu fördern. Den Beinamen „der Weise" verdient er sich, weil er die regelhafte Buchgelehrsamkeit durch einen situativ angemessenen, lebenspraktischen und vernünftigen Menschenverstand ersetzt.

Verknüpfungsaspekt 2: Kleist

Da zwischen dem Erscheinen von Lessings *Nathan der Weise* und **Heinrich von Kleists** Novelle *Die Marquise von O…* gerade einmal zwei Jahre liegen, hat sich das Rollenbild des Mannes selbstverständlich nicht grundlegend geändert. So erscheint der **Kommandant** weiterhin als uneingeschränktes Oberhaupt der Familie, das in ihrem Namen und anstelle ihrer weiblichen Mitglieder spricht. Aber seine nach außen hin unbestrittene Position ist ausgehöhlt und wird nur noch mit Gewalt fassadenhaft aufrechterhalten. Auch sein unangemessener Vorname Lorenzo, der Lorbeerbekränzte, verweist auf nicht mehr gerechtfertigte Rollenverdienste. Kleist mildert aber seine Kritik dadurch, dass er dem Kommandanten, der weder sein Fort noch seine Familie befehligt, letztlich poetische Gerechtigkeit widerfahren lässt. Immerhin darf der Mann die Schmach seiner militärischen Niederlage durch den Grafen F… ausgleichen, wenn er diesem demütigenderweise den Ehevertrag diktiert. Die geistige Führung ist indes längst von seiner Frau, bezeichnenderweise gern Obristin genannt, übernommen worden. Auch die verweigerte Subordination der Tochter unter seinen Befehl, die Kinder zurückzulassen, als sie sich, von den Eltern verstoßen, auf ihr Landgut zurückzieht, deutet an, dass die Marquise mehr Selbstbewusstsein entwickelt als ihr gehorsamer Bruder, der **Forstmeister**. Mit allen Attributen eines heldenhaften männlichen Idealbildes wird hingegen der russische **Graf F…** ausgestattet, sodass es nahezu unglaubhaft ist oder einer schicksalhaften Ironie gleichkommt, dass ausgerechnet er sich an der Marquise vergangen haben soll. Körperlich wie charakterlich scheint Graf F…, von seiner einen Untat abgesehen, ein Vorbild seines Geschlechts und verkörpert ein eheliches sowie schwiegerelterliches Wunschbild: von höherem Adel, reich, ansehnlich, mutig, entschlossen, verantwortungsvoll und mit einer bedeutenden politischen Mission beauftragt. Kleist steigert auf diese Weise die Fallhöhe des heldenhaften Retters zum gedemütigten Sünder, dämpft seine Rollenkritik an solch einem überzogenen Männlichkeitsideal aber, indem er dem Grafen mit dem idyllischen Familienschlussbild poetische Gerechtigkeit widerfahren lässt.

2. Genderaspekt
2.1 Die Rolle des Mannes in der Gesellschaft

Auch mehr als dreißig Jahre nach dem Erscheinen des *Nathan* ist das männliche Rollenbild eigentümlich gebrochen, wie man in **E.T.A. Hoffmanns** Novelle *Der Sandmann* sehen kann. Erneut zeigt der **Vater** Nathanaels ein zwiespältiges Bild, aber diesmal mit vertauschten Sphären. Auf der einen Seite ist er als launiger Familienvater deren Zentrum, auf der anderen Seite passt er sich den gesellschaftlichen Mächten in Gestalt des Rechtsanwalts Coppelius bis zur Unterwerfung an. Mit Ausnahme von **Lothar** und **Siegmund**, die man als helfende Freunde Nathanaels kennenlernt, sind alle männlichen Figuren der Novelle nur aus Nathanaels verzerrender Sicht wahrzunehmen. Dabei erscheint Rechtsanwalt **Coppelius** als Verkörperung des brutalen und rücksichtslosen Bösen, der Wetterglashändler **Coppola** als dessen leicht ins Komische spielendes Gegenstück. Beide sind auf wirtschaftlichen Gewinn aus, jener mit Hilfe der gefährlichen Alchemie, dieser über die täuschende Verwendung hochkomplizierter Mechanik. Professor **Spalanzani** ist Coppolas wirtschaftlicher Partner, der sich bedenkenlos und mit Zynismus an den schädlichen Wirkungen ihres gemeinsamen Projekts Olimpia erfreut. Somit geht in Hoffmanns Novelle alles Übel vom Manne aus. Aber es ist auch ein Mann, der diesem Übel zum Opfer fällt. **Nathanael** ist jedoch noch viel zu unreif, zu ungefestigt und zudem noch aus seiner Kindheit traumatisiert, um als vollgültiger Repräsentant der Männerrolle in Frage zu kommen. In seiner wahnhaften Verblendung und seinem Egozentrismus wirkt er eher wie ein unglücklich verstocktes Kind. Nur seiner Verlobten Clara gegenüber versucht er seine vermeintliche männliche Führungsrolle zu behaupten, wenn er sich ihre kluge Einmischung in seine Probleme Lothar gegenüber verbittet. [Verknüpfungsaspekt 3: Hoffmann]

Hartmut Langes Novelle *Das Haus in der Dorotheenstraße* kann man nahezu als Ein-Mann-Erzählung bezeichnen, da selbst seine Ehefrau Xenia nur eine Nebenrolle spielt. Das Verhältnis der Eheleute erscheint zwar vordergründig paritätisch und partnerschaftlich zu sein, doch wird an den Verhaltens- und Denkweisen Gottfried Klausens deutlich, dass er sich in einer dominanten Rolle sieht. Er allein entscheidet über seinen beruflichen Einsatzort und meint das partnerschaftliche Verhältnis erfüllt zu haben, wenn er sich an abgesprochene Vereinbarungen hält. Er weiß sehr wohl, dass man eheliche Probleme in einem gleichberechtigten, partnerschaftlichen Gespräch lösen sollte. Aber dieses Bewusstsein unterliegt in der Praxis den unbewussten, animalisch anmutenden Verhaltensweisen und tradierten männlichen Rollenmodellen, die ihm eine Überwachung seines Besitzes nahelegen, und damit einem eifersüchtigen Argwohn gegenüber seiner Gattin. [Verknüpfungsaspekt 4: Lange]

Auch in der **Lyrik** schlägt sich das traditionelle Männerbild im männlichen Selbstverständnis, in seinem Wunschdenken und seinen Enttäuschungen nieder. Erst die Texte im 20. Jahrhundert differenzieren ein neues Verständnis und neue Anforderungen an diese Rolle. Bis in die **Sprachverwendung** ist die Dominanz der männlichen Perspektive nachweisbar, wie der feministisch gefärbte Sexismusvorwurf und seine Diskussion in den 1970er Jahren gezeigt haben. [Verknüpfungsaspekt 5: Lyrik]

2.2 DIE ROLLE DER FRAU IN DER GESELLSCHAFT

Übersicht

Werk	Frauenfigur	Frauenbild
Nathan der Weise	Recha	Kaufmannstochter: gehobene Einsicht, idealisierte Tugend
	Daja	angestellte Gesellschafterin: kritische Hausdame, die ihre Interessen intrigenhaft verfolgt
	Sittah	Schwester des Sultans: Vordenkerin und Handlungsinitiatorin, „graue Eminenz"
Die Marquise von O…	Mutter	mit z. T. fragwürdigen Mitteln durchgesetzte Führungsrolle innerhalb der Familie
	Marquise	erfüllt das erwartete Klischee der adeligen Adelstochter und -witwe
Der Sandmann	Mutter	einfache Bürgersfrau und Versorgerin der Familie
	Clara	rational, aber nicht sozial emanzipiert
	Olimpia	Kunstwesen (Androide) als oberflächliche gesellschaftliche Repräsentationsfigur
Das Haus in der Dorotheenstraße	Xenia	vernachlässigte Ehefrau, die aus ihrem Rollenschema ausbricht

Verknüpfungsaspekt 1: Lessing

Geradezu komplementär zum Männerbild entwickelt sich in der Literatur das Bild von der Rolle der Frau. Die dominante Stellung des Mannes drängt die Frau in eine unterlegene Abhängigkeit, aus der heraus sie ihre Einflussmöglichkeiten nutzen muss. Deutlich wird das in **Gotthold Ephraim Lessings** Drama *Nathan der Weise* vor allem an **Sittah**, der Schwester des Sultans Saladin. Öffentlich wird sie augenscheinlich kaum wahrgenommen. Im Palast hingegen tritt sie als dominierende Persönlichkeit nicht nur deshalb in Erscheinung, weil sie ihren Bruder regelmäßig im Schachspiel schlägt und ein Preisgeld in Höhe von jeweils tausend Dinar einstreicht. Wenn das Schachspiel als Spiel der Vernunft, der vorausplanenden Strategie und der zielführenden Idee gelten darf, belegen ihre Siege, dass sie dem Sultan an Intellekt, Weitsicht und operationellem Geschick überlegen ist. Da helfen ihr auch ihre Begabungen zur List und zum Taktieren, die sonst in der Literatur eher als negative „weibliche" Eigenschaften gelten. In der Tat ist sie es, die den Hof nicht nur finanziell, sondern auch mit ihren Planvorgaben unterhält. Dagegen erscheint Saladin lediglich als ein ausführendes Organ. Und doch nimmt sie an den Besprechungen des Sultans nicht teil, sondern muss sich mit der Rolle der Lauscherin begnügen. Sie agiert als graue Eminenz nur aus dem Hintergrund.

2. Genderaspekt
2.2 Die Rolle der Frau in der Gesellschaft

Auch **Daja** kann öffentlich nicht so handeln, wie sie möchte. Von Nathan als christliche Gesellschafterin seiner Ziehtochter Recha verpflichtet, ist sie zugleich gehalten, Stillschweigen darüber zu wahren, dass der Jude Nathan nicht der leibliche Vater Rechas ist. So darf sie ihrem Wunsch, Recha in die christliche Gemeinschaft zurückzuführen und mit ihr gemeinsam nach Europa zurückzureisen, nie öffentlich nachgehen, sondern muss es bei Andeutungen und Anspielungen belassen. Deshalb hat Daja die Taktik des steten Tropfens gewählt, in der Hoffnung, er möge einst den Stein höhlen. Und im Gebrauch dieser Taktik erweist sie sich als durchaus militant und nervig. Sie hat sich ganz mit der religiösen Ideologie des Katholizismus identifiziert und erscheint in deren Sinne als naive und unkritische Gläubige. Jegliche kritische, rationale und aufklärerische Entfernung von dieser Ideologie liegt ihr fern. Da ist **Recha** anders. Von Nathan offenbar nicht streng im Glauben der jüdischen Orthodoxie erzogen, sondern eher im Sinne einer rationalen Vernunftreligion, die sich über alle Offenbarungsreligionen erhebt, vertraut sie aus Einsicht in die Erkenntnisinhalte, die Nathan ihr vermittelt hat. Doch hat sie das nicht zu einem kalt vernünftelnden Wesen gemacht. Vielmehr offenbart sie die Unvollkommenheit ihrer Persönlichkeitsentwicklung durch eine empfindsam-mystische Anfälligkeit, der sie in Situationen hoher emotionaler Betroffenheit erliegt. Obwohl sie in ihrer Tugendhaftigkeit und wachsenden rationalen Mündigkeit auf dem Weg zum Idealbild einer aufgeklärten Weiblichkeit ist, bleibt ihre gesellschaftliche Rolle in einer zeittypischen Ergebenheit dem Manne gegenüber gefangen. Mit der apotheotischen Verklärung ihres sozialen Vaters Nathan und dem offenbar problemlosen Tausch des Tempelherrn von der Rolle des Geliebten zu der Rolle des Bruders manifestiert sie letztlich doch die Unterordnung und Zweitrangigkeit ihrer weiblichen Rolle.

Die Handlung in **Heinrich von Kleists** Novelle *Die Marquise von O...* wird von den beiden Frauengestalten getragen. Während mit der unerklärlichen Schwangerschaft der Titelfigur der weibliche Aspekt der Frau in den Fokus gerückt wird, bestimmt ihre **Mutter** den Handlungsfortschritt des Textes durch ihre Entschlüsse und tatkräftigen Aktionen. Auf Betreiben der Obristin, der schon von der Benennung her die Führungsrolle zugesprochen wird, kann der Graf zunächst vertröstet werden; sie verflucht ihre eigene Tochter ob deren vermeintlicher Empfängnislüge, und stellt nach der Zeitungsanzeige, in der die Marquise nach dem Vater ihres Kindes forscht, den Kontakt zu ihrer Tochter wieder her, holt sie auch ins Elternhaus zurück. Die Obristin erwartet auch mit ihrer Tochter zum festgelegten Termin nicht nur eben diesen ominösen Vater, sondern verzeiht ihm in Gestalt des Grafen auch sofort, akzeptiert ihn als zukünftigen Schwiegersohn und wünscht sogar an dessen Stelle den schnellstmöglichen Hochzeitstermin. Der Graf hat ihre Führungsrolle längst durchschaut und wendet sich deshalb bei dem büßerhaften Geständnis seiner Verfehlung und seiner Bitte um Vergebung auch vorrangig an sie, indem er in einer äußersten Geste der Unterwerfung auf Knien liegend den Saum ihres Kleides küsst. Triumphaler kann der Sieg im Geschlechterkampf mit ihrem Gatten um die gesellschaftliche Macht kaum ausfallen. Dass sich die Obristin dabei durchaus fraglicher Mittel bedient, ihren Gatten hintergeht, hinter seinem Rücken agiert und selbst vor einer Intrige gegen ihre Tochter nicht zurückscheut, spricht mehr für ihr bedingungsloses pragmatisches Machtstreben als für ihre moralische Lauterkeit. Der Text legt mit seiner Leerstellentechnik sogar nahe, dass sie ihren Gatten mit dem Jäger Leopardo betrügt. Die **Marquise** spielt demgegenüber die Rolle der tugendhaften Unschuld, wenn man sie der doppelten Mutter auch nicht fraglos abnimmt. Sie

Verknüpfungsaspekt 2: Kleist

2. Genderaspekt
2.2 Die Rolle der Frau in der Gesellschaft

ist ganz in die gesellschaftlich geforderte Rolle als Frau hineinerzogen, widmet sich der Kunst, Lektüre, Strickerei und Kindererziehung und ordnet sich nach dem Tode ihres Mannes auch wieder der elterlichen Gewalt unter. Die Liebe zu ihren Kindern lässt sie für einen kurzen Zeitraum gegen den väterlichen Willen aufbegehren, doch begibt sie sich schnell wieder ihrer Selbstständigkeit und kehrt mit der Heimkehr ins Elternhaus und der Heirat des Grafen in die von der Gesellschaft vorgesehene Rolle der Frau zurück.

Verknüpfungsaspekt 3: Hoffmann

In **E.T.A. Hoffmanns** Erzählung *Der Sandmann* wird die Rolle der Frau durch drei ganz unterschiedliche Figuren repräsentiert. Die **Mutter Nathanaels** erfüllt noch ganz die Rollenerwartung an eine einfache Bürgersfrau, wenn sie sich der Familienversorgung und den Kindern widmet und von der Information über alle wichtigen Ereignisse verschont wird, sei es die geheime Labortätigkeit ihres Mannes, seien es die psychischen Probleme ihres Sohnes. **Clara** zeigt sich da schon wesentlich emanzipierter. Obwohl auch sie die den Frauen zugedachten häuslichen Tätigkeiten versieht, das Frühstück bereitet, strickt und später den kranken Nathanael pflegt, ist sie nicht nur logisch gebildet genug, die Problematik Nathanaels psychologisch klar zu analysieren, sie ist auch beherzt und selbstbewusst genug, ihre Gedanken ungefragt und ohne brüderlichen Schutz ihrem Verlobten gegenüber zu äußern. Fast um diese auffällige Rationalität zu kompensieren, schreibt ihr ihre gesellschaftliche Umgebung eine emotionale Kälte zu, also einen Mangel an weiblicher Empathie. Die Androide **Olimpia** ist eigentlich gar keine Frau, sondern kopiert als mechanische Puppe nur weibliches Aussehen und weibliche Verhaltensweisen. Umso typischer und eindeutiger treten die gesellschaftlich geschätzten Kriterien zutage. Ein hoher, schlanker Körper mit wespenartiger Taille und ebenmäßige Gesichtszüge gelten offenbar als schön, Klavierspiel, Gesang und Tanzvermögen als gesellschaftsrelevante Fähigkeiten. Über die Starrheit ihres Blicks, die Kälte ihrer Hände und die Monotonie und Einsilbigkeit ihres geringen Sprechvermögens vermag man jedoch nur hinwegzusehen, wenn man ihr mit den verblendeten Sinnen Nathanaels begegnet, der dies als Konzentration, seelische Tiefe, inniges Verständnis und edle Zurückhaltung missdeutet. Dass dies die von der patriarchalen Gesellschaft an einer Frau erwünschten und geschätzten Eigenschaften sind, beweist die folgende Sozialsatire, wonach nach der Entlarvung der Puppe die Männer von ihren Geliebten nahezu gegenteilige Verhaltensweisen als Beweis ihrer Authentizität erwarten. Olimpia erhellt, dass das vorherrschende Frauenbild der Epoche weniger an Werten der Persönlichkeit orientiert ist als an repräsentativen Oberflächlichkeiten, die die Frau zum Gegenstand erniedrigen.

Verknüpfungsaspekt 4: Lange

In **Hartmut Langes** Novelle *Das Haus in der Dorotheenstraße* spielt Xenia, die Frau Gottfried Klausens, nur eine Nebenrolle und löst doch den Konflikt im Bewusstsein ihres Mannes aus. Bereits ihr Name weist auf ihre Doppelfunktion hin: Für ihren Mann ist sie „die Fremde" geworden, weil er sich aufgrund seiner äußerlichen Abwesenheit von Berlin auch innerlich von ihr entfernt hat. Andererseits hat er aufgrund der misslungenen Telefonate, bei denen sich jeweils eine Männerstimme meldet, den Verdacht, dass sie auch „die Gastfreundliche" sein könnte, also einen Liebhaber hat. Das Symbol des Vulkanausbruchs, der Gottfrieds Flug zu seiner Frau verhindert, kann ebenfalls als Bild dafür gedeutet werden, dass ihre bislang gezähmten triebhaften Leidenschaften einen plötzlichen Ausbruch erfahren haben. So gesehen wäre Xenia als vernachlässigte Ehefrau zu betrachten, die aus der Rolle der braven, geduldigen, sich unterordnenden Rolle als Ehe- und Hausfrau ausbricht, um selbstbewusst ihren bislang unterdrückten und vernachlässigten Bedürfnissen nachzugehen.

Die Befreiung der Frau aus der männlichen sozialen Bevormundung schlägt sich erst in den **Gedichten** der Gegenwart nieder. Das ist schon daran erkennbar, dass in diesem Zeitabschnitt erstmals Frauen als Lyrikerinnen ernstlich wahrgenommen werden und sich nachhaltig zum Ausdruck bringen (z. B. Ingeborg Bachmann). Hier setzt sich die Entwicklung zum paritätischen bzw. gleichberechtigten Verhältnis zwischen den Geschlechtern fort. *(Verknüpfungsaspekt 5: Lyrik)*

Im **linguistischen Aufbegehren** der Emanzipationsbewegung im Zuge der gesellschaftlichen Reformen der siebziger Jahre hat sich das Bewusstsein um geschlechtsspezifischen Sprachgebrauch geschärft. Die Bestrebungen nach einer sprachlichen Gleichstellung haben sich vor allem in Form von Doppelanreden („Schülerinnen und Schüler", „Wählerinnen und Wähler") niedergeschlagen, sind aber hinter den extremen Forderungen ihrer militanten Verfechterinnen wie Senta Trömel-Plötz und Luise F. Pusch zurückgeblieben (z. B. „frau" statt „man") und dienen heute manchmal eher einer ironischen Sprachspielerei. *(Verknüpfungsaspekt 6: Sprache)*

3. LITERARHISTORISCHE ASPEKTE

3.1 DIE LITERARISCHE ENTWICKLUNG ALS PENDEL-BEWEGUNG ZWISCHEN RATIO UND SENSUS (EPOCHENMERKMALE)

Verstand und Gefühl

Die Menschheitsgeschichte scheint sich manchmal zyklisch, also wie in einem Kreislauf, zu vollziehen oder einer Pendelbewegung zwischen zwei Extremen zu ähneln. So kann man sich auch die literarische Entwicklung vorstellen. Die Extreme werden hier durch zwei Pole gebildet, die sich nicht ausschließen, sondern kompensatorisch miteinander harmonieren können: die Ratio auf der einen und der Sensus auf der anderen Seite. Der Verstand äußert sich dabei in logischen Kategorien, objektiven Kriterien und abstrakten Begriffen, das Gefühl in Pathos, subjektiven Emotionen und expressiver Bildlichkeit. Je nach der historischen Pendelstellung gestalten sich die stilistischen Epochenmerkmale.

Übersicht

Epoche	Akzent	Schreibstil
Barock	ausgeglichen	differenzierte Formartistik
Aufklärung	rational-didaktisch	Diskurs abstrakter Begrifflichkeiten
Anakreontik	emotional	stilisierte Bildmuster
Pietismus	emotional	pathetisch-religiöse Empfindung
Sturm und Drang	emotional	genialisch-egoistische Subjektivität
Klassik	ausgeglichen	idealistisch-strenge Erhabenheit
Romantik	emotional	sehnsuchtsvolle Fantasie
Biedermeier	rational	wirklichkeitsnahe Idealität
Vormärz	ausgeglichen	leidenschaftliches politisches Engagement
Realismus	ausgeglichen	Betonung von Deskription und Figurenrede
Naturalismus	emotional	selektierender Verismus (schonungslose Wirklichkeitsdarstellung)
Symbolismus	rational	elitäre, vernunftbetonte Bildlichkeit

3. Literarhistorische Aspekte
3.1 Die literarische Entwicklung als Pendelbewegung zwischen Ratio und Sensus (Epochenmerkmale)

Impressionismus	emotional	sensible, sprachskeptische Subjektivität
Expressionismus	emotional	apokalyptische Wortgewalt
Neue Sachlichkeit	rational	wertungsarme, nüchterne Distanz
Trümmerliteratur	rational	skeptisch-misstrauische Zurückhaltung
Postmoderne	rational	skeptisch-resignative Lakonie

Die Zeit des **Barock** bietet ein ausgeglichenes Verhältnis zwischen Verstand und Gefühl. Das Lebensgefühl im spannungsvollen 17. Jahrhundert ist bestimmt von den Lebensalternativen „carpe diem" und „memento mori". Aber dieses Lebensgefühl findet keinen unmittelbaren individuellen Ausdruck, sondern wird gebrochen und überformt von standardisierten Schreibmustern. So wird eine relativ geringe Anzahl an zeitbedingten Aussagen und Intentionen in einer zwar kategorial überschaubaren, stilistisch aber möglichst artifiziellen und differenzierten Form zur Darstellung gebracht. Die literarische Wertung betont also die möglichst artistische Formbeherrschung, gleichgültig ist dagegen die Authentizität der Aussage. *Standardisierte Schreibmuster*

Im Zeitalter der **Aufklärung** fächern sich unterschiedliche Bestrebungen auf. Die rational, weil didaktisch ausgerichtete Strömung, die Aufklärung im engeren Sinne, will einer gesellschaftlichen und moralischen Veränderung der Gesellschaft den Grund legen und diskutiert deshalb abstrakte moralische Begriffe (Tugend, Ehre, Toleranz). Die emotionale Strömung bagatellisiert dagegen das „carpe diem" des Barock und vertändelt sich in der Oberflächlichkeit der **Anakreontik** (Wein, Weib und Gesang) oder klerikalisiert das „memento mori" im **Pietismus** zu einem tiefen Religionsempfinden. Der **Sturm und Drang** als wichtigste Fortentwicklung der Aufklärung bricht mit der diskursiven Vernunft und proklamiert an ihrer Stelle das geniale subjektive Gefühl.

Der **Epochenumbruch zum 19. Jahrhundert** zeichnet sich aus durch eine rigorose Zurücknahme des Gefühls in der **Klassik** zugunsten einer vernunftorientierten Abstraktion. An straffen Fallbeispielen werden weltanschauliche Leitziele idealisiert und in erhabener, formstrenger Sprache zu scheinbar immerwährender Gültigkeit formuliert. Die **Romantik** kann als Umbruchphase angesehen werden. Einerseits versucht sie in Ergänzung der Klassik die Vollkommenheit der Literatur dadurch zu steigern, dass sie den Mangel an individuellem Gefühl ausgleicht und eine absolute Verschmelzung beider Bereiche anstrebt, andererseits entfernt sie sich wieder von der Verstandesorientierung und ersetzt sie durch die bis ins Extrem reichende Flucht in die Subjektivität von Gefühlswelten, Traum und Fantasie. *Zurücknahme des Gefühls*

Noch vor der Jahrhundertmitte schlägt das Pendel wieder zurück. Zunächst gemäßigt im **Biedermeier**, der die Position der Klassik zurückgewinnen möchte, dann deutlich im **Vormärz bzw. Jungen Deutschland**. Durchaus im leidenschaftlichen Stil des bedingungslosen Engagements werden politische Umwälzungen in einer begrifflich prägnanten Sprache gefordert und zielorientierte Argumentationen effektiv verfasst. An Heinrich Heines Ironie wird seine Stellung zwischen Romantik und Vormärz deutlich. *Engagement und Ironie*

Der **Realismus** ist erneut um eine Mittelposition zwischen den Extremen Ratio und Sensus bemüht, räumt aber der kontrollierenden und mäßigenden Vernunft den Vorrang ein. In der Deskription, den adjektivisch wie adverbial sich vollziehenden Wertun-

3. Literarhistorische Aspekte
3.1 Die literarische Entwicklung als Pendelbewegung zwischen Ratio und Sensus (Epochenmerkmale)

gen und in ausufernden Figurengesprächen findet er seine um Objektivität bemühten stilistischen Erkennungszeichen. Selbst Thomas Mann knüpft noch an diese Schreibweise an. Dagegen lehnt sich der **Naturalismus** auf, indem er unter Verzicht auf intentionale Verfälschungen sich rückhaltlos und vermeintlich entfiktionalisierend der Wirklichkeit öffnet und gerade so eine emotional hoch aufgeladene Fiktion erstellt (Büchner als Vorläufer).

Mit dem Epochenumbruch zum 20. Jahrhundert findet erneut eine Auffächerung der Strömungen statt. Der Symbolismus wendet sich in seiner kopfbetonten Schreibartistik bewusst von der als aufdringlich empfundenen Emotionalität des Naturalismus ab, während der **Impressionismus** sich bisweilen sogar verzweifelt bemüht (Sprachkrise), den radikal individuellen Empfindungen sensibelsten Ausdruck zu verleihen. Das sprachliche Bild wird zum schillernden Gefäß feinster Gefühlsnuancen. Diese Selbstbespiegelungen dünken dem **Expressionismus** angesichts der von ihm geteilten Endzeitstimmung zu dekadent, weshalb er, vergleichbar der Zeit des Sturm und Drang, seine apokalyptischen Visionen mit drohender Sprachgebärde sowie neologistischer und metaphorischer Kühnheit in die Welt schleudert.

Ausdruck individueller Empfindungen

Der Erste Weltkrieg und seine wirtschaftlichen Folgen kühlen alle emotionalen Erhitzungen ab. In der **Neuen Sachlichkeit** misstraut man den Empfindungen, zieht sich auf die Nüchternheit des Verstandes zurück und bevorzugt eine wertungsarme Prädikation. Der einfache kurze Aussagesatz, die Parataxe und die Verben bestimmen das stilistische Bild.

Flucht in nüchterne Lakonie

Nach der durch das Pathos des Nationalsozialismus und den Schrecken des Zweiten Weltkriegs verursachten zwölfjährigen Pause (zugleich die Zeit der intentional und stilistisch divergierenden Exilliteratur) ergibt sich nach 1945 eine ähnliche Situation wie nach dem Ersten Weltkrieg. Abgeschreckt vom Missbrauch der nationalen wie persönlichen Gefühle, flüchtet man sich in der **Trümmerliteratur** in die sprachliche Lakonik des Verstandes („Kahlschlagliteratur"). Auch in der Literatur wird Realität erst langsam wieder aufgebaut, zerfällt aber angesichts fehlender Wertungskategorien zunächst noch in ein Mosaik der Simultanität.

Während die eine Strömung bestrebt ist, sich über die Anknüpfung an die Tradition des 19. Jahrhunderts wieder zu öffnen (Karl Krolow), zieht die andere sich unter der Last des Holocausts in eine ästhetische Isolation zurück (Paul Celan). Es braucht rund zwanzig Jahre der Konsolidierung, bis dem Sensus wieder getraut wird. Zunächst sind es (wie zur Zeit der Studentenbewegung) noch politisch-kritische und damit rational gesteuerte Proteste, die sich der Trägerschaft des Gefühls bedienen. Selbst in der **Neuen Subjektivität** der siebziger Jahre dominiert oft noch die eher gefühlsscheue und unterkühlte Distanz der Vernunft. Mit dem Begriff **Postmoderne** versucht man heute, trotz der fehlenden historischen Distanz den polyvalenten und richtungsvielfältigen Eklektizismus der Gegenwart zu bezeichnen, in dem pluralistisch eine Vielzahl von literarischen Versuchen, Verstand und Gefühl zu verbinden, nebeneinandersteht. Es scheint, als wollte ein mit Anspielungen und Symbolen aufgewerteter nüchtern-lapidarer Stil auf Verluste im kommunikativ-affektiven Bereich hinweisen und zu mehr Sensibilität und emotionalem Mut auffordern.

3.2 DIE NOVELLE: SPIELRÄUME UND GRENZEN DER GATTUNG

Bei den erzählenden Texten gibt es innerhalb der Gruppe der Texte mit mittlerer Länge unterschiedliche Möglichkeiten der gattungstheoretischen Einordnung. Die allgemeinste Klassifikation und damit die mit dem geringsten Unterscheidungswert ist die **Erzählung**. Fast alle narrativen Texte der Obligatorik flüchten sich von ihrer Autorenbenennung her unter dieses breite Begriffsdach. Doch werden von der Literaturwissenschaft die Texte von Kleist und Hoffmann durchaus als **Novellen** betrachtet. Nur Hartmut Lange ordnet seinen Text von sich aus unter den Begriff Novelle. Grund genug zu prüfen, inwieweit die drei Texte der Gattungsbezeichnung Novelle entsprechen können.

Übersicht

Werk	Textsorte	Kriterien
Die Marquise von O…	Novelle	ungewöhnliches Ereignis, Mittelpunktskonflikt Tektonik, Mittelpunktsereignisse, Wendepunkte, Leitmotiv
Der Sandmann	Novelle	ungewöhnliches Ereignis, Mittelpunktskonflikt, Einbruch des Dämonischen Tektonik, Mittelpunktsereignis, Rahmen, Wendepunkte, Leitmotiv
Das Haus in der Dorotheenstraße	Novelle	ungewöhnliches Ereignis, Mittelpunktsereignis Mittelpunktskonflikt, Einbruch des Dämonischen, Wendepunkt, Leitmotiv

Heinrich von Kleists Text *Die Marquise von O…* wird von der Literaturwissenschaft allgemein als Novelle betrachtet. Kontrolliert man diese Einordnung nach den Gattungskriterien, wird schnell erkennbar, dass zwei gattungstypische **intentionale** und mehrere strukturelle Beschreibungsmerkmale auf den Text zutreffen. Das ungewöhnliche Ereignis besteht in der Zeitungsanzeige der Marquise, das Leitmotiv in ihrer unerklärlichen Schwangerschaft. Der im Mittelpunkt stehende Konflikt erwächst sogar in doppelter Weise aus einem moralischen Widerspruch. Zuvörderst betrifft er die Handlung des Grafen, der die Marquise in einer Aktion zugleich rettet und schändet, in zweiter Linie das Bewusstsein der Gräfin, die ihre Schwangerschaft ihren Eltern gegenüber nicht zu erklären vermag, was sie unglaubwürdig macht. Beide Konflikte werden von den Figuren selbst ausgelöst. Gleich mehrere **strukturelle Novellenmerkmale** treffen auf den Text zu. Er besitzt einen an der Bauform des Dramas orientierten Aufbau und in dem vom Erzähler verschwiegenen sexuellen Übergriff des Grafen sowie in der Veröffentlichung der Suchanzeige der Marquise gleich zwei Ereignisse, die sich als Mittelpunktsereignisse bezeichnen lassen. Bereits der Untertitel des Textes suggeriert, der Text schildere eine wahre Begebenheit, was durch seinen chronikalen Erzählstil gestützt wird. Man kann auch mehrere Wendepunkte innerhalb der

Verknüpfungsaspekt 1: Kleist

3. Literarhistorische Aspekte
3.2 Die Novelle: Spielräume und Grenzen der Gattung

Handlung ausmachen: Obwohl die von Arzt und Hebamme festgestellte Tatsache einer Schwangerschaft den Leser nicht wirklich überrascht, kommt die abrupte Verstoßung der Marquise durch ihre Eltern ebenso unerwartet wie ihre gnädige Wiederaufnahme nach dem von der Obristin initiierten Test. Auch die Selbstentlarvung des Grafen überrascht nicht, wohl aber die allen zuvor abgegebenen Bekundungen zum Trotz von der Marquise vorgenommene Ablehnung des Grafen als Gatten. Das letztendlich versöhnliche Ende kommt durch einen Gesinnungswandel der Marquise zustande.

Verknüpfungsaspekt 2: Hoffmann

Auch der Text **Der Sandmann** von **E.T.A Hoffmann** wird zu Recht als Novelle gelesen, denn er erfüllt **fast alle Beschreibungsmerkmale**. Er erzählt als ungewöhnliches Ereignis die Verblendung Nathanaels durch das technische Instrument des Perspektivs, rückt den Konflikt zwischen Vernunft und mystischer Empfindsamkeit in den Mittelpunkt und zeigt in den Szenen des väterlichen Labors, der Zerlegung der Puppe Olimpia und des Rathausturmbesuchs auf, inwieweit das Dämonische sich des Verstandes der Hauptfigur bemächtigen kann. Zudem ist der Text einem Drama vergleichbar aufgebaut, stellt Nathanaels traumatisches Kindheitserlebnis um die Figur des Rechtsanwalts Coppelius in den Mittelpunkt und versichert über seinen Erzähler rahmenartig ausdrücklich die Glaubwürdigkeit der dargestellten Ereignisse. Als unerwartete Wendepunkte der Handlung können die drei psychopathischen Rückfälle Nathanaels in seine traumatische Bewusstseinsstörung betrachtet werden, die einmal durch die Begegnung mit dem Wetterglashändler Coppola, dann durch die Zerstörung Olimpias und letztlich durch das auf Clara gerichtete Perspektiv ausgelöst werden. Dabei unterstreicht Nathanaels Suizid die dämonische Determiniertheit seines Handelns. Das Leitmotiv der Novelle, das immer wieder in Variationen auftauchende **Motiv der Augen**, kann wegen seiner Häufigkeit und Eindringlichkeit kaum übersehen werden. E.T.A Hoffmann dehnt seine Novelle durch einige Elemente aber auch in **Richtung eines Romans**. So ist seine Figurenkonstellation mit elf Figuren für eine Novelle relativ breit angelegt. Zudem folgt der Text mit den drei kommentarlos präsentierten einleitenden Briefen der Form des Briefromans. Darüber hinaus verlässt der Erzähler wiederholt die Ereignisdarstellung (vergleichbar einer narrativen Basis) zugunsten von deskriptiven (Clara), poetologischen (mögliche Einleitungen) und gesellschaftskritischen (Reaktionen auf Olimpia) Exkursen.

Verknüpfungsaspekt 3: Lange

Hartmut Lange bezeichnet seinen Text **Das Haus in der Dorotheenstraße** selbst als Novelle. In der Tat erfüllt er die zu dieser Einstufung erforderlichen Kriterien. Man findet inhaltlich sowohl ein unerwartetes, im Mittelpunkt der Handlung stehendes Ereignis, den Ausbruch des isländischen Vulkans, als auch einen Mittelpunktskonflikt, der sich, eingeleitet durch Klausens Besuch des *Othello*-Dramas, als Eifersuchtskonflikt offenbart und mit dem Zitat „Put out the light" selbst den Schluss des Textes beherrscht. Das Dämonische hält schließlich durch Klausens aufkeimende Zweifel an der Treue seiner Frau Einzug in die Handlung, eine Verdächtigung, die sich zwar nur auf Indizien stützt, aber gleichwohl wie ein Dämon ganz von ihm Besitz ergreift. Strukturell findet sich ein am Drama orientierender Aufbau der Handlung, deren Verlauf sich durch überraschende Ereignisse (ausbleibende Ankunft Xenias, ausbleibende Telefonkontakte, Vulkanausbruch, Männerstimme, Versetzungsbitte nach Island) mehrfach wendet. Das Haus in der Dorotheenstraße und die Nathanbrücke einerseits und die Othello-Aufführung und der daraus entnommene Zitatsatz andererseits erfüllen die Funktion von Leitmotiven.

4. THEMATISCHE ASPEKTE

4.1 LIEBE ALS LITERARISCHES MOTIV

Die Liebe zählt zweifelsfrei zu den häufigsten literarischen Motiven, nicht nur in der Lyrik. Es kann an dieser Stelle keine begriffliche Differenzierung dieses sehr vielschichtigen und deshalb vagen Begriffes geleistet werden. An dieser Stelle sollen unter dem Begriff Liebe alle von Zuneigung geprägten zwischenmenschlichen Beziehungsformen gefasst werden, unabhängig davon, ob sie in den jeweiligen literarischen Werken Wunsch oder Realität sind oder Bestand haben bzw. hatten.

Übersicht

Werk	Beziehung	Figur	Bild der Liebe
Nathan der Weise	symmetrisch	Tempelherr	überwältigt vom frischen und natürlichen Selbstbewusstsein Rechas
		Recha	Harmonie von Übersinnlichkeit und Gefühl
Die Marquise von O…	asymmetrisch (verborgene Symmetrie)	Marquise	sich selbst gegenüber nicht eingestandene Zuneigung
		Graf	aufopfernde Liebe trotz anfänglicher Vergewaltigung
Der Sandmann	asymmetrisch	Clara Nathanael	eher platonisch-fürsorglich orientiert wegen gestörter Individuation nur eine Form egoistischer Selbstbestätigung
		Olimpia	als Puppe zu jeglicher Emotion unfähig
Das Haus in der Dorotheenstraße	asymmetrisch	Gottfried	in Selbstverständlichkeit erstickt, durch Abwesenheit ausgetrocknet und durch Bevorzugung des Berufs eingeengt
		Xenia	eruptive Selbstbefreiung aus abhängiger Vernachlässigung

Auch **Lessings** *Nathan der Weise* rückt in dessen Haupthandlung die Liebe als Problemfeld ins Zentrum der Betrachtung. Doch auch darüber hinaus spielt die Liebe eine wesentliche Rolle. Wir begegnen ihr als väterlicher Liebe in der Beziehung zwischen Nathan und Recha, der Liebe des Erblassers des Ringes zu seinen Söhnen in der Ringparabel, als allgemeiner Menschenliebe und als religiöser Liebe zu Gott. Bei

Verknüpfungsaspekt 1: Lessing

4. Thematische Aspekte
4.1 Liebe als literarisches Motiv

der Geschlechterliebe handelt es sich um eine symmetrische Beziehung zwischen dem jungen, etwas mehr als zwanzigjährigen christlichen Tempelherrn und dem gerade achtzehnjährigen (2971) (vermeintlichen) jüdischen Mädchen Recha. Ihre beiderseitige Liebe entspringt der Rettungstat des Tempelherrn, der das Mädchen aus dem brennenden Haus ihres Vaters trägt. Während Recha unter der listigen Anleitung Dajas schnell bereit ist, dem Geschehen eine überrationale Bedeutung zu verleihen, den Tempelherrn zu einem Engel (190) und seine Tat zu einem Wunder (209) zu erklären, meidet der Tempelherr seinem Ordensgelübde entsprechend die Gerettete, da er zudem seine Rettungstat als lediglich moralische Pflichthandlung herabwürdigt (1213). Erst die persönliche Begegnung beider Figuren löst eine realistische, aber nicht unproblematische Liebe zwischen beiden aus. Während Recha in der Passivität ihrer Frauenrolle verharrt, steht der leidenschaftliche Tempelherr vor einem doppelten Problem. Ihm ist als Ordensmann schon der Anblick einer Frau untersagt (Ordensregel Nr. 70), umso mehr eine Ehe. Zudem ist ihre vermeintliche Glaubenszugehörigkeit mit seiner nicht vereinbar. Doch er überwindet alle Skrupel und sagt sich als von Saladin vom Tod Geretteter von den Zwängen seines Ordens los (III,8). Umso stärker fühlt er sich zurückgewiesen, als Nathan seinem stürmischen Liebesbekenntnis nicht sofort entspricht und ihn als Schwiegersohn in die Arme schließt. Zweimal versucht er, sein Glück zu erzwingen, einmal mit Hilfe des Patriarchen, das andere Mal mit Hilfe Saladins. Den Rat des Patriarchen verwirft er schnell aus ethischen Gründen, dem Sultan gegenüber verleitet ihn sein Seelenschmerz dazu, Nathan der Intoleranz zu verdächtigen (2779). Es fällt dem Tempelherrn wesentlich schwerer als Recha, den durch die Enthüllungen Nathans notwendigen Wechsel von der geschlechtlichen Liebe zur Geschwisterliebe zu vollziehen. Dieser ideelle Gewinn erscheint ihm wie ein persönlicher Verlust. Lessing unterwirft damit das individuell-egoistische Interesse des Tempelherrn dem sozialen Interesse einer geschwisterlichen, d. h. allgemein verbrüderten Gemeinschaft.

Verknüpfungsaspekt 2: Kleist

In **Heinrich von Kleists** Novelle *Die Marquise von O...* liegt zwischen der Titelfigur und dem Grafen F. aus zwei Gründen eine asymmetrische Beziehung vor. Einmal lehnt die Marquise bis nach der Eheschließung den Grafen als Gatten ab, und zum anderen ist ihre Vergewaltigung durch den Grafen zunächst Grund genug, von keinem partnerschaftlich ausgeglichenen Verhältnis auszugehen. Aber diese Sicht hat nur vordergründig Bestand. Tatsächlich liebt der Graf die Marquise, gesteht ihr auch seine Gefühle (17,17) und tut alles, um sie heiraten zu dürfen. Für sie gäbe er sogar seine Stellung und Reputation auf und ginge ins Gefängnis (14,15 f.); er passt sich ihrer vertrauten Lebensumgebung an, indem er in Italien bleibt, unterwirft sich selbst dem demütigenden Josephsvertrag (Verzicht auf Geschlechtsverkehr) und steht mit seinem ganzen Vermögen für die Liebesbeziehung ein. Mehr kann man kaum für eine Liebe aufopfern. Und ob der Begriff Vergewaltigung für das, was geschehen ist, völlig angemessen ist, lässt die Erzählung ja offen: Vielleicht kann die Aussage des Grafen – „Ich glaubte auf Ihre Verzeihung rechnen zu dürfen" (31,11) –, als er sich unerlaubt Zugang zu ihrem Garten verschafft, ja auch auf den umstrittenen Liebesakt bezogen werden. Vielleicht hat die Marquise durch ihr Gebaren und Verhalten bei der Rettung vor dem Zugriff der russischen Soldaten den Grafen ja auch, und sei es ihr selbst unbewusst, ermutigt, die Grenzen des sittlich Statthaften zu überschreiten. Denn so gleichgültig, wie die Marquise tut, ist ihr der Graf keineswegs. Sie beeilt sich sehr, seinen Namen in Erfahrung zu bringen, sie verhält sich auch bei seiner wiederholten Werbung eher

4. Thematische Aspekte
4.1 Liebe als literarisches Motiv

ausweichend, soweit die Familie sie nicht in eine andere Richtung drängt, und versteift sich trotz der erklärten Bereitschaft, jeden Vater ihres Kindes zu ehelichen, auf ihre schroffe Zurückweisung nur deshalb, weil sie sich in ihrer Eitelkeit, ihrem Stolz und vor allem in den vorhandenen Gefühlen ihm gegenüber verletzt fühlt. Nur weil bei beiden Ehegatten das grundsätzliche emotionale Einvernehmen vorhanden ist, also eine **verborgene Symmetrie der Beziehung** vorliegt, kann sich diese Ehe mit ihrer Dauer positiv entwickeln.

Bei der Beziehung zwischen Nathanael und Clara in **E.T.A. Hoffmanns** Erzählung *Der Sandmann* von Liebe zu sprechen fällt schwer. Zwar sollen beide eine „heftige Zuneigung zueinander" (19,36) gefasst haben, aber letztlich fehlt es an entsprechenden überzeugenden sprachlichen oder körperlichen Bekundungen. Selbst eine Briefanrede wie „herzinnigstgeliebter Nathanael" (16,3) wirkt steif und formell. Dabei ist Clara diejenige, der aufgrund ihres Verhaltens noch am ehesten die Zuneigung zu Nathanael abgenommen werden kann. Immerhin bemüht sie sich intensiv um die rationale Aufklärung ihres Verlobten angesichts seiner psychischen Probleme (Brief, 12–16) und pflegt ihn fürsorglich nach seinem völligen Zusammenbruch (39 f.). Doch eine wirkliche Hilfe ist sie ihm trotz all ihrer Angebote an Geborgenheit nicht. Wie tief ihre Gefühle für Nathanael wirklich sind, bleibt unklar, wenn man den Schluss der Erzählung berücksichtigt, nach dem sie sich offenbar relativ schnell von der jahrelangen Beziehung zu ihrem Verlobten hat lösen können. Nathanaels Verhältnis zu Clara nimmt sich schon reservierter aus. Wie an seiner Lothar gegenüber geäußerten Verärgerung erkennbar ist, stößt ihn Claras nüchterne und rationale Betrachtungsweise seines Problems zurück. Da wirkt es aufgesetzt und wie eine Floskel, wenn er sie „mein süßes liebes Engelsbild" (17,26) nennt. Leidenschaftliche Liebe kann aber auch das nicht genannt werden, was Nathanael der automatischen Maschine mit Namen Olimpia an Empfindungen entgegenbringt. Dazu sind sie zu stark überlagert von der Begeisterung über die eigene Selbstbestätigung. Von ihrer ungeteilten Aufmerksamkeit, ihrem geduldigen Zuhören und beständigen Blick fühlt sich Nathanael verstanden. Er küsst sie auf Hand und Mund (35,36 f.), und obwohl sie seinen Liebesbeteuerungen nicht antwortet, ist er bereit, sich mit ihr zu verloben (36,30 f.). In seinem Wahn verkennt er jedoch die Einseitigkeit und Zwecklosigkeit seiner Emotionen und die sinnlose Asymmetrie der Beziehung. Seine Liebe erscheint hier nicht als emotionale Basis und Voraussetzung für eine partnerschaftliche Bindung, sondern als spezielle krankhafte Äußerungsform des Wahnsinns.

> Verknüpfungsaspekt 3: Hoffmann

Von Liebe wird in **Hartmut Langes** Novelle *Das Haus in der Dorotheenstraße* eigentlich nie gesprochen. Lediglich eine etwas länger ausfallende Umarmung in der Flughafenhalle Berlin-Schönefeld kann auf eine emotionale Beziehung zwischen Gottfried Klausen und seiner Frau Xenia verweisen. Ansonsten scheint die Beziehung eher von rationalen und praktischen Erwägungen bestimmt, was beim Erwerb des Hauses in Kohlhasenbrück durchaus erfolgreich gewesen ist, letztlich eine eheliche Beziehung aber nicht auszufüllen vermag. Ein jeder scheint sich in das vom Partner getrennte Leben mehr oder weniger eingewöhnt zu haben. Man vermisst einander zwar irgendwie, aber es schmerzt nicht genug, um die Verhältnisse zu ändern. Gottfried empfindet die Situation zwar als unbefriedigend, aber sein Egoismus verlangt nur nach einer Beendigung des subjektiven Einsamkeitsgefühls, nicht nach der Person und dem Menschen Xenia. Zudem fehlt es ihm an hinreichender Empathie, um zu verstehen, dass auch

> Verknüpfungsaspekt 4: Lange

seine Frau den Zustand ihrer Beziehung unbefriedigend empfinden müsste. Sein Entschluss, um eine Versetzung nach Island zu bitten, statt zu seiner Frau nach Berlin zu fliegen, um ihre Situation zu klären, hat den Charakter einer kindlichen Trotzreaktion, mit der er vielleicht beabsichtigt, die vermeintliche Untreue seiner Frau zu bestrafen, falls er nicht sogar zu feige ist, sich der ehelich problematisch gewordenen Situation zu stellen. Allerdings lässt die Novelle offen, ob Xenia ihren Mann wirklich betrügt. Schließlich liefert der Erzähler keine Berichte, die über die Erkenntnisse Gottfrieds hinausgehen. Sollten seine Zweifel berechtigt sein, erklärt sich Xenias Verhalten als eruptive Selbstbefreiung aus der ehelichen Vernachlässigung.

Verknüpfungsaspekt 5: Lyrik

In der modernen Literatur insgesamt erscheint Liebe eher als eine Illusion von der Rettung des Ichs, denn als ein das Selbst- und Partnerbewusstsein festigendes, beglückendes Gefühl.

4.2 DAS TRAGISCHE ALS LITERARISCHES MOTIV

Der Begriff des Tragischen bezeichnet eine Grundsituation des menschlichen Daseins, der seine inhaltliche Füllung vor allem in der Diskussion der deutschen Philosophie seit Schelling entwickelt hat. Bis dahin hat sich seine Bedeutung weitgehend aus der Tragödie hergeleitet, die als künstlerische Gestaltungsform des Tragischen gilt.

Unausweichlicher Konflikt

Nach Georg Friedrich Wilhelm Hegel (1770–1831), der das Tragische als eine „**Dialektik der Sittlichkeit**" definierte, versteht man darunter den unausweichlichen Konflikt zwischen gleichberechtigten Werten oder Mächten, der für die an diesem Konflikt beteiligten Personen notwendig in Leid und Untergang endet. Man kann zwei Formen des Tragischen unterscheiden: das **Schicksal-Tragische**, bei dem die Person nicht für die über sie hereinbrechende Tragik verantwortlich ist, und das **Charakter-Tragische**, bei dem der Konflikt und der Ursprung des Leids aus den Eigenschaften oder Verhaltensweisen der Person selbst erwächst. Das Tragische erzeugt einerseits Ehrfurcht vor der Unvermeidlichkeit des tragischen Geschicks und andererseits Bewunderung für den heldenhaften, wenn auch letztlich erfolglosen Kampf gegen das unvermeidliche Verhängnis.

Übersicht

Werk	Werkbezug	Art des Tragischen
Nathan der Weise	Haupthandlung	transformierte Schicksalstragik
Die Marquise von O…	Novellenhandlung Figuren	keine
Der Sandmann	Novellenhandlung Nathanael	Schicksals-Tragik Charakter-Tragik
Das Haus in der Dorotheenstraße	Novellenhandlung Klausen	Schicksals-Tragik Charakter-Tragik

4. Thematische Aspekte
4.2 Das Tragische als literarisches Motiv

Da **Lessings** dramatisches Gedicht **Nathan der Weise** eher eine Komödie als ein unakzentuiertes Schauspiel ist, sollte man gar keine Tragik erwarten. In der Tat geht das Drama ja auch positiv aus, und alle Hauptfiguren liegen sich am Ende familienversöhnt in den Armen. Und doch bleibt die Liebe zwischen dem Tempelherrn und Recha unerfüllt. Vor allem aus der Sicht des Tempelherrn endet seine Liebe zu Recha im Grunde tragisch, da er sie nicht als Frau an seiner Seite gewinnen kann. Das ist aber nicht die Schuld irgendeiner der beteiligten Figuren, also keine Charakter-Tragik, sondern der besonderen durch die Vergangenheit verdunkelten und ungeklärten Familienverhältnisse, also eine **Schicksalstragik**. Diese Tragik wird aber dadurch abgemildert, dass Lessing den tragischen Zufall, der die Liebesbeziehung zerstört und unmöglich macht, transformiert in einen glücklichen Zufall, durch den zwei Geschwister, die von ihrer verwandtschaftlichen Beziehung nichts ahnten, zueinander finden. Man kann mit dem Tempelherrn sicherlich geteilter Meinung sein, inwieweit das Element des glücklichen Zufalls stark genug ist, das Element des tragischen Zufalls auszugleichen.

> Verknüpfungsaspekt 1: Lessing

In **Kleists** Novelle **Die Marquise von O.** liegt trotz des insgesamt dramatischen Handlungsverlaufs keine Tragik vor. Das liegt an dem positiven Ausgang der Geschichte. Zwar wird eine kurze Lebensphase der Marquise von ihrer ungewollten Empfängnis schicksalhaft beeinflusst: Sie macht sich mit ihrem unglaubhaften Beharren auf die Unkenntnis ihrer Schwangerschaft nahezu zum Gespött, hat die Sanktionen ihrer Eltern zu ertragen und die Demütigung, die von ihrer Zeitungsanzeige ausgeht. Aber letzten Endes bringt ihr dieses Schicksal kein Leid ein, sondern einen Ehemann, der sie auf Händen trägt, und offenbar auch eine glückliche Familie.

> Verknüpfungsaspekt 2: Kleist

Ganz anders in **Hoffmanns** Novelle **Der Sandmann**. Hier lassen sich mehrere tragische Handlungsstränge finden. Dabei ist die doppelt gescheiterte Liebe Nathanaels, obwohl sie die Novellenhandlung bestimmt, noch am wenigsten schlimm. Das Scheitern ist seinem **Charakter** bzw. seinen Verhaltensweisen zuzuschreiben. Seine Liebe zu Clara scheitert an seinem verbohrten Hang zu Mystizismen und seiner defätistischen Überzeugung von der Existenz böser und vernichtender Mächte, die „Liebe" zu Olimpia an der (infolge seiner Verblendung) grotesken Wahl ihres Bezugsobjekts. Immerhin scheint Clara mit einem anderen Partner noch ihr Familienglück gefunden zu haben, während Olimpias Puppenexistenz in Zerstörung endet. Aber da sie keine Person, sondern ein Ding ist, ist das nicht tragisch. Da man die charakterliche Entwicklung Nathanaels nicht von den traumatischen Ereignissen seiner Kindheit trennen kann, denen er schicksalshaft ausgeliefert war, gründet sich die Tragik seines Charakters letztlich in einer **Schicksalstragik**, der er nicht ausweichen konnte. Dass trifft insbesondere auf seinen Suizid zu, in dem sein Leid gipfelt. Denn der Kauf des Perspektivs, der seinen finalen Wahnsinn auslöst, steigert und letztlich auch seinen Suizid zur Folge hat, rührt vor allem von einer Clara zuliebe getroffenen Entscheidung, mit der er seine instinktive innere Aversion überformt.

> Verknüpfungsaspekt 3: Hoffmann

In **Hartmut Langes** Novelle **Das Haus in der Dorotheenstraße** liegt bezüglich der Handlung eine **Schicksals-Tragödie** vor: Es ist ein Naturereignis, das zunächst verhindert, dass Klausen zu seiner Frau nach Berlin fliegen kann, um mit ihr persönlich über die vermuteten Eheprobleme zu sprechen. Dieses schicksalhafte äußere Ereignis fördert gleichzeitig Gottfried Klausens **Charakter-Tragik**. Sein unsensibles Verhalten seiner Frau gegenüber wird ihm nicht bewusst, sein unreflektiertes Vertrauen darauf, dass mit ihrer Ehe alles in Ordnung sei, hält jedoch der Belastung durch die misslin-

> Verknüpfungsaspekt 3: Lange

4. Thematische Aspekte
4.2 Das Tragische als literarisches Motiv

genden telefonischen Kontaktaufnahmen nicht stand. Die vom *Othello*-Drama ausgehenden Zweifel an der Treue der Ehefrau fallen bei ihm offenbar, trotz anfänglicher Leugnung, auf fruchtbaren Boden, setzen sich fest, keimen erst nur als allgemeine gedankliche Verunsicherung auf, bis sie sich, von den faktischen Ereignissen (ominöse Männerstimme) genährt, schon zu Deutungs- und Verstehensmöglichkeiten verdichten, um sich letztendlich in einer Art Bestätigungsschleife für ihn immer stärker zur einzig denkbaren Wirklichkeit zu profilieren. Dieser gesamte Verunsicherungs- und Verdächtigungsprozess verläuft für Klausens Bewusstsein ebenso quälend wie unaufhaltsam, sodass man am Ende gar fürchten muss, er könnte sich für eine kriminelle Lösung seines Eifersuchtsproblems im Stile Othellos entscheiden, der seine Gattin Desdemona aus – unbegründeter – Eifersucht ermordet.

Verknüpfungsaspekt 4: Lyrik

Innerhalb der Lyrik tritt das Tragische außerhalb von Balladen gern in Reflexionsgedichten auf, wenn, vor allem in resignativen Rückblicken, die Vergeblichkeit des eigenen Wollens und Handelns beklagt wird.

4.3 DAS KOMISCHE ALS LITERARISCHES MOTIV

Definition des Komischen

Das Komische gilt neben dem Tragischen als eine der beiden Grundformen menschlichen Erlebens. Seine vielfachen subjektiv wie kulturell unterschiedlichen Erscheinungsformen haben bislang eine umfassende und einheitliche Bestimmung verhindert. Als strukturell kennzeichnend für das Komische kann jedoch zusammengefasst werden, dass es als „Resultat einer Handlung" (Robert Gernhardt) auf einer Durchbrechung der Erwartungshaltung des Rezipienten beruht, die von einer irgendwie vom Rezipienten empfundenen Diskrepanz ausgelöst wird und zu einem emotionalen Effekt führt, der zwischen heiterem Gelächter und einem Gefühl distanzierter Betroffenheit liegen kann. Das Lachen hat dabei eine ausgleichende Funktion und ein distanzierendes Überlegenheitsgefühl gegenüber dem Verlachten zur Folge, sodass dies wie im Falle der Betroffenheit zum abzulehnenden Beispiel wird.

Abgrenzung der Begriffe des Wortfeldes Komik

Innerhalb der Literatur kann das Komische als **Handlungs- oder Situationskomik, Verhaltens- oder Charakterkomik** sowie **Sprachkomik** in Erscheinung treten.
– Wenn das Komische darauf abzielt, einen irgendwie gearteten Geltungsanspruch kritisch zu vernichten, wird das Komische zur **Ironie**,
– bedient es sich dabei entlarvender Mittel, wird es zur **Satire.**
– Sind die zur Gestaltung der Handlungs- oder Charakterkomik verwendeten Mittel grobschlächtige und derbe Übertreibungen, spricht man von einer **burlesken** Komik,
– haben sie zusätzlich einen verfremdenden oder sogar dämonischen Charakter, spricht man von **grotesker** Komik.

Der Begriff der **Ironie** dürfte als festgelegte rhetorische Form bekannt sein; er bezeichnet einen Ausdruck, den man zur Verstärkung benutzt, um das Gegenteil dessen zu verstehen zu geben, was man wortwörtlich sagt. Bemüht sich die Ironie dazu gar beißend verspottenden Hohns, so steigert sie sich zum **Sarkasmus,** und will sie zudem noch verletzen, redet man von **Zynismus.**

4. Thematische Aspekte
4.3 Das Komische als literarisches Motiv

Im umgangssprachlichen Sinne **komisch** ist etwas dann, wenn man das Ungewohnte nicht einzuordnen vermag. Empfindet man es als eigenartig und seltsam, kann man es auch **bizarr** nennen oder, sofern es einem drollig erscheint, also niedlich und amüsant, **skurril**. So klar sich diese Begriffe zu unterscheiden scheinen, so schwierig sind sie in der Verwendung, zumal die zu Grunde liegende Subjektivität des Urteilenden nicht selten zu unterschiedlichen Bewertungen führt.

Übersicht

Werk	Art der Komik	Erscheinungsform
Nathan der Weise	Situationskomik	– Al-Hafi: Bettelmönch im Ornat eines Schatzmeisters (I,3): ironisch, sarkastisch – Nathan: Irreführung des Tempelherrn (V,5): ironisch
	Charakterkomik	– Klosterbruder: fühlt dem Tempelherrn auf den Zahn (I,5): satirisch, skurril – Al-Hafi: stolze Klage über die Rolle des Schatzmeisters (I,3), ironisch; Verleugnung Nathans (II,2): burlesk
	Sprachkomik	– Klosterbruder (I,5): Wiederholungen: „sagt der Patriarch" 5-mal, „meint der Patriarch" 6-mal: satirisch, sarkastisch – Patriarch (IV,2): Wiederholung: „Tut nichts, der Jude wird verbrannt" 3-mal: grotesk, zynisch – Tempelherr: diverse Ironien
Die Marquise von O…	Situationskomik	paradox: Erschießung der Soldaten vs. Belobigung des Grafen satirisch: Versöhnungsszenen burlesk: Versöhnungsszene Mutter-Tochter grotesk: Versöhnungsszene Vater-Tochter zynisch: Lob des Grafen für die „Rettung" der Marquise
	Sprachkomik	ironisch: Namensgebungen
Der Sandmann	Situationskomik	grotesk: Liebe Nathanaels zu Olimpia bizarr: Brillenanbieter Coppola
	Charakterkomik	skurril: Coppola

4. Thematische Aspekte
4.3 Das Komische als literarisches Motiv

Verknüpfungsaspekt 1: Lessing

Obwohl **Lessings** *Nathan der Weise* im Grunde als eine Komödie gelten kann, sind die zur Verwendung gelangenden komischen Elemente recht überschaubar. Unter **Situationskomik** kann man fassen, wenn der Bettelmönch Al-Hafi im Ornat eines Schatzmeisters des Sultans auftritt. Die Begründung für diese ironisch-sarkastische Maßnahme erläutert Al-Hafi selbst (461–479): Nur ein Bettler könne einem Bettler angemessen geben. Situationskomisch ist auch die Irreführung des Tempelherrn durch Nathan im letzten Akt. Nathan weiß aus dem Büchlein des Klosterbruders längst, dass der Tempelherr und Recha Geschwister sind. Auch der Zuschauer ahnt es bereits. Da hält Nathan den Tempelherrn mit der Ankündigung eines neu erschienenen Bruders hin, einen „braven Mann", den er zwar „noch nicht recht" kenne (3468 f.), obwohl er längst Freundschaft mit ihm geschlossen hat. Als **komische Charaktere** präsentieren sich der Klosterbruder und Al-Hafi. Beim Klosterbruder ist es vor allem seine bauernschlau vorgetäuschte Naivität, mit der er zwar formal den Auftrag des Patriarchen, dem Tempelherrn auf den Zahn zu fühlen, befolgt, aber mit der unverhohlenen Preisgabe der Intention seines Vorgesetzten diesen Auftrag gleichzeitig unterläuft. Damit wirft er ein satirisches Licht auf den Patriarchen und macht sich selbst zur skurrilen Figur. Al-Hafi ist die zweite komisch entworfene Figur. Gleich bei seinem ersten Auftritt zerstört er ironisch den Ernst der Schatzmeister-Rolle, über die er sich selbst beklagt, ist aber andererseits stolz darauf, vom Sultan eine solche ehrenvolle Aufgabe zugeteilt bekommen zu haben. Etwas burlesk gerät dann seine Verleugnung Nathans, als er sich partout nicht an ihn als möglichen Geldgeber von Sittah erinnern lassen will. Auch hier ringen zwei Seelen in seiner Brust: Einerseits will er den Auftrag des Sultans, einen Geldgeber zu finden, erfüllen, andererseits weiß er aus seinem Gespräch mit Nathan, dass dieser nicht gewillt ist, in diese Rolle zu schlüpfen. Es adelt Al-Hafi, dass er seinen Freund Nathan nicht bedrängt; und so entzieht er sich dem Dilemma schlicht durch die Flucht an den Ganges. **Sprachkomik** findet sich hauptsächlich bei drei Figuren: dem Klosterbruder, dem Patriarchen und dem Tempelherrn. Beim Klosterbruder wie beim Patriarchen greift Lessing auf ein einfaches Mittel zurück, die wortwörtliche Wiederholung der gleichen Aussage. Der Klosterbruder nutzt die Phrasen „sagt der Patriarch" und „meint der Patriarch" nicht nur, um sich nachdrücklich von dem ihm erteilten Auftrag zu distanzieren. Er ahmt damit auch auf ironische Weise den Patriarchen nach, der später den erfragten Rat des Tempelherrn mit dem wiederholten brutalen Verdikt bescheidet: „Tut nichts, der Jude wird verbrannt". Beim Patriarchen bekommt die rhetorische Figur der Wiederholung allein aufgrund ihres Inhalts allerdings einen grotesk-zynischen Charakter. Zwar lassen sich auch bei Nathan und Saladin vereinzelt ironische Bemerkungen finden. Die meisten legt Lessing aber dem Tempelherrn in den Mund (2235 f., 2331 f., 2583 ff., 2746 f., 3755 f.). Sein lockeres Mundwerk unterstreicht nicht nur die fehlende Selbstkontrolle seiner Jugend, sie wirft auch ein Licht auf die wankelmütige Dynamik seiner verletzlichen Psyche.

Verknüpfungsaspekt 2: Kleist

Auch in **Kleists** Novelle *Die Marquise von O...* finden sich verschiedene Formen der Komik. Am stärksten ist sie in den **situationskomisch** und satirisch angelegten Versöhnungsszenen zwischen der Tochter und zunächst der Mutter und dann dem Vater. Äußert sich in jener die burleske Kritik nur in Form von sprachlichen Exaltationen (Überspanntheiten) und wechselseitigen Kniefällen, färbt Kleist diese gar mit den grotesken Gebärden inzestuösen Verhaltens. Auch die Offenbarungsszene des Grafen ist burlesk überzeichnet. Damit werden alle hochemotionalen Szenen ins Lächerliche gezogen. Feiner handhabt Kleist die Komik in den paradoxen Handlungsmomenten der Novelle: So müssen die russischen Soldaten, die die Marquise vergewaltigen wollten, ihr Tun in der Erschießung büßen, während der Graf, der sich heimlich selbst sexuell an ihr vergangen hat, im zynischen Gegensatz dazu für seine Verhaltensweisen ausdrücklich gelobt wird. Die Neigung der Frauen zu religiösem Pathos wird in der Mariensymbolik konterkariert, mit der man die vermeintlich unerklärbare Schwangerschaft der Marquise in Beziehung setzt. Komisch wirken auch die immer wieder auftretenden Hindernisse, die ein eindeutiges Geständnis des Grafen nicht zulassen, von Kleist aber zugleich geschickt zur Steigerung der Handlungsspannung eingesetzt werden. Während eine charakterkomische Figur eigentlich fehlt und nur die Hebamme sich einer solchen Zeichnung annähert, finden sich mehrfach Formen der **Sprachkomik** in Kleists Novelle. Schon der Name Lorenzo, der Lorbeerbekränzte, karikiert eher den Kommandanten, dem es weder gelingt, sein Fort noch seine Familie zu schützen. Er ist auch an den meisten sprachkomischen Situationen beteiligt, indem er Formulierungen verwendet, die in ihrer Doppeldeutigkeit oder situativen Unangemessenheit ironisch klingen und ihn in den Augen des besser orientierten Lesers lächerlich machen.

Die Komik in **E.T.A. Hoffmanns** Erzählung ***Der Sandmann*** neigt aufgrund der in ihr entworfenen dämonischen Atmosphäre eher dazu, das gespenstisch Unheimliche zu steigern. Das Motiv der blutigen Augen, die Nathanael an die Brust springen, ist sicherlich die grotestekste Horrorvorstellung. Aber auch die **situationskomischen** Momente, die aus der grotesken Liebe Nathanaels zur Androiden Olimpia entstehen, sorgen für Befremden. Der Wetterglashändler Coppola hat zudem einen bizarren Auftritt, als er Nathanaels Tisch mit den Worten „sköne Oke" mit Brillengestellen überschwemmt. Er ist überhaupt eine etwas **skurrile Figur** und als solche ein Gegenpart zu seinem düster-dämonischen „Zwilling" Coppelius. Der ist allein durch seinen zynischen Schlusssatz „wartet nur, der kommt schon herunter von selbst" hinreichend gekennzeichnet.

Verknüpfungsaspekt 2: Hoffmann

In der **Lyrik**, vor allem in solchen Texten, die sich metaphorisch mit der Lebensreise befassen, ist das Komische eher selten zu finden und tritt, wenn überhaupt, höchstens als mehr resignativ denn heiter gestimmter Humor zutage.

Verknüpfungsaspekt 3: Lyrik

4.4 DAS UNHEIMLICHE ALS LITERARISCHES MOTIV

Das Unheimliche lässt sich definieren als die aufgrund nicht gelingender rationaler Erklärung erwachende Angst vor einem bedrohlich wirkenden Fremden und ist als solche das Gefühl einer existenziellen Verunsicherung. Das Unheimliche wirkt umso bedrohlicher, je mehr das Unerklärliche das eigene Leben zu gefährden scheint oder die Grundgewissheiten des Lebens in Zweifel zieht. Sigmund Freud verstand im Rahmen seines psychoanalytischen Denksystems das Unheimliche als die Angst vor der Konfrontation mit etwas Verdrängtem oder als Wiederbelebung eines überwundenen naiven (kindlichen) Realitätsverständnisses.

4. Thematische Aspekte
4.4 Das Unheimliche als literarisches Motiv

Übersicht

Werk	Figur/Werkbezug	Erscheinungsform
Nathan der Weise	Patriarch	bedrohliches Auftreten
Die Marquise von O…	Marquise	Bedrohung des Ichs durch das Es
Der Sandmann	Wort Figuren Szenen	„Sandmann" Doppelwesen Coppelius-Coppola im Experimentierzimmer des Vaters, Zerstörung Olimpias,
Das Haus in der Dorotheenstraße	Klausen	Hineinsteigern in eine angenommene Fantomvorstellung, rätselhafte Männerstimme

Verknüpfungsaspekt 1: Lessing

In **Lessings** *Nathan der Weise* spielt das Unheimliche eigentlich keine Rolle. Daja versucht zwar Recha die Vorstellung nahezubringen, ihr Retter sei übernatürlicher Herkunft, also ein Engel, aber selbst diese Vorstellung löst weder Angst noch Schrecken, sondern höchstens heilige Schauer aus. Für unheimlich könnte man am ehesten noch das Auftreten und die Aussagen des Patriarchen halten, sofern seine menschenverachtenden Äußerungen beim Zuschauer eine Gänsehaut des Schauderns hervorrufen könnten.

Verknüpfungsaspekt 2: Kleist

In **Kleists** Novelle *Die Marquise von O…* spielt das Unheimliche zwar nur eine geringe, aber nicht unwichtige Rolle. Was Leser und Hauptfigur erschreckt, ist die zunächst unterdrückte Erkenntnis der Marquise, dass ihr Bewusstsein die Realität nicht angemessen widerspiegelt, sodass sie sich ihre eigene Schwangerschaft nicht erklären kann und externe Hilfe benötigt. Sich auf das eigene Bewusstsein nicht verlassen zu können, in Rechnung stellen zu müssen, dass die eigene Psyche über Kräfte verfügt, die mächtiger sind, entzieht dem Selbstvertrauen und einer der vermeintlichen Grundgewissheiten des Lebens die Basis. Weit vor Freud zeigt Kleist damit auf, inwieweit das selbstbewusste Ich durch das **unbewusste Es** bedroht ist.

Verknüpfungsaspekt 3: Hoffmann

Weitaus massiver und gleich von Anfang an tritt das Unheimliche in **E.T.A. Hoffmanns** Erzählung *Der Sandmann* zutage, die sich an den Erzählschemata der zeitgenössischen Bundesromane orientiert, in denen von mysteriösen Geheimgesellschaften und ihren Machenschaften erzählt wird. Eine **Unerklärlichkeit** reiht sich für die Hauptfigur Nathanael an die nächste. Als Kind kann er sich nicht erklären, welche Bewandtnis der Besuch des Rechtsanwalts Coppelius im Hause der Eltern hat, und glaubt auch den beschwichtigenden oder bedrohenden Geschichten nicht, mit denen man ihn abspeist. Er kann sich auch die alchemistischen Vorgänge im Zimmer seines Vaters nicht erklären und bewertet deshalb, erst recht nach der Bestrafung für seine heimliche Zeugenschaft und dem Unfalltode seines Vaters, alles Erlebte als unmittelbar existenzielle Bedrohung. Nicht erklärbare physiognomische und zufällige namentliche Ähnlichkeiten wiederbeleben das zwischenzeitlich Verdrängte und werfen ihn immer wieder in die **Ängste** seines Traumas zurück, das sich zu verselbstständigen beginnt und Nathanael letztlich vollständig beherrscht. Den letzten Schock, der seine Psyche zusammenbrechen lässt, erfährt er in seiner verblendeten und tragischen Liebe zu der Androiden Olimpia. Mit ihr geraten für ihn die elementarsten Lebenskategorien über lebend oder tot, wirklich oder künstlich endgültig in Verwirrung. Das Ausmaß des Grauens hat zwar nun seinen Höhepunkt erreicht, kann sich aber noch einmal wiederholen, auf dem Rathausturm. Nur der Suizid bleibt dem so vom Unheimlichen verfolgten Nathanael als einziger Fluchtweg offen. Die **Macht der Psyche**, deren Erkenntnis bei Kleist noch mehr ein Erstaunen hervorruft, wird bei Hoffmann für denjenigen zu einer die ganze Persönlichkeit verzerrenden Kraft, der sich seinen Emotionen und Fantasien vorbehaltlos anheimgibt.

Hartmut Lange knüpft in seiner Novelle *Das Haus in der Dorotheenstraße* mehr an Kleist als an Hoffmann an. Auch für den rationalen Menschen Gottfried Klausen ist das sich in seinem Denken und Fühlen Abspielende unerklärlich. Ausgelöst durch die dramatische Darstellung einer Eifersuchtstragödie kann er sich nicht mehr dagegen wehren, dass auch bei ihm Misstrauen seiner Frau gegenüber aufkeimt und sich so verdichtet, dass er kaum noch imstande ist, seine Vorstellungen von der Wirklichkeit zu unterscheiden. Auch er erlebt, vergleichbar mit Kleists Marquise, die gespenstische Situation, sich auf sein Bewusstsein nicht mehr verlassen zu können, in dem sich Realität und aus dem Unbewussten aufsteigende Ängste immer enger miteinander verbinden.

Verknüpfungsaspekt 4: Lange

Innerhalb der **Lyrik** wird das Unheimliche spätestens seit der Romantik als Einflussgröße menschlichen Handelns wahrgenommen. Es erscheint dann als mysteriöse Macht, der sich der Mensch in seinem Leben ausgeliefert sieht. Diese Macht kann dann sowohl ausgleichende und kompensierende als auch tragische Funktion haben.

Verknüpfungsaspekt 5: Lyrik

4.5 ERKENNTNIS ALS LITERARISCHES MOTIV

Übersicht

Werk	Figuren	Erscheinungsform
Nathan der Weise	Nathan	Erkenntnis durch Suche nach Fakten der Vergangenheit
	Saladin	Erkenntnisbestätigung durch Nathans Märchen der Ringparabel
	Klosterbruder/Al-Hafi	Erkenntnis, dass die Strukturen der Welt sie im religiösen Bezug behindern
Die Marquise von O…	Marquise	Erschütterung des empirischen und rationalen Erkenntnisweges
Der Sandmann	Nathanael	Gefahr des rationalen Erkenntnisweges: Begriff-Vorstellung-empirische Überprüfung; Scheitern und Bestrafung heimlicher subjektiver Erkenntniswege
Das Haus in der Dorotheenstraße	Klausen	Grenzen des rationalen Erkennens, Gefahren ihrer Überschreitung

4. Thematische Aspekte
4.5 Erkenntnis als literarisches Motiv

Verknüpfungsaspekt 1: Lessing

Es wäre verwunderlich, wenn in einem Drama der Aufklärung wie **Lessings *Nathan der Weise*** die Figuren nicht zu irgendeiner Erkenntnis geführt würden. Und doch fällt die Entwicklung der einzelnen Charaktere kaum ins Gewicht. Weder bei Daja, Sittah, Recha oder dem Tempelherrn ist eine Entwicklung zu beobachten. Die beiden erstgenannten Frauen haben am Ende des Dramas dasselbe Bewusstsein wie zu Beginn, Recha gerät zwar durch die Vorstellung, ein Engel habe sie gerettet, ins Schwärmen und durch die Befürchtung, Nathan als ihren Vater zu verlieren, in Sorge. Aber die Grundzüge ihres Bewusstseins bleiben stabil. Selbst dem Tempelherrn kann man aufgrund seiner starken emotionalen Schwankungen auf der Suche nach seiner Identität keine Entwicklung attestieren. Allerdings schafft seine Verworrenheit die Voraussetzung und Basis für eine sich noch einzustellende Erkenntnis. Al-Hafi und den Klosterbruder eint die Erkenntnis, dass sie sich durch die Herausforderungen dieser Welt, seien sie vom Patriarchen oder Sultan bestimmt, missbraucht werden. Beide fühlen sich daher in ihren jeweiligen religiösen Bezügen behindert. Aber im Grunde wussten sie das auch schon vorher. Saladin wird durch Nathans Märchen von der Ringparabel eher in seiner Erkenntnis von der Gleichrangigkeit der Religionen bestärkt, als dass dies eine neue Erkenntnis wäre, die sein Verhalten verändern müsste. Und auch Nathan bleibt hinsichtlich seines Bewusstseins unverändert. Der Erkenntnisgewinn, zu dem er durch seine Suche nach den verwandtschaftlichen Bezügen in der Vergangenheit gelangt, verlangt von ihm keine Veränderungen, sondern befreit ihn nur von einer psychischen Last. Das Drama zeigt somit weniger individuelle Entwicklungen aufgrund neu gewonnener Erkenntnisse auf, als es dazu dient, bestimmte Positionen zu veranschaulichen.

Verknüpfungsaspekt 2: Kleist

In **Kleists** Novelle ***Die Marquise von O...*** geht es um ein bescheideneres Wissen. Die Marquise geht von der empirischen Überzeugung aus, dass eine Schwangerschaft dann nicht vorliegen kann, wenn – wie die zweifache Mutter aus Erfahrung weiß – in ihrer sinnlichen Erfahrung nicht die Bedingung der Möglichkeit einer Schwangerschaft, also das Erlebnis eines Zeugungsaktes, vorhanden ist. Es fällt ihr äußerst schwer, diese empirische Überzeugung zu verlassen, sich der von ihr selbst geahnten und von Arzt und Hebamme bestätigten Tatsache einer Schwangerschaft zu beugen, die logisch notwendige Voraussetzung eines Zeugungsaktes rational zu akzeptieren und sich auf die Suche nach dem zugehörigen Vater zu machen. Als sich dieser Vater endlich meldet, zerstört er zugleich die rationale Position der Vernunft, zu der sich die Marquise inzwischen entwickelt hat. Schließlich hat aus Sicht der Marquise der Graf als Retter ihres Lebens und Bewahrer ihrer Ehre gut und lobenswert gehandelt. Das Subjekt des Guten kann aber der Logik nach nicht zugleich das Subjekt des Bösen sein (47,29 ff.). Das Geständnis des Grafen zerstört somit die Gültigkeit ihrer subjektiven logischen Urteile und erschüttert damit ihre Identität.

Verknüpfungsaspekt 3: Hoffmann

Noch komplizierter liegt der Fall in **E.T.A. Hoffmanns** Erzählung ***Der Sandmann***. Nathanael begegnet zuerst dem logischen **Begriff** „Sandmann", den er sich durch die Mutter und das Ammenmärchen erklären lässt. Aufgrund dieser Informationen entwickelt er eine **Vorstellung** des unheimlichen Sandmanns, die sich verfestigt, weil er sie in naiv-künstlerischen Zeichnungen äußert und einübt. Die heimliche **empirische Überprüfung** dieser Vorstellung im Experimentierzimmer seines Vaters durch die subjektive Beobachtung mit den eigenen Augen führt zu einer doppelten Enttäuschung: Der fremde Sandmann ist der bekannte, wenn auch verhasste Anwalt Coppelius und der vermeintlich bekannte Vater ist ein fremd erscheinender Alchemist. Die von der

Selbstentdeckung ausgelösten Ereignisse nimmt Nathanael als Entmenschlichung und Verdinglichung zu einer montierbaren Puppe wahr; als Folge dieses **traumatischen Erlebnisses** liegt er wochenlang mit Fieber zu Bett.

Hoffmann steigert diese Geschehnisfolge in einer erweiterten Wiederholung. Jetzt tritt Coppola in die vorstrukturierte und traumatisch besetzte Rolle des **Sandmanns** ein und erweitert sie, offenbar als Widerspiegelung einer Strafe für das heimliche Beobachten, um die obskure und dämonische **Vorstellung** von Nathanael entgegengeschleuderten blutigen Augen. Erneut äußert Nathanael diese Vorstellung naiv-künstlerisch, diesmal literarisch in Form eines Gedichts. Es ist tragisch, dass Nathanael im Bestreben um eine Erweiterung der von Clara eingeforderten Rationalität sich über das von Coppola erworbene Perspektiv abermals einer **heimlichen Beobachtung** hingibt. Diesmal ist das Objekt seiner Erkenntnis Olimpia, die rätselhafte, schöne Tochter seines Physikprofessors. Hat im Laborzimmer seines Vaters die Gardine noch Nathanael vor einer Entdeckung verborgen, so soll sie jetzt umgekehrt das Wahrnehmungsobjekt Olimpia vor neugierigen Blicken schützen. Wie als Strafe für Nathanaels verbotene Blicke verfällt er einem Liebesbann, der sich erst in einem weiteren Trauma löst, als er der Zerstörung seiner Geliebten zusehen und erkennen muss, dass Olimpia nur eine Puppe war. Diese **empirische Erfahrung** stößt ihn in den Wahnsinn. Die dritte Erkenntnissituation Nathanaels ist so banal wie fatal. Sie verstößt weder gegen ein Verbot, noch geschieht sie heimlich, sondern nach einem Hinweis Claras öffentlich auf der Rathausturmplattform. Es ist wieder das Perspektiv, das Nathanael diesmal endgültig der Realität entzieht. In dem zu beobachtenden grauen Busch scheinen einerseits Gesichtsmerkmale des Anwalts Coppelius vorhanden, andererseits führt der Anblick Claras, die unmittelbar vor dem Glase Nathanaels steht, zu einer Reduktion ihrer Person auf die Augen, die Nathanael in wieder auflebender Vorstellung unheilbringend bedrohen. Jetzt, wo **Vorstellung und sinnliche Wahrnehmung** zur Deckung zu kommen scheinen, bleibt dem durch seine Traumata selbst fast zu einem lenkbaren Automaten gewordenen Nathanael nach dem gescheiterten Versuch, Clara zu ermorden, nur die Selbstzerstörung.

Gottfried Klausen in **Hartmut Langes** Novelle *Das Haus in der Dorotheenstraße* ist mit dem Vorgang des Erkennens schon von Berufs wegen vertraut, kann man ihn doch als das Erkenntnisorgan seiner Zeitung in London betrachten. Er beherrscht also die Fähigkeit, Erscheinungen dieser Welt mit einem geeigneten Raster an Kriterien zu erfassen, angemessen zu beschreiben und korrekt einzuordnen. Erkennen ist für ihn ein rein rationaler Vorgang, von dem emotionale Einflüsse als störend ferngehalten werden. Diese Fähigkeit zeichnet Klausen aus und definiert ihn, nicht nur beruflich, sondern auch menschlich. Als er durch den Besuch einer *Othello*-Aufführung mit dem Problem der Eifersucht bei vermeintlicher ehelicher Untreue konfrontiert wird, reagiert er deshalb zunächst ganz rational und meint, ein solches Problem müsse mit vernünftigen Kategorien hinterfragt werden. Doch als sich in der Kommunikation mit seiner Frau ihm unerklärliche Ereignisse einstellen, versagt erstmalig sein gewohntes Programm zur Erfassung der Welt. Die Lücken des rational Erklärlichen wachsen und füllen sich mit dem Gefühlsgift, das er in der *Othello*-Aufführung kennengelernt hat. Das hat auch Rückwirkungen auf seine berufliche Tätigkeit, in die sich mehr und mehr nichtrationale, emotionale Kriterien einschleichen und seine Arbeitsergebnisse verderben. Klausen hat sich nicht mehr im Griff und flieht nicht nur vor dem sich vor ihm

Verknüpfungsaspekt 4: Lange

aufbauenden Eheproblem, sondern auch vor der zu komplexen beruflichen Herausforderung zur Berichterstattung über die alles begrabende Vulkanasche nach Island. Er scheint, als ginge es ihm darum, auch die Grundmauern seiner Persönlichkeit aus dem Erstickungsfeld der von ihm unbeherrschten Gefühle auszugraben.

Verknüpfungsaspekt 4: Lyrik

In der **Lyrik** spielt die Erkenntnis vor allem in den Gedichten eine Rolle, die sich gedanklich mit den Bedingungen des Menschseins im Allgemeinen auseinandersetzen. Sie tritt dann als formulierte Lebenserfahrung oder Lebensweisheit in Erscheinung und hat nicht selten einen reflexiven oder appellativen Charakter.

4.6 BESONDERHEITEN DER AUTOR-REZIPIENTEN-KOMMUNIKATION

Besonderheiten der Autor-Rezipienten-Kommunikation lassen sich einordnen auf einer Achse zwischen den Extremen einer nahezu fehlenden und einer fast vollständig determinierenden **Leserlenkung**. Die Extreme selbst sind nicht realisierbar, denn im ersten Falle verlöre der Text jegliche Intentionalität und wäre sinn- und wertlos, im zweiten Falle kann kein Autor einen Text so eng determinieren, dass dem Leser nicht die Möglichkeit einer eigenen Auffassung bliebe. Interessant bleibt also zu untersuchen, ob, auf welche Weise, wie stark und zu welchem Zweck ein Autor auf die Rezeption seines Werks Einfluss nimmt.

Verknüpfungsaspekt 1: Lessing

Lessing nimmt in seinem Drama **Nathan der Weise** gleich zu Anfang eine nicht unwesentliche Steuerung vor. Dadurch dass er das Stück als dramatisches Gedicht bezeichnet, weitet er den Erwartungshorizont des Zuschauers oder Lesers aus. Der kann schon vor Beginn des Stückes ahnen, dass ihm weder eine Tragödie noch eine Komödie geboten werden wird, sondern irgendetwas dazwischen. Und in der Tat mischt *Nathan der Weise* ja Elemente einer Familienkomödie mit solchen eines Ideendramas. Der zweite Lenkungsakt geschieht durch die Betitelung des Stücks: „Nathan der Weise". Damit wird nicht nur die Hauptfigur hervorgehoben, sondern es werden auch zwei Zusatzinformationen mitgeliefert, die die Rezeption beeinflussen sollen. Die eine ist so unkonventionell wie die andere: Ein Jude („Nathan" ist eine Abkürzung des hebräischen Vornamens Nathanael), also ein Vertreter einer diskriminierten Religionsgemeinschaft, wird nicht nur zum Protagonisten gemacht, sondern durch den Zusatz „der Weise" auch noch zu einem respektheischenden Leitbild erhoben. Auch die vorurteilsfreie Darstellung des Islam, der zu Lessings Zeiten immer noch als Feindbild fungierte und als moralisch minderwertig galt, widersprach dem Zeitgeist. Beides war für Lessings Zeitgenossen durchaus eine Herausforderung. Die überwiegend dem Christentum angehörenden zeitgenössischen Rezipienten konnten sich im Zuge des Pietismus sicherlich leicht mit der religiösen Schwärmerei Dajas und Rechas und der gottähnlichen Verehrung ihres Retters identifizieren. Sie wurden jedoch relativ schnell einer ironischen, aufgeklärten Belehrung unterzogen, die auf sie ernüchternd wirken musste. So gelingt es Lessing, gleich zu Beginn das Bewusstsein der Rezipienten darauf auszurichten, dass in seinem Stück der Mensch und sein humanes Verhalten im Mittelpunkt stehen (Anthropozentralismus) und nicht die Religionen in ihren Glaubensüberzeugungen. Der Katholizismus wird sogar durch die vom Klosterbruder vorgetragenen Intentionen des

Patriarchen in seinem politischen und religiösen Machtstreben dermaßen bloßgestellt, dass es den Rezipienten schwerfallen muss, sich mit dieser Erscheinungsform von Religion zu identifizieren. Bis hin zur Ringparabel weist Lessing wiederholt darauf hin, dass eine Vernunftreligion den Offenbarungsreligionen vorzuziehen sei. Mit wiederholten Freundschaftsbekundungen der Figuren, die unterschiedlichen Religionen angehören, lädt Lessing dann die Rezipienten ein, in den harmonisierenden Tenor des Stückes einzustimmen und die Entwicklung der Handlung bis zur Familieneinheit der Figuren positiv zu begleiten. Der Ernst des religiösen Ideengehalts wird durch leichte, erheiternde Auftrittsgestaltungen, so vom Klosterbruder und Al-Hafi, als auch von immer wieder eingestreuten ironisierenden Aussagen gemildert. Die durch Wiederholungen stark intensivierende Sprache der Figuren tut ein Übriges, das Gleichgewicht von rationalem Anspruch und emotionaler Beteiligung ausgewogen zu halten, damit sich erst gar kein innerer Widerstand bei den Rezipienten aufbauen kann. Unter dem Aspekt der Autor-Rezipienten-Kommunikation gelingt es Lessing demnach, dem literarischen Doppelanspruch des „delectare et prodesse" (unterhalten und nützen) vollends zu entsprechen.

Im Gegensatz zum Drama steht dem Autor eines **erzählenden Textes** neben den Figuren mit ihren Aussagen und ihrem Verhalten vor allem der Erzähler als Steuerungselement zur Verfügung. Dabei kommt dem allwissenden auktorialen Erzähler mehr Steuerungsmöglichkeit zu als dem in seiner Monoperspektive eingeschränkten Ich-Erzähler. Beide können sich aber beliebig determinierender Faktoren wie Faktensetzung, Beschreibung, Figurenrede, Wertung und Kommentar bedienen oder den Rezipienten durch Symbole, Andeutungen oder sogar Leerstellen zu Inferenzen, d. h. nur aus dem Textkontext erschließbaren Informationen, einladen oder sogar zwingen.

In **Heinrich von Kleists** Novelle *Die Marquise von O…* liegt eine zwiespältige Form der Leserlenkung vor, wie bereits an dem uneindeutigen Erzähler ablesbar ist. Es muss sich um einen auktorialen Erzähler handeln, da er Wertungen und Kommentare abgibt. Er tut das aber in einem so begrenzten Maße, dass er sich zumeist als ein die Ereignisse unmittelbar begleitender Er-Erzähler ausnimmt, der zudem noch unvollständig und aus wechselnden Positionen berichtet. Das macht die „Wahrheitsfindung" für den Leser nicht einfach. Ungewöhnlich ist sicherlich der massive **Erwartungsaufbau** durch die vorweggenommene Zeitungsannonce der Marquise, der einer doppelten Funktion dient: Er sorgt für Lesespannung und macht einen Rückblick erforderlich, der diese Annonce erklärt. Der erzeugte Spannungsbogen wird von drei Schwangerschaftsvermutungen getragen, der der Marquise selbst, der des Arztes und der der Hebamme. Im Zentrum des Rückblicks steht Graf F… mit ebenfalls drei Aktionen, der Rettung der Marquise sowie seinem Auftreten vor und nach der Neapelreise. Beide Motive werden so miteinander verschränkt, dass es dem Leser möglich ist, in ihrem Abgleich miteinander relativ schnell zu ermitteln, wer der Erzeuger der Schwangerschaft ist. Diese Erkenntnis wird ganz dem analytisch-detektivischen Gespür des Lesers überlassen, zumal das Faktum des Geschlechtsakts vom Erzähler durch den berühmt gewordenen Gedankenstrich ausgeklammert und verschwiegen wird. Der zweite Teil der Novelle nach der Annoncenveröffentlichung widmet sich ganz der Frage, ob das Elternpaar trotz der vielleicht vorhandenen Lebenslüge der Marquise zueinander findet. Die durchschaubare Intrige der Obristin kann den Leser nicht verunsichern, dafür aber die unerwartete kategorische Ablehnung der Heirat durch die Marquise. Kleist legt

Verknüpfungsaspekt 2: Kleist

4. Thematische Aspekte
4.6 Besonderheiten der Autor-Rezipienten-Kommunikation

viel Wert darauf, die emotionalen Situationen zwischen den Figuren auch hinsichtlich der Körpersprache detailliert zu schildern, sodass die Vorstellung der Rezeption recht konkret determiniert wird. Dagegen gibt es kaum beschreibende Hinweise dafür, sich die Figuren selbst als Personen vorzustellen. Ihre bis zur Widersprüchlichkeit kontrastreiche Zeichnung bietet dem Rezipienten zudem einen großen **Ermessensspielraum** der Bewertung an. Kleist geht es demnach weniger um die fiktive Darstellung eines anekdotenhaften Ereignisses, das in der konkreten Wirklichkeit verankert ist, als um das Fallbeispiel eines moralischen und gesellschaftlichen Konflikts.

Verknüpfungsaspekt 3: Hoffmann

E.T.A. Hoffmann soll sich ein Zimmer schwarz tapeziert und mit gruseligen Requisiten ausgestattet haben lassen, um beim Schreiben eine Horroratmosphäre besser nachempfinden und schildern zu können. Das mag Hinweis genug sein, dass es ihm in seiner Erzählung *Der Sandmann* auch um die Erzeugung solch emotionaler Effekte gegangen ist. Im Vordergrund steht aber die explizit vom Erzähler formulierte shakespearehafte Absicht, den Leser davon zu überzeugen, dass zwischen Himmel und Erde nichts unerklärlicher sei als das menschliche Leben. Schon die drei kommentarlos die Erzählung einleitenden Briefe stecken das Spannungsfeld zwischen rationaler Klarheit und irrationaler Bedrohung einschließlich ihrer jeweiligen Repräsentanten ab. Zudem bedient sich Hoffmann wie Kleist des Handlungsvorgriffs als **Steuerungselement**, um Leseneugier zu wecken und Rückblicke zu begründen. Der Rückblick hebt die drei Kindheitserlebnisse hervor, die Nathanael geprägt haben: die unterschiedlichen Sandmann-Erklärungen, das erlebte Trauma im väterlichen Zimmer und den Unfalltod des Vaters. Der Spannungsbogen der Handlung stützt sich ebenfalls im Dreischritt auf Nathanaels allgemeine Wesensveränderung, seine zunehmende Lektüre mystischer Bücher und sein fantastisches Gedicht, das beinahe in einem Duell gemündet hätte. Rückblick und Spannungsbogen folgen einander und gewöhnen den Leser an Nathanaels Exaltiertheit. Im zweiten Teil der Erzählung baut der Erzähler auf dieser Akzeptanz auf, indem er, abermals im Dreischritt, den Leser mit den grotesk gesteigerten und im Grunde unglaubhaften Handlungen Nathanaels in eine nahezu fantastische Welt entführt: Nathanael kauft ein kleines Fernglas, das ihn die Kategorien „natürlich" und „künstlich" vertauschen lässt, verliebt sich trotz freundschaftlicher Warnung rückhaltlos in eine mechanische Puppe und stürzt sich schließlich bei einem erneuten Wahnanfall vom Rathausturm. Diese **Leserlenkung** gelingt dem Erzähler durch eine wiederholte direkte Ansprache des Lesers, indem er die Wahrheit seiner Erzählung zu legitimieren versucht: Die einleitenden Briefe seien Dokumente, er sei mit den Hauptfiguren seiner Erzählung bekannt, er könne die Auswirkungen der Ereignisse auf die Anteil habende Gesellschaft darstellen. All das befähigt den Erzähler aber nicht, allwissend zu erzählen. Vielmehr lässt er entscheidende Fragen offen, z. B. die, ob Coppelius und Coppola tatsächlich identisch sind, oder die, ob am Ende tatsächlich Coppelius am Fuße des Turms auftaucht. Auch hält sich der Erzähler mit der Entscheidung zurück, ob sich das von ihm Wiedergegebene wirklich ereignet hat oder nur dem kranken Hirn Nathanaels so erschienen ist. Detailliert gruselige szenische Darstellungen steigern den Imaginationsgrad bis ins Reale und suggerieren auf diese Weise Authentizität. Damit wird der ohne Realitätsfilter ausgestattete Leser in eine Situation gebracht, in der sich ihm vom Erzähler ungekennzeichnet reale und irreale Wirklichkeitselemente mischen. So wird er gezwungen, sich selbst aktiv mit der Möglichkeit, die Fiktion könne tatsächlich real sein, auseinanderzusetzen. Er wird vom Erzähler gleichsam in die **Rolle eines verantwortlichen Gutachters** des geschilderten pathologischen Krankheitsverlaufs gedrängt.

Hartmut Lange setzt die von Hoffmann angewendete Leserlenkung fort und steigert sie noch. In seiner Novelle *Das Haus in der Dorotheenstraße* sorgen vor allem die Realdeiktika zu Beginn der Erzählung für einen Rahmen der Glaubwürdigkeit. Bemerkungen wie „wie gesagt" und „zugegeben" suggerieren eine bestehende Beziehung zwischen Erzähler und Leser, die Vertrauen voraussetzt. Dieser Schulterschluss gewinnt geradezu privaten Charakter, wenn der Erzähler mit dem Satzanfang „Jeder kennt die Stimmung (...)" (78) zu einer Identifikation des Lesers mit Gottfried Klausen einlädt. Dabei fällt zunächst kaum auf, dass die Hauptfiguren, das Ehepaar Klausen, nur mit wenigen Strichen gezeichnet werden und der Erzähler uns nahezu alle Informationen über diese beiden Figuren schuldig bleibt. Der Leser schließt von sich aus diese Lücken je nach seinen eigenen Lebenserfahrungen und Vorstellungen. Mit fortschreitendem Text häufen sich dann die Erzählerkommentare, die der erlebten Rede nahestehen, weil sie wie erzählte Gedanken Klausens in Erscheinung treten, sich aber zunehmend von Klausen distanzieren, indem sie eine reflektierende Frageform annehmen, wie man sie von den Chören des antiken Dramas kennt. Diese Kommentare wirken wie von einem außerhalb Klausens tätigen Gewissen geäußert. Sie beeinflussen massiv die Rezeption und Wertungen des Lesers, der sich, wie in einem Dialog mit dem Erzähler stehend, genötigt fühlt, auf diese Fragen zu antworten. Zugleich tritt der Erzähler am spannendsten Punkt der Handlungsführung überraschend mit dem Bekenntnis zurück, er kenne den Ausgang des Geschehens nicht, und überlässt es erneut dem Leser, selbst einen angemessenen Schluss zu finden. Der zunächst nur konjunktivisch angedachte Schluss (durchaus denkbar: 93) gleitet nahezu unauffällig in den Indikativ, der wieder fiktive Realität erzeugt, und bietet so die radikalste Lösung des Problems an. Lange spielt also extrem mit der produktiven und reflexiven Aktivität des Lesers.

Verknüpfungsaspekt 4: Lange

TEIL III: ÜBUNGSAUFGABEN
HINWEISE, TIPPS UND LÖSUNGSMÖGLICHKEITEN

1. DIE AUFGABENSTELLUNGEN IM ABITUR

Die Vorgaben

Für die Ablegung des schriftlichen Abiturs im Fach Deutsch gelten im Grund- und Leistungskurs die gleichen strukturellen **inhaltlichen Anforderungen**. Diese Anforderungen umfassen die Verstehensleistung und die Darstellungsleistung. Bei der Verstehensleistung wird unterschieden zwischen der Reproduktionsleistung, der Wiedergabe von Kenntnissen (Anforderungsbereich I), dem Transfer, der Anwendung von Kenntnissen (Anforderungsbereich II) und der Problemlösung und Wertung (Anforderungsbereich III). Jede Aufgabenstellung muss alle drei Anforderungsbereiche ansprechen. Dabei ist bei den analytischen Aufgabenarten I (nichtfiktionale Texte) und II (fiktionale Texte) das Verhältnis dieser Anforderungen gleich, bei der argumentativen Aufgabenart III verschiebt sich das Profil zugunsten des dritten Anforderungsbereichs. Die Aufgabenart IV scheint den Schwerpunkt eher auf den Anforderungsbereich I zu legen. Seit 2011 wird die Zuordnung der Anforderungsbereiche zu den Punktbewertungen nicht mehr ausgewiesen.

Die Art der im Abitur zulässigen **Aufgabenstellungen** ist seit 2014 auf vier Aufgabenarten erweitert worden; im Falle der analytischen Aufgabenarten ist eine Differenzierung durch Kennbuchstaben vorgesehen. Der Kennbuchstabe A bezeichnet dabei die Analyse eines einzigen Textes, die Buchstaben B und C weisen auf einen Vergleich zweier gleichartiger Texte hin oder auf eine spezielle Anforderung. Hier fehlt leider eine Bezeichnungssystematik. Die neu hinzugetretene Aufgabenart IV verlangt das „materialgestützte Verfassen eines Textes mit fachspezifischem Bezug". Zu diesem Zwecke werden in der Klausur mehrere unterschiedliche Materialien (Texte, Bilder, Grafiken etc.) vorgelegt. Der zu erstellende Text soll eine konkrete Adressatenausrichtung haben. Wegen seiner relativen Neuheit und der geringen Erfahrung mit ihrem Umgang in Lehrer- und Schülerschaft wird diese Aufgabenart „in der schriftlichen Abiturprüfung im Fach Deutsch frühestens ab 2020 zur Anwendung gebracht"[25]. Alle Aufgabenstellungen bestehen aus mindestens zwei Aufgabenteilen, die je nach Aufgabenart unterschiedlich gewichtet werden. Die Aufgabenstellung selbst enthält keine Kennzeichnung der vorliegenden Aufgabenart. Diese treten seit 2012 ohnehin zunehmend zugunsten von üppig formulierten Aufgabenstellungen in den Hintergrund. Deren Formulierung ist ebenfalls reglementiert, sodass vor allem an den auffordernden Verben (Operatoren) erkennbar ist, welche Leistung genau erwartet wird. So ist heute vor allem das Augenmerk auf diese bis zu fünf Operatoren zu lenken, die den Vorteil besitzen, die Prüflinge meist einer Reflexion des methodischen Vorgehens zu entheben.

---

[25] www.standardsicherung.schulministerium.nrw.de/cms/zentralabitur-gost/faecher/fach.php?fach=1 (Stand: Februar 2019)

1. Die Aufgabenstellungen im Abitur

Die Operatoren

Trotz z. T. anders lautender Informationen besteht in NRW seit dem 27. 08. 2015 ein Katalog von Operatoren, der auch für die Durchführung der Prüfungsaufgaben im Fache Deutsch für das Jahr 2021 verbindlich ist.[26]

Die **formalen Anforderungen** sind im Leistungskurs und im Grundkurs etwas unterschiedlich. Klausuren im Leistungskurs werden ab 2021 mit 270 Minuten angesetzt, im Grundkurs beträgt die Bearbeitungszeit 210 Minuten. Da drei Aufgaben zur Auswahl vorgelegt werden, kommt zu dieser Bearbeitungszeit eine halbe Stunde Auswahlzeit hinzu. Es stehen im Leistungskurs also insgesamt 300 Minuten Gesamtarbeitszeit zur Verfügung.

Anforderungsprofil der Aufgabenarten

Die punktgestützten Bewertungen der Lösungsbögen folgen den Abiturvorgaben und wurden auf der Grundlage der in den zurückliegenden Abiturprüfungen in Grund- und Leistungskursen verteilten Punktwerte erstellt. Die Aufgabenarten I C und II B wurden bislang noch nicht angeboten. Das ist allerdings nur für die Aufgabenart II B nachvollziehbar. Bei der neuen Aufgabenart IV soll offenbar nur ein differenzierter Arbeitsauftrag gestellt werden.

Die Gesamtpunktzahl beträgt im LK und GK z. Zt. 100 Punkte. Die Teilpunktsumme für die Darstellungsleistung beträgt immer 28 Punkte. Die einzelnen Punktsummen bei den Teilaufgaben können je nach Aufgabe variieren und werden in Abhängigkeit von der Aufgabenformulierung zunehmend flexibler gehandhabt.

Übersicht: Punkteverteilung bei den Aufgabenarten

Aufgabenart	I A	I B	I C	II A	II B	II C	III A	IV
Teilaufgabe 1	39/42	36	36	42	42	30/42	24/30	72
Teilaufgabe 2	30/33	36	36	30	30	30/42	48/42	
Darstellung	28	28	28	28	28	28	28	28
Summe	100	100	100	100	100	100	100	100

Die **Bewertung** der Klausurarbeiten geschieht für Grund- und Leistungskurs vergleichbar durch einen punktgestützten Bewertungsbogen, der aus einem Raster besteht, das den erwarteten Lösungskriterien eine maximal zu vergebende Punktzahl zuordnet. Dieser Bewertungsbogen berücksichtigt alle inhaltlichen Anforderungen und weist sie differenziert aus. Er lässt auch einen individuellen Bewertungsspielraum von bis zu 7 Punkten für nicht vorhergesehene, aber sinnvolle Lösungsbeiträge zu, sofern dadurch die Gesamthöchstpunktzahl der Teilaufgabe nicht überschritten wird. Die der Leistung

---

26 www.standardsicherung.schulministerium.nrw.de/cms/zentralabitur-gost/faecher/fach.php?fach=1 (Stand Februar 2019)

1. Die Aufgabenstellungen im Abitur

zuzumessende Note wird durch Addition aller erreichten Punkte ermittelt und einer Bewertungstabelle entnommen. Es gehört m. E. zu den Vorbereitungen zum Abitur, auch in dieser Hinsicht einen möglichst differenzierten Kenntnisstand zu besitzen.

Übersicht: Darstellungsleistung

	Anforderungen Der Prüfling	Maximal erreichbare Punktzahl
1	strukturiert seinen Text kohärent, stringent und gedanklich klar: – angemessene Gewichtung der Teilaufgaben in der Durchführung – gegliederte und angemessen gewichtete Anlage der Arbeit – schlüssige Verbindung der einzelnen Arbeitsschritte – schlüssige gedankliche Verbindung von Sätzen	6
2	formuliert unter Beachtung der fachsprachlichen und fachmethodischen Anforderungen: – Trennung von Handlung und Metaebene – begründeter Bezug von beschreibenden, deutenden und wertenden Aussagen – Verwendung von Fachtermini in sinnvollem Zusammenhang – Beachtung der Tempora – korrekte Redewiedergabe (Modalität)	6
3	belegt die Aussagen durch angemessenes und korrektes Zitieren: – sinnvoller Gebrauch von vollständigen und gekürzten Zitaten in begründeter Funktion	3
4	drückt sich allgemein präzise, stilistisch sicher und begrifflich differenziert aus: – sachlich-distanzierte Schreibweise – Schriftsprachlichkeit – begrifflich abstrakte Ausdrucksfähigkeit	5
5	formuliert lexikalisch und syntaktisch sicher, variabel und komplex (und zugleich klar)	5
6	schreibt sprachlich richtig	3
	Summe	**28 Punkte**

Übersicht: Notenfindung

Für die Zuordnung der Notenstufen zu den Punktzahlen wird zurzeit folgende Tabelle verwendet:

Note	Punkte	Erreichte Punktzahl
sehr gut plus	15	95 –100
sehr gut	14	90 – 94
sehr gut minus	13	85 – 89
gut plus	12	80 – 84
gut	11	75 – 79
gut minus	10	70 – 74
befriedigend plus	9	65 – 69
befriedigend	8	60 – 64
befriedigend minus	7	55 – 59
ausreichend plus	6	50 – 54
ausreichend	5	45 – 49
ausreichend minus	4	40 – 44
mangelhaft plus	3	34 – 39
mangelhaft	2	27 – 33
mangelhaft minus	1	20 – 26
ungenügend	0	0 – 19

2. KLAUSURÜBUNGEN

2.1 KLAUSURAUFGABEN

Im Folgenden werden zunächst vier Klausurübungen angeboten. Sie beziehen sich auf die einzelnen obligatorischen Fokusse und können auch einzelnen Halbjahren der Qualifikationsphase zugeordnet werden. Im Unterschied zu den Abituraufgaben dürfen sie jedoch inhaltlich nicht kurs- und damit themaübergreifend formuliert sein. Ansonsten unterliegen alle Klausuren der Qualifikationsphase demselben Anforderungsprofil wie die Abiturklausuren. Sie sind also eine gute Übung, sich auf die Aufgabenarten und das Bewertungssystem im Abitur vorzubereiten.

Die Abfolge der Übungsaufgaben orientiert sich an der vom Ministerium gewählten Reihenfolge der inhaltlichen Schwerpunkte, also:
Q 1.1: Inhaltsfeld Sprache: Aktualität der Sapir-Whorf-Hypothese
Q 1.2: Inhaltsfeld Texte: Gotthold Ephraim Lessing, *Nathan der Weise*
Q 2.1: Inhaltsfeld Texte: Heinrich von Kleist, *Die Marquise von O…*; E.T.A. Hoffmann, *Der Sandmann*; Hartmut Lange, *Das Haus in der Dorotheenstraße*
Q 2.2: Inhaltsfeld Texte: „unterwegs sein" – Lyrik vom Barock bis zur Gegenwart.

Die tatsächliche Abfolge der Inhalte im Unterricht kann je nach Fachcurriculum der Schulen davon abweichen. Die Klausurdauer kann je nach schulischer Organisation mit vier Unterrichtsstunden und den eingeschlossenen Pausen zwischen 180 und 210 Minuten schwanken. Eine Auswahlzeit steht den Prüflingen selbst dann nicht zu, wenn mehrere Aufgaben zur Wahl vorgelegt werden sollten. Lediglich die letzte Klausur vor der Zulassung in Q 2 – von Schülern und Lehrern gern als „Vor-Abiklausur" bezeichnet – setzt eine Wahlmöglichkeit zwischen mindestens zwei Aufgaben voraus und unterliegt den gleichen zeitlichen Vorschriften wie die Abiturklausur, dauert also viereinviertel Zeitstunden plus einer halben Stunde Auswahlzeit.

Die Bewertung der Klausuren in der Qualifikationsphase unterscheidet sich auch von der zentralen Klausur der Einführungsphase, in der der ersten Teilaufgabe dreißig und der zweiten Teilaufgabe sowie der Darstellungsleistung jeweils fünfzehn Punkte, insgesamt also maximal nur sechzig Punkte zugeordnet werden.

2.1.1 Aufgabe 1 (K 1)

Bezüge zu den Vorgaben 2021
– Inhaltsfeld Sprache
  • Verhältnis von Sprache, Denken, Wirklichkeit
  • Aktualität der Sapir-Whorf-Hypothese

2.1 Klausuraufgaben
2.1.1 Aufgabe 1 (K 1)

AUFGABENSTELLUNG

1. Analysieren Sie den Text *Kritik der Muttersprachen* von Wilhelm Lang, indem Sie seine Aussagen zum Verhältnis von Sprache und Wirklichkeit erläutern, seinen Gedankengang erschließen und die verwendeten Mittel der Darstellung und ihre Wirkung untersuchen. *(39 Punkte)*
2. Setzen Sie anschließend die Ausführungen Langs in Beziehung zur Sapir-Whorf-Hypothese. Zeigen Sie Übereinstimmungen und Unterschiede auf und beziehen Sie selbst kurz Stellung. *(33 Punkte)*

Materialgrundlage
Wilhelm Lang: *Vor-Urteile / Kritik der „Muttersprachen"*. In: Ders.: Probleme der allgemeinen Sprachtheorie. Eine Einführung. Stuttgart: Klett, 1969, S. 84–86

Zugelassene Hilfsmittel
Wörterbuch der deutschen Rechtschreibung

TEXT

Wilhelm Lang
***Vor-Urteile / Kritik der „Muttersprachen"* (1969)**

Darüber hinaus liefert uns die Sprache aber in Tausenden von Fällen noch erheblich mehr als sachgerechte Bezeichnungen in spezieller Auswahl; es schwingen Gefühlstöne und Wertungen mit, die uns auf das Nachhaltigste beeinflussen, im Guten wie im Bösen.

Wie immer, ist es am besten, mit den einfachsten Beispielen anzufangen. Wir unterscheiden sehr genau zwischen Blumen und Blüten; wir werden nie von einer „Apfelblume" sprechen, dagegen schon die kleinen grünen Setzlinge im Garten „Blumen" nennen; und schließlich kommt es zu so verrückten Sätzen wie: „Die Blumen blühen", was dem eigentlichen Wortsinn nach eine reine Tautologie* ist. Der Franzose bezeichnet beides als „fleur"; was wir unterscheiden wollen, ist unsere eigene Einstellung zu der Pflanze und keineswegs ein eigentlich „sachgerechter" Befund. Ist für uns das Wesentliche an einer Pflanze die Blüte, so heißen wir das ganze Gewächs „Blume"; ist Halm, Frucht oder Wurzel für uns wichtig, dann reden wir von „Blüten". – Noch klarer wird der unsachlich-egoistische Standpunkt, wenn wir Kraut von Unkraut trennen. Im Salatbeet werden wir Löwenzahn als schreckliches Unkraut bezeichnen; in der pharmazeutischen Gärtnerei entfernen wir den wuchernden Feldsalat (Rapunzel) aus dem Löwenzahnbeet als „Unkraut". Dabei sind diese Fälle noch absolut harmlos gegenüber den Urteilen und Wertmaßstäben, die uns unsere Sprache in gesellschaftlicher Hinsicht oder auf wirtschaftlichem oder politischem Gebiet unversehens beibringt; was in unserer Lebensgemeinschaft als möglich und erlaubt gilt, wird hinge-

2.1 Klausuraufgaben
2.1.1 Aufgabe 1 (K 1)

nommen; was nur in fremden Verbänden erlaubt ist, ist in unseren Augen schrecklich, ja vielleicht ein Verbrechen gegen die Menschlichkeit.

Es ist ganz klar, dass wir solche Richtlinien, wie sie uns die Muttersprache mitgibt, einfach nicht entbehren können; denn sie orientieren zunächst eben in der Lebensgemeinschaft, in der sie gesprochen wird und in die wir ja schließlich hineinwachsen sollen und deren treues Abbild meist die „communis opinio"* ist. Wir sind auch gar nicht in der Lage, alle Urteile selbst zu bilden oder auch nur zu überprüfen. Wir sollten uns aber immer darüber Rechenschaft geben, dass wir notwendigerweise mit und in solchen „Vor-Urteilen" leben, die genau genommen der Nachprüfung bedürften und die nur mit Vorbehalt aufgenommen werden sollten. Wir werden normalerweise gar nicht daran denken, solche Vorbehalte zu machen; aber wenn irgendwo Fragwürdigkeit oder Brüchigkeit zutage tritt, dann wird die Weigerung, sich dem Sachverhalt neu und möglichst unvoreingenommen zu stellen, schuldhaft und verhängnisvoll. Das ist der Augenblick, wo Worte zu Lügen werden können.

Es ist eine der seltsamsten Polaritäten im Leben des „homo sapiens", dass seine Lern- und Erziehungszeit weitgehend auf die Vermittlung von Urteilen angewiesen ist, die für ihn nur „Vor-Urteile" sein können, dass aber seine Mündigkeit erst erreicht wird – falls sie überhaupt erreicht wird! – in dem Augenblick, da er beginnt, sich über die überlieferten oder vermittelten Urteile Rechenschaft zu geben. In unzähligen Fällen, die uns wahrscheinlich gar nicht auffallen, wird es berechtigt und tunlich sein, am vorgegebenen Urteil und den überlieferten Wertmaßstäben festzuhalten; aber schon beim normalen Fremdsprachenstudium nehmen die Überraschungen kein Ende, weil das Selbstverständliche sich plötzlich als keineswegs selbstverständlich entpuppt.

Wir müssen also den Schluss ziehen, dass die Bezeichnungen, die uns die Sprache liefert, nicht so sehr die Dinge und Vorgänge an sich meinen, sondern unsere Vorstellung von ihnen mit all den gefühls- und wertmäßigen Urteilen, die unsere Vorfahren mit den betreffenden Wörtern verbunden haben. Damit ist noch nicht die erkenntnistheoretische Frage gestellt, wie sich unsere Sinnesdaten und Empfindungen zu dem „Ding an sich"* verhalten, sondern ganz vordergründig die Überlegung, ob die Sprache nun gewissermaßen die Umwelt, wie wir sie naiverweise als „real" annehmen, wiedergibt oder ob ihre Eigenleistung so groß ist, dass unsere „Umwelt" geradezu sprachlich bedingt ist. Beide Theorien sind teils radikal, teils gemäßigt verfochten worden. Die „Abbildungstheorie" ist früher absolutes Dogma des Marxismus gewesen, neuerdings werden an ihr entscheidende Korrekturen angebracht; die Theorie von der Sprache als Welt oder der Welt als Sprache wurde repräsentativ von Weisgerber* in seiner Vorstellung von der Muttersprache entwickelt.

Ohne Muttersprache wären wir jedoch hilflos, und die bereits zweisprachig Aufgewachsenen sind nicht restlos glücklich; sie denken oft im einen Sachbereich in der einen Sprache, im anderen dagegen mehr gemäß der zweiten Sprache und können eine Unsicherheit beim Sprachwechsel im gleichen Gebiet oft nicht ganz loswerden, da sich die Verschiedenheit der Denkstrukturen hemmend auswirkt. So habe ich mir einmal mündlich von einem Betroffenen erzählen lassen; beim Dolmetschen sind sie natürlicherweise im Vorteil.

Anmerkungen

Tautologie	Wiedergabe des gleichen Sachverhalts durch zwei synonyme Wörter
communis opinio (lat.)	allgemeine Meinung
Ding an sich	Begriff Immanuel Kants (1724–1804) für die Dinge der Realität, von denen der Mensch wegen seiner begrenzten sinnlichen Erkenntnismöglichkeit vermutlich nur eine unvollständige und verzerrte Vorstellung besitzt.
Weisgerber	Leo Weisgerber (1899–1985), deutscher Sprachwissenschaftler

2.1.2 Aufgabe 2 (K 2)

Bezug zu den Vorgaben 2021
– Inhaltsfeld Texte
  - Strukturell unterschiedliche Dramen aus unterschiedlichen historischen Kontexten
  - Fokus: Gotthold Ephraim Lessing, *Nathan der Weise*

AUFGABENSTELLUNG

1. Analysieren und interpretieren Sie die Textstelle von Vers 1259 bis 1322 aus der Szene II,5 des Dramas *Nathan der Weise* von G. E. Lessing. *(42 Punkte)*
2. Stellen Sie im Anschluss dar, inwieweit in diesem Ausschnitt bereits Grundgedanken der Ringparabel vorweggenommen werden. *(30 Punkte)*

Materialgrundlage
Gotthold Ephraim Lessing: *Nathan der Weise. Ein dramatisches Gedicht in fünf Aufzügen.* Stuttgart: Reclam, 2000 (2018) (RUB Nr. 3), S. 54 f.

Zugelassene Hilfsmittel
Wörterbuch der deutschen Rechtschreibung
Unkommentierte Ausgabe von Gotthold Ephraim Lessing: *Nathan der Weise*

TEXT

Gotthold Ephraim Lessing
Nathan der Weise

TEMPELHERR
Ihr heißt Nathan? – Aber, Nathan – Ihr
1260 Setzt Eure Worte sehr – sehr gut – sehr spitz –
Ich bin betreten – Allerdings – ich hätte …
NATHAN
Stellt und verstellt Euch, wie Ihr wollt. Ich find
Auch hier Euch aus. Ihr wart zu gut, zu bieder,
Um höflicher zu sein. – Das Mädchen, ganz
1265 Gefühl; der weibliche Gesandte, ganz
Dienstfertigkeit; der Vater weit entfernt -
Ihr trugt für ihren guten Namen Sorge;
Floht ihre Prüfung; floht, um nicht zu siegen.
Auch dafür dank ich Euch –
TEMPELHERR
          Ich muss gestehn,
1270 Ihr wisst, wie Tempelherren denken sollten.
NATHAN
Nur Tempelherren? *sollten* bloß? und bloß
Weil es die Ordensregeln so gebieten?
Ich weiß, wie gute Menschen denken; weiß
Dass alle Länder gute Menschen tragen.
TEMPELHERR
1275 Mit Unterschied, doch hoffentlich?
NATHAN
          Jawohl;
An Farb', an Kleidung, an Gestalt verschieden.
TEMPELHERR
Auch hier bald mehr, bald weniger, als dort.
NATHAN
Mit diesem Unterschied ist's nicht weit her.
Der große Mann braucht überall viel Boden;
1280 Und mehrere, zu nah gepflanzt, zerschlagen
Sich nur die Äste. Mittelgut, wie wir,
Find't sich hingegen überall in Menge.
Nur muss der eine nicht den andern mäkeln.
Nur muss der Knorr den Knuppen hübsch vertragen.
1285 Nur muss ein Gipfelchen sich nicht vermessen,
Dass es allein der Erde nicht entschossen.
TEMPELHERR
Sehr wohl gesagt! – Doch kennt Ihr auch das Volk,

Das diese Menschenmäkelei zuerst
Getrieben? Wisst Ihr, Nathan, welches Volk
1290 Zuerst das auserwählte Volk sich nannte?
Wie? Wenn ich dieses Volk zwar nun, nicht hasste,
Doch wegen seines Stolzes zu verachten,
Mich nicht entbrechen könnte? Seines Stolzes,
Den es auf Christ und Muselmann vererbte,
1295 Nur sein Gott sei der rechte Gott! – Ihr stutzt,
Dass ich, ein Christ, ein Tempelherr, so rede?
Wenn hat, und wo die fromme Raserei,
Den bessern Gott zu haben, diesen bessern
Der ganzen Welt als besten aufzudringen,
1300 In ihrer schwärzesten Gestalt sich mehr
Gezeigt, als hier, als itzt? Wem hier, wem itzt
Die Schuppen nicht vom Auge fallen ... Doch
Sei blind, wer will! – Vergesst, was ich gesagt;
Und lasst mich! *(Will gehen.)*
NATHAN
                Ha! Ihr wisst nicht, wie viel fester
1305 Ich nun mich an Euch drängen werde. – Kommt,
Wir müssen, müssen Freunde sein! – Verachtet
Mein Volk so sehr Ihr wollt. Wir haben beide
Uns unser Volk nicht auserlesen. Sind
Wir unser Volk? Was heißt denn Volk?
1310 Sind Christ und Jude eher Christ und Jude,
Als Mensch? Ah! Wenn ich einen mehr in Euch
Gefunden hätte, dem es g'nügt, ein Mensch
Zu heißen!
TEMPELHERR
                Ja, bei Gott, das habt Ihr, Nathan!
Das habt Ihr! – Eure Hand! – Ich schäme mich,
1315 Euch einen Augenblick verkannt zu haben.
NATHAN
Und ich bin stolz darauf. Nur das Gemeine
Verkennt man selten.
TEMPELHERR
             Und das Seltene
Vergisst man schwerlich. Nathan, ja;
Wir müssen, müssen Freunde werden.
NATHAN
             Sind
1320 Es schon. – Wie wird sich meine Recha freuen! –
Und ah! welch eine heitre Ferne schließt
Sich meinen Blicken auf! – Kennt sie nur erst!

2.1.3 Aufgabe 3 (K 3)

Bezüge zu den Vorgaben 2021
- Inhaltsfeld Texte
  - Strukturell unterschiedliche Erzähltexte aus unterschiedlichen historischen Kontexten
  - Heinrich von Kleist: *Die Marquise von O…*

AUFGABENSTELLUNG

1. Geben Sie den Inhalt der Auszüge aus Hartmut Langes Komödie *Die Gräfin von Rathenow* wieder, vergleichen Sie die Aussagen mit dem Inhalt von Kleists Novelle, und untersuchen Sie die sprachliche Gestaltung der Aussagen. *(42 Punkte)*
2. Erläutern Sie, wie Lange in seiner Adaption von Kleists *Die Marquise von O…* die Novelle interpretiert, setzen Sie seine Deutung in Beziehung zu einer anderen, und nehmen Sie Stellung zur Deutung Langes. *(30 Punkte)*

Materialgrundlage
Hartmut Lange: *Die Gräfin von Rathenow. Komödie*. Frankfurt/M.: Suhrkamp, 1969, S. 58 f., 72 f.

Zugelassene Hilfsmittel
Wörterbuch zur deutschen Rechtschreibung
Unkommentierte Ausgabe von Kleist, *Die Marquise von O…*

TEXT

Lange verlegt die im Grunde unveränderte Handlung der Novelle nach Preußen. Seine Hauptfiguren sind die Gräfin von Rathenow, der Kommandant der Festung von Brandenburg, von Quast, und der Leutnant der napoleonischen Armee, Marquis de Beville. Die nachstehenden Aussagen werden vom neu eingeführten Burschen des Marquis geäußert:

Ein französischer Leutnant, etwas schwärmerisch, aber sonst gut zu gebrauchen, notzüchtigt eine Preußin im Schlaf. Sie merkt nichts, aber nun hat ihr der Zufall doch etwas in den Ofen geschoben, nicht? Der Leutnant erfährt es, kommt zurück, ich sagte schon, er ist schwärmerisch, und die Mutter kuppelt und kuppelt, sie täte es mit jedem
5 Schaftstiefel, wenn er Geld hätte. Aber die Tochter, die übrigens auch mehr Männertusche hinter den Ohren hat, als sie zugeben will, will ihn nicht heiraten. Warum nicht? Aus preußischer Ehre. Er hat ihr verschwiegen, dass er der Notzüchter ist.
(…)
Kein vernünftiger Mensch kann meinem Herrn, der Brandenburg gestürmt hat wie
10 die Waschfrau einen Berg läusewimmelnder Wäsche, einen Strick daraus machen,

dass er mit seinem Spaten auch gleich jenen Flecken Weiberfleisch hat umgraben helfen, der, wie man hört, seit drei Jahren verwitwet und also im Zustand absoluter Verwilderung war. Und hat die ganze Sache geschadet? Im Gegenteil: Dieser Akt, ich nenne ihn die eigentliche Befreiung Brandenburgs, brachte Bewegung in eine Familie,
15 die erstickt wäre vor Langeweile und Muffigkeit. Eine Preußin kann froh sein, dass in ihrem Leib, der von der Familie aus Gründen der Pietät zum toten Acker erklärt wurden, doch noch französische Blumen gepflanzt wurden, und soll die Familie ruhig glotzen auf dieses Kind, das ihr unerklärlich aus dem Schoß kommt, weil es einmal nicht auf die übliche Weise gemacht wurde.

2.1.4 Aufgabe 4 (K 4)

Bezüge zu den Vorgaben 2021
– Inhaltsfeld Texte
  • Lyrische Texte zu einem Themenbereich im historischen Längsschnitt
  • „unterwegs sein" – Lyrik vom Barock bis zur Gegenwart

AUFGABENSTELLUNG

1. Analysieren Sie den Text *Unterwegs* von Georg Trakl. *(42 Punkte)*
2. Begründen Sie im Anschluss die literarhistorische Einordnung des Textes und seine Zuordnung zum Generalthema „unterwegs sein". *(30 Punkte)*

Materialgrundlage
Georg Trakl: *Das dichterische Werk*. Auf Grund der historisch-kritischen Ausgabe von Walther Killy und Hans Szklenar. München: DTV, 1972, S. 48 f.

Zugelassene Hilfsmittel
Wörterbuch der deutschen Rechtschreibung

TEXT

Georg Trakl
Unterwegs (1912)

Am Abend trugen sie den Fremden in die Totenkammer;
Ein Duft von Teer; das leise Rauschen roter Platanen;
Der dunkle Flug der Dohlen; am Platz zog eine Wache auf.
Die Sonne ist in schwarze Linnen gesunken; immer wieder kehrt dieser vergangene Abend
5 Im Nebenzimmer spielt die Schwester* eine Sonate von Schubert*.

Sehr leise sinkt ihr Lächeln in den verfallenen Brunnen,
Der bläulich in der Dämmerung rauscht. O, wie alt ist unser Geschlecht.
Jemand flüstert drunten im Garten; jemand hat diesen schwarzen Himmel verlassen.
Auf der Kommode duften Äpfel. Großmutter zündet goldene Kerzen an.

10 O, wie mild ist der Herbst. Leise klingen unsere Schritte im alten Park
Unter hohen Bäumen. O, wie ernst ist das hyazinthene Antlitz der Dämmerung.
Der blaue Quell zu deinen Füßen, geheimnisvoll die rote Stille deines Munds,
Umdüstert vom Schlummer des Laubs, dem dunklen Gold verfallener Sonnenblumen.
Deine Lider sind schwer von Mohn und träumen leise auf meiner Stirne.
15 Sanfte Glocken durchzittern die Brust. Eine blaue Wolke
Ist dein Antlitz auf mich gesunken in der Dämmerung.
Ein Lied zur Gitarre, das in einer fremden Schenke erklingt,
Die wilden Holunderbüsche dort, ein lang vergangener Novembertag,
Vertraute Schritte auf der dämmernden Stiege, der Anblick gebräunter Balken,
20 Ein offenes Fenster, an dem ein süßes Hoffen zurückblieb –
Unsäglich ist das alles, o Gott, dass man erschüttert ins Knie bricht.

O, wie dunkel ist diese Nacht. Eine purpurne Flamme
Erlosch an meinem Mund. In der Stille
Erstirbt der bangen Seele einsames Saitenspiel.
25 Lass, wenn trunken von Wein das Haupt in die Gosse sinkt.

Anmerkungen
Georg Trakl (1887–1914): studierte Pharmazeutik in Wien, war kurzzeitig Medikamentenakzessist im Garnisonsspital in Innsbruck, wurde vom Grauen des I. Weltkriegs überwältigt und setzte seinem Leben durch eine Überdosis Betäubungsmittel ein Ende. Trakl gilt als prophetischer Lyriker, der in visionären Stimmungsbildern das Chaos verkündet; einer der bedeutendsten Lyriker des Expressionismus

Unterwegs	Das Gedicht ist die II. Fassung unter diesem Titel und ist als dritter Text der Sammlung *Sebastian im Traum* (1912–1914) veröffentlicht. Das Gedicht wurde von Franz Schubert vertont.
Schwester	Trakl unterhielt zu seiner vier Jahre jüngeren Schwester Margarethe (Grete) ein fast inzestuöse Beziehung. Sie studierte eine Zeitlang das Klavierspiel, um Pianistin zu werden.
Schubert	Schubert schrieb 21 Sonaten für Klavier.

2.2 LÖSUNGSVORSCHLÄGE ZU DEN KLAUSURAUFGABEN

2.2.1 Lösungsvorschlag Aufgabe 1 (K 1)

Aufgabenart
Analyse eines Sachtextes mit weiterführendem Schreibauftrag (I A)

ERLÄUTERUNGEN DER AUFGABENSTELLUNG

Die erste Aufgabe erfordert eine normale vollständige Analyse eines Sachtextes. Zunächst kennzeichnet man kurz die Textthematik oder seine Problematik. Dann wird der Text gegliedert reproduziert und sein argumentativer Aufbau beschrieben. Um Doppellungen zu vermeiden, ist es ratsam, die beiden Schritte der Reproduktion und der logischen Analyse zusammen durchzuführen. (Zur besseren Darstellung und Überprüfung der eigenen Ergebnisse werden sie jedoch in dem folgenden Schreibplan und dem Lösungsvorschlag getrennt durchgeführt.) Sodann sollten die Textaussagen zur Muttersprache erläutert werden. So wird der Gedankengang erschlossen und das Textverständnis abgesichert. Die Untersuchung der verwendeten Mittel der Darstellung und ihrer Wirkung bildet die sprachliche Analyse. Die gefundenen Ergebnisse werden in der abschließenden Bestimmung der sprachtheoretischen Position, die der Text einnimmt, zusammengeführt.

Die zweite Teilaufgabe erwartet einen Transfer der Analyseergebnisse zur Sapir-Whorf-Hypothese. Hier ist es zunächst erforderlich, kurz zusammenzufassen, was man unter dieser Hypothese versteht, bevor man der Aufgabenstellung folgend die Übereinstimmungen und Unterschiede zwischen dieser Hypothese und den Aussagen Langs herausarbeitet. Die Arbeit schließt mit einer kurzen eigenen Stellungnahme, welcher der beiden genannten Positionen man aus welchen Gründen den Vorzug gibt.

SCHREIBPLAN ZU TEILAUFGABE 1

BAUSTEIN	ERLÄUTERUNG	OPERATION
Einleitung	Verwendung der bekannten Textdaten	verfasst eine aufgabenbezogene Einleitung
Problembestimmung	Benennung des zentralen Themas oder Problems	erschließt das zentrale Thema oder Problem
Reproduktion	Gegliederte Wiedergabe des Textes mit eigenen Worten (keine Nacherzählung!)	gibt den Inhalt des Textauszuges gegliedert wieder
Logische Analyse	Untersuchung des logischen und argumentativen Aufbaus des Textes	erschließt den Gedankengang des Textes

2.2 Lösungsvorschläge zu den Klausuraufgaben
2.2.1 Lösungsvorschlag Aufgabe 1 (K 1)

Inhaltliche Analyse	Erläuterung und Kommentierung der Textaussagen	erschließt und erläutert die inhaltlichen Aussagen des Textes
Sprachliche Analyse	Untersuchung der sprachlichen Textgestaltung und ihrer Funktion bzw. Wirkung,	untersucht die Mittel der Darstellung und ihre Wirkung
Theoretische Einordnung	Bestimmung, welche sprachtheoretische Position der Verfasser in diesem Text einnimmt	bestimmt die sprachtheoretische Position des Textes

LÖSUNGSMÖGLICHKEIT ZU TEILAUFGABE 1

	Anforderungen Der Prüfling	maximal erreichbare Punktzahl
1	*formuliert eine aufgabenbezogene Einleitung, etwa*: Verwendung der gegebenen Textdaten: Autor, Titel, Textsorte, Erscheinungsdatum	3
2	*erschließt das zentrale Thema oder Problem, etwa:* Das Verhältnis von Sprache und Wirklichkeit	3
3	*gibt den Inhalt des Textauszuges gegliedert wieder, etwa:* Die Sprache bezeichnet die Wirklichkeit nicht nur, sie beurteilt sie auch. An den beiden Begriffspaaren „Blumen vs. Blüten" bzw. „Kraut vs. Unkraut" wird deutlich, dass die Sprache unsachlich-egoistische Wertungen vornimmt. Diese von der Muttersprache vorgegebenen Deutungen werden normalerweise nicht hinterfragt, was im besonderen Fall auch zur Akzeptanz einer Lüge führen kann. Oft fallen diese von der Sprache vermittelten Vor-Urteile erst bei einem Fremdsprachenstudium auf. Auf die Frage, inwieweit die Sprache die Wirklichkeit abbildet oder deutet, gibt es zwei grundsätzliche Theorien: Der Marxismus geht von einer Abbildungstheorie aus, die Theorie von der Sprache als Welt von einem von der Sprache abhängigen Wirklichkeitsbild. Zweisprachig Aufwachsende haben deshalb manchmal Probleme, sind aber beim Dolmetschen im Vorteil.	3
4	*erschließt den Gedankengang des Textes, etwa:* 1. Einführung: These: Die Muttersprache beeinflusst uns (1–3). 2. Beleg: zwei Beispiele (4–22): Beispiel 1: Blume vs. Blüten (4–13): Vergleich des Wortgebrauchs (6–11), Fazit (11–13); Beispiel 2: Kraut vs. Unkraut (13–22): Vergleich des Wortgebrauchs (15–17); Verallgemeinerung der beiden Beispiele: (17–20): Argument; Folgerung aus der Verallgemeinerung (20–22)	9

2.2 Lösungsvorschläge zu den Klausuraufgaben
2.2.1 Lösungsvorschlag Aufgabe 1 (K 1)

3. Funktion der Beeinflussung (23–34): soziale Orientierung (24–26), reale Orientierungshilfe (26 f.); Grenze der Beeinflussungsakzeptanz: Lüge (27–34)
4. Sprachliche Mündigkeit (35–43): Definition der sprachlichen Mündigkeit (35–39); fehlende Notwendigkeit des Widerspruchs (39–41); Entdeckung der sprachlichen Vor-Urteile im Fremdsprachenstudium (41–43)
5. Erkenntnistheoretische Frage (44–56): Wiederholung der These (44–47); Fragestellung: reale oder sprachlich bedingte Wirklichkeitsabbildung? (47–52); Antwort 1: Abbildungstheorie des Marxismus (52–54), Antwort 2: Sprache als Welt (54–56)
6. Zweisprachig Aufwachsende (57–63): hemmende Denkstrukturen (58–61) vs. Vorteile beim Dolmetschen (62 f.)

5	*erschließt und erläutert die inhaltlichen Aussagen des Textes, etwa:* – Sprache bezeichnet Wirklichkeit nicht nur, sondern deutet sie auch. – Damit beeinflusst Sprache unsere Gefühle und Wertungen. – Das Beispiel Blume vs. Blüte macht deutlich, dass in diesem Fall die Sprache vom jeweiligen Gebrauchswert des Pflanzenteils ausgeht. – Das Beispiel Kraut/Unkraut erläutert den sprachlich vermittelten situativen Gebrauchswert einer Pflanze. – Die Beispiele verdeutlichen, dass die jeweilige Muttersprache moralische Abgrenzungen vornimmt. – Die Vor-Urteile der Sprache haben zwei Funktionen: eine sozial-integrative Funktion und eine Entlastungsfunktion. – Sprachkritik findet selten statt; ihre Notwendigkeit wird erst im Vergleich zu anderen Sprachen deutlich. – Es gibt zwei erkenntnistheoretische Positionen zum Verhältnis von Sprache und Wirklichkeit: die Abbildungstheorie des Marxismus und die Theorie von der Muttersprache als Welt. – Zweisprachigkeit hat Vor- und Nachteile.	9
6	*untersucht die Mittel der Darstellung und ihre Wirkung, etwa:* – **semantisch:** apodiktische Aussageformen („immer": 5, 28; „absolut": 17; „ganz klar": 23, „eben": 24), bestätigende Interjektion („ja": 25) und Partikel („einfach": 24, „schließlich": 25, „geradezu": 51); Superlative („am besten": 5, „seltsamste": 35); adversative Konjunktionen („aber": 28, 31, 41; „sondern": 45, 49; „jedoch": 57, „dagegen": 7), gemeinschaftsstiftendes „wir" (1–57) – **syntaktisch:** überwiegend Hypotaxe – **pragmatisch:** Hyperbel („in Tausenden von Fällen": 1, „Verbrechen gegen die Menschlichkeit": 22), Gegensätze	6

2.2 Lösungsvorschläge zu den Klausuraufgaben
2.2.1 Lösungsvorschlag Aufgabe 1 (K 1)

7	bestimmt die sprachtheoretische Position des Textes, etwa: – Lang spricht sich für keine Dominanz von Sprache oder Denken aus, betont aber, dass die Sprache das Denken tief beeinflussen kann. – inkonsequente Haltung, da nicht reflektiert wird, aufgrund welcher gedanklich-geistigen Vorgänge die Sprache ihre Beurteilungen und Wertungen vornimmt	6
8	erfüllt ein weiteres aufgabenbezogenes Kriterium (max. 4 Punkte)	
	Summe Teilaufgabe 1	**39 Punkte**

SCHREIBPLAN ZU TEILAUFGABE 2

BAUSTEIN	ERLÄUTERUNG	OPERATION
Überleitung	Erwähnung der „Theorie von der Sprache als Welt" im Text	verfasst eine aufgabenbezogene Überleitung
Reproduktion	Darstellung der Sapir-Whorf-Hypothese	stellt die Sapir-Whorf-Hypothese dar
Vergleich	Überprüfung der Übereinstimmungen und Unterschiede in den Aussagen des Textes und der Sapir-Whorf-Hypothese	vergleicht die Thesen der Sapir-Whorf-Hypothese mit denen von Lang
Stellungnahme	eigene Stellungnahme zum Verhältnis von Sprache und Denken	nimmt Stellung zum Verhältnis von Sprache und Denken

LÖSUNGSMÖGLICHKEIT ZU TEILAUFGABE 2

	Anforderungen Der Prüfling	maximal erreichbare Punktzahl
1	verfasst eine aufgabenbezogene Überleitung, etwa: Bezugnahme zur „Theorie der Sprache als Welt" im Text	3
2	stellt die Sapir-Whorf-Hypothese dar, etwa: – Whorf vertritt als wissenschaftlicher Laie und Schüler des Linguisten Sapir die Theorie des sprachlichen Relativismus. – Er glaubt, in der Sprache der Hopi-Indianer Anzeichen dafür gefunden zu haben, dass sie die Welt anders beschreiben und verstehen als die Menschen europäischer Sprachen.	9

2.2 Lösungsvorschläge zu den Klausuraufgaben
2.2.1 Lösungsvorschlag Aufgabe 1 (K 1)

	– Er verallgemeinert daraus, dass jede Muttersprache ihren Mitgliedern eine spezifische Denkweise und Weltsicht gestaltet. – Aus der Verschiedenheit menschlicher Sprachsysteme folgert er, dass Menschen unterschiedlicher Sprache eine unterschiedliche Denkweise und Weltsicht haben. – Nur die Beherrschung verschiedener Sprachen erlöst das Individuum aus seiner relativen Weltsicht und Denkbeschränkung.	
3	*erläutert die Gemeinsamkeiten zwischen den Aussagen des Textes und der Sapir-Whorf-Hypothese, etwa:* Lang stimmt mit Whorf in folgenden Punkten überein: – Jede Sprache liefert Richtlinien und Vor-Urteile zur Erfassung der Realität (20, 32 f.). – Jedes Individuum übernimmt die damit verbundenen Gefühlstöne und Wertungen seiner Muttersprache (2 f., 39–42). – Jede Sprache beeinflusst das Denken ihrer Sprachteilnehmer (2, 17–19).	6
4	*erläutert die Unterschiede zwischen den Aussagen des Textes und der Sapir-Whorf-Hypothese, etwa:* – Lang geht nicht explizit auf die Sapir-Whorf-Hypothese ein, sondern bezieht sich auf Leo Weisgerber. – Lang geht nicht auf das Verhältnis von Sprache und Denken ein. – Lang trifft zwischen der marxistischen Abbildungstheorie und der Theorie der Sprache als Welt zwar keine Entscheidung, unterstützt aber auch nicht die Abbildungstheorie argumentativ.	6
5	*nimmt Stellung zum Verhältnis von Sprache und Denken, etwa:* Es sind unterschiedliche Stellungnahmen denkbar: – Position eines gemäßigten sprachlichen Relativismus: Sprache beeinflusst das Denken, sie bestimmt es aber nicht. – Position der Interdependenz: Sprache und Denken beeinflussen sich gleichermaßen wechselseitig. – Position der Denkdominanz: Sprache ist ein Instrument des Denkens zur Kommunikation.	9
6	erfüllt ein weiteres aufgabenbezogenes Kriterium (max. 4 Punkte)	
	Summe Teilaufgabe 2	**33 Punkte**

2.2.2 Lösungsvorschlag Aufgabe 2 (K 2)

Aufgabenart
Analyse eines fiktionalen Textes mit weiterführendem Schreibauftrag (II A)

ERLÄUTERUNG DER AUFGABENSTELLUNG

Die erste Teilaufgabe verlangt von Ihnen eine vollständige Analyse des gegebenen Dramenauszugs. Dazu zählen nach einer kontextuellen Einordnung des Auszugs in den Gesamttext und einer gegliederten Wiedergabe des Textinhalts eine Analyse der Textgestalt und der sprachlichen Gestaltung sowie eine inhaltliche Analyse des Textauszuges. Zum Schluss findet die Deutung statt, die die funktionale Bedeutung des Textauszuges im Gesamtzusammenhang des Dramas klärt.

Die zweite Teilaufgabe verlangt von Ihnen die Überprüfung, inwieweit in diesem Ausschnitt bereits Grundgedanken der Ringparabel enthalten sind. Dazu müssen Sie nach einer kurzen Überleitung zunächst einmal Inhalt und Grundgedanken der Ringparabel zusammenfassen, ehe Sie die im Textausschnitt vorweggenommenen Gedanken nachweisen. Mit einer funktionalen Begründung für diese Vorwegnahmen schließt die Arbeit.

SCHREIBPLAN ZU TEILAUFGABE 1

BAUSTEIN	ERLÄUTERUNG	OPERATOR
Einleitung	Verwendung der bekannten Textdaten	verfasst eine aufgabenbezogene Einleitung
Kontextuelle Einordnung	Einordnung des Auszugs in den Gesamttext des Dramas (keine Inhaltsangabe des Dramas!)	ordnet den Text in den Gesamtkontext des Dramas ein
Textwiedergabe	Gliederung und inhaltliche Zusammenfassung des Textes (keine Nacherzählung!)	gibt den Inhalt des Textauszugs gegliedert wieder
Textbeschreibung	Beschreibung der äußeren Form des Textes unter Verwendung der Kriterien des Dramas	beschreibt die äußere Form des Textes
Sprachliche Analyse	Untersuchung der sprachlichen Gestaltung des Textes und der dazu verwendeten Mittel	untersucht die sprachliche Gestaltung des Textauszuges
Inhaltliche Analyse	Untersuchung der inhaltlichen Aussagen und Erläuterung ihres gedanklichen Zusammenhangs	erschließt und erläutert die inhaltlichen Aussagen des Textes
Funktionsbestimmung	Bestimmung der Funktion der Episode im Handlungskontext	bestimmt die Funktion der Episode

2.2 Lösungsvorschläge zu den Klausuraufgaben
2.2.2 Lösungsvorschlag Aufgabe 2 (K 2)

LÖSUNGSMÖGLICHKEIT ZU TEILAUFGABE 1

	Anforderungen Der Prüfling	maximal erreichbare Punktzahl
1	*verfasst eine aufgabenbezogene Einleitung, etwa:* Verwendung der bekannten Textdaten: Verfasser, Titel, Textsorte, Erscheinungsjahr	3
2	*ordnet den Text in den Gesamtkontext des Dramas ein, etwa:* Während Nathans Geschäftsreise hat der Tempelherr Nathans Ziehtochter Recha aus dem brennenden Haus gerettet. Nach Nathans Rückkehr findet in der vorliegenden Szene das erste Treffen zwischen Nathan und dem Tempelherrn statt, und damit ist dies auch die erste Gelegenheit Nathans, dem Tempelherrn zu danken. Dieser verhält sich jedoch zunächst abweisend, bis Nathan die Brandmale am Umhang des Tempelherrn mit Tränen bedeckt.	3
3	*gibt den Inhalt des Textauszugs gegliedert wieder, etwa:* acht Sinnabschnitte: (1) Verlegenheit des Tempelherrn (1259–1261), (2) Nathans Dank (1262–1269), (3) ethisches Handeln (1269–1274), (4) menschliche Unterschiede (1275–1286), (5) Alleinberechtigungsanspruch der Religionen (1287–1304), (6) Dominanz der Humanität (1304–1313), (7) Freundschaftsbündnis (1313–1322), (8) hoffnungsvoller Ausblick in die Zukunft (1320 ff.)	3
4	*beschreibt die äußere Form des Textes, etwa:* – Dialog zwischen Nathan und dem Tempelherrn: ausgeglichener Redeanteil von Nathan (33 Verse) und Tempelherr (30 Verse) – gebundene Rede: Blankvers: fünfhebiger Jambus ohne Endreim; Rhythmusstörung in 1312 – ausgeglichenes Verhältnis von Zeilen- und Hakenstil	6
5	*untersucht die sprachliche Gestaltung des Textauszuges, etwa:* – **phonetisch:** Assonanzen auf a (1259, 1265, 1277, 1280, 1299, 1304, 1313 f., 1318), e (1270, 1296, 1298, 1317), i (1268, 1285, 1289, 1303, 1310), o (1271 f., 1275, 1279, 1287, 1297, 1307), u (1310), ü (1306, 1319), ei (1273, 1295 f.); Alliterationen auf m (1288), kn (1284), st (1300), w (1262, 1289): lautliche Unterstützung der Aussagen und Emotionen – **semantisch: Wortfeld Natur** („Äste": 1281, „Knorr", „Knuppen": 1284), **Wortfeld Religion** („Ordensregeln": 1272, „Christ": 1294, 1296, 1310; „Muselmann": 1294; „Jude": 1310; „Gott": 1295, 1298, 1313), **Wortfeld Mensch** („Freunde": 1306, 1319; „Mann": 1279; „Mensch": 1273 f., 1311 f.; „Volk": 1287, 1289 ff., 1307 ff.; „Stolz": 1292 f.)	9

2.2 Lösungsvorschläge zu den Klausuraufgaben
2.2.2 Lösungsvorschlag Aufgabe 2 (K 2)

– **syntaktisch:** Ausrufe (1287, 1303 f., 1304, 1306, 1311, 1313, 1314, 1320 ff.: Emotionalisierung), Fragen (1259, 1271 f., 1275, 1289 ff., 1293, 1296, 1301, 1309 , 1311: Emotionalisierung), Ellipsen (1261, 1264 ff., 1271, 1275, 1277, 1287, 1293, 1301 f., 1319: Dynamisierung), Anaphern (1283 ff.: Betonung), Wortwiederholungen (1260, 1263, 1268, 1273, 1292 f., 1301, 1306, 1319: Intensivierung)
– **pragmatisch:** Metaphern (1279–1286: bedeutender Mensch, 1300, 1302), Sentenzen (1316, 1317 f.)

Angestrebt ist hier keine vollständige Darstellung der beispielhaft genannten Aspekte, sondern eine Schwerpunktsetzung durch den Prüfling, die allerdings mehrere Gesichtspunkte aufgreift.

6	erschließt und erläutert die inhaltlichen Aussagen des Textes, etwa: – Der Tempelherr ist wegen Nathans Verhalten verlegen und startet einen Neuanfang des Gesprächs. – Der Dank Nathans geht auf alle Aspekte der Rettung Rechas ein und zeigt Verständnis für das Verhalten des Tempelherrn. – Nathan verallgemeinert das Verhalten des Tempelherrrn ins allgemein Ethische. – Er leugnet dabei ethnische oder religiöse Differenzen und fordert zur Toleranz auf. – Der Tempelherr wählt als Beispiel für religiöse Intoleranz das jüdische Volk, räumt aber zugleich ein, dass sich zurzeit auch das Christentum intolerant zeige. – Nathan löst das Individuum von seinen das Volk betreffenden Bezügen und betont die Bedeutung des generell humanen Verhaltens. – Auf dieser Basis können Nathan und der Tempelherr Freundschaft schließen. – Nathan wagt einen hoffnungsvollen Blick in die Zukunft.	12
7	bestimmt die Funktion der Episode, etwa: Mit dieser Szene sind Nathan und der Tempelherr als gleichwertige Partner im Drama etabliert, weil sie beide das humane Verhalten gleichwertiger Menschen höher bewerten als die stolzen religiösen Vorurteile ihrer beiden Religionen.	6
8	erfüllt ein weiteres aufgabenbezogenes Kriterium (max. 4 Punkte)	
	Summe Teilaufgabe 1	**42 Punkte**

2.2 Lösungsvorschläge zu den Klausuraufgaben
2.2.2 Lösungsvorschlag Aufgabe 2 (K 2)

SCHREIBPLAN ZU TEILAUFGABE 2

BAUSTEIN	ERLÄUTERUNG	OPERATOR
Einleitung	Verweis auf den Gesamttext	formuliert eine aufgabenbezogene Überleitung
Reproduktion	Zusammenfassung der Ringparabel	fasst die Ringparabel korrekt zusammen
Deutung	Zusammenfassung der Hauptgedanken der Ringparabel	stellt die Hauptgedanken der Ringparabel korrekt dar
Vergleich	Vergleich der Ringparabel mit dem Szenengespräch zwischen Nathan und dem Tempelherrn	vergleicht die Deutung der Ringparabel mit der des Textauszuges
Funktionsbestimmung	Bestimmung der Funktion des Textauszuges für das Gesamtdrama	nimmt eine Funktionsbestimmung der Textauszuges vor

LÖSUNGSMÖGLICHKEIT ZU TEILAUFGABE 2

	Anforderungen Der Prüfling	maximal erreichbare Punktzahl
1	*formuliert eine aufgabenbezogene Einleitung,* etwa: Verweis auf den Gesamttext	3
2	*fasst die Ringparabel korrekt zusammen,* etwa: Ein Mann muss einen Ring, der bei Gott und den Menschen wohlgefällig machen kann, an seine drei gleich geliebten Söhne vererben. Um keinen seiner Söhne zurückzusetzen, lässt er zwei Kopien herstellen und vererbt jedem Sohn einen der gleich aussehenden Ringe. Der Streit, welches der echte Ring ist, wird vor Gericht getragen. Der Richter verweist darauf, dass die Ringe nicht zu unterscheiden sind, aber der echte Ring seine Wunderkraft beweisen wird, und vertagt das Urteil auf einen späteren Richter.	3

2.2 Lösungsvorschläge zu den Klausuraufgaben
2.2.2 Lösungsvorschlag Aufgabe 2 (K 2)

3	*stellt die Hauptgedanken der Ringparabel korrekt dar, etwa:* – Die Ringparabel ist ein Gleichnis zur Beantwortung der Frage, welches die richtige Religion sei. – Jedes Mitglied einer Religionsgemeinschaft vertraut der Lehre, in die es hineingeboren ist. Religionsgemeinschaft und ethnisches Volk werden in dieser Parabel gleichgesetzt. – Das Vorurteil, der eigene Glaube sei die bessere und richtigere Religion, basiert auf unberechtigtem, überheblichem Stolz. – Die Religionsgemeinschaften haben zwar kulturell bedingte unterschiedliche äußere Gepflogenheiten, streben aber demselben Ziele nach: vor Gott und den Menschen wohlgefällig zu machen. – Das wesentliche Merkmal einer jeden richtigen Religion ist die humane Tat.	9
4	*vergleicht die Deutung der Ringparabel mit der des Textauszuges, etwa:* – Die Ausgangsfrage der Ringparabel wird nicht gestellt, schwingt aber im Hintergrund mit. – Auch im Textauszug werden Religionsgemeinschaft und ethnische Zugehörigkeit gleichgesetzt: (Volk: 1287 f.). – Der Tempelherr benennt den Stolz als Grund der wechselseitigen religiösen Diskriminierungen: 1292 f. – Nathan weist darauf hin, dass gute Menschen sich nur durch Äußerlichkeiten unterscheiden: 1276. – Nathan verlangt nach Toleranz und wechselseitigem Respekt: 1283–1286. – Nathan betont, dass eine humane Einstellung und eine humane Tat wichtiger seien und den Menschen mehr auszeichneten als seine Religionszugehörigkeit: 1306–1314.	9
5	*nimmt eine Funktionsbestimmung des Textauszuges vor, etwa:* – Die Reihenfolge der in der Ringparabel zu gewinnenden Erkenntnisse wird umgekehrt: Die gute Tat des Tempelherrn ist Ausgangspunkt der religionskritischen Aussagen. – Da inhaltlich fast alle wesentlichen Aussagen der Ringparabel auftauchen, bereitet das Gespräch zwischen Nathan und dem Tempelherrn „empirisch" vor, was Nathan in der Parabel später theoretisch formuliert. – Auch von der Platzierung innerhalb des Dramas (II,5: steigerndes Moment) kann man von einem ersten, vorbereitenden Höhepunkt sprechen.	6
6	erfüllt ein weiteres aufgabenbezogenes Kriterium (max. 3 Punkte)	
	Summe Teilaufgabe 2	**30 Punkte**

2.2.3 Lösungsvorschlag Aufgabe 3 (K 3)

Aufgabenart
Analyse eines literarischen Textes mit weiterführendem Schreibauftrag (II A)

ERLÄUTERUNG DER AUFGABENSTELLUNG

Die Aufgabe konfrontiert Sie mit zwei Textauszügen aus einem Ihnen unbekannten Theaterstück, das sich allerdings auf den Inhalt der Ihnen bekannten Kleist-Novelle bezieht. Deshalb werden Ihnen die notwendigsten Informationen zu dem Theaterstück gegeben. Eine kontextuelle Einordnung können Sie selbstverständlich nicht vornehmen. Die erste Teilaufgabe besteht aus drei Teilen. Sie sollen zunächst den Inhalt der Aussagen des Burschen des Marquis wiedergeben. Dazu wird es notwendig sein, auf den Ihnen bekannten Inhalt der Novelle zurückzugreifen und inhaltliche Übereinstimmungen sowie Differenzen aufzuzeigen. Sodann sollen Sie die Sprache und Ausdrucksweise des Burschen untersuchen und charakterisieren. Eine solche Aufgabe schließt auch ohne besondere Erwähnung eine Deutung und Bewertung der erarbeiteten Befunde sowie ein abschließendes Urteil ein. Hier sollten die Möglichkeiten erwogen werden, welche Funktion den Aussagen des Burschen zukommen könnte.

Die zweite Teilaufgabe baut auf den erarbeiteten Ergebnissen auf. Sie werden aufgefordert, auf dieser Grundlage auf die Interpretation zu schließen, mit der Lange die Kleist-Novelle behandelt, und zu anderen Ihnen bekannten Deutungen in Beziehung setzen. Dabei müssen Sie Ihr Wissen um den historischen politischen Hintergrund und die politische Einstellung Kleists aus dem Unterricht nutzen. Abschließend sollen Sie vor diesem Hintergrund zu der Deutung Langes Stellung nehmen. Eine solche Stellungnahme sollte aus begründeten und am Text abgesicherten Argumenten bestehen und in ein eindeutiges Schlussurteil münden.

SCHREIBPLAN ZU TEILAUFGABE 1

BAUSTEIN	ERLÄUTERUNG	OPERATION
Einleitung	Verwendung der gegebenen Daten	verfasst eine aufgabenbezogene Einleitung
Textwiedergabe	Wiedergabe des Textinhalts; keine Nacherzählung!	gibt den Inhalt der Textauszüge korrekt wieder
Vergleich	Vergleich der Textauszüge mit der Novellenvorlage: Analyse der Übereinstimmungen und Unterschiede	vergleicht die Textaussagen mit dem Inhalt der Novellenvorlage
Analyse	Untersuchung der sprachlichen Gestaltung der Textaussagen und Erläuterung der Ausdrucksweisen	untersucht die sprachliche Gestaltung und erläutert ihre Ausdrucksweisen
Deutung	Interpretation der Textauszüge	deutet die Textauszüge

2.2 Lösungsvorschläge zu den Klausuraufgaben
2.2.3 Lösungsvorschlag Aufgabe 3 (K 3)

Schlussurteil	Abschließende Bewertung der vermuteten Funktion der Burschenaussagen	beurteilt die mögliche Funktion der Auszüge

LÖSUNGSMÖGLICHKEIT ZU TEILAUFGABE 1

	Anforderungen Der Prüfling	maximal erreichbare Punktzahl
1	*verfasst eine aufgabenbezogene Einleitung, etwa:* Verwendung der vorgegebenen Daten	3
2	*gibt den Inhalt der Textauszüge korrekt wieder, etwa:* – Ein franz. Leutnant hat eine Preußin im Schlaf genotzüchtigt. Als er erfährt, dass sie ein Kind erwartet, kehrt er zurück, um sie zu heiraten, wird jedoch abgelehnt, weil er verschwiegen hat, dass er sie genotzüchtigt hat. – Dem franz. Leutnant kann kein Vorwurf gemacht werden, dass er die Preußin genotzüchtigt hat. Sie war schon seit drei Jahren Witwe, und es hat ihr nicht geschadet. Im Grunde ist sie so von der Muffigkeit ihrer Familie befreit worden.	6
3	*vergleicht die Textaussagen mit dem Inhalt der Novellenvorlage, etwa:* Übereinstimmung: Grundhandlung; Abweichungen: anderer Ort (Brandenburg statt Oberitalien), andere Nationalitäten (Preußen statt Italiener, Franzosen statt Russen), Vergehen während des Schlafs statt einer Ohnmacht, positive Bewertung der Vergewaltigung	9
4	*untersucht die sprachliche Gestaltung und erläutert ihre Ausdrucksweisen, etwa:* – Aussagen in Prosa; – rhetorische Frage (7, 13), Ellipse (7, 13), Einschübe (3 f., 13 f.), Inversion (17), sympathetische Floskel (3) – umgangssprachliche bis vulgäre Ausdrucksweise: Redewendungen (9, 10), Vergleich (9 f.), bildhafte Verschleierungen (etwas in den Ofen schieben, 3 = schwängern; Schaftstiefel, 5 = Adeliger; Männertusche hinter dem Ohr haben, 6 = Liebschaften unterhalten; mit seinem Spaten einen Fleck Weiberfleisch umgraben, 11 = kopulieren; toter Acker, 16 = Keuschheit, Unfruchtbarkeit; französische Blumen pflanzen, 17 = ein französisches Kind zeugen) z. T. aus dem Sprachfeld des Gartenbaus; Metonymie (5)	9

5	*deutet die Textauszüge, etwa:* – Kommentare einer in der Novelle nicht vorkommenden Figur: derbe Sicht und Sprache eines einfachen Mannes zum Gesamtgeschehen (Auszug 1) und dessen Bewertung (Auszug 2) – frankophile parteiische Sicht, Siegerperspektive („Am französischen Wesen soll die Welt genesen".) Spiegelung des politischen Eroberungsrechts in der sexuellen Geschlechterbeziehung; Aufhebung der ethischen Normen	9
6	*beurteilt die mögliche Funktion der Burschenaussagen, etwa:* Funktion des Burschen im Stück in zweifacher Weise denkbar: – zynisch-lustiger Kommentar eines subalternen Bediensteten als zu verwerfende unmoralische Position – pointierter, derb-witziger Kommentar zur zugespitzten Formulierung einer Denkweise, die öffentlich nicht vertreten werden kann und darf	6
7	erfüllt ein weiteres aufgabenbezogenes Kriterium (max. 4 Punkte)	
	Summe Teilaufgabe 1	**42 Punkte**

SCHREIBPLAN ZU TEILAUFGABE 2

BAUSTEIN	ERLÄUTERUNG	OPERATION
Überleitung	Burschenaussagen verweisen auf Gesamtinterpretation der Novelle durch Lange	verfasst eine aufgabenbezogene Überleitung
Analyse	Darlegung und Erläuterung der Novelleninterpretation durch Hartmut Lange	erläutert die Novelleninterpretation von Lange
Vergleich	Darstellung anderer Novellendeutungen	setzt die Deutung Langes in Beziehung zu anderen Deutungen
Stellungnahme	argumentierende Bewertung von Langes Novellendeutung vor dem Hintergrund der dargestellten anderen Deutungen	bezieht zur Novellendeutung Langes Stellung
Schlussurteil	begründetes abschließendes Schlussurteil	formuliert ein begründetes Schlussurteil

2.2 Lösungsvorschläge zu den Klausuraufgaben
2.2.3 Lösungsvorschlag Aufgabe 3 (K 3)

LÖSUNGSMÖGLICHKEIT ZU TEILAUFGABE 2

	Anforderungen Der Prüfling	maximal erreichbare Punktzahl
1	*verfasst eine aufgabenbezogene Überleitung, etwa:* Die Aussagen des Burschen werfen ein Licht auf Langes Kleist-Adaption.	3
2	*erläutert die Novelleninterpretation von Lange, etwa:* – Durch Orts- und Nationalitätenveränderung bekommt der Handlungsrahmen eine neue politische Bedeutung: Allegorie auf die napoleonische Eroberung Preußens. – Lange baut seine Deutung auf Kleists Hassliebe zu Napoleon auf, der ihn einerseits töten wollte und andererseits seine staatlichen Neuerungen bewunderte, die er in Preußen vermisste. – Langes wertet die napoleonische Eroberung positiv, weil durch sie lang überfällige Reformen (Kind des Leutnants) in Preußens eingeführt werden können.	9
3	*setzt die Deutung Langes in Beziehung zu anderen Deutungen, etwa:* – Viele Deutungen gehen von der Titelfigur der Novelle aus. – Sie deuten sie deshalb vor allem unter einem psychologischen Aspekt. – Entweder stellen sie die Problematik der Identität heraus, weil die Marquise wegen der ihr unerklärlichen Vorkommnisse an sich zu zweifeln beginnt, oder – sie beleuchten ihre Problematik des Erkennens, wenn sie nicht wahrhaben will, was sie nicht sinnlich erfahren hat.	9
4	*bezieht zur Novellendeutung Langes Stellung, etwa:* Langes politische Deutung ist zwar begründbar, aber recht einseitig. Sie übergeht die Problematiken der Titelfigur und wertet die Eroberung Preußens aus dem historischen Abstand allzu ironisch.	6
5	*formuliert ein begründetes Schlussurteil, etwa:* Langes dramatische Adaption der Novelle ist weniger eine bedeutende Deutung des Kleist-Textes, als vielmehr eine interessante Satire in Form einer kritischen Travestie.	3
6	erfüllt ein weiteres aufgabenbezogenes Kriterium (max. 4 Punkte)	
	Summe Teilaufgabe 2	**30 Punkte**

2.2.4 Lösungsvorschlag Aufgabe 4 (K 4)

Aufgabenart
Analyse eines literarischen Textes mit weiterführendem Schreibauftrag (II A)

ERLÄUTERUNG DER AUFGABENSTELLUNG

Die Textanalyse verlangt in der ersten Teilaufgabe eine vollständige Erschließung des Gedichts von Georg Trakl. Dazu gehört, dass Sie zunächst das Thema des Gedichtes benennen, seine inhaltlichen Aussagen erschließen, seinen formalen Aufbau beschreiben und die formale wie sprachliche Gestaltung des Textes im Hinblick auf ihre Funktion untersuchen. Die Analyse endet mit einer Deutung des Textes.

Die zweite Teilaufgabe verlangt von Ihnen eine begründete literarhistorische Einordnung des Textes und eine kurze Argumentation, inwieweit der Text dem Rahmenthema „unterwegs sein" zuzuordnen ist.

SCHREIBPLAN ZU TEILAUFGABE 1

BAUSTEIN	ERLÄUTERUNG	OPERATION
Einleitung	Ausgangspunkt: Zentraldaten des Textes	formuliert eine aufgabenbezogene Einleitung
Thema	Benennung des dargestellten Themas oder der dargestellten Problematik	benennt das Thema des Gedichts
Inhaltliche Analyse	Erschließung des Textinhalts: Herausarbeiten von Sachverhalten, die nicht explizit genannt werden	erschließt den Inhalt des Gedichts
Textbeschreibung	Beschreibung der Gedichtform: genaue, eingehende, sachliche Darstellung des formalen Textaufbaus	beschreibt den formalen Aufbau des Gedichts
Formale Analyse	Untersuchung der formalen und sprachlichen Gestaltung des Textes unter Berücksichtigung ihrer jeweiligen Funktion: Untersuchung der phonologischen, semantischen, syntaktischen und pragmatischen Sprachebenen	untersucht formale und sprachliche Gestaltungsmittel des Gedichts
Deutung	Deutung/Interpretation des Textes	deutet den Text

2.2 Lösungsvorschläge zu den Klausuraufgaben
2.2.4 Lösungsvorschlag Aufgabe 4 (K 4)

LÖSUNGSMÖGLICHKEIT ZU TEILAUFGABE 1

	Anforderungen Der Prüfling	maximal erreichbare Punktzahl
1	formuliert eine aufgabenbezogene Einleitung, etwa: Nennung von Titel, Autor, Textsorte und Entstehungszeit	3
2	benennt das Thema des Gedichts, etwa: melancholische Reflexion über Liebe und Tod	6
3	erschließt den Inhalt des Gedichts, etwa: sechs Einheiten: (1) Rückblick auf einen wegen eines Toten unvergesslichen Abend im November: 1–3, (2) melancholische Gegenwartsbetrachtung: 4–7, (3) positive Elemente der Gegenwart: 8+9, (4) melancholische Empfindung der Liebe: 10–16, (5) unerträgliche Präsenz verschiedener Bewusstseinsinhalte: 17–21, (6) melancholische Ablehnung von Hilfe für den eigenen Liebeskummer: 22–25	9
4	beschreibt den formalen Aufbau des Gedichts, etwa: vier unterschiedlich lange Strophen (4-5-12-4), Langverse ohne festes Metrum (jambisch-daktylisch), unterschiedliche Hebungsanzahl (4-hebig: 23; 6-hebig: 2, 6, 20, 24, 25; 7-hebig: 1, 3, 5, 15 ff., 21 f.; 8-hebig: 7, 13 f., 19; 9-hebig: 4, 8 ff., 18; 10-hebig: 11 f.); reimlos, wechselnde Kadenz, Zeilenstil (Ausnahme: Enjambement: 10, 15, 22 f.)	6
5	untersucht formale und sprachliche Gestaltungsmittel des Gedichts, etwa: – **phonetisch:** Assonanzen auf a (3, 4, 18, 21), e (17), i (10), o (9, 12), u (3, 13, 22); Alliterationen auf b (19), m (23), r (2), s (24), sch (5): Eindringlichkeit – **semantisch:** Wortfeld des Todes („Totenkammer": 1, „Teer": 2, „dunkle Flug der Dohlen": 3, „schwarze Linnen": 4, „Laub", „verfallene Sonnenblumen": 13; „Mohn": 14, „Holunderbüsche" [Todesbaum]: 18, „Nacht": 22, „erlosch": 23, „erstirbt": 24); **Wortfeld der Natur** (Fauna: „Dohlen": 3; Flora: „Platanen": 2, „Garten": 8, „Äpfel": 9, „Park": 10, „Bäume", „hyazinthen": 11, „Laub", „Sonnenblumen": 13, „Mohn": 14, „Holunderbüsche": 18); **Wortfeld der sinnlichen Wahrnehmungen** (Hören: „leise": 2, 6, 14, „Rauschen", „rauscht": 2, 7, „Sonate": 5, „flüstern": 8, „klingen": 10, „Stille": 12, 23, „Glocken": 15, „Lied", „Gitarre": 17, „Schritte": 19, „Saitenspiel": 24; Riechen: „Duft", „duften": 2, 9, „süß": 20); **Wortfeld der Farben** (dunkel/schwarz: 3, 4, 8, 13: Tod; rot: 2, 12: Anziehung; blau: 7, 11, 12, 15: Sehnsucht, Transzendenz; gold: 9, 13: Erhabenheit, Ruhe; braun: 19: Geborgenheit, Wärme; purpur: 22: Würde, Liebes-, Todessehnsucht);	9

2.2 Lösungsvorschläge zu den Klausuraufgaben
2.2.4 Lösungsvorschlag Aufgabe 4 (K 4)

Wortfeld des Lichts („dunkel": 3, 13, 22; „Dämmerung": 7, 11, 16; „umdüstert": 13, „dämmernd": 19); **Wortfeld des Menschen** („Lächeln": 6, „Schritte": 10, 19, „Füße": 12, „Mund": 12, 23, „Lider": 14, „Stirn": 14, „Brust": 15, „Antlitz": 16, „Haupt": 25)
- **syntaktisch:** Abfolge von Kurzsätzen (Ausnahmen: Satzgefüge: 17, 20, 21, 25), Ellipsen (2, 4, 12 f., 17–20, 25), Ausrufe (O, wie…: 7, 10, 11, 22), Anapher (8)
- **pragmatisch:** Metaphern (6, 22 f., 23 f.), Synästhesie (20), ambivalente Dingsymbole (Platane: Abstand, Selbstvergebung; Dohle: Warnung vor Gefahr, Begleiter schwermütiger Gedanken; Brunnen: erloschener Lebensmut, sehnsüchtige Leidenschaft; Apfel: Tod [Schneewittchen], Sünde [Eva]; Kerze: Totengedenken, Wunsch nach Geborgenheit; Holunder: Baum des Lebens und des Todes; Glocke: Totenglocke, Erinnerung; Gitarre: Wunsch nach [erotischer?] Harmonie)

Angestrebt ist hier keine vollständige Darstellung der beispielhaft genannten Aspekte, sondern eine Schwerpunktsetzung durch den Prüfling, die allerdings mehrere Gesichtspunkte aufgreift.

6	deutet den Text, etwa:	9
	– Das lyrische Ich ist von einer wiederkehrenden Erinnerung an ein Erlebnis um einen Toten bedrückt und verfällt in düstere Todesgedanken.	
	– Es empfindet die Kultur, in der es lebt und empfindet (Sonate, Lächeln), als dem Untergang geweiht.	
	– Es misstraut den positiven Zeichen der Gegenwart (Apfel, Kerze) und taucht in eine melancholische Stimmung ein, in der es vor allem den fast unmerklichen (leise) und allmählichen Verfall alles Irdischen (Sonnenblumen) und Schönen (Liebe des lyrischen Du) wahrnimmt.	
	– Die Simultanität der Empfindungen (17–21), geprägt von einer Sehnsucht nach Liebe (Gitarre), Leidenschaft (Holunder), Geborgenheit (Balken) und Hoffen (offenes Fenster) überfordert die Psyche des lyrischen Ichs.	
	– Deshalb will es ungestört den Schmerz der verlorenen Liebe (purpurne Flamme) und der Einsamkeit (Saitenspiel) im Wein ertränken.	
7	erfüllt ein weiteres aufgabenbezogenes Kriterium (max. 4 Punkte)	
	Summe Teilaufgabe 1	**42 Punkte**

2.2 Lösungsvorschläge zu den Klausuraufgaben
2.2.4 Lösungsvorschlag Aufgabe 4 (K 4)

SCHREIBPLAN ZU TEILAUFGABE 2

BAUSTEIN	ERLÄUTERUNG	OPERATION
Überleitung	Trakl als einer der bedeutendsten Lyriker des Expressionismus	verfasst eine aufgabenbezogene Überleitung
Literarhistorische Einordnung	Bestimmung der Literaturepoche, der das Gedicht zuzurechnen ist	ordnet den Text literarhistorisch ein
Begründung	Begründung der Zuordnung: Auflistung der Epochenmerkmale, die auf den Text zutreffen	begründet die literarhistorische Einordnung
Zuordnung zum Thema	Inwiefern passt das Gedicht zum Rahmenthema „unterwegs sein…"?	setzt das Gedicht in Beziehung zum Rahmenthema
Schlussurteil	Formulierung eines begründeten Schlussurteils	formuliert ein begründetes Schlussurteil

LÖSUNGSMÖGLICHKEIT ZU TEILAUFGABE 2

	Anforderungen Der Prüfling	maximal erreichbare Punktzahl
1	verfasst eine aufgabenbezogene Überleitung, etwa: Trakl zählt zu den bekanntesten Lyrikern des Expressionismus.	3
2	ordnet den Text literarhistorisch ein, etwa: Das Gedicht ist in die Epoche des Expressionismus einzuordnen.	3
3	begründet die literarhistorische Einordnung, etwa: – Das Gedicht passt aufgrund seiner Entstehungszeit (1912) in die Epoche des Expressionismus. – Das Gedicht ist in die Zeit-Strömung der „melancholischen Imagination" einzuordnen. – Seine expressionistischen Motive sind: Leid, Melancholie, Trübsinn, Verfall, Dämmerung, Nacht, Vergänglichkeit, Liebe und Tod. – Seine expressionistischen Stilmittel bestehen aus: Assonanzen und Alliterationen, dämonisch dunklen Wortfeldern, einfach strukturierten, aufzählungsartigen Sätzen, rauschhaften, zumeist negativen Gedankenverbindungen, Metaphern und Symbolen und einer dominanten Farbsymbolik.	12

2.2 Lösungsvorschläge zu den Klausuraufgaben
2.2.4 Lösungsvorschlag Aufgabe 4 (K 4)

4	*setzt das Gedicht in Beziehung zum Rahmenthema, etwa:*
	– Das Gedicht passt zunächst wegen seiner Überschrift „Unterwegs" zum Rahmenthema.
	– Dieses Thema wird im Text sowohl existenzialistisch als auch auf die spezielle Lebenssituation bezogen:
	  • Existenzialistisch: Das lyrische Ich fühlt sich auf seinem Lebensweg unterwegs zum Tode.
	  • Lebenssituation: Das lyrische Ich befindet sich in einer ambivalenten Lebenssituation zwischen Liebessehnsucht und Todesdrohung, in der es sich psychisch überfordert fühlt und auf diese Herausforderung mit Melancholie und Betäubung reagiert.
		9

5	*formuliert ein begründetes Schlussurteil, etwa:* Das Gedicht Trakls formuliert auf individuelle Weise ein sehr persönliches Problem: Die unmögliche inzestuöse Liebesbeziehung zu seiner Schwester lässt ihn am Glück dieser Welt zweifeln und fördert seine Todesgedanken. Es beschreibt trotz seines offenen Titels die drückende Last von Endzeitgefühlen.	3
6	erfüllt ein weiteres aufgabenbezogenes Kriterium (max. 4 Punkte)	
	Summe Teilaufgabe 2	**30 Punkte**

3. ABITURPRÜFUNG

Anlage des Übungsabiturs

Im Folgenden wird mit zwei Abiturprüfungspaketen zu jeweils drei Aufgaben die schriftliche Abiturprüfung simuliert. Eine feste Reihenfolge der Aufgaben gibt es nicht. Es muss damit gerechnet werden, dass eine Aufgabenart zweimal vorkommt, im Leistungskurs am ehesten der Typ II C, aber auch damit, dass ein Aufgabentyp ganz fehlt, z. B. Typ I. Die insgesamt sechs Aufgaben sind so gewählt, dass alle drei literarischen Gattungen angesprochen werden. Im Anschluss an jedes Prüfungspaket erfolgt der Lösungsteil mit Erläuterungen zur Aufgabenstellung, Schreibplan und Lösungsbogen für beide Teilaufgaben. Das soll ermöglichen, sich wie im Abitur zunächst mit allen Aufgaben auseinanderzusetzen, eine Aufgabenwahl zu treffen und die gewählte Aufgabe zu bearbeiten. Erst danach sollte man sich den Hinweisen, Tipps und Lösungsmöglichkeiten zuwenden. So kann man sowohl zweimal eine Abiturprüfung simulieren, als auch sich sechsmal mit einer Aufgabe intensiv auseinandersetzen. Eine zusätzliche Online-Aufgabe zum ‚Materialgestützten Verfassen eines Textes mit fachspezifischem Bezug' können Sie unter *www.bange-verlag.de/abitur-nrw-2021-pruefungstraining-deutsch-leistungskurs* kostenlos im DIN-A4-Format downloaden.

3.1 ABITURPRÜFUNG ÜBUNGSPAKET I

3.1.1 Aufgabe 1 (Ü 1)

AUFGABENSTELLUNG

1. Analysieren Sie den Text *Der Mensch als Maß der Vernunft* von Ludwig Feuerbach. *(30 Punkte)*
2. Erörtern Sie, inwieweit in diesem Text Gedanken formuliert werden, die bereits in Lessings *Nathan der Weise* zum Ausdruck kommen, und inwieweit sich die Gedanken beider Autoren unterscheiden. Belegen Sie Ihre Aussagen durch geeignete Textstellen. *(42 Punkte)*

Materialgrundlage
Ludwig Feuerbach: *Der Mensch das Maß der Vernunft*. Zit. nach: Wort und Sinn. Lesebuch für den Deutschunterricht, Oberstufe 1. Paderborn: Schöningh, 1973, S. 349 f.

Zugelassene Hilfsmittel
Wörterbuch der deutschen Rechtschreibung
Unkommentierte Ausgabe von Lessing, *Nathan der Weise*

TEXT

Ludwig Feuerbach
Der Mensch das Maß der Vernunft (1843)

Den Sinnen sind nur „äußerliche" Dinge Gegenstand. Der Mensch wird sich selbst nur durch den Sinn gegeben – er ist sich selbst als Sinnenobjekt Gegenstand. Die Identität von Subjekt und Objekt, im Selbstbewusstsein nur abstrakter Gedanke, ist Wahrheit und Wirklichkeit nur in der sinnlichen Anschauung des Menschen vom Menschen.

5 Wir fühlen nicht nur Steine und Hölzer, nicht nur Fleisch und Knochen, wir fühlen auch Gefühle, indem wir die Hände oder Lippen eines fühlenden Wesens drücken; wir vernehmen durch die Ohren nicht nur das Rauschen des Wassers und das Säuseln der Blätter, sondern auch die seelenvolle Stimme der Liebe und Weisheit. Wir sehen nicht nur Spiegelflächen und Farbengespenster, wir blicken auch in den Blick
10 des Menschen. Nicht nur Äußerliches also, auch Innerliches, nicht nur Fleisch, auch Geist, nicht nur das Ding, auch das Ich ist Gegenstand der Sinne. – Alles ist darum sinnlich wahrnehmbar, wenn auch nicht unmittelbar, doch mittelbar, wenn auch nicht mit den Augen des Anatomen oder Chemikers, doch mit den Augen des Philosophen. Mit Recht leitet daher auch der Empirismus* den Ursprung unserer Ideen von den Sin-
15 nen ab; nur vergisst er, dass das wichtigste, wesentlichste Sinnenobjekt des Menschen der Mensch selbst ist, dass nur im Blick des Menschen in den Menschen das Licht des Bewusstseins und Verstandes sich entzündet. Der Idealismus* hat daher recht, wenn er im Menschen den Ursprung der Ideen sucht, aber unrecht, wenn er sie aus dem isolierten, als für sich seienden Wesen, als Seele fixierten Menschen, mit einem
20 Worte: aus dem Ich ohne ein sinnlich gegebenes Du ableiten will. Nur durch Mitteilung, nur aus der Konversation des Menschen mit dem Menschen entspringen die Ideen. Nicht allein, nur selbander* kommt man zu Begriffen, zur Vernunft überhaupt. Zwei Menschen gehören zur Erzeugung des Menschen – des geistigen so gut wie des physischen: die Gemeinschaft des Menschen mit dem Menschen ist das erste Prinzip
25 und Kriterium der Wahrheit und Allgemeinheit. Die Gewissheit selbst von dem Dasein anderer Dinge außer mir ist für mich vermittelt durch die Gewissheit von dem Dasein eines anderen Menschen außer mir. Was ich allein sehe, daran zweifle ich, was der andere auch sieht, das erst ist gewiss.

Das Wirkliche in seiner Wirklichkeit und Totalität, der Gegenstand der neuen Phi-
30 losophie, ist auch nur einem wirklichen und ganzen Wesen Gegenstand. Die neuere Philosophie hat daher zu ihrem Erkenntnisprinzip, zu ihrem Subjekt nicht das Ich, nicht den absoluten, d. i. abstrakten Geist, kurz, nicht die Vernunft in abstracto, sondern das wirkliche und ganze Wesen des Menschen. Die Realität, das Subjekt der Vernunft, ist nur der Mensch. Der Mensch denkt, nicht das Ich, nicht die Vernunft. Die
35 neue Philosophie stützt sich also nicht auf die Gottheit, d. i. Wahrheit der Vernunft allein für sich, sie stützt sich auf die Gottheit, d.i. Wahrheit des ganzen Menschen.

Oder: Sie stützt sich wohl auch auf die Vernunft, aber auf die Vernunft, deren Wesen das menschliche Wesen (ist), also nicht auf eine wesen-, farb- und namenlose Vernunft, sondern auf die mit dem Blute des Menschen getränkte Vernunft. Wenn daher
40 die alte Philosophie sagte: Nur das Vernünftige ist das Wahre und Wirkliche, so sagt dagegen die neue Philosophie: Nur das Menschliche ist das Wahre und Wirkliche; denn das Menschliche nur ist das Vernünftige; der Mensch das Maß der Vernunft.

Anmerkungen
Ludwig Feuerbach (1804–1872), atheistischer Philosoph, der an die Stelle der Gottesliebe die Menschenliebe und an die Stelle des Gottesglaubens den Glauben des Menschen an sich selbst setzte.

Empirismus	erkenntnistheoretische Richtung der Philosophie, welche alle Erkenntnis aus Sinneserfahrung ableitet und auch alle Lebenspraxis und Sittlichkeit darauf gründet.
Idealismus	erkenntnistheoretische Richtung der Philosophie, welche die Welt und das Sein als Vernunft und Bewusstsein versteht und nach der Verwirklichung ethischer und ästhetischer Ideale strebt.
selbander	zu zweit

3.1.2 Aufgabe 2 (Ü I)

AUFGABENSTELLUNG

1. Analysieren Sie nacheinander die beiden Textauszüge von Spielhagen und Heyse hinsichtlich ihres Inhalts und ihrer Argumentationsstruktur. Fassen Sie anschließend zusammen, was man im 19. Jahrhundert für typische Merkmale der Novelle erachtete. *(30 Punkte)*
2. Prüfen Sie im Anschluss, inwieweit Hartmut Langes 2013 erschienene Novelle *Das Haus in der Dorotheenstraße* noch diesen Kriterien entspricht. *(42 Punkte)*

Materialgrundlage
Paul Heyse: *Einleitung zu „Deutscher Novellenschatz"*. Aus: Ders. u. H. Kurz (Hrsg.): Deutscher Novellenschatz. München: Oldenbourg o. J. [1871], S. XIV–XX. Zit. nach: Theorie der Novelle. Hrsg. von Herbert Krämer. Stuttgart: Reclam, 1977, S. 39 f.
Friedrich Spielhagen: *Novelle oder Roman?* Aus: Ders.: Beiträge zur Theorie und Technik des Romans. Leipzig: Staakmann, 1883, S. 245–248. Zit. nach: Theorie der Novelle. Hrsg. von Herbert Krämer. Stuttgart: Reclam, 1977, S. 46 f.

Zugelassene Hilfsmittel
Wörterbuch der deutschen Rechtschreibung
Unkommentierte Ausgabe zu H. Lange, *Das Haus in der Dorotheenstraße*

TEXT 1

Paul Heyse
Einleitung zu „Deutscher Novellenschatz" (1871)

Wenn der Roman ein Kultur- und Gesellschaftsbild im Großen, ein Weltbild im Kleinen entfaltet, bei dem es auf ein gruppenweises Ineinandergreifen oder ein konzentrisches Sichumschlingen verschiedener Lebenskreise recht eigentlich abgesehen ist, so hat die Novelle in einem einzigen Kreise einen einzelnen Konflikt, eine sittlich oder
5 Schicksals-Idee oder ein entschieden abgegrenztes Charakterbild darzustellen und die Beziehungen der darin handelnden Menschen zu dem großen Ganzen des Weltlebens nur in andeutender Abbreviatur durchschimmern zu lassen. Die Geschichte, nicht die Zustände, das Ereignis, nicht die sich in ihm spiegelnde Weltanschauung, sind hier die Hauptsache; denn selbst der tiefste ideelle Gehalt des einzelnen Falles wird we-
10 gen seiner Einseitigkeit und Abgetrenntheit – der Isolierung des Experiments, wie die Naturforscher sagen – nur einen relativen Wert behalten, während es in der Breite des Romans möglich wird, eine Lebens- oder Gewissensfrage der Menschheit erschöpfend von allen Seiten zu beleuchten. Freilich wird es auch hier an Übergangsformen nicht fehlen.

TEXT 2

Friedrich Spielhagen
Novelle oder Roman? (1883)

Der Unterschied zwischen Novelle und Roman hat den Ästhetikern schon viel Kopfzerbrechen verursacht. Indessen, man hat sich im Ganzen und Großen doch geeinigt und braucht keinen erheblichen Widerspruch zu fürchten, wenn man jenen Unterschied etwa so charakterisiert: Die Novelle hat es mit fertigen Charakteren zu tun, die, durch
5 eine besondere Verkettung der Umstände und Verhältnisse, in einen interessanten Konflikt gebracht werden, wodurch sie gezwungen sind, sich in ihrer allereigensten Natur zu offenbaren, also, dass der Konflikt, der sonst Gott weiß wie hätte verlaufen können, gerade diesen, durch die Eigentümlichkeit der engagierten Charaktere bedingten und schlechterdings keinen anderen Ausgang nehmen kann und muss. Fügen
10 wir noch hinzu, dass in der älteren Novelle „die besondere Verkettung der Umstände und Verhältnisse" präponderiert*, in der neueren dagegen, der modernen Empfindung gemäß, der Hauptakzent auf die „Eigentümlichkeit der engagierten Charaktere" fällt, so haben wir, glaube ich, so ziemlich beisammen, was die Novelle hinreichend scharf von dem Romane scheidet. Der Roman hat es weniger auf eine möglichst interessante
15 Handlung abgesehen, als auf eine möglichst vollkommene Übersicht der Breite und Weite des Menschenlebens. Er braucht deshalb – und gerade zu seinen Hauptpersonen – nicht Menschen, die schon fertig sind, und, weil sie es sind, wo immer sie ein-

greifen, die Situation zu einem raschen Abschluss bringen, sondern solche Individuen, die noch in der Entwicklung stehen, infolgedessen eine bestimmende Wirkung nicht
20 wohl ausüben können, vielmehr selbst durch die Verhältnisse, durch die Menschen ihrer Umgebung in ihrer Bildung, Entwicklung bestimmt werden, und so dem Dichter Gelegenheit geben, ja ihn nötigen, den Leser auf großen, weiten (allerdings möglichst blumenreichen) Umwegen zu seinem Ziele zu führen.

Natürlich ist dieses Ziel für den Novellisten und Romandichter im Grunde dasselbe:
25 die Einsicht in die Tiefen der Menschenseele; aber da jener sich schon mit einer partiellen Deutung des Sphinx-Rätsels begnügt, dieser eine finale Lösung wenigstens anstrebt, so ist mit der verschiedenen Höhe und Distanz der Ziele auch die entsprechende Verschiedenheit in der Behandlung der künstlerischen Mittel gesetzt. Der Novellist, wie er weniger Personen auf die Leinwand zu bringen hat, und eigentlich alles bei ihm
30 auf dem ersten Plane vor sich geht, hat auch weniger Farben auf der Palette, dafür aber desto bestimmtere, und er malt in kecken, festen Strichen, gleichsam *prima*; der Romandichter, der viele Personen in Szene setzen und auf Vordergrund, Hinter- und Mittelgrund schicklich verteilen soll, braucht einen möglichst großen Rahmen und kann eigentlich gar nicht genug Farben zur Verfügung haben; muss bald mit einem
35 feinen Pinsel, bald mit einem breiten, hier ein Kabinettsstück, dort beinahe *al fresco** malen. So gleicht die Novelle einem Multiplikationsexempel, in welchem mit wenigen Faktoren rasch ein sicheres Produkt herausgerechnet wird; der Roman einer Addition, deren Summe zu gewinnen, wegen der langen Reihe und der verschiedenen Größe der Summanden, umständlich und im Ganzen etwas unsicher ist. Deshalb hat auch
40 die Novelle sowohl in ihrem Endzweck als in ihrer künstlerischen Ökonomie eine entschiedene Ähnlichkeit mit dem Drama, während der Roman (und nichts ist vielleicht bezeichnender für den tiefen Unterschied zwischen Novelle und Roman) in jeder Beziehung des Stoffes, der Ökonomie, der Mittel, ja selbst, subjektiv, in Hinsicht der Qualität der poetischen Fantasie und dichterischen Begabung, der volle Gegensatz des
45 Dramas ist.

Anmerkungen
Paul Heyse (1830–1914): Philologiestudium, Privatgelehrter, Novellist und Übersetzer; Zentrum des Münchener Dichterkreises, erster deutscher Literaturnobelpreisträger (1910)
Friedrich Spielhagen (1829–1911): Gymnasiallehrer, Feuilletonredakteur in Hannover und Berlin, Schriftsteller; bedeutender Dichtungstheoretiker
präponderiert   überwiegt
al fresco   auf die noch feuchte Wand gemalt

3.1.3 Aufgabe 3 (Ü I)

AUFGABENSTELLUNG

1. Analysieren Sie das Gedicht *Abendphantasie* (1799) von Friedrich Hölderlin. *(30 Punkte)*
2. Analysieren Sie anschließend vergleichend das Gedicht *Sehnsucht* (1834) von Joseph von Eichendorff. *(42 Punkte)*

Materialgrundlage
Text 1: Friedrich Hölderlin: *Abendphantasie*. In: Ders.: Sämtliche Werke. Kritische Textausgabe. Hrsg. von D. E. Sattler. Darmstadt/Neuwied: Luchterhand, 1985, Band 4: Oden I, S. 219 f.
Text 2: Joseph von Eichendorff: *Sehnsucht*. In: Ders.: Werke, Bd. 1. München: Winkler, 1981, S. 66

Zulässige Hilfsmittel
Wörterbuch der deutschen Rechtschreibung

TEXT 1

Friedrich Hölderlin
Abendphantasie (1799)

Vor seiner Hütte ruhig im Schatten sitzt
  Der Pflüger, dem Genügsamen raucht sein Herd.
    Gastfreundlich tönt dem Wanderer im
      Friedlichen Dorfe die Abendglocke.

5 Wohl kehren izt die Schiffer zum Hafen auch,
  In fernen Städten, fröhlich verrauscht des Markts
    Geschäft'ger Lärm; in stiller Laube
      Glänzt das gesellige Mahl den Freunden.

Wohin denn ich? Es leben die Sterblichen
10 Von Lohn und Arbeit; wechselnd in Müh' und Ruh'
    Ist alles freudig; warum schläft denn
      Nimmer nur mir in der Brust der Stachel?

Am Abendhimmel blühet ein Frühling auf;
  Unzählig blühn die Rosen und ruhig scheint
15   Die goldne Welt; o dorthin nimmt mich
      Purpurne Wolken! Und möget droben

In Licht und Luft zerrinnen mir Lieb' und Leid! –
   Doch, wie verscheucht von töriger* Bitte, flieht
      Der Zauber; dunkel wirds und einsam
20   Unter dem Himmel, wie immer, bin ich –

Komm du nun, sanfter Schlummer! zu viel begehrt
   Das Herz; doch endlich, Jugend! verglühst du ja,
      Du ruhelose, träumerische!
         Friedlich und heiter ist dann das Alter.

TEXT 2

Joseph von Eichendorff
Sehnsucht **(1834)**

Es schienen so golden die Sterne,
Am Fenster ich einsam stand
Und hörte aus weiter Ferne
Ein Posthorn im stillen Land.
5 Das Herz mir im Leib entbrennte*,
Da hab ich mir heimlich gedacht:
Ach, wer da mitreisen könnte
In der prächtigen Sommernacht!

Zwei junge Gesellen gingen
10 Vorüber am Bergeshang,
Ich hörte im Wandern sie singen
Die stille Gegend entlang:
Von schwindelnden Felsenschlüften*,
Wo die Wälder rauschen so sacht,
15 Von Quellen, die von den Klüften
Sich stürzen in die Waldesnacht.

Sie sangen von Marmorbildern,
Von Gärten, die überm Gestein
In dämmernden Lauben verwildern,
20 Palästen in Mondenschein,
Wo die Mädchen am Fenster lauschen,
Wann* der Lauten Klang erwacht
Und die Brunnen verschlafen rauschen
In der prächtigen Sommernacht. –

Anmerkungen

Friedrich Hölderlin (1770–1843): Sohn eines Klosterhofmeisters, Hauslehrer im Hause der Frau von Kalb, einer Freundin Schillers und Jean Pauls, und des Bankiers Gontard. Nach einem Zerwürfnis mit dem Bankier und rastlosen Wanderungen kehrte er verwirrt zurück und verstarb in geistiger Umnachtung bei einem Tischler; einer der bedeutendsten Dichter der Goethezeit

törig   töricht, dumm

Joseph von Eichendorff (1788–1857): Sohn einer altadeligen schlesischen Familie, Studium der Rechtswissenschaften, Kämpfer im Befreiungskrieg gegen Napoleon, leitete im preußischen Kultusministerium die Abteilung für das Schulwesen; bedeutendster deutscher Dichter der Romantik

entbrennte   archaisierend: entbrannte
Schlüfte   Schluchten, Höhlen
wann   archaisierend: wenn

3.2 LÖSUNGSVORSCHLÄGE ZUM ÜBUNGSPAKET I

3.2.1 Lösungsvorschlag Aufgabe 1 (Ü I)

Aufgabenart
Argumentative Entfaltung eines fachspezifischen Sachverhalts bzw. Problems oder eines Problems, dessen fachlicher Hintergrund aus dem Unterricht bekannt ist, im Anschluss an die eingeschränkte Analyse einer Textvorlage (III A)

Bezüge zu den Vorgaben 2021
– Inhaltsfeld Texte
  • Komplexe Sachtexte
  • Strukturell unterschiedliche Dramen aus unterschiedlichen historischen Kontexten *Nathan der Weise* (Lessing)

ERLÄUTERUNG DER AUFGABENSTELLUNG

Die erste Teilaufgabe erwartet von Ihnen den Verständnisnachweis eines theoretischen Textes. Diese Fähigkeit zu besitzen ist besonders im Hinblick auf ein Studium von nicht zu überschätzender Wichtigkeit. Dabei geht es nicht nur darum, sich von der ggf. vorhandenen Fachterminologie nicht abschrecken zu lassen und die Gedanken eines Textes inhaltlich korrekt wiedergeben zu können, sondern auch den Gedankengang samt seines Argumentationsaufbaus zu verstehen. Nur so ist man nämlich in der Lage, sich einem Text gegenüber kritisch zu verhalten und ihm ggf. widersprechen zu können. Auf die sprachlich-stilistische Analyse des Textes wird im Rahmen einer eingeschränkten Analyse verzichtet. Die Textauseinandersetzung schließt mit einer Bestimmung der Textabsicht.

Die zweite Teilaufgabe bezieht sich auf den zur Obligatorik zählenden Dramentext *Nathan der Weise*. Hier sollen Sie erörtern, inwieweit in dem Feuerbach-Text Gedanken formuliert werden, die bereits in Lessings Drama zum Ausdruck kommen. Dazu wird

3.2 Lösungsvorschläge zum Übungspaket I
3.2.1 Lösungsvorschlag Aufgabe 1 (Ü I)

es nötig sein, den Drameninhalt kurz zusammenzufassen, um sodann herauszuarbeiten, inwieweit Übereinstimmungen und Unterschiede in den gedanklichen Anlagen beider Texte zu finden sind. Dabei sollten Sie auch die jeweilige historische Situation berücksichtigen. Bei dem Ihnen unbekannten Feuerbach wird eine allgemeine geistesgeschichtliche Einordnung reichen, bei Lessing kann man von Ihnen Hinweise auf den literarhistorischen und biografischen Hintergrund erwarten. Diese Auseinandersetzung mit beiden Texten muss in ein eigenes Schlussurteil münden. Diesem zweiten Aufgabenteil kommt bei der vorgelegten Aufgabenart das größere Gewicht zu.

SCHREIBPLAN ZU TEILAUFGABE 1

BAUSTEIN	ERLÄUTERUNG	OPERATOR
Einleitung	Verwendung der gegebenen Textdaten	verfasst eine aufgabenbezogene Einleitung
Problembestimmung	Benennung des zentralen Themas oder Problems	erschließt das zentrale Thema oder Problem
Reproduktion	gegliederte Wiedergabe des Textes mit eigenen Worten (keine Nacherzählung!)	gibt den Inhalt des Textes gegliedert wieder
Logische Analyse	Untersuchung des logischen und argumentativen Aufbaus des Textes	erschließt den Gedankengang des Textes
Inhaltliche Analyse	Erläuterung und Kommentierung der Textaussagen	erschließt und erläutert die inhaltlichen Aussagen des Textes
Bestimmung	Bestimmung der Textabsicht	bestimmt Textsorte und Absicht des Textes

LÖSUNGSMÖGLICHKEIT ZU TEILAUFGABE 1

	Anforderungen Der Prüfling	maximal erreichbare Punktzahl
1	verfasst eine aufgabenbezogene Einleitung, etwa: Verwendung der gegebenen Textdaten: Autor, Titel, Erscheinungsdatum	3
2	erschließt das zentrale Thema oder Problem, etwa: Der Mensch rückt in den Mittelpunkt der philosophischen Betrachtung und wird zu deren Maßstab.	3
3	gibt den Inhalt des Textes gegliedert wieder, etwa: Der Text ist in sechs Sinnabschnitte gliederbar: 1. Der Mensch ist zugleich Erkenntnissubjekt und Erkenntnisobjekt. Er kann sich nur über die Sinne erfahren. (1–4)	6

3.2 Lösungsvorschläge zum Übungspaket I
3.2.1 Lösungsvorschlag Aufgabe 1 (Ü I)

2. Der Mensch ist zugleich Erkenntnissubjekt und Erkenntnisobjekt. Er kann sich nur über die Sinne erfahren. (1–4)
3. Der Mensch nimmt über seine Sinne nicht nur die Äußerlichkeiten seiner Umwelt wahr, sondern auch sein Inneres, seine Gefühle und sein Bewusstsein. (5–11)
4. Der Empirismus muss sich deshalb auch mit dem Menschen als Sinnenobjekt befassen; der Idealismus muss begreifen, dass Ideen erst aus der Kommunikation mit anderen Menschen, also nicht allein aus einem isolierten Ich, sondern aus der Gemeinschaft des Menschen erwachsen. (11–25)
5. Erst die Bestätigung meiner Wahrnehmung durch einen anderen Menschen macht meine Wahrnehmung zu einer Erkenntnis. (25–28)
6. Der Mensch als Erkenntnisgegenstand muss also in seiner Gesamtheit erfasst werden und nicht nur in seiner abstrakten Vernunft; denn nicht die Vernunft denkt, sondern der Mensch. (29–34)
7. Maßstab für jegliche Erkenntnis ist demnach nicht die Vernunft, sondern der ganze Mensch. Die Reduktion des Menschen auf seine Vernunft verzerrt Wahrheit und Wirklichkeit. (34–42)

4	*erschließt den Gedankengang des Textes, etwa:* – These: Der ganze Mensch ist zugleich sinnliches Subjekt und Objekt (empirischer Ansatz). – Argument 1: Der Mensch als Objekt: Der Mensch nimmt auch sein Inneres wahr. – Transfer auf die philosophischen Denkrichtungen von Empirismus und Idealismus – Folgerung: Wahre Erkenntnis ist nur intersubjektiv möglich. – Argument 2: Der Mensch als Subjekt: Der ganze Mensch denkt, nicht nur die Vernunft. – Folgerung: Das ganzheitlich Menschliche des Menschen ist Maßstab seiner wahren Erkenntnis.	6
5	*erschließt und erläutert die inhaltlichen Aussagen des Textes, etwa:* – Die Erkenntnis des Menschen richtet sich auf sich selbst, einschließlich seiner Gedanken und Gefühle. Der Mensch als Erkenntnisobjekt ist also ein ganzheitlicher Mensch. – Das haben sowohl Empirismus wie Idealismus aus gegensätzlichen Isolierungen und Teilakzentuierungen – Sinne dort, Vernunft hier – übersehen. – Erst in der Kommunikation mit anderen Menschen lassen sich Erkenntnisse intersubjektiv gewinnen. – Wenn der Mensch als Erkenntnissubjekt denkt, ist nicht nur sein Verstand beteiligt, also seine rationale Logik, sondern der ganze Mensch einschließlich seiner Gefühle und seines Bewusstseins mit allen subjektiven Bedingtheiten. – Alle menschliche Erkenntnis ist also von dem abhängig, was den ganzen Menschen ausmacht.	6

3.2 Lösungsvorschläge zum Übungspaket I
3.2.1 Lösungsvorschlag Aufgabe 1 (Ü I)

6	bestimmt Textsorte und Absicht des Textes, etwa: – Der Text ist ein geisteswissenschaftlicher, philosophischer Text, der konsequent logisch aufgebaut ist. – Seine Absicht richtet sich, wie der Schlusssatz „Der Mensch das Maß der Vernunft" verdeutlicht, vor allem gegen den Idealismus und eine Vereinseitigung des Menschen durch eine Überbetonung seiner Vernunft.	6
7	erfüllt ein weiteres aufgabenbezogenes Kriterium (4 Punkte)	
	Summe Teilaufgabe 1	30 Punkte

SCHREIBPLAN ZU TEILAUFGABE 2

BAUSTEIN	ERLÄUTERUNG	OPERATOR
Einleitung	Verwendung der bekannten Daten zum Drama	verfasst eine aufgabenbezogene Überleitung
Reorganisation des Inhalts	Zusammenfassung des Dramen-inhalts (keine Nacherzählung!)	fasst den Drameninhalt korrekt zusammen
Reorganisation der Problematik	Zusammenfassung der Problemstruktur des Dramas	gibt die Problemstruktur des Dramas angemessen wieder
Transfer 1	Prüfung, welche der Feuerbach'schen Aussagen von Lessing vorweggenommen werden	prüft, inwieweit Aussagen Feuerbachs von Lessing vorweggenommen werden
Transfer 2	Prüfung, inwieweit sich die gedanklichen Ansätze von Lessing und Feuerbach unterscheiden	prüft, inwieweit sich die gedanklichen Ansätze von Lessing und Feuerbach unterscheiden
Begründung 1	Bezug der Aussagen Feuerbachs zum geistesgeschichtlichen Hintergrund	bezieht die Aussagen von Feuerbach auf ihren geistesgeschichtlichen Hintergrund
Begründung 2	Bezug der Aussagen Lessings zum literarhistorischen und biografischen Hintergrund	bezieht die Aussagen Lessings auf ihren literarhistorischen und biografischen Hintergrund
Schlussurteil	zusammenfassendes Schlussurteil	formuliert ein eigenes Schlussurteil

LÖSUNGSMÖGLICHKEIT ZU TEILAUFGABE 2

	Anforderungen Der Prüfling	maximal erreichbare Punktzahl
1	*verfasst eine aufgabenbezogene Überleitung, etwa:* Nutzung der bekannten Daten zum Drama	3
2	*fasst den Drameninhalt korrekt zusammen, etwa:* Recha, die Ziehtochter des jüdischen Kaufmanns Nathan, und der von Sultan Saladin begnadigte Tempelherr, der sie bei einem Brand aus den Flammen rettete, haben sich ineinander verliebt. Nathan entdeckt bei seinen Nachforschungen über die Abstammung des Tempelherrn mit Hilfe eines Klosterbruders, dass beide Geschwister und Nichte bzw. Neffe des Sultans und seiner Schwester Sittah sind.	3
3	*gibt die Problemstruktur des Dramas angemessen wieder, etwa:* – Diese Haupthandlung wird von zwei Nebenhandlungen begleitet: Die eine rankt sich um die Präsentation des Christentums durch Rechas Gesellschafterin Daja und des Patriarchen von Jerusalem, die andere um die mit dem Sultanat verknüpften Geldprobleme, die der Derwisch Al Hafi zu lösen beauftragt ist. – Durch die Handlungsstränge ergeben sich drei Problemkreise: • das Problem der zwischenmenschlichen Beziehungen: das Kindschaftsverhältnis von Recha zu Nathan, das Liebesverhältnis zwischen der vermeintlichen Jüdin und dem Ordensmann und die Verwandtschaftsverhältnisse innerhalb des Sultanats; • das Problems des Christentums, das auf seinem allein selig machenden Religionsprimat besteht; • das Geldproblem, das zum Prüfstein für Freundschaften wird.	9
4	*prüft, inwieweit Aussagen Feuerbachs von Lessing vorweggenommen werden, etwa:* – Auch Lessing betont im *Nathan* wiederholt die Bedeutung des Menschseins als Humanität: • I,2: Die Errettung Rechas durch einen wahren Menschen kommt einem Wunder gleich. • I,3: Al-Hafi droht nach Ansicht Nathans durch seine Tätigkeit als Schatzmeister des Sultans sein wahres Menschentum zu verlieren.	9

3.2 Lösungsvorschläge zum Übungspaket I
3.2.1 Lösungsvorschlag Aufgabe 1 (Ü I)

- II,1: Sittah beklagt, dass Christen über ihr Christsein ihr Menschentum vernachlässigten.
- II,5: Nathan erkennt im Tempelherrn jemanden, der eher Mensch ist als christlicher Tempelherr.
- III,9: Der Tempelherr bittet Nathan, in Bezug auf Recha mehr Mensch zu sein als jüdischer Vater.
– In allen Fällen wird von einem ganzheitlichen Menschen ausgegangen, dem es gelingt, seine Vernunft, seine Gefühle und seine individuellen Bedingtheiten im Sinne eins humanen Verhaltens miteinander zu harmonisieren.
– Zudem glaubt auch Nathan (hier Sprachrohr Lessings), dass sich intersubjektive Wahrheiten erst im Dialog finden lassen.

5	*prüft, inwieweit sich die gedanklichen Ansätze von Lessing und Feuerbach unterscheiden, etwa:* – Vernunft ist bei Lessing keine isolierte rationale Teilgröße des Menschen, sondern eher die Fähigkeit, seine geistigen Kräfte vor allem innerhalb der menschlichen Gemeinschaft angemessen einzusetzen: also weniger theoretische Vernunft als praktischer Verstand. Menschsein ist bei Lessing handlungsbezogen. Er unterstellt eine göttliche Formung des Menschen. – Menschsein bei Feuerbach ist erkenntnisbezogen; er betont vor allem die Abhängigkeit der Erkenntnis vom nichtrationalen Teil des Menschen. Sein Menschentum ist von der Religion losgelöst.	3
6	*bezieht die Aussagen von Feuerbach auf ihren geistesgeschichtlichen Hintergrund, etwa:* Feuerbach lebte in der Übergangszeit von der Romantik zum Realismus. Er wendet sich gegen den fehlenden Wirklichkeitsbezug des deutschen Idealismus.	3
7	*bezieht die Aussagen Lessings auf ihren literarhistorischen und biografischen Hintergrund, etwa:* – Lessing ist der bedeutendste Schriftsteller der deutschen Aufklärung. Die Kant'sche Losung der Aufklärung lautet: „Habe Mut, dich deines eigenen Verstandes (!) zu bedienen." Damit ist weniger das Erkenntnisvermögen des Menschen gemeint (Vernunft), sondern dessen praktische Anwendung im Handeln (Verstand). – Lessing wendet sich im Nathan gegen die Vorherrschaft der Theologie über den Glauben. – Er betont das Recht des Individuums, seine Form des Glaubens auszuüben – in welcher Religion auch immer –, sofern er Grundlage und Motiv humanen Handelns ist. Damit ist der ganze Mensch gefragt und nicht allein seine vernünftelnde Buchgelehrsamkeit.	9

8	*formuliert ein eigenes Schlussurteil, etwa:* Lessing bezieht sich in seinem Denken zwar wie später Feuerbach auf einen ganzheitlichen Menschen, aber die beiden Denkansätze sind verschieden und verfolgen unterschiedliche Zielsetzungen.	3
6	erfüllt ein weiteres aufgabenbezogenes Kriterium (4 Punkte)	
	Summe Teilaufgabe 2	**42 Punkte**

3.2.2 LÖSUNGSVORSCHLAG AUFGABE 2 (Ü I)

Aufgabenart
Argumentative Entfaltung eines fachspezifischen Sachverhalts bzw. Problems oder eines Problems, dessen fachlicher Hintergrund aus dem Unterricht bekannt ist, im Anschluss an die eingeschränkte Analyse einer Textvorlage (III A)

Bezüge zu den Vorgaben 2021
– Inhaltsfeld Texte
  • Komplexe Sachtexte
  • Strukturell unterschiedliche Erzähltexte aus unterschiedlichen historischen Kontexten *Das Haus in der Dorotheenstraße* (H. Lange)

ERLÄUTERUNG DER AUFGABENSTELLUNG

Die erste Teilaufgabe stellt zunächst eine analytische Aufgabe für beide vorgelegten Texte. Sie sollen nacheinander sowohl den Inhalt wie den Argumentationsgang beider Textauszüge herausarbeiten. Bei dieser eingeschränkten Analyse wird auf eine sprachliche Untersuchung verzichtet. Sodann sollen Sie in einer selbst formulierten Zusammenfassung darstellen, was man im 19. Jahrhundert für typische Merkmale der Novelle erachtete. Dieser letzte Aufgabenteil orientiert sich im Kleinen an der Anforderung, die im Großen durch die neue Aufgabenart IV eingefordert wird.

In der zweiten Teilaufgabe sollen Sie prüfen, inwieweit die Kategorien des 19. Jahrhunderts noch auf die Novelle Langes anzuwenden sind. Dazu ist es nötig, den zuvor erstellten Kriterienkatalog möglichst geordnet auf die Novelle Langes anzuwenden und begründet darzulegen, ob diese Kriterien zutreffen oder nicht. Am Ende sollte diese Überprüfung in ein eigenes Schlussurteil münden.

3.2 Lösungsvorschläge zum Übungspaket I
3.2.2 Lösungsvorschlag Aufgabe 2 (Ü I)

SCHREIBPLAN ZU TEILAUFGABE 1

BAUSTEIN	ERLÄUTERUNG	OPERATOR
Einleitung	Verwendung der gegebenen Textdaten	verfasst eine aufgabenbezogene Einleitung
Problembestimmung	Benennung des zentralen Themas beider Texte	erschließt das zentrale Thema beider Texte
Reproduktion 1	gegliederte Wiedergabe des Textes von Heyse mit eigenen Worten	gibt den Inhalt des Textes von Heyse gegliedert wieder
Logische Analyse 1	Untersuchung des logischen und argumentativen Aufbaus dieses Textes	erschließt den Gedankengang dieses Textes
Reproduktion 2	gegliederte Wiedergabe des Textes von Spielhagen mit eigenen Worten	gibt den Inhalt des Textes von Spielhagen gegliedert wieder
Logische Analyse 2	Untersuchung des logischen und argumentativen Aufbaus dieses Textes	erschließt den Gedankengang dieses Textes
Zusammenfassung	Darstellung der Novellenkriterien des 19. Jahrhunderts	stellt zusammengefasst die Novellenkriterien des 19. Jahrhunderts dar

LÖSUNGSMÖGLICHKEIT ZU TEILAUFGABE 1

	Anforderungen Der Prüfling	maximal erreichbare Punktzahl
1	*verfasst eine aufgabenbezogene Einleitung, etwa:* Verwendung der gegebenen Textdaten: Autor, Titel, Erscheinungsdatum	3
2	*erschließt das zentrale Thema beider Texte, etwa:* gattungstheoretische Abgrenzung zwischen Roman und Novelle	3
3	*gibt den Inhalt des Textes von Heyse gegliedert wieder, etwa:* – Der Roman entfaltet ein detailliertes Gesellschaftsbild mit mehreren in sich verschränkten Lebenskreisen. – Die Novelle konzentriert sich auf einen einzelnen Konflikt, eine Schicksals-Idee oder eine eingeschränkte Charakterzeichnung. Sie bietet eine von den allgemeinen Zuständen und Verhältnissen isolierte Geschichte. – Der Roman bemüht sich, allgemeine oder grundsätzliche Lebensfragen ausführlich zu erörtern.	3

3.2 Lösungsvorschläge zum Übungspaket I
3.2.2 Lösungsvorschlag Aufgabe 2 (Ü I)

4	*erschließt den Gedankengang dieses Textes, etwa:*	3
	– Der Gedankengang ist kontrastiv vergleichend angelegt. Die Aussagen zum Roman bilden gleichsam einen Rahmen.	
	– Der Roman stellt die Gesamtheit einer Gesellschaft möglichst umfassend und differenziert dar (1–3); die Novelle liefert gleichsam nur einen konkreten Teilausschnitt und deutet größere Zusammenhänge lediglich an (4–11).	
	– Demgegenüber ist der Roman so angelegt, dass allgemeine Menschheitsfragen möglichst erschöpfend erörtert werden (11–13).	
5	*gibt den Inhalt des Textes von Spielhagen gegliedert wieder, etwa:*	3
	– Die Novelle stellt einen durch besondere Umstände entstandenen Konflikt dar, den ein fertiger Charakter in einer seiner Eigenart spezifischen Weise verlaufen lässt (1–9). In älteren Novellen betont man eher die besondere Verkettung der Umstände, in jüngeren Novellen legt man mehr Wert auf die Besonderheit der Charaktere (9-14).	
	– Demgegenüber zeigt der Roman das Menschenleben in seiner Breite, in dem sich die Charaktere erst allmählich entwickeln, wobei sie von den sie umgebenden Umständen beeinflusst werden (14–23).	
	– Die Zielsetzung ist in Novelle und Roman gleich: Man will einen Einblick in die Psyche des Menschen geben. Die Wege dahin sind allerdings verschieden (24–28): Während in der Novelle wenige Personen zwar grob, aber mit klaren Konturen gezeichnet werden, verteilt der Roman viele Personen auf einen großen Rahmen, die sich in Charakter und Darstellungsdifferenz deutlich unterscheiden (28–36).	
	– So gleicht die Novelle eher einem Multiplikationsbeispiel mit wenigen Faktoren und der Roman einer Addition vieler unterschiedlicher Summanden (36–39).	
	– Die Novelle gleicht wegen ihrer künstlerischen Ökonomie dem Drama, während der Roman in jeder Hinsicht das Gegenteil des Dramas darstellt (39–45).	
6	*erschließt den Gedankengang dieses Textes, etwa:*	3
	– Der Gedankengang ist kontrastiv-vergleichend angelegt und hat zwei Teile.	
	– Im ersten wird die Novelle durch fünf Kriterien charakterisiert, bevor der Roman in vier gegensätzliche Kriterien davon abgesetzt wird.	
	– Im zweiten Teil wird zunächst eine gemeinsame Zielsetzung von Roman und Novelle festgestellt, bevor auf eine dreifache Differenzierung beider Gattungen durch die Verwendung gegensätzlicher künstlerischer Mittel eingegangen wird.	

3.2 Lösungsvorschläge zum Übungspaket I

3.2.2 Lösungsvorschlag Aufgabe 2 (Ü I)

7	stellt zusammengefasst die Novellenkriterien des 19. Jahrhunderts dar, etwa: – **Problem/Thema:** begrenzter interessanter Konflikt als Schicksals-Idee: Verkettung besonderer Umstände und Verhältnisse oder als Charakterbild – **Handlung:** isoliertes, zentrales Ereignis, das rasch zu einem Abschluss gebracht wird – **Aufbau:** dramenähnlich – **Figuren:** wenige fertige, dafür aber eigentümliche Charaktere – **Darstellung/Stil:** ökonomisch eingesetzte, konzentrierte und synergetisch aufeinander abgestimmte künstlerische Mittel	12
8	erfüllt ein weiteres aufgabenbezogenes Kriterium (4 Punkte)	
	Summe Teilaufgabe 1	**30 Punkte**

SCHREIBPLAN ZU TEILAUFGABE 2

BAUSTEIN	ERLÄUTERUNG	OPERATOR
Überleitung	Verwendung der gegebenen Daten der Novelle	verfasst eine aufgabenbezogene Einleitung
Prüfschritt 1	Überprüfung, inwieweit die Problematik der Novelle den Kriterien entspricht	prüft, inwieweit die Problematik der Novelle den Kriterien entspricht
Prüfschritt 2	Überprüfung, inwieweit die Handlung der Novelle den Kriterien entspricht	prüft, inwieweit die Handlung der Novelle den Kriterien entspricht
Prüfschritt 3	Überprüfung, inwieweit der Aufbau der Novelle den Kriterien entspricht	prüft, inwieweit der Aufbau der Novelle den Kriterien entspricht
Prüfschritt 4	Überprüfung, inwieweit die Figuren der Novelle den Kriterien entsprechen	prüft, inwieweit die Figuren der Novelle den Kriterien entsprechen
Prüfschritt 5	Überprüfung, inwieweit der Stil der Novelle den Kriterien entspricht	prüft, inwieweit der Stil der Novelle den Kriterien entspricht
Schlussurteil	Zusammenfassung der Prüfungsergebnisse in einem selbstständigen Schlussurteil	formuliert ein selbstständiges Schlussurteil

3.2 Lösungsvorschläge zum Übungspaket I
3.2.2 Lösungsvorschlag Aufgabe 2 (Ü I)

LÖSUNGSMÖGLICHKEIT ZU TEILAUFGABE 2

	Anforderungen Der Prüfling	maximal erreichbare Punktzahl
1	*verfasst eine aufgabenbezogene Einleitung, etwa:* Verwendung der bekannten Novellendaten: Autor, Titel, Erscheinungsdatum	3
2	*prüft, inwieweit die Problematik der Novelle den Kriterien entspricht, etwa:* Lange kombiniert beide Schwerpunkte: – Verkettung besonderer Umstände: Vulkanausbruch: schicksalhafte Verhinderung der Kontaktaufnahme – Charakterbild: Verhalten Gottfried Clausens: sprechender Name: auf Harmonie bedachter Einzelgänger mit Kommunikationsstörung	6
3	*prüft, inwieweit die Handlung der Novelle den Kriterien entspricht, etwa:* Die Handlung nimmt nur Clausen in London in den Blick; der Kommunikationsbruch zu seiner Frau steht im Mittelpunkt der Handlung; die Handlung wird durch Clausens Versetzungsgesuch beendet.	6
4	*prüft, inwieweit der Aufbau der Novelle den Kriterien entspricht, etwa:* Der in sechs Kapiteln dargestellte Handlungsverlauf orientiert sich am Aufbauprinzip des fünfaktigen Dramas: Kapitel 1+2: Exposition: Wechsel nach London, Kapitel 3: Steigerung: ausbleibende Ankunft Xenias, Kapitel 4: Peripetie: Vulkanausbruch, Kapitel 5: Retardierung: Othello-Motiv: wachsende Eifersucht, Kapitel 6: versagte Katastrophe: Flucht nach Island	6
5	*prüft, inwieweit die Figuren der Novelle den Kriterien entsprechen, etwa:* Clausen steht als einzige Figur im Mittelpunkt; sein Charakter wird dominiert von einem rationalen Intellekt (Wirtschaftsjournalist) und einer unterentwickelten Psyche, die sich rasch verunsichern lässt (ausbleibende Telefonate), dazu neigt, fantasievolle Lösungen zu imaginieren (Eifersucht), und sich selbst unheimlich ist (Macht des Irrationalen).	6
6	*prüft, inwieweit der Stil der Novelle den Kriterien entspricht, etwa:* Lange benutzt eine Kette von Symbolen (Pflanzensymbole: Bäume, Dingsymbole: Vulkan Grimsvötn) und ein ausgeprägtes Motivsystem zur Kommunikation (Verkehrsmittel, Brücken, Telefon), die synergetisch das Motiv der Eifersucht verstärken.	9

7	*formuliert ein selbstständiges Schlussurteil, etwa:* – Langes Novelle entspricht in allen Punkten den Novellenkriterien des 19. Jahrhunderts. – Auch andere, in den beiden vorgelegten Texten nicht genannte Kriterien wie z. B. unerhörtes Ereignis, Mittelpunktsereignis, Wendepunkte, und Leitmotive werden in dieser Novelle erfüllt.	6
8	erfüllt ein weiteres aufgabenbezogenes Kriterium (4 Punkte)	
	Summe Teilaufgabe 2	**42 Punkte**

3.2.3 LÖSUNGSVORSCHLAG AUFGABE 3 (Ü I)

Aufgabenart
Vergleichende Analyse von literarischen Texten (II C)

Bezug zu den Vorgaben 2021
– Inhaltsfeld Texte
  • Lyrische Texte zu einem Themenbereich aus unterschiedlichen historischen Kontexten
  • „Unterwegs sein" – Lyrik vom Barock bis zur Gegenwart

ERLÄUTERUNG DER AUFGABENSTELLUNG

Die vergleichende Analyse literarischer Texte ist die bei weitem beliebteste Aufgabenstellung in der schriftlichen Abiturprüfung des Leistungskurses. Die Textanalyse verlangt in der ersten Teilaufgabe eine vollständige Erschließung des Gedichts von Friedrich Hölderlin. Dazu gehört, dass Sie zunächst das Thema des Gedichtes benennen, seine inhaltlichen Aussagen erschließen, seinen formalen Aufbau beschreiben und die formale wie sprachliche Gestaltung des Textes im Hinblick auf ihre Funktion untersuchen. Die Analyse endet mit einer Deutung des Textes.

Die zweite Teilaufgabe erfordert hinsichtlich der Erschließung des zweiten Textes von Joseph von Eichendorff dasselbe. Erst nach der doppelten vollständigen Textanalyse beginnt der Vergleich, in dem Sie Ähnlichkeiten und Unterschiede der beiden Texte und Gestaltungen herausarbeiten und vor dem literarhistorischen Hintergrund bewerten.

3.2 Lösungsvorschläge zum Übungspaket I
3.2.3 Lösungsvorschlag Aufgabe 3 (Ü I)

SCHREIBPLAN ZU TEILAUFGABE 1

BAUSTEIN	ERLÄUTERUNG	OPERATOR
Einleitung	Ausgangspunkt: Zentraldaten des Textes	formuliert eine aufgabenbezogene Einleitung
Thema	Benennung des dargestellten Themas oder der dargestellten Problematik	benennt das Thema des Gedichts
Inhaltliche Analyse	Erschließung des Textinhalts: Herausarbeiten von Sachverhalten, die nicht explizit genannt werden	erschließt den Inhalt des Gedichts
Textbeschreibung	Beschreibung der Gedichtform: genaue, eingehende, sachliche Darstellung des formalen Textaufbaus	beschreibt den formalen Aufbau des Gedichts
Formale Analyse	Untersuchung der formalen und sprachlichen Gestaltung des Textes unter Berücksichtigung ihrer jeweiligen Funktion: Untersuchung der phonologischen, semantischen, syntaktischen und pragmatischen Sprachebenen	untersucht formale und sprachliche Gestaltungsmittel des Gedichts
Deutung	Deutung/Interpretation des Textes	deutet den Text

LÖSUNGSMÖGLICHKEIT ZU TEILAUFGABE 1

	Anforderungen Der Prüfling	maximal erreichbare Punktzahl
1	*formuliert eine aufgabenbezogene Einleitung, etwa:* Nennung von Titel, Autor, Textsorte und Entstehungszeit	3
2	*benennt das Thema des Gedichts, etwa:* Das Gedicht behandelt die melancholische Sehnsucht eines Einsamen.	3
3	*erschließt den Inhalt des Gedichts, etwa:* – In fünf Bildern wird die abendliche Rückkehr der Menschen in ihr Heim dargestellt: Bauer und Wanderer (Strophe 1), Schiffer und Marktbesucher in der Stadt, gemeinsames Abendmahl unter Freunden (Strophe 2).	3

3.2 Lösungsvorschläge zum Übungspaket I
3.2.3 Lösungsvorschlag Aufgabe 3 (Ü I)

	– In der dritten Strophe (Peripetie) drückt das lyrische Ich seine innere Unruhe aus, die es von den anderen Menschen mit festem Lebensrhythmus unterscheidet. – Der Zauber der abendlichen Natur wird in drei positiven Bildern erfasst: Frühling, Rosen, goldene Welt (Strophe 4). Die sehnsuchtsvolle Bitte des Ich, von den Wolken fortgetragen zu werden, schlägt jedoch ins Gegenteil, in Dunkelheit und Einsamkeit, um (Strophe 5). – Deshalb tröstet sich das Ich einerseits mit dem Schlaf und andererseits mit der Zeit: der jugendliche Drang wird dem friedlicheren Alter weichen (Strophe 6).	
4	*beschreibt den formalen Aufbau des Gedichts, etwa:* sechs Strophen zu je vier Zeilen: zwei Elfsilber, ein Neunsilber, ein Zehnsilber (Alkäische Ode); unregelmäßiges Metrum: teils jambisch, teils daktylisch-trochäisch; ausgeglichenes Verhältnis von Zeilen- und Hakenstil	3
5	*untersucht formale und sprachliche Gestaltungsmittel des Gedichts, etwa:* – **phonetisch:** Assonanzen auf a (3, 11), e (9), i (9, 12, 17, 18, 20), o (4, 15, 16), ä (7), ü (2) Alliterationen auf l (7, 17), r (14): Lautdekor – **semantisch: positives Wortfeld** („gastfreundlich": 3; „friedlich": 4, 24; „fröhlich": 6; „still": 7; „glänzt": 8; „freudig": 11; „ruhig": 14; „sanft": 21; „heiter": 24) **vs. negatives Wortfeld** („dunkel": 19; „einsam": 19; „ruhelos": 23); viele Adjektive und Adverbien (neben denen der beiden Wortfelder: „fern": 6; „gesellig": 8; „töricht": 18, „träumerisch": 23); Farben („golden": 15, „purpurn": 16); Zwillingsformeln („Lohn und Arbeit": 10, „Müh und Ruh": 10, „Licht und Luft": 17, „Lieb und Leid": 17) – **syntaktisch:** 22 Kurzsätze (3-3-4-4-4-4; Ausnahme: 18, 22 f.); Aussagesätze; Parataxe; rhetorische Frage (9, 11 f.), Inversion (1 f., 5 f., 10 f., 14 f., 15 f., 16 f., 19 f., 22 f.) – **pragmatisch:** Personifikation (8, 11, 13, 16, 18 f., 21 f., 22)	9
6	*deutet den Text, etwa:* – meditative Reflexion eines einsamen Ich am Abend – Während überall die Menschen am Abend von ihren Tagesgeschäften eine ruhige Geborgenheit aufsuchen, die ihnen Heimeligkeit und Geselligkeit bietet, kann das Ich nicht in den befriedigenden Alltagsrhythmus aller hineinfinden, sondern sehnt sich, von der Schönheit der Natur animiert, voller Unruhe danach, mit den Wolken seiner Situation entfliehen zu können. – Doch dieser Wunsch bleibt unerfüllt; das Ich fühlt sich einsam und verlassen. Deshalb sucht es Trost im Vergessen des Schlafs und im Fortschritt der Zeit. Es hofft, dass mit dem Alter die innere Unruhe einem heiteren Frieden weicht.	9

7	erfüllt ein weiteres aufgabenbezogenes Kriterium (max. 4 Punkte)	
Summe Teilaufgabe 1		**30 Punkte**

SCHREIBPLAN ZU TEILAUFGABE 2

BAUSTEIN	ERLÄUTERUNG	OPERATOR
Überleitung	Verwendung der gegebenen Textdaten	formuliert eine aufgabenbezogene Überleitung
Thema	Formulierung des zentralen Themas oder Problems	benennt das Thema des Gedichts
Inhaltliche Analyse	Wiedergabe des Textinhalts: keine Nacherzählung	stellt inhaltliche Aspekte des Textes dar
Beschreibung der Form	kurze Beschreibung der Gedichtform	beschreibt den formalen Aufbau des Gedichts
Sprachliche Analyse	Analyse der formalen und sprachlichen Gestaltungsmittel unter Berücksichtigung ihrer Funktion	untersucht formale und sprachliche Gestaltungsmittel
Deutung	Deutung/Interpretation des Textes	deutet das Gedicht
Vergleich 1	Herausstellung der Ähnlichkeiten zwischen beiden Texten	erschließt Ähnlichkeiten zwischen beiden Texten
Vergleich 2	Herausarbeitung der Unterschiede zwischen beiden Gedichten	erschließt Unterschiede zwischen den Gedichten
Schlussbeurteilung	Bewertung der beiden Texte vor dem literarhistorischen Hintergrund	wertet die Gedichte vor dem literarhistorischen Hintergrund

3.2 Lösungsvorschläge zum Übungspaket I
3.2.3 Lösungsvorschlag Aufgabe 3 (Ü I)

LÖSUNGSMÖGLICHKEIT ZU TEILAUFGABE 2

	Anforderungen Der Prüfling	maximal erreichbare Punktzahl
1	*formuliert eine aufgabenbezogene Überleitung, etwa:* Verwendung der gegebenen Textdaten	3
2	*benennt das Thema des Textes, etwa:* Sehnsucht nach Italien	3
3	*stellt inhaltliche Aspekte des Textes dar, etwa:* – (Strophe 1:) Das Posthorn löst beim Ich Fernweh aus. (Strophe 2:) Zwei Wandergesellen besingen die Schönheiten der Berglandschaft. (Strophe 3:) Sie besingen den verführerischen Zauber einer mediterranen Landschaft. – Das Gedicht ist durch den Doppelpunkt (12) in zwei Teile geteilt: das am Fenster lauschende Ich und der Inhalt der Wanderlieder.	3
4	*beschreibt den formalen Aufbau des Gedichts, etwa:* drei Strophen zu je acht Versen; je Strophe zwei Kreuzreime (ababcdcd) mit wechselnder Kadenz; 3-hebiger dikatalektischer Daktylus (in zwei Versfüßen fehlt jeweils eine Senkung) mit Auftakt (zwei unbetonte Silben zu Versanfang); mehrfache Ausnahmen: Vers mit drei Senkungen im ersten Daktylus (16; alternativ zwei volle Daktylen), Verse mit zwei vollen Daktylen (5, 11, 18, 19), Tausch des katalektischen und des akatalektischen Fußes (12, 14), Trochäus statt Daktylus (22), fehlender Auftakt (7), doppelter Auftakt (8, 14, 21–24); Zeilenstil, Ausnahmen (Enjambements: 3, 7, 9, 11, 15, 18, 23) *Angestrebt ist hier keine vollständige Darstellung der beispielhaft genannten Aspekte, sondern eine Schwerpunktsetzung durch den Prüfling, die allerdings mehrere Gesichtspunkte aufgreift.*	3

| 5 | untersucht formale und sprachliche Gestaltungsmittel, etwa: | 9 |

- **phonetisch:** Assonanzen auf a (16, 17, 22), e (1 f.), i (11 f.), au (22 f.); Alliterationen auf g (18), h (6), k (15), sch (13): Betonung
- **semantisch:** ausgeglichenes Verhältnis des **Wortfeldes der elementaren Natur** („Sterne": 1, „Land": 4, „-nacht": 8, 16, 24, „Bergeshang": 10, „Gegend": 12, „Felsenschlüfte": 13, „Wälder": 14, „Quellen", „Klüfte": 15), und des **Wortfeldes der verführerischen Kultur** („Fenster": 2, 21, „Posthorn": 4, „Marmorbilder": 17, „Gärten": 18, „Lauben": 19, „Paläste": 20, „Lauten": 22; „Brunnen": 23; Farbe „golden": 1); **Wortfeld der optischen** („goldene Sterne": 1) **und akustischen Wahrnehmung** („hörte": 3, 11, „singen": 11, 17, „rauschen": 14, 23, „lauschen": 21, „Klang": 22); Gegensatz („einsam": 2 vs. „zwei junge Gesellen": 9; Natur vs. Kultur)
- **syntaktisch:** nur acht Sätze (4-3-1); parataktisch (Strophe 1), hypotaktisch (Strophe 2: Aufzählung aus drei Gliedern, Strophe 3: Aufzählung aus vier Gliedern), Ausruf (7), Inversion (14), Anapher (13, 15, 18), Aufzählungen im Präsens (13–16, 18–24)
- **pragmatisch:** Personifikation (16, 22, 23), **Symbole** (Fenster: 2, 21: Grenzsituation des Übergangs; Alpenlandschaft: grobe, bedrohliche, elementar ungezügelte Natur: ungezähmte Leidenschaft, Dominanz der Einzelelemente; mediterrane Landschaft: verfeinertes, reicheres, erotischeres, sinnlicheres Erleben, Harmonie der Empfindungen)

Angestrebt ist hier keine vollständige Darstellung der beispielhaft genannten Aspekte, sondern eine Schwerpunktsetzung durch den Prüfling, die allerdings mehrere Gesichtspunkte aufgreift.

| 6 | deutet das Gedicht, etwa: | 9 |

Das sich einsam fühlende Ich wird in der Abendatmosphäre vom Fernweh erfasst, das die Sterne und das Posthorn auslösen. Die Gemeinsamkeit der beiden Wanderer weckt eine Sehnsucht, die sich über die vertraute elementare Natur des Nordens (Alpenlandschaft) hinweg in die über die Inhalte der Wanderlieder imaginierte verführerische Kultur des Südens (mediterrane Landschaft) wünscht. In der Vorstellung des Liedinhalte verliert sich das Ich und verschmilzt mit seiner Fantasie (8, 24).

3.2 Lösungsvorschläge zum Übungspaket I
3.2.3 Lösungsvorschlag Aufgabe 3 (Ü I)

7	*erschließt Ähnlichkeiten zwischen beiden Texten, etwa:* Beide Texte handeln von der Sehnsucht, die gegebene Situation zu verlassen. In beiden Texten – wird diese Sehnsucht von einem Ich ausgedrückt, das sich einsam fühlt. – setzt das Ich seine Einsamkeit in Kontrast zu der Geselligkeit anderer. – wünscht sich das Ich in eine Situation, die es als Geborgenheit, psychische Wärme und Harmonie empfinden möchte.	4
8	*erschließt Unterschiede zwischen den Gedichten, etwa:* – **formal:** Ode vs. normales Gedicht – **inhaltlich:** Hölderlin legt das Beschreibungsgewicht auf die Ausgangssituation, Eichendorff auf die Zielvorstellung. Hölderlins Zielsetzung strebt nach einer sozialen Zufriedenheit und Ruhe des Ichs, Eichendorff nach einer kulturellen Ausweitung des eigenen Erlebnisraums. Bei Hölderlin bleibt die Sehnsucht unerfüllt und das Ich tröstet sich doppelt, bei Eichendorff bleibt die Sehnsucht als imaginierte Vorstellung vorhanden. – **intentional:** Hölderlin lehrt in elegischer Manier den Verzicht und die Selbstbeherrschung, Eichendorff schürt die Sehnsucht nach einem vermeintlichen Ideal.	4
9	*wertet die Gedichte vor dem literarhistorischen Hintergrund, etwa:* – Hölderlin: Gedicht der Klassik (Ode), resignativ-melancholische Selbstbescheidung des Menschen, Warnung vor ungebührlicher Begehrlichkeit (21), Anpassung an die Gegebenheiten des Schicksals – Eichendorff: Gedicht der Romantik, elegisch-schwärmerische Träumerei von einer kulturell harmonisierten Erlebniswelt	4
10	erfüllt ein weiteres aufgabenbezogenes Kriterium (max. 6 Punkte)	
	Summe Teilaufgabe 2	**42 Punkte**

3.3 ABITURPRÜFUNG ÜBUNGSPAKET II

3.3.1 Aufgabe 1 (Ü II)

AUFGABENSTELLUNG

1. Analysieren Sie den Auszug aus *Sprache und Bewusstsein* von Wolfgang Schwarz und bestimmen Sie die sprachtheoretische Position des Verfassers. *(39 Punkte)*
2. Stellen Sie die Sapir-Whorf-Hypothese dar und erläutern Sie, inwieweit sie sich in eine gemäßigte und eine radikale Version differenzieren lässt. Überprüfen Sie anschließend, inwieweit der Text von W. Schwarz der Sapir-Whorf-Hypothese verpflichtet ist. *(33 Punkte)*

Materialgrundlage
Wolfgang Schwarz: *Sprache und Bewusstsein. Zur Erscheinungsebene der Ideologie.* Vortrag vor der Tagung „Die Funktion der Sprache in Wissenschaft und Politik". Kobern-Gondorf/Mosel, 1975. Zit. nach: Gabriele Münnix: Sprache und Denken. Düsseldorf: Bagel, 1980, S. 143 f. (Kurs: Philosophie, Bd. 7)

Zugelassene Hilfsmittel
Wörterbuch der deutschen Rechtschreibung

TEXT

Wolfgang Schwarz
***Sprache und Bewusstsein* (1975)**

Auch wenn die Hintergründe ideologiebildender Voreinstellungen unentwirrbar erscheinen: Ihre Erscheinungsebene liegt offen zu Tage und ist analysierbar. Die Sprache ist es, mit der wir uns zu befassen haben. Denn in der Sprache entlarvt sich Ideologisches am nächsten. Ideologiekritik ist zunächst und zuvörderst Sprachkritik. Warum eigentlich?

Sprache hat zum Bewusstsein eine ganz eigentümliche Beziehung. (…) Man benutzt die Sprache, um Bewusstseinsinhalte auszudrücken, zu vermitteln, zu transportieren. Insofern dient sie im Kommunikationsprozess. Auch ihre Fähigkeit, Bewusstseinsinhalte zu verschleiern, ist noch jedem geläufig. Wer hätte nicht schon Bekanntschaft mit der Lüge gemacht, mit der Halbwahrheit, mit der bewussten Unverständlichkeit? Die Sprache kann so Herrschaftsinstrument werden. Rhetoriker aller Couleurs* wissen das. (…) Damit erweist sich die Sprache als Ressource nicht nur realitätsgerechter, sondern auch falscher Bewusstseinsgehalte ohne Beispiel. Sie „standardisiert" das Bewusstsein eines jeden von uns, ist das normative Potenzial der Bewusstseinsbildung. Indem sie uns zwingt, ihrem Flussbett zu folgen, verwehrt sie uns zugleich das All der Möglichkeit anderer Art von Realitätsbetrachtung: Alle Dimensionen richtiger, aber auch alle Dimensionen falscher Bewusstseinsbildung sind in ihr bereits grundgelegt. Sagte ich oben: Ich sehe die Realität durch ein vorweg gefasstes Bild, die Welt wird durch die Brille eines die Wahrnehmung verändernden Bewusstseins angeschaut, so weiß ich es nun genauer: Dieses Bewusstsein ist sprachlich geprägt. Meine Sprache ist meine Brille, durch die ich die Wirklichkeit betrachte.

So verwundert es nicht, dass alle als ideologiebildend bezeichneten Voreinstellungen des Bewusstseins sich im sprachlichen Raum widerspiegeln – oder vielleicht sogar dort ihren Ursprung haben. Die historischen, ethnischen, religiösen, politischen, sozialen, nationalen und natürlich auch kulturellen und individuellen Voreinstellungen zur Wirklichkeit haben ihr Pendant in geschichtlichen, ethnischen, religiösen, politischen, sozialen, nationalen und kulturellen Sprachbezügen. Man weiß: Volkstümliche, religiöse, politische und sozialbedingte, nationale und auch kulturelle Sprechweisen unterscheiden sich untereinander. Vor allem aber wird der Unterschied im Sprachgefüge und im Bedeutungsgehalt sichtbar, wenn wir uns auf die Ebene der Sprachgeschichte begeben. Historische Texte sind nicht deshalb oft so schwer lesbar, weil sie falscher sind als moderne: Oft genug sind sie einfach anders. Man versteht sie nicht mehr. Sie reproduzieren Voreinstellungen, die uns fremd geworden sind.

Das lässt uns auf etwas anderes aufmerksam werden. Sprache ist zwar standardisiertes Bewusstsein – aber der Standard ist fließend. Sprache entwickelt sich, verändert sich, verändert Grundeinstellungen, lässt Aspektveränderungen in der Realitätsbetrachtung zu – das alles aber nicht in Bezug auf mich und jetzt: das alles rückblickend auf früher und weiterblickend auf andere Sprechweisen.

Die Sprache fixiert mich zwar – ist aber selbst nicht fix und fertig. Sie ist selbst ein einziger Prozess, ein Prozess der sich verändernden Realitätsbetrachtung. Ihre Aspektwechsel gehen in mein Bewusstsein mit ein. Aber all das geschieht langsam, behutsam. Oft verändert sich die Wirklichkeit schneller als die Sprache. Und so täuscht sie uns über alles hinweg, was da vor uns liegt. (...) Alle Sprache ist historisch und zugleich gesellschaftlich bedingt. Was uns bestimmt, ist von uns selbst in unserem historischen und gesellschaftlichen Wandlungsprozess bestimmt worden.

Wir sind Subjekte und zugleich Objekte des Wirkens der Sprache an uns selbst.

3.3.2 Aufgabe 2 (Ü II)

AUFGABENSTELLUNG

1. Analysieren Sie die drei nachfolgenden von Moses Mendelssohn verfassten Briefauszüge hinsichtlich ihrer Aussagen zur Religion. Fassen Sie am Ende seine Religionsvorstellung kurz zusammen. *(30 Punkte)*
2. Prüfen Sie anschließend, inwieweit Mendelssohns Gedanken in Gotthold Ephraim Lessings Drama *Nathan der Weise* aufgegriffen worden sind. *(42 Punkte)*

Materialgrundlage
Text 1: Moses Mendelssohn, Brief vom 13. März 1770 an Jacob Hermann Obereit
Text 2: Moses Mendelssohn, Brief vom 20. August 1770 an einen Unbekannten
Text 3: Moses Mendelssohn, Brief vom 24. April 1773 an stud. med. Paulus Best
Alle Texte zit. nach: Moses Mendelssohn: *Selbstzeugnisse. Ein Plädoyer für Gewissensfreiheit und Toleranz.* Hrsg. von Martin Pfeideler. Tübingen/Basel: Erdmann, 1979, S. 134 f., S. 181 f. bzw. S. 135 f.

Zugelassene Hilfsmittel
Wörterbuch der deutschen Rechtschreibung
Unkommentierte Ausgabe zu Lessing, *Nathan der Weise*

TEXT 1

Moses Mendelssohn
Brief vom 13. März 1770 an Jacob Hermann Obereit

Verehrungswürdiger Herr!
Sie fragen mich: „In welcher Religion auf der Welt ich die größte, die vollkommenste Tugend gegen Gott und Menschen, ohne Schranken am meisten, am vollkommensten real, möglich oder tunlich fände?" Ich glaube in derjenigen, die am meisten duldend
5 ist, in welcher wir das ganze Geschlecht der Menschen mit gleicher Liebe umfassen dürfen. Nichts presst unser Herz so sehr zusammen, als eine ausschließende Religion. Wenn sie auch nicht zu blutigen Verfolgungen reizt, so erzeugt sie doch einen lieblosen Stolz auf unseren ausschließenden Wert vor Gott, der unseren tugendhaftesten Trieben eine schiefe Richtung gibt ...

TEXT 2

Moses Mendelssohn
Brief vom 20. August 1770 an einen Unbekannten

(…) Ihre Frage: warum ich keine Proselyten zu machen* suche, hat mich ein wenig befremdet. Die Pflicht zu bekehren ist offenbar eine Folge aus dem Grundsatze, dass außerhalb der Kirche des Bekehrenden keine Seligkeit zu hoffen sei. Da ich als Jude nicht nötig habe, diesen Satz anzunehmen, indem, nach der von mir angeführten Leh-
5 re der Rabbinen, die Tugendhaften eines jeden Glaubens gar wohl selig werden können; so fällt der Grund zur Bekehrung weg, und ich bin vielmehr verbunden*, eine jede Religion die eine gute moralische Seite hat, öffentlich nicht zu bestreiten. La réligion, sagen Sie, est la culte de Dieu*. Ja! Aber es gibt, wie jedermann weiß, einen innerlichen und äußerlichen Gottesdienst, welche wohl unterschieden werden müssen.

10 Der innerliche Gottesdienst der Juden hat keine andere Vorschrift, als die Vorschriften der natürlichen Religion. Diese sind wir allerdings verbunden auszubreiten; und so viel in meinem Vermögen steht, suche ich diese Pflicht zu erfüllen. Die Pflicht nicht zu erkennen, wäre die äußerste Lieblosigkeit; wiewohl sie auch ihre Grenzen hat und zuweilen ihre Einschränkung leidet.
15   Hingegen ist unser äußerlicher Gottesdienst gar nicht bestimmt, ausgebreitet zu werden, weil er Vorschriften enthält, die an Personen, Zeiten und Umstände gebunden sind. Wir glauben zwar, unsere Religion sei die beste, weil wir sie für göttlich halten; aber daraus folgt nicht, dass sie schlechterdings die beste sei. Sie ist die beste für uns und unsere Nachkommen, die beste für gewisse Zeiten und Umstände und unter ge-
20 wissen Bedingungen.
    Welcher äußerliche Gottesdienst für andere Völker der beste sei, hat Gott ihnen vielleicht durch Propheten bekannt gemacht oder vielleicht ihrer Vernunft auszumachen überlassen. Ich weiß hiervon nichts und kann hierüber nichts bestimmen; aber so viel weiß ich, dass kein äußerlicher Gottesdienst allgemein sein könne und dass ich die
25 Religion meiner Väter über ihre Grenzen ausdehne, wenn ich Proselyten zu machen suche. (…)

TEXT 3

Moses Mendelssohn
Brief vom 24. April 1773 an stud. med. Paulus Best

(…) Da Sie mir indessen die redlichsten Absichten zu haben scheinen, so werde ich Ihnen mit eben der Redlichkeit und in kurzen Worten anzeigen, was ich über Ihre Fragestücke denke; das Übrige muss eigenes Nachdenken und das Lesen gründlicher Schriften hinzutun.

Über den ersten Punkt sind meine Gedanken folgende: Ein jeder folgt seiner eigenen Überzeugung und sei vollkommen versichert, dass er seinem Schöpfer dadurch nicht missfallen könne. Hierbei ist aber die Vorsicht zu empfehlen, dass man zuvörderst die von Gott uns verliehenen Kräfte auf das Gewissenhafteste anwenden müsse, um zu untersuchen, ob diese Überzeugung echt und beständig sei. Wenn dieses mit aller nur möglichen Vorsicht geschehen, so haben wir uns weiter keine Vorwürfe zu machen, und auch von unserem Richter keine zu erwarten, gesetzt auch, unsere Überzeugung wäre im Grunde irrig gewesen. Bloße Schwierigkeiten und Zweifel aber müssen auf unser praktisches Verfahren keinen Einfluss haben. Solange wir noch nicht völlige Gewissheit erlangt haben, müssen wir uns, was das Praktische betrifft, an die Grundsätze halten, nach welcher wir erzogen worden und die wir von andern für uns verehrungswürdigen Männern erhalten haben. Wir dürfen nicht die geringste Neuerung oder Änderung wagen, bevor wir nicht mit Sicherheit festen Fuß setzen können. Dieses sind die Pflichten gegen die Wahrheit in Absicht auf unsere eigene Person. In Absicht auf andere, und inwieweit wir verbunden sind, die von uns erkannte Wahrheit andern mitzuteilen, hat die Pflicht noch engere Schranken, die ich hier nicht anführen kann und die auch nicht zur Sache gehören. Ausgemacht aber scheint es mir, dass es ewige Wahrheiten geben kann, von denen ich für mich und zu meinem eigenen praktischen Gebrauche und Verhalten vollkommen hinlängliche Überzeugung haben kann, ohne verbunden zu sein, sie anderen bekannt zu machen oder aufzudringen; ja zuweilen bin ich sogar verpflichtet, sie andern zu verschweigen …

Anmerkungen
Moses Mendelssohn (1729–1786): deutscher Philosoph der Aufklärung, Wegbereiter der Haskala, einer jüdischen Aufklärungsbewegung, und enger Freund Lessings
Jacob Hermann Obereit (1725–1798): Schweizer Schriftsteller, Philosoph und Wundarzt

Proselyten machen	Personen für einen Glauben durch aufdringliche Werbung gewinnen
verbunden	gehalten, verpflichtet
La réligion est la culte de Dieu. (frz.)	Die Religion ist Gottesdienst.

3.3.3 Aufgabe 3 (Ü II)

AUFGABENSTELLUNG

1. Analysieren Sie das Gedicht *Südwärts* von Karl Krolow. *(30 Punkte)*
2. Analysieren Sie vergleichend das Gedicht *Verlangen nach Bomarzo* von Günter Kunert. *(42 Punkte)*

Materialgrundlage
Text 1: Karl Krolow: *Südwärts*. In: Ders.: Gesammelte Gedichte 3. Frankfurt: Suhrkamp, 1985, S. 253 f.
Text 2: Günter Kunert: *Verlangen nach Bomarzo. Reisegedichte*. München: Hanser, 1978, S. 34 f.

Zulässige Hilfsmittel
Wörterbuch der deutschen Rechtschreibung

TEXT 1

Karl Krolow
***Südwärts* (1984)**

Italienische Augen sind schön.
Vorher schon das Alpenglühen*,
wenn man Glück hat.
Südwärts führt keine Himmelsrichtung,
5 eher das Gefühl, zu lange
angesehen zu werden. Und
unversehens ist eine Form der Lüge
gefunden, die glaubwürdig ist,
die dazugehört wie das Buckeln
10 von Katzen, die überall
feinen Staub hinterlassen
für Allergien.
Der Akzent wird anders.
Einzelne Blätter duften zu stark,
15 Laub rauscht wie gekämmtes Haar.
Weich fällt es über die Schulter.
Man blinzelt nur noch
unter Marmorbildern* aus alten
Räubergeschichten*.
20 Fra Diavolo* ist inzwischen

vom organisierten Mord
überzeugt.
Ein Schuss vom Motorrad aus
schickt himmelwärts.
25 Die Madonna lässt auf sich warten
wie Zitate in korrektem
Latein.
Kurz lebt es sich elegant.
Die klassische Vegetation
30 enttäuscht. Die reichliche Armut
gab es schon früher.

TEXT 2

Günter Kunert
Verlangen nach Bomarzo* (1978)

Selber ein Fels sein.
Stillstehen mit der gewesenen Zeit:
so ein teils steiler Hügel
eine teils erhabene Klippe ortsgekrönt
5 des Morgens inmitten der Ebene
über sie
einen langen und leichten Schatten legt.

Platz nehmen im Parco di Mostri
unter schweigenden Ungeheuern
10 aus behauenem Gestein.
Einer der ihren werden
halb in der feuchten Erde geborgen
reglos und nichts anderes um sich
als lauter leeres Geheimnis
15 sonnenüberflutet und dunkel
wie der Sinn der Gestalten und Tiere
Elefant und Gladiator
Nymphe und Drache
Jahrhunderte alt.
20 Der Schädel mit dem Scheunentormund
darinnen Tisch und Sessel aus gleichem Granit
dich empfingen wäre der meine:
Hüt dich vorm Eintritt
damit du nicht in die unterirdischen Tiefen
25 meines fernen Leibes gelangst

ausgestreckt unter Bomarzo:
der unsichtbare Grund
auf dem alles steht und der alles trägt.

Dableiben. Hierbleiben.
30 Kristallinisch
solcher Landschaft sich innig verbinden:
wenigstens vorübergehend
unsterblich sein.

Anmerkungen
Karl Krolow (1915–1999): deutscher Schriftsteller und Übersetzer; studierte Germanistik, Romanistik, Philosophie und Kunstgeschichte; gilt als einer der bedeutendsten Lyriker der deutschen Nachkriegsliteratur

Alpenglühen	besondere Lichtstimmung bei Sonnenauf- und -untergang im Hochgebirge
Fra Diavolo (ital.)	Bruder Teufel: eigentlich Michele Pezza (1771–1806): zur Zeit Napoleons süditalienischer Freiheitskämpfer; diente als Vorlage für die gleichnamige komische Oper (1830) von Daniel-François-Esprit Auber
Marmorbild	Anspielung auf Joseph von Eichendorffs idyllisch-romantische Novelle *Das Marmorbild* (1819)
Räubergeschichten	Anspielung auf den Roman *Ronaldo Rinaldini, der Räuberhauptmann* (1799) von Goethes Schwager Christian August Vulpius

Günter Kunert (geb. 1929): deutscher Schriftsteller, verließ 1979 die DDR; er gilt als einer der vielseitigsten und bedeutendsten Schriftsteller der Gegenwart

Bomarzo	italienische Gemeinde in der Provinz Viterbo, 84 km nördlich von Rom. Bomarzo liegt auf einem Tuffhügel an den Ausläufern der Gebirgskette Monti Cimini. Der *Park der Ungeheuer* (*Parco di Mostri*) lockt auch internationale Gäste an.

3.4 LÖSUNGSVORSCHLÄGE ZUM ÜBUNGSPAKET II

3.4.1 Lösungsvorschlag Aufgabe 1 (Ü II)

Aufgabenart
Analyse eines Sachtextes mit weiterführendem Schreibauftrag (I A)

ERLÄUTERUNGEN DER AUFGABENSTELLUNG

Die erste Aufgabenstellung verlangt von Ihnen eine vollständige Analyse des vorgelegten Sachtextes. Dazu gehört nach einer kurzen Einleitung, in der Titel, Autor und Erscheinungszeit des Textes angegeben werden, die Benennung des behandelten Themas oder Problems, die gegliederte Textwiedergabe mit eigenen Worten, die Untersuchung und Darstellung seines argumentativen Aufbaus oder Gedankengangs, einer Erläuterung seiner Textaussagen und eine Analyse seiner sprachlichen Gestaltung. Die Erläuterung der Textaussagen sollte so angelegt sein, dass sie der später folgenden sprachtheoretischen Einordnung den Grund legt. Die Bewertung des Textes wird durch die Aufgabenstellung darauf beschränkt, Text und Autor sprachtheoretisch einzuordnen.

Die zweite Teilaufgabe konzentriert den Blick nach einer kurzen Überleitung dann auf eine bestimmte sprachtheoretische Position, die der Sapir-Whorf-Hypothese. Sie sollen diese Position darstellen und erläutern, inwieweit sie sich in zwei Varianten differenzieren lässt. Anschließend sollen Sie prüfen, inwieweit der vorgelegte Text von W. Schwarz von Gedanken dieser Position geprägt ist. Mit einem zusammenfassenden Schlussurteil endet die Textauseinandersetzung.

SCHREIBPLAN ZU TEILAUFGABE 1

BAUSTEIN	ERLÄUTERUNG	OPERATOR
Einleitung	Verwendung der bekannten Textdaten	verfasst eine aufgabenbezogene Einleitung
Problembestimmung	Benennung des zentralen Themas oder Problems	erschließt das zentrale Thema oder Problem
Reproduktion	gegliederte Wiedergabe des Textes mit eigenen Worten (keine Nacherzählung!)	gibt den Inhalt des Textauszuges gegliedert wieder
Logische Analyse	Untersuchung des logischen und argumentativen Aufbaus des Textes	erschließt den Gedankengang des Textes
Inhaltliche Analyse	Erläuterung und Kommentierung der Textaussagen	erschließt und erläutert die inhaltlichen Aussagen des Textes

3.4 Lösungsvorschläge zum Übungspaket II
3.4.1 Lösungsvorschlag Aufgabe 1 (Ü II)

Sprachliche Analyse	Untersuchung der sprachlichen Textgestaltung und ihrer Funktion bzw. Wirkung,	untersucht die Mittel der Darstellung und ihre Wirkung
Theoretische Einordnung	Bestimmung, welche sprachtheoretische Position der Verfasser in diesem Text einnimmt	bestimmt die sprachtheoretische Position des Textes

LÖSUNGSMÖGLICHKEIT ZU TEILAUFGABE 1

	Anforderungen Der Prüfling	maximal erreichbare Punktzahl
1	*formuliert eine aufgabenbezogene Einleitung, etwa:* Verwendung der gegebenen Textdaten: Autor, Titel, Textsorte, Erscheinungsdatum	3
2	*erschließt das zentrale Thema oder Problem, etwa:* Das Verhältnis von Sprache und Bewusstsein	3
3	*gibt den Inhalt des Textauszuges gegliedert wieder, etwa:* – Die Kritik an ideologiebildenden Voreinstellungen muss bei der Sprache ansetzen. Wir benutzen nämlich die Sprache zum Ausdruck oder zur Verschleierung (Lüge) unseres Bewusstseins. Sprache ist auf diese Weise ein Herrschaftsinstrument, denn es standardisiert unser Bewusstsein, indem es dieses lenkt. Die Sprache ist die Brille, durch die wir die Welt betrachten. – Deshalb haben alle ideologiebildenden Voreinstellungen in der Sprache ihren Ursprung, die sich je nach Sprache jedoch unterscheiden. Unterschiede werden auch in der Geschichte einer Sprache erkennbar, wenn wir ältere Vorstellungen heute nicht mehr nachvollziehen können. Sprache ist ein historisch und gesellschaftlich bedingter Prozess, dessen Vorgaben die Realität nicht immer angemessen wiedergeben. Wir sind sowohl Subjekte wie Objekte unserer Sprache.	3
4	*erschließt den Gedankengang des Textes, etwa:* – Ausgangsthese: Ideologiekritik ist zunächst Sprachkritik (1–5). – These: Sprache drückt unser Bewusstsein aus oder verschleiert es. Insofern ist es ein Herrschaftsinstrument (6–11). – Folgerung: Sprache standardisiert unser Bewusstsein (12–14), indem es dieses lenkt: Meine Sprache ist meine Brille, durch die ich die Welt betrachte (12–21). – Begründung zur Ausgangsthese: Jede Ideologie hat ihren Ursprung in der jeweiligen Sprache. Deshalb unterscheiden sich Sprachen und Ideologien (22–29).	9

3.4 Lösungsvorschläge zum Übungspaket II
3.4.1 Lösungsvorschlag Aufgabe 1 (Ü II)

	– Beleg: Selbst innerhalb einer Sprache schafft die Sprachgeschichte Unterschiede, die nicht mehr nachvollzogen werden können (29–33). – Folgerung: Mit der Entwicklung der Sprache vollzieht sich auch eine Entwicklung der Ideologeme (34–38). – Folgerung: Sprache ist ein Prozess der sich verändernden Realitätsbetrachtung. Der Sprachteilnehmer ist sowohl Subjekt wie Objekt dieser Entwicklung (39–47).	
5	*erschließt und erläutert die inhaltlichen Aussagen des Textes, etwa:* Das Verhältnis von Sprache und Bewusstsein: – Wenn man Sprache als Ausdrucksmittel benutzt oder sogar lügt (6 f.), ist Sprache der denkenden Absicht des Sprechenden unterworfen: Sprache ist ein Instrument (11). – Sprache legt fest, wie wir die Realität wahrnehmen, und normt unser Bewusstsein: Sprache bestimmt die Erkenntnis (14, 20 f.). – Sprache ist geschichtlich ein Entwicklungsprozess, der dazu führen kann, dass man die mit älteren Entwicklungsstadien der Sprache verbundenen Wahrnehmungsperspektiven und Bewusstseinsinhalte nicht mehr nachvollziehen kann (33). – Die Entwicklungsgeschwindigkeit der Sprache hält nicht immer Stand mit derjenigen der Wirklichkeit: Sprachentwicklung ist oft langsamer als die Erkenntnisentwicklung: Das erkennende Denken ist von Sprache unabhängig, lässt sich aber von ihm täuschen (42 f.). – Das erkennende Denken bestimmt die Sprache (44 f.), die dann unser Bewusstsein bestimmt (46).	9
6	*untersucht die Mittel der Darstellung und ihre Wirkung, etwa:* – **semantisch:** adversative Konjunktionen („aber": 29, 35, 37, 39; „sondern": 12): Logizität, neutrales „man" (6, 27, 32), Sprecher-Ich (17, 19), repräsentatives Ich (37, 39, 41), gemeinschaftsstiftendes „wir" (30, 33, 34, 43–47): allmähliche suggestive Identifizierung des Hörers/Lesers mit den Textaussagen – **syntaktisch:** überwiegend Parataxe, überwiegend Aussagesätze (Ausnahme: zwei rhetorische Fragen: 4, 9 f.), Asyndeton (7, 9 f., 35 f.), Aufzählung (24 f., 26 f., 27 f.), Anapher (9 f.): Eindruck von Faktizität, Argumentationsbreite – **pragmatisch:** Metapher (15, 18, 21): Anschaulichkeit, Correctio (19 f.): Wissenszuwachs	6
7	*bestimmt die sprachtheoretische Position des Textes, etwa:* Schwarz geht sowohl von einer Dominanz des Denkens gegenüber der Sprache (9 f., 44 f.) als auch von einer Dominanz der Sprache gegenüber dem Denken aus (13, 20 f., 46 f.): Anhänger der Interdependenztheorie.	6
8	erfüllt ein weiteres aufgabenbezogenes Kriterium (max. 4 Punkte)	
	Summe Teilaufgabe 1	**39 Punkte**

3.4 Lösungsvorschläge zum Übungspaket II
3.4.1 Lösungsvorschlag Aufgabe 1 (Ü II)

SCHREIBPLAN ZU TEILAUFGABE 2

BAUSTEIN	ERLÄUTERUNG	OPERATOR
Überleitung	Verweis auf weitere Sprachtheorien	verfasst eine aufgabenbezogene Überleitung
Reproduktion	Darstellung der Sapir-Whorf-Hypothese	stellt die Sapir-Whorf-Hypothese dar
Vergleich	Erläuterung der beiden Version dieser Hypothese	stellt die gemäßigte Version der Theorie der radikalen gegenüber
Prüfung	Prüfung, inwieweit die Aussagen Schwarz' von Gedanken dieser Theorie beeinflusst sind	prüft, inwieweit diese Theorie in die Aussagen des vorgelegten Textes eingegangen ist
Schlussurteil	Formulierung eines eigenen Schlussurteils	formuliert ein eigenes Schlussurteil

LÖSUNGSMÖGLICHKEIT ZU TEILAUFGABE 2

	Anforderungen Der Prüfling	maximal erreichbare Punktzahl
1	*verfasst eine aufgabenbezogene Überleitung, etwa:* Es gibt mehrere Sprachtheorien zum Verhältnis von Sprache und Bewusstsein/Denken.	3
2	*stellt die Sapir-Whorf-Hypothese dar, etwa:* – Whorf vertritt als wissenschaftlicher Laie und Schüler des Linguisten Sapir die Theorie des sprachlichen Relativismus. – Er glaubte, in der Sprache der Hopi-Indianer Anzeichen dafür gefunden zu haben, dass sie die Welt anders beschreiben und verstehen als die Menschen europäischer Sprachen. – Er verallgemeinert daraus, dass jede Muttersprache ihren Mitgliedern eine spezifische Denkweise und Weltsicht gestaltet. – Aus der Verschiedenheit menschlicher Sprachsysteme folgert er, dass Menschen unterschiedlicher Sprache eine unterschiedliche Denkweise und Weltsicht haben. – Nur die Beherrschung verschiedener Sprachen erlöst das Individuum aus seiner relativen Weltsicht und Denkbeschränkung.	6

3.4 Lösungsvorschläge zum Übungspaket II
3.4.1 Lösungsvorschlag Aufgabe 1 (Ü II)

3	*erläutert die gemäßigte Version der Hypothese, etwa:*	6
	– Whorf war Schüler des Ethnologen und Linguisten Edward Sapir. Dessen Ausführungen hat das linguistische Relativitätsprinzip Whorfs als Bezugsgrundlage.	
	– Sapir hat zwar auf die Strukturverschiedenheit der Sprachen hingewiesen, aber nie behauptet, dass die Sprache unser Weltbild forme.	
	– Sapir hat die Identität von Sprache und Denken sogar ausdrücklich bestritten.	
	– Er hat lediglich festgestellt, dass Sprachen einen je eigenen Zugang zur Wirklichkeit entwickeln.	
	– Sapir hat nie behauptet, man käme der Wirklichkeit durch die Kenntnis mehrerer Sprachen näher.	
	– Die gemäßigte Version müsste also Sapir-These heißen. Jede Sprache liefert Richtlinien und Vor-Urteile zur Erfassung der Realität.	
	– Jedes Individuum übernimmt die damit verbundenen Gefühlstöne und Wertungen seiner Muttersprache.	
	– Jede Sprache beeinflusst das Denken ihrer Sprachteilnehmer.	
4	*erläutert die radikale Version der Hypothese dar, etwa:*	6
	– Whorf hat die Aussagen Sapirs medienwirksam verallgemeinert, vergröbert und radikalisiert.	
	– Whorf behauptet eine Strukturverschiedenheit der Sprachen. Bei verwandten Sprachen wie den europäischen Sprachen sei die Verschiedenheit geringer (SAE-Sprachen: Standard Everage European).	
	– Whorf formuliert einen Sprachdeterminismus, nach dem verschiedene Sprachen das Denken und die Wahrnehmung ihrer Sprecher bestimmen (linguistische Relativitätstheorie).	
	– Whorf behauptet, dass das außersprachliche Verhalten der Menschen von ihren jeweiligen sprachlichen Verhältnissen abhängen.	
	– Whorf stützt seine Theorie auf Ergebnissen einer Untersuchung der indianischen Hopi-Sprache.	
	– Whorfs Thesen basieren also auf empirischen Befunden.	
	– Die radikale Version müsste also Whorf-Hypothese heißen.	
5	*prüft, inwieweit diese Theorie in die Aussagen des vorgelegten Textes eingegangen ist, etwa:*	6
	– Schwarz übernimmt nur die gemäßigte Version, insofern er ebenfalls feststellt, dass jede Sprache Richtlinien und Voreinstellungen zur Erfassung der Realität liefert und jede Sprache das Denken ihrer Sprachteilnehmer beeinflusst (Objektaspekt).	
	– Schwarz weist aber zugleich darauf hin, dass die Sprache nur ein Ausdrucksmittel der Gedanken und geistigen Erkenntnisse ist und diese somit die Sprache prägen (Subjektaspekt).	

6	*formuliert ein eigenes Schlussurteil, etwa:* Die interdependenztheoretische Position von Schwarz kommt wohl dem wirklichen Verhältnis von Sprache und Denken am nächsten: Die kognitive Erkenntnis der Realität führt zu sprachlichen Urteilen, die ihrerseits auf das Bewusstsein der Sprachteilnehmer zurückwirken.	6
6	erfüllt ein weiteres aufgabenbezogenes Kriterium (max. 4 Punkte)	
	Summe Teilaufgabe 2	**33 Punkte**

3.4.2 Lösungsvorschlag Aufgabe 2 (Ü II)

Aufgabenart
Argumentative Entfaltung eines fachspezifischen Sachverhalts bzw. Problems oder eines Problems, dessen fachlicher Hintergrund bekannt ist, im Anschluss an eine Textvorlage (III A)

Bezüge zu den Vorgaben 2021
- Inhaltsfeld Texte
  - Strukturell unterschiedliche Dramen aus unterschiedlichen historischen Kontexten
  - *Nathan der Weise* (G. E. Lessing)

ERLÄUTERUNG DER AUFGABENSTELLUNG

Die erste Teilaufgabe lehnt sich an die neue Aufgabenstellung IV an, indem Sie von Ihnen die Auseinandersetzung mit mehreren, allerdings gleichartigen Texten verlangt. Sie sollen drei Auszüge aus Briefen Moses Mendelsohns daraufhin untersuchen, welche Aussagen zur Religion sie enthalten. Dazu sind die drei Briefe der Reihe nach inhaltlich wiederzugeben und ihre jeweiligen religiösen Aussagen zu kennzeichnen. Sodann sollen Sie die Religionsauffassung Mendelssohns in einem eigenen Text zusammenfassend darstellen. Die Textauseinandersetzung schließt mit einer kurzen Bewertung der Religionsauffassung.

Die zweite Teilaufgabe erfordert von Ihnen einen Transfer der Mendelssohnschen Aussagen auf Lessings Drama *Nathan der Weise*. Sie sollen argumentativ prüfen, inwieweit Lessing die von Ihnen herausgearbeiteten Theoreme in seinem Drama aufgreift. Diese Argumentation mündet in einem selbstständigen Schlussurteil.

3.4 Lösungsvorschläge zum Übungspaket II
3.4.2 Lösungsvorschlag Aufgabe 2 (Ü II)

SCHREIBPLAN ZU TEILAUFGABE 1

BAUSTEIN	ERLÄUTERUNG	OPERATOR
Einleitung	Verwendung der gegebenen Textdaten	verfasst eine aufgabenbezogene Einleitung
Problembestimmung	Benennung des zentralen Themas der vorgelegten Texte	erschließt das zentrale Thema der Texte
Reproduktion 1	gegliederte Wiedergabe des Briefes vom 13. 3. 1770 mit eigenen Worten	gibt den Inhalt des ersten Briefes von Mendelssohn gegliedert wieder
Reproduktion 2	gegliederte Wiedergabe des Briefes vom 20. 8. 1770 mit eigenen Worten	gibt den Inhalt des zweiten Briefes von Mendelssohn gegliedert wieder
Reproduktion 3	gegliederte Wiedergabe des Briefes vom 24. 4. 1773 mit eigenen Worten	gibt den Inhalt des dritten Briefes von Mendelssohn gegliedert wieder
Darstellung	zusammenfassende Darstellung der Aussagen Mendelssohns zur Religion	stellt die Aussagen Mendelssohns zur Religion zusammenfassend dar
Bewertung	Bewertung der Aussagen Mendelssohns vor dem geistesgeschichtlichen Hintergrund	bewertet die Aussagen Mendelssohns

LÖSUNGSMÖGLICHKEIT ZU TEILAUFGABE 1

	Anforderungen Der Prüfling	maximal erreichbare Punktzahl
1	verfasst eine aufgabenbezogene Einleitung, etwa: Verwendung der gegebenen Textdaten: Autor, Titel, Erscheinungsdatum	3
2	erschließt das zentrale Thema der vorgelegten Texte, etwa: Antwort zu eingereichten Fragen der Religion	3
3	gibt den Inhalt des Briefes vom 13. 3.1770 gegliedert wieder, etwa: – Fragestellung: Welches ist die beste Religion? – Antwort: Diejenige, die die größte Toleranz und die größte Nächstenliebe aufbringt. Jede Religion mit alleinigem Wahrheitsanspruch entwickelt Stolz, wenn nicht gar Verfolgung Andersgläubiger.	3

3.4 Lösungsvorschläge zum Übungspaket II
3.4.2 Lösungsvorschlag Aufgabe 2 (Ü II)

4	*gibt den Inhalt des Briefes vom 20. 8. 1770 gegliedert wieder, etwa:* – Fragestellung: Soll man Andersgläubige bekehren? – Antwort: Nein, denn jeder Gläubige gleich welcher Religion, der moralisch gut handelt, kann selig werden. Es gibt zwei Formen von Gottesdienst, den innerlichen und den äußerlichen. Der innerliche folgt der natürlichen Religion und ist jederzeit zu bekennen; der äußerliche ist an soziohistorische Umstände gebunden und kann nicht verallgemeinert werden.	3
5	*gibt den Inhalt des Briefes vom 24. 4. 1773 gegliedert wieder, etwa:* – Frage: Wie kann ich den richtigen Glauben erkennen? – Antwort: Man muss sich um seinen Glauben ernsthaft bemüht haben und deshalb von ihm überzeugt sein. Bis zu diesem Zeitpunkt folge man der Religion, in der man erzogen wurde. Das sind die religiösen Pflichten gegen sich selbst. Ich habe nicht das Recht, anderen Menschen meine Überzeugung aufzudrängen.	3
6	*stellt die Aussagen Mendelssohns zur Religion zusammenfassend dar, etwa:* – Mendelssohn hat einen sehr subjektiven Zugang zur Religion, denn entscheidend für die richtige Einstellung ist die auf einer gewissenhaften Prüfung beruhende eigene Überzeugung (Brief 3, Zeile 35 f.) – Sie ist eine natürliche Religion (2, 11), weil sie der menschlichen Vernunft unterworfen ist, und selbst dann in Ordnung, falls man irren sollte (3, 12). Diese Überzeugung ist jederzeit zu bekennen und bewirkt einen innerlichen Gottesdienst (2, 12 f.). – Wer noch zu keiner eigenen Überzeugung gelangt ist, sollte der Religion folgen, in der er erzogen wurde (3, 15), weil sie von Menschen geprägt worden ist, die sich beispielhafte Überzeugungen erarbeitet haben (3, 16). – Alle Religionen sind untereinander gleichwertig, sofern sie tolerant sind (1, 4) und moralische Ziele verfolgen (2, 7). Der Anspruch, im alleinigen Besitz der religiösen Wahrheit zu sein, führt zu Stolz (1, 7 f.) oder Unmenschlichkeit (1, 7). Deshalb ist es auch nicht richtig, anderen seine Religion aufzudrängen (3, 24). – Der äußerliche Gottesdienst ist bei allen Religionen aus soziohistorischen Gründen unterschiedlich (2, 15), aber als reiner Ritus inhaltlich unbedeutend (2, 24).	9

7	bewertet die Aussagen Mendelssohns, etwa: Mendelssohns Religionsauffassung ist der aufklärerische Hintergrund deutlich anzumerken: Er säkularisiert die Offenbarungs-Religionen für diejenigen zu Verstandes-Religionen, die fähig und willens sind, einem Glauben aus Überzeugung zu folgen, der zu humanem Handeln anhält.	6
8	erfüllt ein weiteres aufgabenbezogenes Kriterium (4 Punkte)	
	Summe Teilaufgabe 1	**30 Punkte**

SCHREIBPLAN ZU TEILAUFGABE 2

BAUSTEIN	ERLÄUTERUNG	OPERATOR
Überleitung	Verwendung der gegebenen Daten des Dramas	verfasst eine aufgabenbezogene Einleitung
Reorganisation	Darstellung der Religionsproblematik des Dramas	stellt die Religionsthematik des Dramas dar
Prüfschritt 1	Überprüfung, inwieweit die die Religion als natürliche Religion dargestellt wird	prüft, inwieweit die Religion als natürliche Religion dargestellt wird
Prüfschritt 2	Überprüfung, inwieweit jeder der Religion folgen sollte, in der er erzogen wurde	prüft, inwieweit jeder der Religion folgen sollte, in der er erzogen wurde
Prüfschritt 3	Überprüfung, inwieweit die Religionen nach ihrer Toleranz und moralischen Orientierung bewertet werden sollen	prüft, inwieweit die Religionen nach ihrer Toleranz und moralischen Orientierung bewertet werden sollen
Prüfschritt 4	Überprüfung, inwieweit intolerante Religionen als stolz und unmenschlich dargestellt werden	prüft, inwieweit intolerante Religionen als stolz und unmenschlich dargestellt werden
Prüfschritt 5	Überprüfung, inwieweit die unterschiedlichen Äußerlichkeiten der Religionen als unwichtig dargestellt werden	prüft, inwieweit die unterschiedlichen Äußerlichkeiten der Religionen als unwichtig dargestellt werden
Schlussurteil	Zusammenfassung der Prüfungsergebnisse in einem selbstständigen Schlussurteil	formuliert ein selbstständiges Schlussurteil

3.4 Lösungsvorschläge zum Übungspaket II
3.4.2 Lösungsvorschlag Aufgabe 2 (Ü II)

LÖSUNGSMÖGLICHKEIT ZU TEILAUFGABE 2

	Anforderungen Der Prüfling	maximal erreichbare Punktzahl
1	*verfasst eine aufgabenbezogene Einleitung, etwa:* Hinweis auf die Freundschaft zwischen Mendelssohn und Lessing; Verwendung der gegebenen Dramendaten: Titel, Erscheinungsdatum	3
2	*stellt die Religionsthematik des Dramas dar, etwa:* – **Handlungsebene:** drei Religionen: Christentum: Daja, Patriarch, Tempelherr, Klosterbruder, Islam: Saladin, Sittah, Al-Hafi; Judentum: Nathan, Recha. Die Beziehung zwischen den Figuren charakterisiert die Religion ihrer Vertreter. Lessing entwickelt eine verwandtschaftlich bedingte Allharmonie der Religionen. – **Gesprächsebene:** Religionsgespräche zwischen: Daja und Recha (Anspruch auf alleinige Religionswahrheit), Nathan und dem Tempelherrn (Priorität der Religion oder des guten Handelns), dem Tempelherrn und dem Patriarchen (Beurteilung des Verhaltens Nathans) und Nathan und Saladin (Ringparabel)	6
3	*prüft, inwieweit die Religion als natürliche Religion dargestellt wird, etwa:* – Gespräch zwischen Recha und Daja: Recha wehrt sich dagegen, dass Daja bestrebt ist, den „Samen der Vernunft", den Nathan in sie gepflanzt habe, mit dem „Unkraut" ihres Glaubens zu mischen (III,1: 1564 ff.). – Ringparabel: Eingangsszene: Saladin erbittet von Nathan die Beantwortung der Frage, welche Religion die bessere sein, weil er Nathan, der „der Weise" genannt wird, unterstellt, sich eine religiöse Überzeugung erarbeitet zu haben (III,5: 1845–1848). – Gespräch zwischen Tempelherrn und Nathan: Der Tempelherr fürchtet, dass der von Nathan bei Recha gesäte „Weizen" der Vernunft vom „Unkraut" der christlichen Religion überwuchert werden könne (V,5: 3475 ff.).	6
4	*prüft, inwieweit jeder der Religion folgen sollte, in der er erzogen wurde, etwa:* – Gespräch zwischen Recha und Daja: Recha verweist darauf, dass jeder der Religion folgt, in die er hineingeboren wurde (III,1: 1559 f.). – Ringparabel: Nathan erläutert Saladin, dass jeder der Religion seiner Väter mehr vertraut als einer anderen (III,7: 1980).	6

3.4 Lösungsvorschläge zum Übungspaket II
3.4.2 Lösungsvorschlag Aufgabe 2 (Ü II)

5	prüft, inwieweit die Religionen nach ihrer Toleranz und moralischen Orientierung bewertet werden sollen, etwa: – Gespräch zwischen Tempelherrn und Nathan: Nathan hebt hervor, dass es in allen Religionen gute Menschen gebe (II,5: 1273 f.). Es bedürfe der Toleranz (1284). Nathan betont hier aber den Einzelmenschen, weniger die einzelne Religion. – Ringparabel: Rat des Richters: Jeder möge sich um eine vorurteilsfreie Liebe des Nächsten bemühen (III,7: 2041 f.). – Gespräch zwischen Nathan und dem Klosterbruder: Die gute Tat Nathans, das verwaiste Christenkind in Pflege zu nehmen, adelt ihn, nicht seine Religionszugehörigkeit (IV,7: 3066–3070).	6
6	prüft, inwieweit intolerante Religionen als stolz und unmenschlich dargestellt werden, etwa: – Gespräch zwischen Nathan und Daja: Nathan bezichtigt Daja des falschen Stolzes, weil sie Recha einreden will, von einem Engel gerettet worden zu sein (I,2: 293–296). – Gespräch zwischen Tempelherrn und Nathan: Der Tempelherr beschuldigt das Judentum, als erste Religion den Stolz des auserwählten Volkes entwickelt zu haben. Das Christentum habe das übernommen und so seine Kreuzzüge begründet (II,5: 1290–1295) – Gespräch zwischen Recha und Daja: Recha wirft Daja den Stolz vor, Gott als Besitz ihrer Religionsgemeinschaft zu betrachten (III,1: 1555 ff.). – Gespräch zwischen Tempelherrn und Patriarchen: Der Patriarch bedroht Nathan mit dem Scheiterhaufen (IV,2: 2537).	6
7	prüft, inwieweit die unterschiedlichen Äußerlichkeiten der Religionen als unwichtig dargestellt werden etwa: – Gespräch zwischen Nathan und dem Tempelherrn: Nathan weist auf die Belanglosigkeit der äußerlichen Unterschiede zwischen den Religionen hin (II,5: 1277 ff.). – Ringparabel: drei gleichartige Ringe: selbst die äußere Gleichheit der Ringe ist bedeutungslos, weil die innere Einstellung ihrer Träger entscheidend ist (III,7).	6
8	formuliert ein selbstständiges Schlussurteil, etwa: Man gewinnt den Eindruck, Lessing habe die religiösen Überzeugungen Mendelssohns übernommen und sie in seinem Nathan lediglich dramatisiert. Auch Lessing individualisiert die Religion, indem er das humane Verhalten des Einzelmenschen für wichtiger hält.	3
9	erfüllt ein weiteres aufgabenbezogenes Kriterium (4 Punkte)	
	Summe Teilaufgabe 2	**42 Punkte**

3.4.3 Lösungsvorschlag Aufgabe 3 (Ü II)

Aufgabenart
Vergleichende Analyse von literarischen Texten (II C)

Bezug zu den Vorgaben 2021
– Inhaltsfeld Texte
  - Lyrische Texte zu einem Themenbereich aus unterschiedlichen historischen Kontexten
  - „unterwegs sein" – Lyrik vom Barock bis zur Gegenwart

ERLÄUTERUNG DER AUFGABENSTELLUNG

Die Textanalyse verlangt in der ersten Teilaufgabe eine vollständige Erschließung des Gedichts von Karl Krolow. Dazu gehört, dass Sie zunächst das Thema des Gedichtes benennen, seine inhaltlichen Aussagen erschließen, seinen formalen Aufbau beschreiben und die formale wie sprachliche Gestaltung des Textes im Hinblick auf ihre Funktion untersuchen. Die Analyse endet mit einer Deutung des Textes.

Die zweite Teilaufgabe erfordert hinsichtlich der Erschließung des zweiten Textes von Günter Kunert dasselbe. Erst nach der doppelten vollständigen Textanalyse beginnt der Vergleich, in dem Sie Ähnlichkeiten und Unterschiede der beiden Texte und Gestaltungen herausarbeiten und vor dem literarhistorischen Hintergrund bewerten. Es wäre zudem sinnvoll, darauf einzugehen, auf welche Weise in beiden Gedichten das Thema „unterwegs sein" angesprochen wird.

SCHREIBPLAN ZU TEILAUFGABE 1

BAUSTEIN	ERLÄUTERUNG	OPERATOR
Einleitung	Ausgangspunkt: Zentraldaten des Textes	formuliert eine aufgabenbezogene Einleitung
Thema	Benennung des dargestellten Themas oder der dargestellten Problematik	benennt das Thema des Gedichts
Inhaltliche Analyse	Erschließung des Textinhalts: Herausarbeiten von Sachverhalten, die nicht explizit genannt werden	erschließt den Inhalt des Gedichts
Textbeschreibung	Beschreibung der Gedichtform: genaue, eingehende, sachliche Darstellung des formalen Textaufbaus	beschreibt den formalen Aufbau des Gedichts

3.4 Lösungsvorschläge zum Übungspaket II
3.4.3 Lösungsvorschlag Aufgabe 3 (Ü II)

Formale Analyse	Untersuchung der formalen und sprachlichen Gestaltung des Textes unter Berücksichtigung ihrer jeweiligen Funktion: Untersuchung der phonologischen, semantischen, syntaktischen und pragmatischen Sprachebenen	untersucht formale und sprachliche Gestaltungsmittel des Gedichts
Deutung	Deutung/Interpretation des Textes	deutet den Text

LÖSUNGSMÖGLICHKEIT ZU TEILAUFGABE 1

	Anforderungen Der Prüfling	maximal erreichbare Punktzahl
1	formuliert eine aufgabenbezogene Einleitung, etwa: Nennung von Titel, Autor, Textsorte und Entstehungszeit	3
2	benennt das Thema des Gedichts, etwa: kritische Auseinandersetzung mit Italien	3
3	erschließt den Inhalt des Gedichts, etwa: Der Drang nach Süden gründet sich manchmal in einer Selbsttäuschung (1–12). Unterwegs sind akustische und olfaktorische Veränderungen bemerkbar (13–16). Literarische Italienbilder steigen auf (17–19). Die stehen im Gegensatz zu der kriminellen Gegenwart der Mafia (20–24). Religiöse und historische Traditionen dominieren nicht (25–27). Man setzt auf kurzlebige Eleganz (28). Auch die Natur enttäuscht (29 f.). Italien war und ist ein armes Land (30 f.)	3
4	beschreibt den formalen Aufbau des Gedichts, etwa: eine ungegliederte Strophe, 31 Verse, reimlos, freirhythmisch mit daktylischer Präferenz, Spondeen (15, 28), 2-4 hebig (Ausnahmen: 1-hebig: 22, 27; 5-hebig: 7)	3
5	untersucht formale und sprachliche Gestaltungsmittel des Gedichts, etwa: – **phonetisch:** Assonanzen auf a (5 f., 10 f., 13, 30 f.), i (4, 17 f.), o (2, 21), ü (2 f., 4 f.), au (15), Alliterationen auf f (7 f.), g (2 f.), sch (23 f.): Betonung, Versbindung	9

3.4 Lösungsvorschläge zum Übungspaket II
3.4.3 Lösungsvorschlag Aufgabe 3 (Ü II)

- **semantisch:** positives Wortfeld („schön": 1, „Alpenglühen": 2, „Glück": 3, „Marmorbilder": 18) vs. negatives Wortfeld („Lüge": 7, „Allergie": 12, „Räubergeschichten": 19, „Fra Diavolo": 20, „Mord": 21, „Schuss": 23, „enttäuscht": 30, „Armut": 30): Gegensatz; **Wortfeld der Natur** („Augen": 1, „Alpenglühen": 2, „Katzen": 10, „Blätter": 14, „Laub", „Haar": 15, „Schulter": 16, „Vegetation": 29) vs. **Wortfeld der Zivilisation** („Lüge": 7, „Räubergeschichten": 19, „Fra Diavolo": 20, „Mord": 21, „Motorrad": 23, „Madonna": 25, „Latein": 27, „Armut": 30): Gegensatz; Gegensätze („Lüge" – „glaubwürdig": 7 f., „reichliche Armut": 30)
- **syntaktisch:** 13 Sätze, Kurzsätze (1, 13, 16, 28, 29 f.): Lakonie; Parataxe, Ausnahme: Hypotaxe (6–12). Lakonie; Ellipse (2), Inversion (16, 28)
- **pragmatisch:** Vergleiche (9, 15, 26)

6	*deutet den Text, etwa:* – Der Drang nach Süden gründet sich auf die Sehnsucht nach Schönheit (1–3) und die Flucht vor sozialer Starre (4–6). Das ist manchmal eine Selbsttäuschung wie die Ansicht, Katzen heischten nach Zärtlichkeit, obwohl sie Allergien verursachen können (6–12). – Unterwegs nach Süden erlebt man Veränderungen: in der Sprache (13), im Geruch (14), im akustischen Empfinden (15 f.). – Literarische Assoziationen werden geweckt: an Eichendorff und Vulpius (17 f.). Aber aus dem einstigen Freiheitskampf ist heute die Mafia geworden (20–22), die ihre Opfer vom Motorrad aus erschießt (23 f.). – Die alten Traditionen verlieren an Bedeutung: die religiöse Bindung an die Gottesmutter ebenso wie die kulturelle an das alte Rom (25 f.). – Das Leben wird beherrscht von einer vergänglichen, kurzlebigen Eleganz (28). – Die gerühmte Flora des Südens enttäuscht (29 f.). – Italien war und ist ein armes Land (30 f.)	9
7	erfüllt ein weiteres aufgabenbezogenes Kriterium (max. 4 Punkte)	
	Summe Teilaufgabe 1	**30 Punkte**

SCHREIBPLAN ZU TEILAUFGABE 2

BAUSTEIN	ERLÄUTERUNG	OPERATOR
Überleitung	Verwendung der gegebenen Textdaten	formuliert eine aufgabenbezogene Überleitung
Thema	Formulierung des zentralen Themas oder Problems	benennt das Thema des Gedichts
Inhaltliche Analyse	Wiedergabe des Textinhalts: keine Nacherzählung	stellt inhaltliche Aspekte des Textes dar
Beschreibung der Form	kurze Beschreibung der Gedichtform	beschreibt den formalen Aufbau des Gedichts
Sprachliche Analyse	Analyse der formalen und sprachlichen Gestaltungsmittel unter Berücksichtigung ihrer Funktion	untersucht formale und sprachliche Gestaltungsmittel
Deutung	Deutung/Interpretation des Textes	deutet das Gedicht
Vergleich 1	Herausstellung der Ähnlichkeiten zwischen beiden Texten	erschließt Ähnlichkeiten zwischen beiden Texten
Vergleich 2	Herausarbeitung der Unterschiede zwischen beiden Gedichten	erschließt Unterschiede zwischen den Gedichten
Schlussbeurteilung	Bewertung der beiden Texte vor dem literarhistorischen Hintergrund	wertet die Gedichte vor dem literarhistorischen Hintergrund

3.4 Lösungsvorschläge zum Übungspaket II
3.4.3 Lösungsvorschlag Aufgabe 3 (Ü II)

LÖSUNGSMÖGLICHKEIT ZU TEILAUFGABE 2

	Anforderungen Der Prüfling	maximal erreichbare Punktzahl
1	*formuliert eine aufgabenbezogene Überleitung, etwa:* Verwendung der gegebenen Textdaten	3
2	*benennt das Thema des Textes, etwa:* Sehnsucht nach einer italienischen Landschaft	3
3	*stellt inhaltliche Aspekte des Textes dar, etwa:* – Das lyrische Ich wünscht sich, Teil einer italienischen Landschaft zu sein (1–7). – Es möchte sich im Park der Ungeheuer zu den Steinmonstern gesellen und wie sie Jahrhunderte überdauern (8–19) oder eins werden mit dem Tuffgestein, das sich höhlenartig unter Bomarzo ausbreitet (20–28). – Es sehnt sich in diese Landschaft, in der es sich vorübergehend unsterblich wähnen könnte (29–33).	3
4	*beschreibt den formalen Aufbau des Gedichts, etwa:* drei Strophen mit insgesamt 33 Versen (7-21-5), reimlos, freirhythmisch, 2-4-hebig mit 3-hebiger Präferenz (Ausnahme: 5-hebig: 21), unregelmäßige Füllungen, teilweise daktylisch (18 f., 26, 29); fehlende Kommata	3
5	*untersucht formale und sprachliche Gestaltungsmittel, etwa:* – **phonetisch:** Assonanzen auf a (17, 18 f., 28), e (1, 2), i (16, 21, 24, 30, 31), o (4 f.), u (15, 27), ei (9 f., 25); Alliterationen auf l (7, 14, 25), p (8), sch (20): Betonung, Versbindung – **semantisch:** Neologismus (20), **Wortfeld des Körpers** („Schädel", „-mund": 20, „Leib": 25), **Wortfeld der Landschaft** („Fels": 1, „Hügel": 3, „Klippe": 4, „Ebene": 5, „Parco": 8, „Gestein": 10, „Granit": 21, „Landschaft": 31), **Wortfeld der Kultur** („behauen": 10, „Nymphe", „Drache": 18, „Tisch", „Sessel": 21): Verschmelzungsbereiche; **Wortfeld der Zeit** („Zeit": 2, „Morgens": 5, „Jahrhunderte": 19, „unsterblich": 33); statische Lexeme („stillstehen": 2, „schweigenden": 9, „reglos": 13, „leeres": 14, „unsterblich": 33); Gegensatz (15, 17 f.: Realwesen vs. Fabelwesen, 29), Chiasmus (17 f.: Tier vs. Mensch) – **syntaktisch:** zwölf Sätze (3-5-4), Kurzsätze (1, 29), Ellipsen (1, 2, 11, 27, 29, 30 f.), Hypotaxe (11–19), Parallelismus (17 f.), Imperativ (23) – **pragmatisch:** Vergleich (16), Metaphern (20 f., 25)	6

3.4 Lösungsvorschläge zum Übungspaket II

3.4.3 Lösungsvorschlag Aufgabe 3 (Ü II)

6	*deutet das Gedicht, etwa:* – Das lyrische Ich (22) sehnt sich nach einer Form der Unsterblichkeit (33), in der die Prinzipien und Erscheinungsformen des Lebens: Zeit (2), Bewegung (13), Geräusche (9) aufgehoben sind wie in Gestein (1, 10, 21). – Deshalb sehnt es sich nach dem italienischen Bomarzo, wo nicht nur der dortige höhlendurchzogene Tuffhügel (20–28), sondern auch der Gesteinspark der Ungeheuer (8–19) ihm dazu ideale landschaftliche Voraussetzungen bieten. – Das lyrische Ich strebt eine harmonische Verschmelzung mit dem Gestein an, statt einer Inkarnation eine Dekarnation (Entfleischung), sogar eine Inlapidation (Steinigung, lapis, lapidis = lat.: der Stein). – Das lyrische Ich entwickelt diesen Wunsch, um unerkannt (27) Fundament (28) seiner Zeit sein zu können. Dies kann verstanden werden als Wirkungswunsch des Schriftstellers und vor allem Lyrikers in der Gesellschaft.	9
7	*erschließt Ähnlichkeiten zwischen beiden Texten, etwa:* – **inhaltlich:** Beide Texte handeln von Italienreisen. – **formal:** Beide Texte verwenden eine offene Gedichtform ohne festes metrisches oder Reimschema und stellen die Versbindung rhythmisch, durch Enjambements und durch phonetische Verklammerungen her. In beiden Texten wird relativ unprätentiös formuliert.	3
8	*erschließt Unterschiede zwischen den Gedichten, etwa:* Beide Texte nehmen eine unterschiedliche Haltung zu Italien ein: – Krolow wirft aus der Distanz eines Intellektuellen einen kritischen Blick auf die sozialen Verhältnisse des Landes und stellt die kulturhistorische Italiensehnsucht als selbsttäuschendes Vorurteil, als überholt und unzeitgemäß dar. – Kunert hat einen ganzen eigenen, subjektiven Zugang zu Italien und seiner Tradition (16–19), weil er an einem Ort meint, seinem Lebensideal als Schriftsteller nahe sein zu können.	6
8	*wertet die Gedichte vor dem literarhistorischen Hintergrund, etwa:* – Die formale Vergleichbarkeit beider Texte ist sicherlich dem gleichen ästhetischen Zeitgeist geschuldet. – Die inhaltlichen Unterschiede gründen sich auf dem unterschiedlichen schriftstellerischen Bewusstsein der beiden Autoren. Kunert hat nach dem Verlassen der DDR sicherlich erstmalig Italieneindrücke sammeln können.	6
9	*erfüllt ein weiteres aufgabenbezogenes Kriterium (max. 6 Punkte)*	
	Summe Teilaufgabe 2	**42 Punkte**

4. MÜNDLICHE PRÜFUNG

Der rechtliche Rahmen

Alle mündlichen Prüfungen im Leistungskurs oder im Grundkurs sind gleich angelegt und werden gleich durchgeführt. Allein der Anlass der Prüfungen kann unterschiedlich sein. Die Prüfungen im 4. Abiturfach können nur im Grundkurs erfolgen. Ihre Durchführung ist für alle Schülerinnen und Schüler verpflichtend. Darüber hinaus können vom Zentralen Abiturausschuss mündliche Prüfungen im 1.–3. Abiturfach angesetzt werden,
- wenn die Ergebnisse der schriftlichen Arbeiten sich um 4,00 oder mehr Punkten der einfachen Wertung von dem Durchschnitt der Punkte unterscheiden, die der Prüfling in den für die Gesamtqualifikation verbindlichen Kursen des jeweiligen Prüfungsfachs in den vier Halbjahren der Qualifikationsphase erreicht hat (**„Abweichungsprüfung"**),
- wenn das Bestehen der Abiturprüfung gefährdet ist, weil die Mindestbedingungen nicht erfüllt sind, d. h., wenn in zwei Prüfungsfächern, darunter ein Leistungskurs, im Abiturbereich nicht mindestens 25 Punkte (**„Innenbindungsprüfung"**), oder im Abiturbereich noch keine 100 Punkte erreicht worden sind (**„Existenzprüfung"**).

Wird ein Prüfling in mehreren Fächern geprüft, bestimmt er die Reihenfolge. Wer nicht geprüft werden muss, wird von den mündlichen Prüfungen befreit, sofern der Prüfling sich nicht freiwillig für eine Prüfung meldet (**„Freiwilligenprüfung"**). Eine freiwillige Prüfung kann sinnvoll sein, wenn durch eine Punktverbesserung ein besserer Abiturdurchschnitt erreichbar ist. Man sollte sich diesbezüglich aber in jedem Falle in der Schule beraten lassen.

Die mündliche Prüfung selbst hat drei Teile: die Vorbereitungszeit von in der Regel 30 Minuten, dem ersten Prüfungsteil, d. h. dem Vortrag des Prüflings zur Lösung der gestellten Aufgabe, und dem zweiten Prüfungsteil, dem Prüfungsgespräch. Die mündliche Prüfung selbst dauert mindestens 20, höchstens 30 Minuten.

Vorbereitung der Prüfung

1. Es sollte selbstverständlich sein, dass man sich auf die mündliche Prüfung vorbereitet. Abgeprüft werden können alle Themen mit Ausnahme derjenigen, zu denen man im 1.–3. Abiturfach die Abiturklausur geschrieben hat. Da die Stoffmenge in der Regel groß ist, sollte man mit den Wiederholungen möglichst früh anfangen. Die Anzahl der Wiederholungen ist dabei wichtiger als die jeweilige Wiederholungsdauer. Vorbereitungen am Prüfungstag sind kontraproduktiv. Man sollte ein besonderes Augenmerk auf seine Spezialthemen legen, also jene, zu denen man z. B. ein Referat gehalten hat. Nicht selten greifen Prüfende darauf zurück, um dem Prüfling entgegenzukommen. Es ist sehr nützlich, die Fachlehrkraft zu bitten, im

Unterricht zuvor Prüfungen mit den Prüfungskandidaten zu simulieren. So lernen Prüfer und Prüflinge, besser aufeinander zu reagieren.
2. Auch die körperlichen Voraussetzungen der Prüfung sollten gut vorbereitet werden. Weder ein leerer noch ein übervoller Magen ist förderlich. Das gilt auch für den Flüssigkeitshaushalt. Ein Toilettenbesuch während der Prüfung schafft Probleme. Finger weg von allen ungewohnten chemischen Beeinflussungen, von denen man sich eine Leistungssteigerung oder eine ruhigere Grundhaltung verspricht! Die Folgen sind unabsehbar. Besondere Erfordernisse während der Prüfung z. B. bei Sehschwäche oder anderen körperlichen Einschränkungen (Prüfung im Stehen) sollten der Prüfungskommission zuvor bekannt gegeben werden, damit die erforderlichen Maßnahmen ergriffen werden können (z. B. Vergrößerung der Texte, Aufstellung eines Redepults etc.). Mit Antritt der Prüfung erklärt sich jeder Prüfling automatisch für gesundheitlich prüffähig.
3. Die Abiturprüfung ist vielfach die erste staatliche Prüfung; die mündliche Prüfung hat mindestens den Rang eines Vorstellungsgesprächs. Zwar ist feierliche Kleidung schon lange nicht mehr üblich, gleichwohl sollte man dem Anlass angemessen gekleidet sein. Auch auf das soziale Verhalten sollte geachtet werden. Dazu gehört das Grüßen des Prüfungsgremiums ebenso wie die Einnahme der Sitzposition. Wie ein Nachrichtensprecher aufrecht zu sitzen, mit nebeneinanderstehenden Füßen und übereinandergelegten Händen, drückt Konzentration und Kraft aus. Es ist durchaus ratsam, das vorbereitend zu üben. Wer zu nervös ist, kann, um seine Finger zu beschäftigen, für die Prüfungssituation eine Büroklammer einstecken.

Die Prüfungssituation

Der Prüfungsraum ist in der Regel ein normaler Klassenraum. Hier erhält man seine Prüfungsaufgabe, und hier wird die zweiteilige Prüfung durchgeführt. Die Prüfungskommission besteht aus der Fachlehrkraft als Prüfperson, dem Vorsitz und der Protokollführung. Darüber hinaus können auch Gäste im Prüfungsraum anwesend sein. Amtsvertreter, Elternvertreter und Lehrkräfte muss der Prüfling dulden, der Anwesenheit von Schülerinnen und Schülern muss er im Vorfeld zustimmen.

Die Aufgabenstellung

Eine mündliche Prüfung kann als Einzel- oder als Mehrfachprüfung abgelegt werden. Bei einer Mehrfachprüfung erhalten bis zu drei Kandidaten die gleiche Aufgabenstellung. Der zweite Prüfungsteil kann variieren. Der Vorsitzende des Fachprüfungsausschusses stellt sicher, dass eine Kontaktaufnahme nicht möglich ist. Für den Prüfling sind diese Gestaltungsmöglichkeiten also irrelevant.

Die Aufgabe wird im Prüfungsraum vor mindestens zwei Mitgliedern des Prüfungsausschusses gestellt. Die Aufgabenstellung selbst unterliegt den gleichen Anforderungen wie die der schriftlichen Prüfung, trägt allerdings dem eingeschränkten Zeitraum für Bearbeitung und Vortrag Rechnung. Man sollte hier nichts überhasten und sich vor allem die Aufgabenstellung gründlich und genau durchlesen. Bei irgendwelchen Unklarheiten der Formulierung, vor allem hinsichtlich der durchzuführenden Tätigkeiten, sollte man unbedingt rückfragen. Falls es möglich ist und zugelassen wird, sollte man auch den gegebenen Text zumindest überfliegen, um nach Begriffen zu suchen, die der Erläuterung bedürfen.

Dann erfolgt im beaufsichtigten Vorbereitungsraum die 30-minütige Vorbereitungszeit. Hier sollten alle notwendigen Arbeitsmittel wie Schreibzeug, Marker etc. bereitliegen. Es ist von großem Vorteil, wenn man sich in der Qualifikationsphase bereits auf ein festes Erarbeitungsschema eingespielt hat.

Das könnte z. B. so aussehen, dass man

- den Text zunächst insgesamt liest, um einen Überblick über Thema, Problemlage, Textsorte etc. zu gewinnen,
- den Text ein zweites Mal genauer liest, um den Text zu gliedern, die Sinnabschnitte im Text zu kennzeichnen und am Rand stichwortartig zusammenzufassen,
- den Text ein drittes Mal liest, nun aber mit der Intention der textsortenspezifischen Analyse. Die Befunde sollten im Text markiert und am Rand katalogisiert werden. Es hat sich vor allem hinsichtlich des späteren Ergebnisvortrags als hilfreich erwiesen, einen Textrand für analytische und einen für noch vorzunehmende interpretative Bemerkungen zu nutzen. Kategorien der phonologischen, semantischen, syntaktischen oder pragmatischen Ebene lassen sich mit der Verwendung unterschiedlicher Farben leicht überschauen und zusammenfassen.
- In einem vierten Durchgang sollte man sich nun mit den inhaltlichen Aussagen deutend auseinandersetzen und seine Ergebnisse, Kommentare und Wertungen auf dem noch freien Textrand notieren.
- Für alle weiterführenden Gedanken sollte man das ausliegende Konzeptpapier benutzen. Es ist sehr sinnvoll, mit einer Gliederung zu beginnen, in welcher Reihenfolge man gedenkt, die Aufgabe zu lösen. In der Regel besteht der Vortrag aus folgenden Teilen: 1. Gegliederte Reproduktion, 2. Textanalyse, 3. Textverständnis/Interpretation, 4. Weiterführender Auftrag/Schwerpunkt. Sollte kein weiterführender Schwerpunkt gefordert sein, ist es durchaus löblich, wenn Sie selbst einen vorschlagen. Dieser evtl. nummerierten Gedankenfolge lassen sich dann alle ungeordnet einfallenden Gedanken ebenfalls numerisch zuordnen.

Die Prüfung in ihrem Verlauf

I. Prüfungsteil: eigener Vortrag

1. Wenn Sie in Ihrem Prüfungsraum Platz genommen haben, in der Regel am Pult, nehmen Sie zunächst eine angemessene und geeignete Sitz- und Körperhaltung ein. Mädchen sollten dabei vor allem ihre Finger unter Kontrolle halten (ggf. mitgebrachte Heftklammern nutzen), Jungen ihre Beine. Breiten Sie Ihre Papierunterlagen geordnet und sinnvoll vor sich aus, sodass Sie nicht suchend in Ihren Unterlagen blättern müssen.
2. Es ist sinnvoll, die gestellte Aufgabe zunächst noch einmal zu wiederholen. Das hat zwei Effekte. Zum einen hilft es dem Prüfungsausschuss, der ja mehrere Prüfungen hintereinander abhält, die richtige Aufgabenstellung mit dem von der prüfenden Person entworfenen Erwartungshorizont herauszusuchen. Zum anderen verbrauchen Sie Zeit, denn die Gesamtprüfungsdauer ist ja auf 30 Minuten begrenzt.

3. Stellen Sie Ihren Ausführungen Ihre Vortragsgliederung voran. Das belegt ein reflektiertes und ggf. souveränes Arbeitsverhalten.
4. Sprechen Sie bei Ihrem Vortrag kontrolliert, langsam und deutlich, aber nicht zögerlich. Geben Sie Ihrer Stimme den sicheren Ton, Faktisches zu verkünden, nicht unsichere Fragen zu stellen. Nicht nur die Protokollführung wird es Ihnen danken. Hüten Sie sich aber davor zu bluffen, d. h. Ihrem Nichtwissen den Anschein sicheren Wissens geben zu wollen. Nicht nur, weil es der Kommission ohnehin auffällt, sondern auch weil Sie mit dieser Art deren Wohlwollen verspielen.
5. Lesen Sie die im Vorbereitungsraum gemachten Aufzeichnungen nicht vom Blatt ab. Das ist unzulässig und wird nicht gewertet. Ebenso wird eine zwar auf das Thema bezogene, aber nicht textgebundene Wiedergabe angelernten Wissens nicht als Prüfungsleistung anerkannt. Sprechen Sie vielmehr frei unter gelegentlichem Blickkontakt zu Ihren Notizen. Hier zahlt sich die Übung aus, anhand einer selbst verfertigten Gliederung frei zu sprechen.
6. Behalten Sie bei Ihrem Vortrag den Augenkontakt zur Prüfperson. Wenn Sie ihr auf die Nasenwurzel zwischen die Augenbrauen schauen, wird sie den Eindruck haben, Sie schauten ihr direkt in die Augen. Auch das suggeriert Sicherheit.
7. Hüten Sie sich vor allen Aussagen und Formen der Überheblichkeit. Lehrkräfte sind manchmal sehr sensibel. Andererseits können Sie unterstellen, dass vor allem der oder die Prüfende alles unternimmt, um Sie gut aussehen zu lassen. Schließlich fallen schlechte Prüfergebnisse auch immer etwas auf die Prüfenden zurück.
8. Wenn Ihr Vortrag abgebrochen wird, muss das kein schlechtes Zeichen sein. Vielleicht waren Sie nur zu ausführlich, und der Prüfer möchte noch Zeit genug für den zweiten Prüfungsteil haben. Dazu zählen vor allem die vom Vorsitzenden ausgehenden Abbrüche, der gewährleisten muss, dass für beide Prüfungsteile etwa gleich viel Zeit verbraucht wird.

II. Prüfungsteil: Prüfgespräch

1. In der Regel knüpft der oder die Prüfende unmittelbar an den Schülervortrag an, entweder dass Fehler korrigiert, Ergänzungen vorgebracht oder Erläuterungsfragen zu dem Vorgetragenen gestellt werden. Achten Sie genau auf die Anweisungen des oder der Prüfenden. Hier zahlt es sich aus, wenn Prüfer und Prüfling sich aus simulierten Prüfgesprächen gut kennen und optimal aufeinander reagieren können.
2. Manche Prüfer formulieren z. B. absichtlich ihre Fragen sehr lang, um dem Prüfling zeitlich entgegenzukommen. Sie streben oft einen zweiten Schülervortrag an. Andere bevorzugen mit kurzen Fragen ein schnelles, unverkrampftes Wechselgespräch, um den Prüfungsdruck zu reduzieren. Auch in diesem gelenkten Wechselgespräch ist ein gutes Verständnis zwischen Prüfer und Prüfling wichtig. Nicht selten wählen Fachlehrer/innen einen Themenbereich, von dem sie Grund zu der Annahme haben, dass der Prüfling den entsprechenden Stoff aufgrund eines Referats o. Ä. gut beherrscht. Sie sollten keinen Grund zur Enttäuschung liefern.
3. Für den Übergang zum zweiten Prüfungsteil gibt es in der Regel drei Methoden: Man lässt die Textthematik oder -problematik mit etwas Gleichartigem oder mit etwas Andersartigem vergleichen oder stellt sie in den größeren Zusammenhang der Epoche, der Gattung, der Textsorte etc. Wenn man das weiß, kann man sich

4. Mündliche Prüfung
Besonderheiten während der Prüfung

ggf. während seiner Vorbereitungszeit auch schon auf wahrscheinliche Themen des zweiten Prüfungsteils vorbereiten. Hier liefert auch die Art, wie in den Klausuren die weiterführenden Schreibaufträge formuliert worden sind, oftmals Hilfestellung.
4. Bekennen Sie sich mutig zu Ihren Lücken. Sie geben dem/der Prüfenden so die Möglichkeit, das Gespräch schnell zu verlagern, statt Sie durch bohrende, aber fruchtlose Nachfragen vorzuführen.
5. Unterbrechungen des Prüfungskandidaten seitens der Prüfperson können mehrere Gründe haben: Falschaussage des Prüflings, nachgeschobene Hilfe bei sich andeutender Falschaussage, Ergänzung des Gesagten, Abkürzung der Antwort des Prüflings, Themenwechsel. Da die Gründe einer Unterbrechung also vielfältig sein können, sollten Sie sich nicht unnötig verrückt machen, sondern weiter konzentriert auf die Prüferaussagen achten.
6. Sollte der Vorsitzende selbst Fragen stellen, so tut er das zumeist, um sein Notenbild abzuklären oder weil er meint, es seien noch gute Leistungen in einem Bereich zu erwarten, die der Prüfer bislang nicht oder seiner Ansicht nach nicht intensiv genug abgefragt hat. Nur in den seltensten Fällen übernimmt er Teile der Prüfung selbst. Vor allem wenn er den Eindruck hat, der Prüfungsverlauf sei verbotenerweise abgesprochen. Meist hält er sich jedoch zurück.
7. Am Ende der Prüfung sollten Sie Ihre Unterlagen geordnet und ordentlich der Kommission übergeben und nicht als wirren Blätterhaufen. Bedenken Sie immer: Manchmal kann der äußere Eindruck entscheidender sein als kleinere inhaltliche Patzer oder Lücken!

Besonderheiten während der Prüfung

Während der Prüfung können besondere Ereignisse auftreten, die den normalen Prüfungsablauf stören. Dazu zählt z. B. das Stottern. Es gibt Prüflinge, die immer stottern. Das sollte der Prüfungskommission bekannt sein. Im Benehmen mit dem Zentralen Abiturausschuss und dem Prüfling kann die Prüfungsdauer im Prüfungsplan angemessen so verlängert werden, dass der Prüfling ausreichend Zeit hat, die von ihm zu erwartenden Aussagen zu tätigen. Es entsteht ihm kein Nachteil. Es gibt andere Prüflinge, die aufgrund der nervlichen Anspannung während der Prüfung stottern, obwohl sie das im Normalfall nicht tun. Auch hier kann die Kommission angemessen reagieren und versuchen, die Prüfungszeit der Äußerungsfähigkeit des Prüflings durch Ausschöpfung der Prüfungszeit anzupassen.

Bei unerwartet auftretenden gesundheitlichen Störungen, z. B. plötzlichem Nasenbluten, Hustenanfällen, Atemnot durch Selbstdrosselung (bei Mädchen manchmal ausgelöst durch Verzwirbelung der Halskette), Krampfanfällen oder durch Unterzuckerung ausgelöste Schwächeanfälle, wird die Kommission die Prüfung unterbrechen, bis der Prüfling imstande ist, die Prüfung fortzusetzen. Die Unterbrechung wird dann nicht auf die Prüfungszeit angerechnet. Aus strategischen Gründen eine solche Prüfungsunterbrechung bewusst zu provozieren ist keinesfalls ratsam, denn die damit verbundene Aufregung wirkt in der Regel beim Prüfling länger nach als beim Prüfungsgremium, das nicht einmal einen Mitleidsbonus vergibt.

LITERATURVERZEICHNIS

Textausgaben

Hoffmann, E.T.A.: *Der Sandmann*. Stuttgart: Reclam, 2015 (RUB 230).

Kleist, Heinrich von: *Die Marquise von O…/Das Erdbeben in Chili.* Stuttgart: Reclam, 2016, S. 3–47 (RUB Nr. 8002).

Lange, Hartmut: *Das Haus in der Dorotheenstraße. Novellen.* Zürich: Diogenes, 2016, S. 71–93 (detebe 24361).

Lessing, Gotthold Ephraim: *Nathan der Weise. Ein dramatisches Gedicht in fünf Aufzügen.* Anmerkungen von Peter von Düffel. Stuttgart: Reclam, 2000 (2018) (RUB Nr. 3).

STICHWORTVERZEICHNIS

Zentrale Stellen sind fett gekennzeichnet.
(passim: verstreut)

Abbreviationen 14 f., 19
Aspekte:
- ästhetischer 60, 83, 101, 114
- biografischer 55, 82, 112
- Gender 55, 64, 82, 84, 103, 112, **150–157**
- historischer 56
- intertextueller 56
- literarhistorischer 102, **160–162**
- philosophischer 63, 101, 114
- politischer 57, 86
- psychologischer 63, 83, 104, 113, **145–149**
- religiöser 57 ff.
- rezeptionsästhetischer 87, 102, 115
- soziologischer 61, 85, 112

Ästhetik 33 f., 40, 55, 60, 62, 82 f., 87 f., 101 f., 113 ff., 121, 123, 125, 135–138 (passim), 146, 149, 160, 214 f., 272

Aufgaben 6 f., 119, 129, 141, 148, **184–187**, 188–198, 218–227, 244–250

Aufführungsstile 140 f.

Autor-Rezipienten-Kommunikation 135–139, **176–179**

Bildlichkeit 118, 121, 125 f., 134 f., 158
Bühneninszenierung 140 f.

Das Haus in der Dorotheenstraße **106–116**, 144, 147, 151, 153 f., 156, 161 ff., 165 ff., 172 f., 175, 179, 184, 214, 225

Der Sandmann **89–106**, 144, 151, 153 f., 156, 161 ff., 165 ff., 169, 171–174, 178

Die Marquise von O… **69–88**, 144, 150 f., 152, 154 f., 161, 163 f., 166, 169 f., 172 ff., 177, 190

Denken 8, 11, 16, **20–25** (passim), 55, 61, 70, 94, 101, 103, 114, 123, 141, 153, 173, 184, 196 f., 225, 237 f., 247 ff.

Drama 26–28 (passim), 33 f., 39–42, 44, 51, 54–65, 67, 80, 83, 96, 99, 108, 110, 115 f., 138–141, 154, 161 f., 167, 173 f., 176, 179, 198–202, 216, 219, 222 f., 227, 229, 250, 253 ff.

Ehre 33, 76, 84 f., 159, 174, 190

Emotional 24, 30, 40, 61, 75, 78, 83 f., 104–106, 112, 114, 120, 126, 128, 131 f., 134, 138, 146, 150, 155 f., 158, 160, 165, 168, 170, 174 f., 177 f., 200

Epochen:
- Barock 31, 33, **118**, **120**, 126, 145, 158 f., 184
- Aufklärung 21, 27, 30 ff., 34, 50, 61, 65, 69, 81 f., 84, 100–103, 114, 118, 121 f., 140, 145, 152, 158 f., 165, 174, 224, 241
- Anakreontik 31, 145, 158 f.
- Sturm und Drang 27, 28, 31, 61, 69, 71, 118, 122 f., 145, 149, 158 ff.
- Pietismus 31, 145, 158 f., 176
- Klassik **27–29**, 69, 73, 100, 118, 122 ff., 127, 146, 158 f., 236
- Romantik 69 ff., 73, 89, 90, 100, 102 f., 110, 118, 123 ff., 146, 158 f., 173, 224, 236
- Biedermeier 90, 102, 118, 124 ff., 149, 158 f.
- Vormärz 118, 124, 146, 158 f.
- Realismus 118, 124 f., 146, 158 f., 224
- Naturalismus 28, 118, 125, 146, 158, 160
- Impressionismus 125, 146, 159 f.
- Expressionismus 112, 127, 147, 159 f., 192, 210
- Neue Sachlichkeit 159 f.
- Trümmerliteratur 159 f.

Epochenumbruch 150, 159 f.

Erkenntnis 24, 53, 78, 83 f., 87, 92, 101, 105, 107, 114, 121, 129, 145, 155, 166, 172–177, 186 f., 195, 202, 213 f., 224, 221, 224, 247, 249

Erzähler 67 ff., 78, 82 f., 87 f., 93 f., 96, 98, 102 f., 109 ff., 114 f. 138 f., 161 f. 166, 177 ff.

Erzählformen **67**, 115

Ethik 55, 60, 62, 64, 136 f., 164, 199 f., 205, 214

Figuren:
- Al Hafi 35 f., **40–46**, 55, 59, 63, 144 f., 150 f., 169 f., 173 f., 177, 123, 254
- Clara **91–10**5, 153 f., 156, 162 f., 165, 167, 175
- Coppelius **91–98**, 101 ff., 151, 153, 162, 171 f., 174 f., 178
- Coppola **91–94**, 96 ff., 102–105, 151, 153, 162, 169, 171 f., 175, 178
- Daja **34–40**, 42 ff., 46, 58, 62 f., 154 f., 164, 172, 174, 176, 223, 254 f.
- Graf F… 73, 76, 79, 81, 151 f., 177

268

STICHWORTVERZEICHNIS

- Klausen **108–115**, 144, 151, 153, 156, 162, 165–168, 172 f., 175, 179
- Kommandant **73–87**, 144, 151 f., 171, 190
- Lothar **91 ff.**, 95, 97 f., 100, 151, 153, 165
- Marquise von O... **73–88**, 144, 146, 150, 152, 154 f., 161–164 (passim), 167, 169, 171–174 (passim), 177, 206
- Nathan **34–64**, 144 f., 150, 152, 155, 163 f., 169 f., 173 f., 176, 188 f., 199–202, 223 f., 254 f.
- Nathanael **91–105**, 144, 146, 151, 153, 156, 162 f., 165 ff., 169, 171–176, 178
- Obristin 76 f., 79 ff., 84 f., 87 f., 144, 152, 155, 162, 177
- Olimpia 91, **93–100**, 102, 104 f., 153 f., 156, 162 f., 165, 167, 169, 171 ff., 175
- Patriarch 34 f., **37–44**, 46, 49 f., 54, 58 f., 62 ff., 144, 150 f., 156, 164, 169 f., 172, 174, 177, 223, 254 f.
- Recha **34–44**, 46, 49 f., 56, 58–64, 144, 151, 154 f., 163 f., 167, 170, 172, 174, 176, 189, 199, 223 f., 254 f.
- Saladin **34–44**, 46–50, 55, 57 ff., 61–64, 144 f., 150, 152, 154, 164, 170, 173 ff., 223, 254
- Siegmund 91, 94 f., 97 f., 100, 151, 153
- Sittah **34–44**, 46, 49, 55, 58, 61–64, 154, 170, 174, 223 f., 254
- Spalanzani **91–95**, 97 f., 101, 151, 153
- Tempelherr **34–43**, 45 f., 49, 56–64, 144 f., 150 f., 155, 163 f., 167, 169 f., 174, 188 f., 199, 202, 223 f., 254 f.
- Xenia **108–115**, 153 f., 156, 162 f., 165 f., 229

Frau 18 f., 64, 68, 79, 82, 85, 88, 94, 98, 150, **154–157**

Gefühl 9, 27, 59, 62, 75, 82 ff., 86 ff., 90, 98, 101, 104 f., 110 ff., 114, 122 ff., 127, 143, 145, 148, 152, 158 ff., 163–166, 168, 171, 175, 185 f., 188, 195, 197, 211, 213, 221, 224, 242, 249

Geld 33, 35–38, 40 ff., 45, 50, 55, 61 ff., 79, 84, 90, 152, 154, 170, 190, 223

Gerechtigkeit 20, 107, 134, 152

Gesellschaftshierarchie:
- Adel 29, 34, 82 f., 85, 88 f., 121, 123, 145 f., 151 f., 154, 204, 219
- Klerus 29
- Bildungsbürgertum 124
- Bürgertum 29, 31, 121, 124
- Kleinbürgertum 90, 124

Gesetz 31, 47, 50, 52 f., 75, 129, 135

Harmonie 55 f., 61 ff., 65, 104, 122, 158, 163, 209, 229, 235 f., 254

Herder 8, 20 f.

Hoffmann, E.T.A. 70, 89 f., 100–104, 146, 153, 156, 161 f., 165, 167, 171–175, 178, 184

Humanität 29, 32, 60, 63 ff., 122 f., 199, 223

Humor 118, 127, 133 f., 171

Individualität 30, 32, **144–149**

Intertextualität 54, 91, 111

Ironie 79, 84, 98, 101, 124, 127, 135, 138, 152, 159, 168 f.

Irrational 100, 102, 118, 124, 127, 144, 146, 178, 229

Juden 34 ff., 38, 40, 44, 47, 50, 52, 55, 57 f., 60 f., 240, 254 f.

Jugendsprache 16, **18 f.**

Kleist, Heinrich von **69–72**, 82–87, 146, 150, 152, 155, 161, 164, 167, 170–174 (passim), 177 f., 190, 203, 206

Komik 79, 98, **168–171**

Kommunikation **131–139**, 141 ff., **176–179**, 197, 221, 229, 237

Konflikt 16, 26 f., 41, 55 f., 63, 66 f., 80, 83 f., 107, 151, 156, 161 f., 166, 177, 215, 226 ff.

Kontrast 16, 27, 58, 82, 86,s 97 f., 121, 126, 145, 177, 227, 236

Kritik 10–13, 21, 23, 27 ff., 31, 57, 60, 84, 86, 101 f., 107, 110, 118, 124, 132, 141 f., 152, 170, 185, 195, 237, 246

Lange, Hartmut **107 f.**, 112, 114 f., 147, 153, 156, 161, 162, 165, 167, 173, 175, 178 f., 190, 203, 205 f.

Lessing, Gotthold, Ephraim 27 f., **32 ff.**, 41, 44, 47, 49–53, 55–66, 145, 151 f., 154, 163 f., 167, 170, 172, 174, 176 f., 219, 222–225, 241, 250, 254 f.

Liebe 37 f., 40 f., 45, 56, 59, 63, 75 f., 84 f., 94, 101, 103–106, 111, 118, 122 f., 134, 145, 151, 156, **163–166**, 167, 169, 171, 173, 175, 206, 208–211, 213 f., 223, 239, 255

Lyrik **116–128**, 148, 153, 157, 163, 166, 168, 171, 173, 176, 192, 210, 244, 261

STICHWORTVERZEICHNIS

Macht 14, 30, 52, 58 f., 61, 84, 86, 92 f., 97, 121, 145, 147, 151 ff., 155, 166, 173, 177, 229
Magie 98, 100
Medientheorie 141–143
Metaphorik 19, 45, 52, 79, 97, 118 f., 120 f., 135, 160, 171, 200, 209 f., 247, 260
Metaphysik 31, 33, 84, 120
Moral 27, 31 f., 34, 41, 85, 119, 151, 155, 159, 161, 164, 176 f., 195, 205, 240, 252 f., 255

Nathan der Weise **30–64**, 140 f., 150–152, 154 f., 163 f., 166 f., 169 f., 172 f., 174 f., 187–189, 198–202, 212–214, 219–225, 239, 250–255
Natur 9, 12, 23, 37, 53, 59, 69, 71, 75, 98, 101 f., 110, 114, 118, 121–125 (passim), 135, 148, 167, 199, 208, 215, 232, 235, 257 f.
Normen 107, 122, 126, 136, 144 ff., 205

Ohnmacht 73 ff., 79, 84, 92, 204

Pflicht 60, 84, 87, 149, 164, 240 f., 252
Pragmatik 13 f., 17, 22, 40, 79, 84, 97, 110, 121, 134, 147, 152, 155, 195, 200, 207, 209, 231 f., 235, 247, 257 f., 260, 264

Rational 8, 24, 31, 36, 55, 61, 69, 100, 102, 105, 110, 112, 113 f., 121, 145, 154 ff., 158 ff., 164 f., 171, 173 ff., 177 f., 221, 224, 229
Raum-Zeit-System 68, 110
Recht 55, 57, 77, 84, 252, 262
Religion 8, 30, 32, 34 ff., 40, 44, 47 f., 50 f., 53, 55 f., 65, 70, 75 f., 78, 82, 84, 86, 88, 97, 118, 120 f., 137, 145, 150, 155, 158 f., 164, 171, 173 f., 176 f., 199 f., 202, 223, 238–241, 250–255, 257 f.
rhetorische Figuren 132–135
Rolle 43, 50, 55, 60, 62, 64, 72, 82, 84 ff., 88, 103, 106, 109, 112 f., 115 f., 124, 141, 149, **150–157**, 164, 169 f., 175, 178

Sachtexte 128 ff., 245
Satire 103, 156, 168, 206
Schuld 36, 75 f., 80, 84, 87, 103, 109, 111, 114, 155, 167
Selbstbewusstsein 17, 84 f., 108, 144 f., 148 f., 152, 163, 213
Semantik 10, 13, 17 f., 97, 110, 121, 133, 195, 199, 207 f., 231 f., 235, 247, 257 f., 260, 264

Sozial 10 ff., 17 f., 22, 30 f., 40, 42, 48, 57 f., 80, 82, 84 f., 87 f., 104–107, 118 f., 122, 124 f., 127, 129, 136 ff., 142, 144, 146–151 (passim), 154–157 (passim), 160, 164, 195, 236, 236, 258, 261, 263
Sozialisation 105 f., **144–149**
Sprache **8–25**, 27, 29, 32, 34 f., 38, 45, 58, 61, 72, 78 ff., 85 f., 96, 102 ff., 110, 115, 118, 122 f., 125, 127 f., 138 f., 145, 148, 157, 159, 177 f., 185 f., 193–197, 203, 205, 207, 231, 237 f., 246–250, 257 f.
Sprachebenen **17 f.**, 207, 231, 257
Spracherwerb **8–11**, 21, 145
Sprachursprung **8 ff.**
Sprachwandel **12–15**
Stil 6, 13 f., 17, 19, 28, 32, 54, 67, 78, 88, 96, 101 f., 107, 110, 115 ff., 121–129 (passim), 137 ff., 140 f., 155, 158–161, 168, 182, 192, 199, 208, 210, 219, 228 f., 232, 234
Struktur 13, 21 f., 24 f., 4 f., 53, 60 ff., 65 ff., 79–85 (passim), 88 f., 96, 99, 101 ff., 106 f., 109, 111 f., 115 f., 119, 125, 129, 137 ff., 141, 143, 147, 161 f., 168, 173, 175, 180, 186, 195, 214, 222 f., 249
Symbol 9, 13, 15, 17, 44, 47, 67 f., 79–82, 87, 97, 101, 110 f., 118, 121, 124 f., 135, 156, 160, 171, 209 f., 229, 235
Syntax 10 f., 13 f., 19, 78 f., 83, 97, 110, 121, 133 f., 182, 195, 200, 207, 209, 231 f., 235, 247, 257 f., 260, 264

Textsorten, narrative:
– Roman 61, **65**, 96, 145 f., 148, 162, 172, 215 f., 226 f.,
– Erzählung 27, 34, 47, 64, **65**, 67, 72 f., 83, 87 f., 90 f., 93, 96, 98, 100, 103, 105, 110 f., 114 f., 153, 156, 161, 164 f., 171 f., 174, 178
– Novelle 47, 64, **65 ff.**, 72 f., 78, 82, 85 f., 88, 90, 96, 108, 110, 112, 146 f., 152 f., 155 f., 161 f., 164 f., 166 f., 170–175 (passim), 177 f., 190, 203–206, 214 ff., 225–230, 244
– Kurzgeschichte 65
Toleranz 32, 34, 50, 55, 57, 60, 64 f., 143, 147, 159, 164, 200, 202, 251, 253, 255
Tragik 26, 96, **166–168**
Trauerspiel 26, 28, 32, 34
Trauma 83, 90 f., 105, 144, 151, 153, 162, 167, 172, 175, 178
Tugend 60, 154 f., 159, 239 f.

STICHWORTVERZEICHNIS

Unheimlich 93, 104, 112–115, **171–173**, 174, 229

Vernunft 21, 30 ff., 52 ff., 55 ff., 60 f., 65, 82, 92, 101, 105, 108, 110, 121 f., 144 ff., 152, 154 f., 158 ff., 162, 174 f., 177, 190, 212 ff., 221 f., 224, 240, 252, 254

Verstand 30, 50, 52, 59, 64, 82 f., 86, 92 f., 114, 121, 152, 158 ff., 162, 213, 221, 224, 253

Weltbild 22 f., 31, 102, 148, 215, 249

Wille 35, 59 f., 63, 76, 84, 86, 119, 145, 156, 253

Willkür 53, 118, 149

Wirklichkeit **20–25**, 28, 56, 64 f., 67 f., 70, 83, 93, 104 f., 113 f., 122, 125, 140, 158, 160, 168, 173, 177 f., 185, 194 f., 213, 221, 224, 238, 247, 249

Wissenschaft 8, 14, 18 f., 21–24 (passim), 33, 64, 81, 92, 98, 100, 104, 129, 135, 140 ff., 161, 187, 196, 219, 222, 248